决胜新三板

范国胜　杨步湘◎主编

中国金融出版社

责任编辑：肖丽敏
责任校对：刘　明
责任印制：陈晓川

图书在版编目（CIP）数据

决胜新三板（Juesheng Xinsanban）/范国胜，杨步湘主编. —北京：
中国金融出版社，2016. 12

ISBN 978 – 7 – 5049 – 8813 – 3

Ⅰ. ①决…　Ⅱ. ①范…②杨…　Ⅲ. ①中小企业—企业融资—研
究—中国　Ⅳ. ①F279.243

中国版本图书馆CIP数据核字（2016）第288282号

出版
发行　**中国金融出版社**

社址　北京市丰台区益泽路2号
市场开发部　（010）63266347，63805472，63439533（传真）
网 上 书 店　http://www.chinafph.com
　　　　　　（010）63286832，63365686（传真）
读者服务部　（010）66070833，62568380
邮编　100071
经销　新华书店
印刷　北京市松源印刷有限公司
尺寸　169毫米×239毫米
印张　24
字数　430千
版次　2016年12月第1版
印次　2016年12月第1次印刷
定价　59.00元
ISBN 978 – 7 – 5049 – 8813 – 3/F.8373
如出现印装错误本社负责调换　联系电话（010）63263947

序

——
Preface
——

　　著书立说，自古以来是文人雅士的一件大事。既是工作学习的阶段性总结，也是人生经历的一种提炼升华，值得庆贺和祝福。近来欣闻国胜、步湘两位专业人士，涉猎资本市场多年，也要出一本关于新三板方面的专著，并应邀作序，遂欣然应允。

　　国胜、步湘两位一直为企业提供资本市场方面的服务，尤其是新三板制度推出后，两位兢兢业业，为很多中小企业提供了辅导、股改、挂牌及融资服务，使得很多中小企业能有机会获得资本的青睐，在一定程度上解决了诸多中小企业融资难的问题。在这一点上，国胜、步湘两位的工作，与本人的专业也有一定程度的交集，都是为了解决中小企业的生存和发展问题，都是在各自领域为中国实体经济发展作着自己的贡献。

　　既然要写序，自然要下一番力气。国胜、步湘两位有心，第一时间把初稿寄给我看，还谦虚地请本人提出修改意见。我通读了《决胜新三板》的初稿，尽管本人对新三板领域不是很熟悉，但是本书还是给我留下了极其深刻的印象。首先，这本书的案例非常丰富，整本书几乎囊括了目前所有的已经挂牌企业的反馈问题点，并以此为依据进行了整理，按照法律财务两大类进行区分，然后再按照每个细分领域的问题点，将案例进行分门别类的整理。比如，法律问题方面，就涉及了股东资格、股权架构、合法合规等问题，财务方面，就涵盖了持续经营能力、收入与成本、现金流量分析、资产与负债质量等问题。其次，这本书是国内首次有投行专业人士对新三板挂牌过程中的问题进行系统、专业的总结，一方面是对国内企业新三板挂牌工作的一个大梳理，同时也是国胜、步湘两位对自己职业生涯的一个总结和回顾，对于今后的工作也大有裨益。因此，《决胜新三板》作为一本新三板方面的专业书籍，无论是企业家想要作为枕边书，作为自己挂牌的参考，还是投行专业人士作为挂牌实务的工具书，都是很不错的选择。本书对新三板挂牌的常见问题都有涉及，而且每个问题都会有详细的解释以及相关案例的分析，有点有面、由表及里、深度解读又通俗易懂，推荐大家看一看，对于提升投行专业水平一定会有帮助。

最后，还是要祝福国胜、步湘两位后起之秀，在工作之余仍有心进行学术研究，精神难能可贵，前途不可限量。也祝福中国的资本市场越来越好，尤其是新三板的流动性能够尽快改善，真正地缓解中小企业的融资难问题。因为我们的心都是一样的，就是要为中国的实体经济作点贡献，哪怕是小小一份力量，也能汇集成巨大的正能量，为这个国家的进步提供源源不断的强劲动力。

全国人大常委会财经委副主任委员
原首都经济贸易大学副校长

目录

Contents

第一部分　挂牌新三板法律问题

第一章　股东适格性　　　　　　　　　　　　003

第二章　私募股东　　　　　　　　　　　　　013

第三章　无形资产出资　　　　　　　　　　　022

第四章　转增股本　　　　　　　　　　　　　031

第五章　主营业务发生变更　　　　　　　　　040

第六章　返程投资与 VIE 企业挂牌　　　　　054

第七章　股权代持　　　　　　　　　　　　　062

第八章　股权激励　　　　　　　　　　　　　070

第九章　对赌协议　　　　　　　　　　　　　082

第十章　实际控制人　　　　　　　　　　　　091

第十一章　董监高任职资格　　　　　　　　　100

第十二章　房产瑕疵　　　　　　　　　　　　112

第十三章　国有资产　　　　　　　　　　　　121

第十四章　环保核查　129

第十五章　劳务派遣　143

第十六章　社保及公积金　149

第十七章　同业竞争　156

第十八章　重大违法违规行为　166

第二部分　挂牌新三板财务问题

第一章　持续经营能力　179

第二章　收入与成本　196

第三章　资产负债质量　221

第四章　挂牌企业涉税问题　281

第五章　现金流量表与可持续经营能力　316

第六章　财务风险　329

第七章　会计核算基础　357

第八章　不规范票据融资　365

第一部分

挂牌新三板法律问题

第一章

股东适格性

全国中小企业股份转让系统在其发布的《挂牌审查一般问题内核参考要点（试行）》中"1. 合法合规"之"1.1 股东主体适格"关于股东主体适格问题要求主办券商及律师对"股东是否存在或曾经存在法律法规、任职单位规定不得担任股东的情形或不满足法律法规规定的股东资格条件等主体资格瑕疵问题"进行核查并对公司股东适格性发表明确意见。此外，中介机构在面对项目时往往首要核查的就是出资股东的主体适格性，这关系到项目正常的推进和申报。

公司法对股东资格的问题没有太多明确的规定。但相关的法律、法规甚至规范性文件，对于公司股东的资格问题有诸多零散的规定。现对常见的涉及股东资格的问题整理如下：

1. 自然人

（1）不具备股东资格的主要包括：在职公务员[①]、现役军人[②]、乡

---

① 《公务员法》（主席令第 35 号）第五十三条第十四款规定，公务员必须遵守纪律，不得从事或者参与营利性活动；第二条规定，公务员指纳入国家行政编制、由国家财政负担工资福利的工作人员。
② 《中国人民解放军内务条令》（军发 [2010]21 号）第一百二十七条规定，军人不得经商，不得利用工作时间和办公设备从事证券交易、购买彩票。

（含乡）以上党政机关在职干部①、县以上党和国家机关退（离）休干部②等。

（2）股东资格受到限制的主要包括：离职或退休公务员③、选聘的乡镇干部④、领导干部的子女及配偶⑤、隶属机关编制序列的事业单位的干部及其配偶与子女⑥、国有企业领导⑦、国企领导配偶及子女⑧、国有企业职

---

① 根据《关于严禁党政机关和党政干部经商、办企业的决定》以及《关于进一步制止党政机关和党政干部经商、办企业的规定》，国家机关法人的干部和职工，除中央书记处、国务院特殊批准的以外，一律不准经商、办企业。因此，国家机关法人的干部和职工不得投资公司成为股东。《中国共产党党员领导干部廉洁从政若干准则》第二条规定，禁止私自从事营利性活动，不准个人或者借他人名义经商、办企业。

② 《中共中央办公厅、国务院办公厅关于县以上党和国家机关退（离）休干部经商办企业问题的若干规定》明确禁止县级以上党和国家机关的退（离）休干部，不得兴办商业性企业。因此，县级以上党和国家机关的退（离）休干部是不可以投资公司成为股东的。

③ 《公务员法》第一百零二条规定："公务员辞去公职或者退休的，原系领导成员的公务员在离职三年内，其他公务员在离职两年内，不得从事与原工作业务直接相关的营利性活动。"

④ 中发[1984]27号文规定，"二、选聘的乡镇干部，除了其中担任乡镇党委正副书记、正副乡镇长、正副乡经管会主任的以外，在做好本职工作的前提下，可以利用业余时间兴办企业和参与有关企业的经营活动，但不得经营与本人分管工作业务有直接联系的工商企业"。

⑤ 《中共中央纪委关于"不准在领导干部管辖的业务范围内个人从事可能与公共利益发生冲突的经商办企业活动"的解释》（中纪发[2000]4号）规定，"中央纪委第四次全会提出，省（部）、地（厅）级领导干部（以下简称领导干部）的配偶、子女，不准在该领导干部管辖的业务范围内个人从事可能与公共利益发生冲突的经商、办企业活动"，"六、上市公司的行业主管部门、上市公司的国有控股单位的主管部门、证券监督管理机构的领导干部，其配偶、子女不准从事上述部门、机构所管理的公司的证券交易活动"。

⑥ 中发[1986]6号文规定，"一、党政机关，包括各级党委机关和国家权力机关、行政机关、审判机关、检察机关以及隶属这些机关编制序列的事业单位"。因此，隶属机关编制序列的事业单位的干部及其配偶、子女的股东资格及限制同前述关于在职党政机关干部及其配偶、子女、职工的资格及限制。

⑦ 《国有企业领导人员廉洁从业若干规定》第五条规定，国有企业领导人员不得有利用职权谋取私利以及损害本企业利益的下列行为：（1）个人从事营利性经营活动和有偿中介活动，或者在本企业的同类经营企业、关联企业和与本企业有业务关系的企业投资入股。

⑧ 《国有企业领导人员廉洁从业若干规定》第六条规定，国有企业领导人员的配偶、子女及其他特定关系人，在本企业的关联企业、与本企业有业务关系的企业投资入股。

工^①、银行工作人员^②。

（3）具备股东资格的主要包括：在职教师^③、未成年人^④。

2. 法人

（1）分公司

有限责任公司或股份有限公司可以对公司制企业、集团所有制企业投资，但其所设立的分公司不能对外投资。

（2）一人公司

一人有限公司原则上可以成为公司的股东；自然人只能投资设立一个一人有限公司，而且该一人有限公司不能投资设立新的一人有限公司。

（3）商业银行

商业银行原则上不能成为非金融机构的股东，但国家另有规定的除外，如司法判决或抵押质押等不属于主动投资行为。

（4）被吊销营业执照的公司

拟上市股东被吊销营业执照，但其法人资格并未就此消亡，营业执照的吊销只说明其丧失了经营资格，其法人资格依旧存在，因此不影响其对股份的持有。但因为营业执照被吊销，可能存在法人资格丧失的风险，由此导致股权的

---

① 《国务院国有资产监督管理委员会关于规范国有企业职工持股、投资的意见》（国资发改革〔2008〕139号）规定，"国有大中型企业主辅分离辅业改制，鼓励辅业企业的职工持有改制企业股权，但国有企业主业企业的职工不得持有辅业企业股权"，"国有大型企业改制，要择优选取投资者，职工持股不得处于控股地位"，"严格控制职工持股企业范围。职工入股原则限于持有本企业股权。国有企业集团公司及其各级子企业改制，经国资监管机构或集团公司批准，职工可投资参与本企业改制，确有必要的，也可持有上一级改制企业股权，但不得直接或间接持有本企业所出资各级子企业、参股企业及本集团公司所出资其他企业股权。科研、设计、高新技术企业科技人员确因特殊情况需要持有子企业股权的，须经同级国资监管机构批准，且不得作为该子企业的国有股东代表"，"严格限制职工投资关联关系企业"。

② 目前没有统一的明文规定禁止银行工作人员投资其他企业，但各商业银行对其员工都有不同程度的限制性规定。目前银监会正在征求意见制定相关规定：《银行业金融机构从业人员职业行为指引（征求意见稿）》第十条，坚持以客户和所在银行（公司）利益为重。当发生利益冲突时，应申请回避，或向管理层、利益相关人充分披露利益冲突信息，以保障业务处理的公平合理。从业人员如果与客户有亲属关系，批准贷款时应回避；不得在其他公司兼职（本行或本公司委派的除外）或从事第二职业；不得在工作时间炒股票；不得在所在银行（公司）外参与经营性或营利性活动。

③ 《教师法》和《教师职业道德规范》没有禁止教师担任股东。成都依能科技股份有限公司（836803）的控股股东罗辉、罗丽萍夫妇均为四川农业大学都江堰校区在职教师。

④ 国家工商行政管理总局于2007年6月25日《关于未成年人能否成为公司股东问题的答复》（工商企字〔2007〕131号）："《公司法》对未成年人能否成为公司股东没有作出限制性规定。因此，未成年人可以成为公司股东，其股东权利可以由法定代理人代为行使。"但是要注意无民事行为能力或者限制民事行为能力的人不得担任公司的董事、监事、高级管理人员。

不确定性。因此拟上市鉴于股权的稳定性考虑，若出现被吊销营业执照的法人股东，还是建议转给他人。

（5）非营利性的非企业法人

总体上来说，机关法人、社会团体法人、事业单位法人等非企业法人都可以投资设立有限责任公司、股份有限公司和外商投资企业等。但是一般来说，国家政府性质的非营利性的非企业法人不具备股权投资的主体资格。

（6）基金公司

基金会可以成为公司的股东。

（7）个人独资企业

个人独资企业可以作为有限公司的股东，并可设立分支机构。不得投资设立非公司企业法人。

（8）外商投资企业

出资额已缴足、已经完成原审批项目、已经开始缴纳企业所得税的外商投资企业可以作为发起人。

3. 合伙企业

（1）合伙企业

合伙企业可以作为有限公司的股东，并可以设立分支机构。

（2）中介机构

会计师事务所、审计师事务所、资产评估机构、律师事务所不得设立公司。《公司登记管理若干问题的规定》第二十一条规定，会计师事务所、审计事务所、律师事务所和资产评估机构不得作为投资主体向其他行业投资设立公司。

4. 国有资产及其他单位

（1）事业单位

《中央行政事业单位国有资产管理暂行办法》第二十九条规定，各部门行政单位和参照《公务员法》管理的单位，不得将国有资产用于对外投资。其他事业单位应当严格控制对外投资，不得利用国家财政拨款、上级补助资金和维持事业正常发展的资产对外投资。

（2）高校

教育部发布了《教育部关于积极发展、规范管理高校科技产业的指导意见》（教科发 [2005]2 号），该文对部属高校做出了如下规定：高校除对高校资产公司进行投资外，不得再以事业单位法人的身份对外进行投资。

（3）社会团体法人

《民政部、国家工商行政管理局关于社会团体开展经营活动有关问题的通知》规定，开展经营活动的社会团体，必须具有社团法人资格。不具备法人资格的社会团体，不得开展经营活动。社会团体开展经营活动，可以投资设立企业法人，也可以设立非法人的经营机构，但不得以社会团体自身的名义进行经营活动。社会团体从事经营活动，必须经工商行政管理部门登记注册，并领取《企业法人营业执照》或《营业执照》。

（4）村民委员会

目前没有禁止性规定。广西壮族自治区人民政府于 2011 年 3 月发布的《广西壮族自治区人民政府关于进一步全面推动全民创业加快推进城镇化跨越发展的意见》中允许"个人独资企业、合伙企业、个体工商户、农民专业合作经济组织、有投资能力的居民委员会、村民委员会作为股东或发起人设立公司"。由此，可以初步推定村委会作为发起人应该是可以的。

（5）职工持股会

2000 年 7 月 6 日，民政部民办函 [2000]110 号《关于暂停对企业内部职工持股会进行社会团体法人登记的函》中特别规定，"由于职工持股会属于单位内部团体，不应再由民政部门登记管理，各地民政部暂不对企业内部职工持股会进行社团法人登记；此前已登记的职工持股会在这次社团清理中暂不换发社团法人证书"。据此，职工持股会不具有社团法人的主体资格，其作为股份有限公司的发起人，缺乏法律依据。2000 年 12 月 11 日，中国证监会也在其《复函》中指出："职工持股会不能成为公司的股东。"

案例一　**临安奥星电子（836668），公司股东系国家公务员**

2015 年 7 月 27 日奥星有限召开临时股东会，全体股东一致同意应银仙[①]将其持有的奥星有限 12.43% 股权转让给詹斐斐。2015 年 9 月 24 日，奥星有限整体变更为股份有限公司，因此詹斐斐持有奥星科技 264.725 万股，为公司第二大股东。但作为发起人的詹斐斐系国家机关工作人员，根据《中华人民共和国公务

---

① 应银仙与詹斐斐系母子关系。

员法》第五十三条的规定，公务员不得从事或者参与营利性活动，在企业或者其他营利性组织中兼任职务。因此，股转系统就公司詹斐斐系国家公务人员连续三次反馈要求主办券商以及律师补充说明：1. 詹斐斐具体担任的职务；2. 其担任公司股东是否需要通报其单位征求其单位意见，单位是否存在相关禁止性规定；3. 担任股东是否符合有关法律法规的要求。如不符合，公司是否采取了规范措施。请主办券商和律师就公司是否符合股权明晰的挂牌条件发布明确意见。

奥星电子的主办券商及律师认为，根据《中华人民共和国公务员法》及《中国共产党纪律处分条例》等相关法律法规、党纪规定，禁止公务员、共产党员从事或参与经营性活动的主旨系防止公务员、共产党员利用其职权向其从事或参与的经营性活动进行不正当的利益输送。但詹斐斐持有公司的股份系于 2015 年 7 月受让其母亲应银仙持有的奥星有限 12.43% 股权所得，詹斐斐没有利用国家机关工作人员的身份或通过其他不正当手段取得公司股份，亦未通过持有公司股份取得任何收益。同时，詹斐斐未在公司兼任任何职务、未从事或参与公司的任何经营活动或协助公司从事任何营利活动，其所属政府部门对于公司亦不具有任何管理、审批职权，不存在利益输送安排，未利用职务之便通过持有公司股份取得任何收益，未利用国家权力协助公司从事任何营利活动，其持有公司股份的行为本质上不属于从事或者参与营利性活动的行为。

◎ **应对措施：**

（1）2015 年 9 月 28 日，詹斐斐与高原签署《股权转让协议》，约定由詹斐斐将其持有的公司 2 647 250 股股份以 264.725 万元的价格转让给高原，该协议将于詹斐斐持有的公司股份 1 年限售期届满的次日生效。

（2）2015 年 9 月 28 日，詹斐斐出具《承诺函》：①本人持有的公司股份系于 2015 年 7 月受让本人母亲应银仙持有的奥星有限 12.43% 股权所得，本人没有且不会利用国家机关工作人员的身份或通过其他不正当手段取得公司股份；②本人没有且不会利用职务之便通过持有公司股份取得任何收益；③本人没有且不会在公司兼任任何职务、从事或参与公司的任何经营活动或利用国家权力协助公司从事任何营利活动；④本人所属政府部门对于公司不具有任何管理、审批职权，不存在利益输送安排；⑤在本人持有股份的限售期内，本人不会行使该等股份的表决权、分红权以及其他任何权益的分配权。

（3）2015 年 9 月 28 日，公司实际控制人出具《承诺函》，承诺若因上述情形引致任何争议纠纷或被有关部门处罚造成公司损失的，其将承担公司因此受到的全部损失。

（4）2015年10月10日，公司出具《关于公司相关情况书面声明》：公司将在詹斐斐持有的公司股份1年限售期届满后及时督促詹斐斐与高原履行上述《股权转让协议》。

（5）2016年2月23日，詹斐斐的任职单位杭州市西湖区财政局出具《回函》，确认已知悉詹斐斐持有公司股份事宜，并确认詹斐斐的持股行为未违反该局内部相关禁止性规定。

一般来说，国家公务员的身份是不能担任公司股东的，但特殊情况下会存在公司股东系国家公务人员，此时需要证明其未通过持有公司股份从事或参与经营性活动，未利用其职权向公司进行利益输送，并采取有效可行的措施防范其今后通过持有公司股份从事或参与经营性活动或利用其职权向公司进行利益输送，则其公务员的身份就不会成为公司挂牌的实质性障碍。

案例二　平原非标（830849），公司股东系未成年人

公司股东孙振文于2012年1月16日因病离世，孙振文生前未立遗嘱，其妻姚征、其子孙罡及姚若辰、其女孙睿为法定第一顺位继承人。各第一顺位继承人经协商一致后确定对孙振文所持有平原非标700.14万股的股份按如下方式进行分配：姚征放弃对孙振文所持有的平原非标股份的继承权，孙睿继承孙振文所持有的平原非标2 000 000股股份，孙罡继承孙振文所持有的平原非标1 640 000股股份，姚若辰继承孙振文所持有的平原非标3 361 400股股份。但是由于继承人姚若辰生于2001年系未成年人，股转系统第一次反馈时要求公司披露姚若辰行使股东权利的具体情况。请主办券商和律师对其股东适格性及如何行使股东权利义务进行核查并发表意见。

◎ 应对措施：

公司股东姚若辰已满10周岁但未满18周岁，为限制民事行为能力人，由其母姚征作为其监护人及法定代理人代理其行使公司股东权利及承担股东义务。2014年6月6日，姚征出具《承诺书》："姚若辰尚未成年，本人为姚若辰之母，根据《中华人民共和国民法通则》的相关规定为其监护人及法定代理人。本人代表姚若辰行使其作为河南平原非标准装备股份有限公司股东的权利不存在任何障碍，对河南平原非标准装备股份有限公司历次股东大会所做决议之程序及效力均无任何异议，亦不存在任何法律纠纷。本人将继续严格依照《中华人民共和国公

司法》及《河南平原非标准装备股份有限公司章程》的规定代表姚若辰行使其作为河南平原非标准装备股份有限公司股东的权利并承担相应的股东义务。"

且根据河南省郑州市黄河公证处于 2012 年 3 月 16 日出具的 "（2012）郑黄证民字第 2737 号、第 2738 号"《公证书》：孙振文生前持有的公司 7 001 400 股的股份属于其遗留的个人财产，其配偶姚征表示自愿放弃对该遗产的继承权。因此，孙振文持有的公司股份由其子女孙罡、孙睿、姚若辰共同继承。根据孙罡、孙睿、姚若辰（姚征代）于 2012 年 3 月 16 日签署的《析产协议》和河南省郑州市黄河公证处出具的（2012）郑黄证民字第 2739 号《公证书》，孙罡、孙睿、姚若辰（姚征代）经协商一致签订了《析产协议》，约定由姚若辰继承平原非标 3 361 400 股股份，孙睿继承平原非标 2 000 000 股股份，孙罡继承平原非标 1 640 000 股股份；河南省郑州市黄河公证处确认：当事人在订立协议时具有法律规定的民事权利能力和民事行为能力，签订的《析产协议》意思表示真实，协议内容符合《中华人民共和国民法通则》的规定。2012 年 3 月，公司及平原集团分别召开股东大会，根据上述股份继承结果修改了其各自的《公司章程》，并办理了工商备案手续。因此，姚若辰依法享有继承公司股份中属于其应当继承股份的权利，不存在法律、法规规定的不得为公司股东的情形。

《公司法》对未成年人能否成为公司股东没有做出限制性规定。因此，未成年人可以成为公司股东，其股东权利可以由法定代理人代为行使。但是要注意无民事行为能力或者限制民事行为能力的人不得担任公司的董事、监事、高级管理人员。

案例三　捷虹股份（430295），关于历史过程中的职工持股会问题

捷虹股份公司由国营中捷友谊农场（以下简称"中捷农场"）下属国有企业原河北省捷虹染料化工总公司改制而来，先后更名为河北省捷虹颜料化工有限公司、河北捷虹颜料化工集团有限公司。

1999 年 2 月 8 日，由于新入股职工较多，入股职工经协商并由国营中捷友谊农场民政局批准，新入股的 46 名职工组成的职工持股会，向捷虹颜料投资 351 000.00 元人民币，并由职工持股会代表新入股职工行使股东职能。同日，公司职工持股会召开第一次会员会议，经与会人员同意，决定成立公司职工持股会。公司职工持股会会员有：常宏亮、高希来、刘福杰、于国权、宋立栋、

唐金强、李书强、刘月楼、宋立朋、刘振利、王同营、刘金章、张宝杰、刘金忠、尤殿明、刘炳忠、宋立新、尤振红、李龙、周庆国、李志昌、赵文胜、张振国、夏立新、王福胜、韩升敏、熊建忠、刘吉坡、王宪强、李长锋、付其恒、王福利、李广兴、周延来、司文亮、李广升、宋立泽、熊志民、黄绍忠、姜光明、张卫华、刘淑琴、熊志勇、史玉岐、李红英、朱红霞。经职工持股会全体会员推选，由唐金林担任职工持股会会长。

1999 年 8 月 1 日，经捷虹颜料股东会审议，一致同意李广升将其351 000.00 元出资额转让给职工持股会。同日，双方签订了股权转让协议。本次股权转让后，公司职工持股会持有公司的出资比例为 2.93%。

2000 年 5 月 1 日，捷虹颜料召开股东会做出决议，同意将公司盈余公积存余按现有股东人员的股金比例配送新股，增加注册资本金，由原来的1 200 万元增加至 3 000 万元，其中职工持股会出资额增至 689 100 元，各会员按照其出资比例进行增资。同日，职工持股会分别与刘金章、高希来、常宏亮、尤殿明、周延来、李长锋、张振国、宋立泽、唐金林、李志昌、司文亮签订股权转让协议，将其享有的捷虹颜料 52 500.00 元、36 700.00 元、36 100.00 元、36 100.00 元、57 300.00 元、71 100.00 元、36 700.00 元、48 400.00 元、147 300.00 元、75 600.00 元、36 700.00 元等额转让给上述受让人。根据黄骅欣诚会计师事务所有限责任公司出具的《验资报告》（黄欣变更验字［2000］第 3-5 号）审验证明捷虹颜料职工持股会出资金额为 54 600.00 元。本次增资及股权转让后，公司职工持股会持有公司的股权比例由 2.93% 调整为 0.18%。因职工持股会会员按其出资比例转让相应股权，职工持股会人员构成未发生变化。

2002 年 1 月，职工持股会将其持有的 37 300.00 元出资额、10 000.00 元出资额、7 300.00 元出资额分别转让给张合义、熊志民、黄绍忠。至此，职工持股会全体会员对捷虹颜料的所有出资均已转出。

2002 年 1 月 5 日，河北省捷虹颜料化工有限公司职工持股会召开第二次会议，经持股会全体会员一致同意，决定解散职工持股会。至此，员工持股会退出。

由于 2000 年 12 月 11 日，中国证监会也在其《复函》中指出："职工持股会不能成为公司的股东。"因此，对于捷虹股份历史沿革中的职工持股会，主办券商做了如下应对措施：首先，捷虹股份主办券商在公开转让说明书中对捷虹股份职工持股会形成、演变、退出过程进行了详细说明，并就退出过程是否存在纠纷或潜在纠纷出具结论性意见，认为持股会是特定历史过程的产物，符合当时的法律法规及相关政策规定，其演变及退出过程合法有效。同时对于上述股本形成、变动和清算，2013 年 7 月 4 日，捷虹颜料职工持股会会员或其继承人出具相关声明如下：

1. 持股会会员通过持股会持有的公司股份由持股会集中统一行使。公司职工持股会存续期间，会员未以个人名义对外转让股权；持股会会员之间未发生股权转让；公司职工持股会自成立至解散期间，其会员一直保持稳定，没有发生变化。

2. 河北省捷虹颜料化工有限公司职工持股会第一次会议推选唐金林为职工持股会会长。根据职工持股会章程的规定，当持股会进行股权转让时，由会长代为签署股权转让协议。上述股权在形成、变动和清算过程中，由唐金林代表职工持股会签订的历次股权转让协议，均为全体持股会会员真实的意思表示，合法、有效。

3. 历次股权转让中，职工持股会作为整体对外转让股权并取得股权转让款，各会员按其在持股会中的出资比例转让其对应的股权并领取相应的股权转让款。历次股权转让的股权转让全部价款均已作为职工持股会会员的退股款按出资比例支付给全体持股会会员，全体会员已全额收到该退股款。

4. 上述股权形成、变动和清算履行了必要的程序，股权变更均已经过工商变更登记，符合当时的法律法规及相关政策规定，不存在纠纷或潜在的纠纷。

最后，主办券商认为公司符合《全国中小企业股份转让系统业务规则（试行）》第二章第2.1条第（四）款股权明晰、股份发行转让合法合规的挂牌条件。最终捷虹股份历史过程中的职工持股会并未成为此次挂牌的实质性障碍。

对于公司历史进程中发生的与现行法规相违背的产物，如职工持股会，首先应当如实详细地披露情况，承认有不规范或者瑕疵的地方，然后应当尽量寻找当时的法律法规及相关政策等文件做支持，说明该历史产物符合当时的法律法规及相关政策规定，并证明其演变及退出过程合法有效。

本章小结

不论是拟挂牌全国中小企业股份转让系统还是准备在境内证券交易所首次公开发行股票并上市，挂牌上市公司的股东主体适格性问题足以构成挂牌上市的实质性障碍，需要引起拟挂牌上市公司以及中介机构等项目各方的审慎重视。对于法律法规明文禁止或限制成为公司股东的情形，拟挂牌公司在申报前应该尽量避免。对于出资股东主体资格比较特殊的情形时，则需要在面对具体项目时区别对待。总而言之，对于拥有特殊身份的挂牌主体股东，应当持谨慎态度，尽量避免法律法规禁止成为股东的情形，对于存在不适合担任股东的情形应当及时转让其股权，如因其他限制不能及时转让时需要其本人出具承诺书进行兜底。

一、私募基金备案问题

根据《私募投资基金管理人登记和基金备案办法（试行）》，私募投资基金（以下简称私募基金），是指以非公开方式向合格投资者募集资金设立的投资基金，包括资产由基金管理人或者普通合伙人管理的以投资活动为目的设立的公司或者合伙企业。中国证券投资基金业协会（以下简称基金业协会）按照本办法规定办理私募基金管理人登记及私募基金备案，对私募基金业务活动进行自律管理。

私募基金包括公司或者合伙企业，但在实务中怎么区分私募基金和正常的企业投资是一个难点。参考相关案例，以下列举一些常见的不属于"私募投资基金"的情形：

1. 股东人数较少的，不存在向他人募集资金的情形，不涉及委托基金管理人进行管理情形。

2. 员工激励平台，即公司员工持股平台，指合伙人均为公司员工，除投资公司外并不投资其他企业，不需要根据《证券投资基金法》和《私募投资基金监督管理暂行办法》等法律法规要求在中国证券投资基金业协会办理相关登记备案手续。

3. 主营业务是非私募投资业务的。如多喜爱（002761）IPO项目，其股东湖南金科投资担保有限公司主营业务为中小企业担保服务，不是以投资活动为目的而设立的公司，因此，不属于备案范围。

4. 注册地在海外。如杭州高新（300478）IPO 项目，其股东双帆控股注册地为中国香港，因此，双帆控股不适用《证券投资基金法》、《私募投资基金监督管理暂行办法》及《私募投资基金管理人登记和基金备案办法（试行）》。

5. 专为投资单个项目而设立的投资企业。如商会网络（832480）新三板项目，其股东上海互联是专门为投资商网有限而设立的外部投资者公司，成立至今仅对公司进行投资，不存在以非公开方式向合格投资者募集资金设立的情形，也未聘请管理人进行投资管理，无须进行基金备案。

2015 年 3 月 20 日，全国中小企业股份转让系统（"股转公司"）发布《关于加强参与全国股转系统业务的私募投资基金备案管理的监管问答函》，自 2015 年 3 月 20 日起申报的公司或其股东属于私募投资基金管理人或私募投资基金的，都要求核查其私募基金备案问题。在企业申请挂牌、发行融资、重大资产重组等环节，对中介机构核查私募投资基金登记备案情况提出了具体要求，要求其核查私募基金的登记备案情况，并对核查对象、核查方式、核查结果等发表意见。

为提高审查效率，为（拟）挂牌公司提供挂牌、融资和重组便利，2016 年 9 月 2 日股转公司发布《全国中小企业股份转让系统机构业务问答（二）——关于私募投资基金登记备案有关问题的解答》，宣布自本问答发布之日起，在申请挂牌、发行融资、重大资产重组等环节，私募投资基金管理人自身参与上述业务的，其完成登记不作为相关环节审查的前置条件；已完成登记的私募投资基金管理人管理的私募投资基金参与上述业务的，其完成备案不作为相关环节审查的前置条件。上述私募投资基金管理人及私募投资基金在审查期间未完成登记和备案的，私募投资基金管理人需出具完成登记或备案的承诺函，并明确具体（拟）登记或备案申请的日期。但是主办券商或独立财务顾问在持续督导过程中，需持续关注私募投资基金管理人的承诺履行情况并将承诺履行结果及时报告全国股转公司，承诺履行结果应说明具体完成登记备案的日期及私募基金管理人登记编号或私募基金编号。因此，自 2016 年 9 月 2 日，私募基金只要承诺登记备案即可。

案例一　保正物流（832822），申报时正在提交备案申请，股转第一次反馈时完成备案

上海保正国际物流有限公司成立于 2009 年，其在 2015 年 4 月申报时共有 5 名股东，包括 4 名自然人股东和 1 名法人股东。其中法人股东为上海赛月投资中心（有限合伙）（以下简称赛月投资）。赛月投资在申报时共有 7 名投资人，均为公司高管及员工，截至申报日仅投资持有保正物流 300 万股，占公司总股本的 30%，无其他对外投资，赛月投资设立的目的是为了未来的股权激励。按照《证券投资基金法》、《私募投资基金监督管理暂行办法》及《私募投资基金管理人登记和基金备案办法（试行）》等相关规定，赛月投资符合私募投资基金的定义。2015 年 4 月 2 日，赛月投资向中国证券投资基金业协会提交备案申请，中国证券投资基金业协会受理，截至申报日，赛月投资登记备案程序正在办理。

股转公司在第一次反馈时就赛月投资未完成私募基金备案问题，要求主办券商及律师核查公司股权架构中直接和间接股东是否属于私募投资基金管理人或私募投资基金，是否按相关规定履行登记备案程序，并要求说明核查对象、核查方式、核查结果；尚未按照前述规定履行备案程序的，请说明有无履行备案程序的计划和安排。

由于赛月投资在股转公司反馈期间完成备案登记，已于 2015 年 5 月 4 日登记备案成功。主办券商在反馈意见回复时对公转书中关于披露 "赛月投资" 的部分进行了修改："2015 年 5 月 4 日，上海赛月投资中心（有限合伙）登记备案成功，备案完毕，用户名为 P1011286。" 最终，赛月投资的私募登记备案问题没有成为保正物流挂牌过程中的实际障碍。

保正物流申报时间是在 2015 年 3 月 20 日全国股转公司发布的《关于加强参与全国股转系统业务的私募投资基金备案管理的监管问答函》左右，故保正物流在赛月投资在未完成私募基金备案登记时就申报并未给挂牌造成实际障碍。碰巧的是，自 2016 年 9 月 2 日股转公司发布的《全国中小企业股份转让系统机构业务问答（二）——关于私募投资基金登记备案有关问题的解答》起，今后私募投资基金管理人及私募投资基金在审查期间未完成登记和备案也不会构成挂牌过程中的实际障碍，私募投资基金管理人只需要出具完成登记或备案的承诺函，并明确具体（拟）登记或备案申请的日期即可。

二、私募基金的特殊类型：资管计划、契约型私募基金

2015 年 10 月 16 日，全国中小企业股份转让系统公布了《机构业务问答（一）——关于资产管理计划、契约型私募基金投资拟挂牌公司股权有关问题》，有两个重要问题获得明确：（1）依法设立、规范运作且已经在中国基金业协会登记备案并接受证券监督管理机构监管的基金子公司资产管理计划[①]、证券公司资产管理计划[②]、契约型私募基金[③]可以投资拟挂牌全国股转系统的公司股权，且其所投资的拟挂牌公司股权在挂牌审查时可不进行股份还原[④]。（2）资管计划、契约型私募基金所投资公司申请在全国股转系统挂牌时，股份可以直接登记为产品名称。具体操作要点如下：

1. 资产管理计划或契约型私募基金所投资的公司申请挂牌时，主办券商在《公开转让说明书》中将资产管理计划或契约型私募基金列示为股东，并在《公开转让说明书》中充分披露资产管理计划或契约型私募基金与其管理人和管理人名下其他产品的关系。同时，主办券商就以下事项进行核查并发表明确意见：一是该资产管理计划或契约型私募基金是否依法设立、规范运作并已履行相关备案或者批准手续；二是该资产管理计划或契约型私募基金的资金来源及其合法合规性；三是投资范围是否符合合同约定，以及投资的合规性；四是资

---

① 根据《基金管理公司特定客户资产管理业务试点办法》第九条，基金子公司资产管理计划资产应当用于下列投资："……（二）未通过证券交易所转让的股权、债权及其他财产权利；（三）中国证监会认可的其他资产。投资于前款第（二）项和第（三）项规定资产的特定资产管理计划称为专项资产管理计划。"

② 根据《证券公司定向资产管理业务实施细则》第二十五条，"定向资产管理业务的投资范围由证券公司与客户通过合同约定，不得违反法律、行政法规和中国证监会的禁止规定，并且应当与客户的风险认知与承受能力，以及证券公司的投资经验、管理能力和风险控制水平相匹配……"；根据《证券公司客户资产管理业务管理办法》第十四条，"证券公司为客户办理特定目的的专项资产管理业务，应当签订专项资产管理合同，针对客户的特殊要求和基础资产的具体情况，设定特定投资目标，通过专门账户为客户提供资产管理服务。……证券公司可以通过设立综合性的集合资产管理计划办理专项资产管理业务"。

③ 根据《私募投资基金监督管理暂行办法》第二条，私募基金财产的投资包括买卖股票、股权、债券、期货、期权、基金份额及投资合同约定的其他投资标的。故私募基金（包括契约型私募基金）的投资范围包括拟挂牌全国股转系统的公司股权。

④ 根据《非上市公众公司监管指引第 4 号——股东人数超过 200 人的未上市股份有限公司申请行政许可有关问题的审核指引》（证监会公告 [2013]54 号），"以私募股权基金、资产管理计划以及其他金融计划进行持股的，如果该金融计划是依据相关法律法规设立并规范运作，且已经接受证券监督管理机构监管的，可不进行股份还原或转为直接持股"。因此，依法设立、规范运作、且已经在中国基金业协会登记备案并接受证券监督管理机构监管的基金子公司资产管理计划、证券公司资产管理计划、契约型私募基金，其所投资的拟挂牌公司股权在挂牌审查时可不进行股份还原，但须做好相关信息披露工作。

产管理计划或契约型私募基金权益人是否为拟挂牌公司控股股东、实际控制人或董监高。

2. 资产管理计划或契约型私募基金所投资的公司通过挂牌备案审查，办理股份初始登记时，挂牌业务部负责核对《股票初始登记申请表》涉及股东信息与《公开转让说明书》中披露信息的一致性。

3. 中国结算发行人业务部核对股份登记信息与披露信息的一致性后，将股份直接登记在资产管理计划或契约型私募基金名下。

案例二　新绿股份，股东中包含资管计划和契约型私募基金

山东新绿食品股份有限公司（以下简称"新绿股份"）成立于 2005 年 6 月，其在申报时股东中有 17 名非自然人股东，分别为联新投资、诚鼎二期、馨兰聚君、馨兰聚牧、馨兰绿馨、邑德投资、硅谷天堂、建银国际、上海建银、方正和生、德骏基金、方正专项资管计划、海通证券、方正证券、招商证券、招银投资、光大证券。股东联新投资、诚鼎二期、馨兰聚君、馨兰聚牧、馨兰绿馨、邑德投资、硅谷天堂、德骏基金、招银投资 9 名股东为私募基金，上述私募基金及基金管理人均已按照《证券投资基金法》和《私募投资基金监督管理暂行办法》等法律、法规的要求，办理了私募基金及基金管理人登记备案手续。

新绿股份的股东中存在多只私募基金，其中两个股东北京方正富邦创融资产管理有限公司（"方正富邦"）、上海德骏资产管理有限公司（"德骏资产"）实际为资管计划的管理人，即德骏资产系"德骏资产—中国纳斯达克—新三板 2 期基金"的基金管理人，该基金已在中国证券投资基金业协会网站备案，故从法定意义上，德骏资产系代该基金持有新绿股份的股权；方正富邦系代"方正富邦—和生—新三板专项资产管理计划"代为持有新绿股份的股权，该资产管理计划已在中国证券业协会履行登记备案手续，故从法定意义上，方正富邦亦系代该基金持有新绿股份的股权。另外，这两只契约型基金均是在新绿股份股改后增资进入的，推测应是规避发起人锁定期的原因。两只契约型基金的情况如下：

德骏基金为封闭式契约型私募基金，基金管理人为德骏资产。根据《德骏资产管理—中国纳斯达克—新三板 2 期基金合同》，德骏基金投资范围包括但不限于"全国中小企业股份转让系统挂牌（以下简称"新三板"）的存量股票、定向增发、并购、期权优先股、可转债以及其他金融衍生品"。基金委托人有

义务"保证委托资金来源合法"。根据基金持有人账户名册表,德骏基金的基金委托人及委托金额如下:

序号	基金投资人	认购金额(元)	认购比例(%)
1	陈巍	1 000 000.00	0.97
2	江楚玲	1 000 000.00	0.97
3	XIESHENG	1 000 000.00	0.97
4	吴静松	1 000 000.00	0.97
5	汤金良	1 000 000.00	0.97
6	张斌	6 200 000.00	6.00
7	宫新禹	1 000 000.00	0.97
8	徐超	1 000 000.00	0.97
9	董俊	1 000 000.00	0.97
10	计锋	10 00 000.00	0.97
11	饶兴超	1 000 000.00	0.97
12	刘霞	1 000 000.00	0.97
13	王宇东	1 000 000.00	0.97
14	杨彧岚	4 000 000.00	3.87
15	季恕人	3 000 000.00	2.90
16	刘煜	1 000 000.00	0.97
17	郭锦添	1 000 000.00	0.97
18	李健	2 000 000.00	1.94
19	王怡辰	1 400 000.00	1.36
20	潘晞晨	1 200 000.00	1.16
21	李彦	2 000 000.00	1.94
22	吴斌	1 500 000.00	1.45
23	陈华	1 500 000.00	1.45
24	上海道理投资有限公司	1 000 000.00	0.97
25	熊英	1 000 000.00	0.97
26	朱学根	3 000 000.00	2.90
27	刘远舟	1 000 000.00	0.97
28	翟爱民	1 000 000.00	0.97
29	王健	1 000 000.00	0.97
30	范世强	2 100 000.00	2.03
31	蒋韬	1 400 000.00	1.36
32	段丹	1 700 000.00	1.65
33	张荣	1 500 000.00	1.45
34	陈海青	2 900 000.00	2.81

序号	基金投资人	认购金额（元）	认购比例（%）
35	陈旻捷	2 000 000.00	1.94
36	姜云	1 000 000.00	0.97
37	董继开	1 000 000.00	0.97
38	鲍芸芸	1 900 000.00	1.84
39	新方程启辰新三板母基金2期	5 000 000.00	4.84
40	吴丽君	3 000 000.00	2.90
41	张静	10 000 000.00	9.68
42	韩咏	1 000 000.00	0.97
43	顾旭炯	4 000 000.00	3.87
44	曾琼	1 000 000.00	0.97
45	周宁	1 000 000.00	0.97
46	邹红云	1 000 000.00	0.97
47	田月琴	1 000 000.00	0.97
48	蔡淑莹	1 000 000.00	0.97
49	黄勇	1 000 000.00	0.97
50	徐晗	2 000 000.00	1.94
51	方嵘	1 000 000.00	0.97
52	朱强	1 000 000.00	0.97
53	倪民羡	2 000 000.00	1.94
54	保蓉	5 000 000.00	4.84
55	上海悠承机电科技有限公司	1 000 000.00	0.97
56	程钢	2 000 000.00	1.94
合计		103 300 000.00	100.00

德骏基金委托人非公司控股股东、实际控制人或董事、监事、高级管级人员。

方正专项资管计划的资产管理人为方正富邦，方正富邦取得证监会"特定客户资产管理业务资格证书"，资产管理计划及基金管理公司已按照《基金管理公司特定客户资产管理业务试点办法》登记备案，并取得相关资质证书。根据《方正富邦—和生—新三板专项资产管理计划资产管理合同》，方正专项资管计划采取封闭运作方式，投资范围为"参与拟挂牌新三板企业的股权投资、已挂牌新三板企业的定向增发等新三板相关投资，投资比例为0—100%"；合同列明合格投资者条件，且"资产委托人保证委托财产的来源及用途合法"。资产委托人及委托金额如下：

序号	资产管理计划投资者姓名	认购金额（元）	投资比例（%）
1	何胜赋	1 000 000.00	1.25
2	禹玉存	4 000 000.00	5.00
3	孟彬	1 000 000.00	1.25
4	熊悍	1 000 000.00	1.25
5	周飞鹏	1 500 000.00	1.88
6	庄锡良	3 000 000.00	3.75
7	李校平	3 000 000.00	3.75
8	王峰	3 000 000.00	3.75
9	姚磊	5 000 000.00	6.25
10	马俊	5 000 000.00	6.25
11	陈军	5 000 000.00	6.25
12	纪魁	5 000 000.00	6.25
13	方正和生投资	8 000 000.00	10.00
14	宁建中	9 500 000.00	11.88
15	汪海敏	10 000 000.00	12.50
16	朱莉	15 000 000.00	18.75
合计		80 000 000.00	100.00

方正专项资管计划委托人非公司控股股东、实际控制人或董事、监事、高级管理人员。

长期以来，契约型私募基金之所以无法成为拟挂牌公司股东，一个重要的原因在于其工商登记难以完成，各地的工商登记部门基本不接受由契约型基金作为公司股东的登记，在新绿股份的案例中，作为工商登记的股东仍旧是有限责任公司性质的方正富邦和德骏资产，这解决了工商登记的资质问题，但同时带来另一个问题，即如此一来方正富邦和德骏资产持有的新绿股份的股权实际是代背后的投资人持有的，绕开工商局带来另一个"代持"的问题。对于该问题，新绿股份的中介解释道：根据《非上市公众公司监管指引第4号——股东人数超过200人的未上市股份有限公司申请行政许可有关问题的审核指引》"三、关于股份代持及间接持股的处理：（二）特别规定"，"以私募股权基金、资产管理计划以及其他金融计划进行持股的，如果该金融计划是依据相关法律法规设立并规范运作，且已经接受证券监督管理机构监管的，可不进行股份还原或转为直接持股"。因此，德骏资产、方正富邦代持股可以不进行还原，符合相关法律、法规的规定。

在股转公司公布《机构业务问答（一）——关于资产管理计划、契约型私募基金投资拟挂牌公司股权有关问题》后，拟挂牌公司股东中包含资产管理计划、证券公司资产管理计划、契约型私募基金投资已经不再构成新三板挂牌过程中的实际性障碍。新绿股份以契约型基金的管理人为工商登记的股东，辅以契约型基金在协会备案的相关信息，以此解决契约型基金作为拟挂牌公司股东的登记问题，完美地解决了契约型基金难以完成工商登记的问题。新绿股份的案例不失为契约型私募基金和资产管理计划股东的一条可操作之道，而且在新绿股份公开的文件中，也没有公布契约型基金的实际背后投资人。

本章小结

　　对于股东中存在法人股东的情况，首先要核查的就是法人股东是不是私募基金，如确定股东中存在私募基金，则须进一步核查该私募基金是否按照《证券投资基金法》、《私募投资基金监督管理暂行办法》及《私募投资基金管理人登记和基金备案办法（试行）》等相关规定履行了登记备案程序。从近日前股转公司发布《全国中小企业股份转让系统机构业务问答（二）——关于私募投资基金登记备案有关问题的解答》可知股转公司对于私募基金备案的要求在降低，私募投资基金管理人只需要出具完成登记或备案的承诺函，并明确具体（拟）登记或备案申请的日期即可，但要求中介机构在持续督导过程中持续关注。因此。私募基金登记备案仍是"红线"问题，需要谨慎处理。

第三章
无形资产出资

关于无形资产出资，新《公司法》第二十七条规定："股东可以用货币出资，也可以用实物、知识产权、土地使用权等可以用货币估价并可以依法转让的非货币财产作价出资；但是，法律、行政法规规定不得作为出资的财产除外。对作为出资的非货币财产应当评估作价，核实财产，不得高估或者低估作价。法律、行政法规对评估作价有规定的，从其规定。"《公司注册资本登记管理规定》第五条规定："股东或者发起人可以用货币出资，也可以用实物、知识产权、土地使用权等可以用货币估价并可以依法转让的非货币财产作价出资。股东或者发起人不得以劳务、信用、自然人姓名、商誉、特许经营权或者设定担保的财产等作价出资。"

在处理无形资产出资的时候，一般关注点在以下四个问题：1. 无形资产的权属问题，包括是否在规定时间内办理了产权转让手续，逾期未办理的是否进行了补办及补充验资报告，尤其关注职务发明；2. 无形资产的估值问题，包括无形资产的价值偏高或偏低，以及是否和经营相关，能否带来收益；3. 无形资产的出资程序要合法合规，主要包括无形资产是否有评估报告以及验资报告是否存在瑕疵；4. 无形资产占比问题，主要是在新《公司法》实施以前，历史遗留的无形资产占比过高的问题。

案例一 **风格科技（430216），人力资源出资，技术出资超比例且未评估**

　　风格科技前身为上海风格信息技术有限公司，由惠新标、张聪慧两名股东于 2004 年 7 月共同出资设立，注册资本为 200.00 万元，经营范围为计算机软硬件、数字电视设备和通信类产品的研发、销售，软件的制作，系统集成，提供相关的四技服务。

　　2004 年 8 月 6 日，公司召开股东会并做出股东会决议，同意张聪慧以货币出资 20.00 万元，占注册资本的 10.00%；惠新标以货币出资 70.00 万元，占注册资本的 35.00%，以人力资源出资 40.00 万元，占注册资本的20.00%，以高新技术成果——嵌入式数字电视 ASI 码流监视设备出资 70.00万元，占注册资本的 35.00%。其中张聪慧货币出资 20.00 万元，惠新标本次无形资产合计出资 110.00 万元、货币出资 20.00 万元于公司设立时一次性缴足，另外 50.00 万元货币出资由惠新标于公司成立 3 年内缴足。惠新标此次出资存在三个问题：1. 以人力资源出资；2. 以高新技术成果——嵌入式数字电视 ASI 码流监视设备出资作价 70.00 万元未经评估；3. 无形资产出资比例超出当时《公司法》规定的 20%。

　　对于以上三个问题，公司及中介机构的应对措施如下：

　　（1）关于公司设立时惠新标以人力资源出资

　　2004 年 8 月 6 日，惠新标以其自身作为人力资源出资，全体股东召开股东会并做出决议，一致同意其人力资源作价 40.00 万元出资，占注册资本的20.00%。2004 年 8 月 6 日，惠新标、张聪慧共同签署了《上海风格信息技术有限公司章程》，章程约定了有限公司设立时的出资金额、出资比例及出资方式。

　　2006 年 6 月，公司股东惠新标通过将上述人力资源出资以零元价格转让给杨树和，由杨树和将 40.00 万元货币资金注入公司验资账户的方式置换人力资源出资。2006 年 6 月 19 日，上海上审会计师事务所出具了《验资报告》（沪审事业 [2006]3754 号）进行出资验证。2012 年 9 月 27 日，上海市工商行政管理局浦东新区分局出具《工商浦东分局〈关于商请就上海风格信息技术股份有限公司人力资源出资事项进行确认的函〉的复函》明确答复浦东新区推进中小企业上市工作联席会议办公室，"上海风格信息技术有限公司于 2004 年 8月设立登记时注册资本中含有 40.00 万元（占注册资本的 20.00%）人力资本的出资形式，符合市场准入改革创新试点政策"。

　　最后由主办券商出具结论性意见：有限公司设立时以人力资源出资是依据

上海市工商行政管理局《关于鼓励软件产业和集成电路产业发展促进高新技术成果转化的若干实施意见》（沪工商注 [2001] 第 97 号）和《关于印发〈关于张江高科技园区内内资企业设立登记的实施细则〉的通知》（沪工商注 [2001] 第 334 号）的规定，依法在上海市工商行政管理局浦东分局办理的设立登记手续。由于上海市工商行政管理局为鼓励本市企业发展设置了宽松的企业注册登记政策，引起风格信息存在出资方式与《公司法》之规定不一致的法律瑕疵。鉴于风格信息及其股东不存在主动违法违规情形，且已于 2006 年以货币资金置换了人力资源出资，同时取得上海市工商行政管理局浦东新区分局关于有限公司以人力资源出资符合地方政府市场准入改革创新试点政策的确认函，故认为有限公司上述出资行为不存在重大违法违规行为。

（2）关于公司设立时惠新标以高新技术成果出资未经评估

2004 年 8 月 6 日，公司召开股东会并做出决议，同意股东惠新标以高新技术成果——嵌入式数字电视 ASI 码流监视设备作价 70.00 万元出资，占注册资本的 35.00%。

2004 年 8 月 11 日，上海市张江高科技园区领导小组办公室出具《关于批准嵌入式数字电视 ASI 码流监测设备项目评估合格的函》（沪张江园区办项评字 [2004]012 号）认定为上海市高科技园区高新技术成果转化项目，所有者为惠新标。

2004 年 8 月 11 日，上海申洲会计师事务所有限公司出具《验资报告》（沪申洲 [2004] 验字第 552 号）验证，截至 2004 年 8 月 10 日，有限公司以高新技术成果——嵌入式数字电视 ASI 码流监视设备出资的 70.00 万元已完成转移手续。

2005 年 3 月 18 日，张江高科技园区领导小组办公室评估认定"嵌入式数字电视 ASI 码流监测设备"评估价值为 210.00 万元。2005 年 4 月 20 日，上海市高新技术成果转化项目认定办公室颁发证书认定"嵌入式数字电视 ASI 码流监测设备为上海市高新技术成果转化项目，权属单位为上海风格信息技术有限公司"，该项目可享受《上海市促进高新技术成果转化的若干规定》有关优惠政策。

2012 年 11 月 9 日，上海众华资产评估有限公司出具《惠新标个人所拥有的部分资产追溯性评估报告》（沪众评报字 [2012] 第 357 号），确认"嵌入式数字电视 ASI 码流监视设备于评估基准日 2004 年 8 月 11 日的市场价值为 71.6059 万元"。

2012 年 11 月 15 日，股份公司召开 2012 年第三次临时股东大会通过《关于上海风格信息技术股份有限公司设立时以高新技术成果、人力资源出资的议案》，确认有限公司设立时股东出资真实到位，不存在虚假出资、出资不实等情况，有限公司或股份公司的出资或股权不存在纠纷或潜在纠纷。

最后由主办券商出具结论性意见：惠新标以高新技术成果出资经上海众华资产评估有限公司追溯评估，其价值并未被高估，并已全部转移至公司。因此，该部分出资真实到位，不存在虚假出资、出资不实等情况。

（3）关于公司设立时惠新标以无形资产出资超过当时《公司法》（1999年修正）规定的比例

2004年8月6日，公司召开股东会并做出决议，同意股东惠新标以高新技术成果——嵌入式数字电视ASI码流监视设备作价70.00万元出资，占注册资本的35.00%。而公司设立时有效的《公司法》（1999年修正）第二十四条第二款规定，"以工业产权、非专利技术作价出资的金额不得超过有限责任公司注册资本的百分之二十，国家对采用高新技术成果有特别规定的除外"。

但是上海市工商行政管理局2001年出台的《关于鼓励软件产业和集成电路产业发展促进高新技术成果转化的若干实施意见》（沪工商注[2001]第97号）第二条规定"科技型企业、软件和集成电路的生产企业可以高新技术成果和人力资本、智力成果等无形资产作价投资入股。1. 以高新技术成果作价投资入股可占注册资本的35.00%，全体股东另有约定的，可从其约定；2. 无形资产可经法定评估机构评估，也可经全体股东协商认可并出具协议书同意承担相应连带责任，或经高新技术成果转化办公室鉴证后由验资机构出具验资报告"。

《上海市工商行政管理局关于印发〈关于张江高科技园区内内资企业设立登记的实施细则〉的通知》（沪工商注[2001]第334号）同样就高新技术成果作价出资可占到注册资本的35.00%进行明确规定。

最后主办券商出具结论性意见：上海市工商行政管理局为鼓励软件企业发展设置了宽松的企业出资和注册登记政策。有限公司设立时以高新技术成果出资的比例和程序虽不符合当时《公司法》的相关规定，但符合国务院关于印发的《鼓励软件产业和集成电路产业发展的若干政策》的通知（国发[2000]18号）的精神和上海市工商行政管理局2001年出台的《关于鼓励软件产业和集成电路产业发展促进高新技术成果转化的若干实施意见》（沪工商注[2001]第97号）的规定，同时也符合现行《公司法》关于无形资产出资比例的要求。

虽然风格科技设立之初在股东出资方面存在很多问题，但经过公司和相关机构的补正，最终并未对其挂牌造成实际性障碍。风格科技的问题解决思路归纳如下：1. 对于人力资源出资问题，可以通过寻找当时的法律法规或者地方规范性文件做支持，说明符合当地法规，并由工商局出具确认函；然后以货币资金置换出资；2. 对于出资超比例问题，也可以通过寻找法律依据，说明虽然不符合旧公司法，但符合当时的地方法规（在旧公司法后出台）；3. 对于出资未评估问题，需要先追溯评估，再经股东会确认即可。

案例二 今泰科技（430655），专利存在被认定为职务发明的可能性

今泰科技的前身广州今泰科技有限公司（"今泰有限"）成立于 2002 年 4 月 30 日。2009 年 10 月 30 日，今泰有限召开股东会做出决议，全体股东同意：公司注册资本由 784 790.00 元增至 5 000 000.00 元，以货币资金和经评估后的无形资产专利技术增资，其中：苏东艺认缴的新增注册资本为 4 118 010.00 元，包括（1）货币出资 1 102 800.00 元；（2）四项专利技术按照广州市华亿资产评估有限公司出具的（穗华亿评报字〔2009〕第 1138 号）《资产评估报告书》对专利技术的评估结果 3 600 900.00 元，作价 3 015 210.00 元出资；苏本池认缴的新增注册资本为 61 200.00 元，均为货币出资；黄现章认缴的新增注册资本为 36 000.00 元，均为货币出资。苏东艺将上述作价增资后的专利技术出资的 3 015 210.00 元的 5.1% 共 153 775.71 元出资转让给苏本池；将上述作价增资后的专利技术出资的 3 015 210.00 元的 3% 共 90 456.30 元出资转让给黄现章。

2009 年 10 月 30 日，苏东艺与今泰有限签订《专利权无偿转让合同》，苏东艺把上述四项专利转让给今泰有限。

由于四项专利技术与公司的生产经营相关，股东为排除出资的无形资产为职务发明的嫌疑，杜绝可能的潜在纠纷，决定以现金对该部分出资予以置换。

2013 年 3 月 20 日，股份公司召开 2013 年第一次临时股东大会并做出决议，同意股东苏东艺、苏本池、黄现章以现金 3 600 900.00 元（其中：3 015 210.00 元计入实收资本，585 690.00 元计入资本公积）置换 2009 年 10 月苏东艺以四项专利技术作价 3 600 900.00 元（其中：3 015 210.00 元计入实收资本，585 690.00 元计入资本公积）用于增加注册资本的出资，并重新验资；鉴于 2009 年 10 月 30 日的今泰有限股东会决议，苏东艺将上述作价增资后的专利技术出资中的 153 775.71 元的出资转让给苏本池，同意苏东艺将上述作价增资后的专利技术出资中的 90 456.30 元的出资转让给黄现章，本次出资方式变更后，股东苏东艺、苏本池、黄现章的出资方式均变更为"货币"。本次变更出资方式是针对股东苏东艺、苏本池、黄现章于 2009 年 10 月 30 日对今泰有限进行第二次增资时的四项专利技术而进行，变更出资方式后，原有四项专利技术仍然由公司继续持有并使用。

对于本次变更出资，主办券商在公开转让说明书和律师补充法律意见书均解释本次变更出资方式，仅是出于审慎性原则，为从根本上杜绝用作出资的无形资产被认定为职务发明之可能性而进行，是公司为完善治理架构，彻底解决可能的潜在纠纷并从根本上维护公司利益而采取的自我规范行为。变更出资方式后，原有四项专利技术仍然由公司继续持有并使用。

无形资产产权归属是股转公司在审查无形资产出资问题时的重点，而产权归属关注的重点正是是否属于职务发明。今泰科技出于审慎性原则，在挂牌前将涉嫌职务发明的专利出资置换为"货币"，避免了潜在的风险。

案例三 二十度 (835449)，无形资产出资不规范

山东二十度的前身为威海蓝牙科技有限公司（以下简称"二十度有限"），是由陈洪源、王杰礼、李冲、王战友、滕庆华 5 名自然人于 2001 年 10 月 30 日依法出资设立。威海蓝牙科技有限公司设立时，陈洪源作为出资的"蓝牙技术"作价 10 万元，经查阅设立时的工商材料，未见该非货币资产的评估作价依据文件，同时也未见出资人陈洪源拥有相关技术的权属文件。根据对二十度有限设立时股东的访谈，主办券商发现公司前身二十度有限设立时，原股东陈洪源事实上以其专有的"蓝牙技术"作为出资，该项技术未申报任何专利，故不存在权属文件，因陈洪源在 1996 年 10 月至 2000 年 3 月，获日本政府文部省奖学金赴东京工业大学计算机系学习，获东京工业大学工学博士学位，具备掌握"蓝牙技术"专业背景。陈洪源属于留学学成归国人员，依据威海火炬高技术产业开发区科学技术局《关于认定"威海科利斯生物工程有限公司"等八家企业为留学生人员企业》（威高科字 [2005]7 号）记载，认定威海蓝牙技术有限公司（更名为山东二十度节能技术服务有限公司）为留学生企业。

通过检查公司工商档案及无形资产移交清单，2013 年 3 月 26 日陈洪源将其持有 70 万股权转让给王杰礼，双方签署了《股权转让协议》，并办理了工商变更登记手续；同日，陈洪源向公司提交了该项专有技术的相关技术资料。

鉴于上述无形资产出资部分未经过评估，存在出资不规范情形，2014 年 12 月 27 日，公司召开股东会形成决议：公司股东陈洪源将其股权全部转让给王杰礼后，相应的权利义务全部由王杰礼承继，由于公司设立时，陈洪源以无形资产出资未进行评估，现公司股东王杰礼以人民币 10 万元置换以无形资产蓝牙技术作价出资 10 万元，于 2015 年 2 月 15 日前缴存至公司账户。

2015 年 2 月 15 日，山东汇德会计师事务所有限公司威海分所出具 (2015) 汇所验字威 017 号《验资报告》，对王杰礼以 10 万元出资的程序、银行打款凭证予以审验，证实公司已收到王杰礼缴纳的注册资本（实收资本）10 万元。

2015 年 11 月 18 日，威海火炬高技术产业开发区市场监督管理局出具《证明》，证明公司对上述出资瑕疵已履行整改程序，公司未受到过重大处罚。

最后，主办券商及律师做出结论性意见，认为该出资瑕疵问题不存在无出资行为的情况，该无形资产未经评估出资并作股权转让，违反了当时《公司法》的规定，但基于公司行政主管部门已出具公司未因该出资瑕疵受行政处罚证明，公司上述出资瑕疵已依法整改，对本次挂牌不构成实质性法律障碍。

一般而言，对于出资不规范的公司，只要补足出资，依法改正瑕疵，对挂牌不会构成实质性障碍。本案例中，无形资产出资人将股权转让给了他人，因而是由新股东以"货币"补足出资的，由于补足出资，无形资产出资瑕疵问题也就圆满解决了。

案例四 联合永道（430664），出资无形资产存在减值迹象

联合永道（北京）信息技术有限公司设立于 2007 年 4 月 10 日，设立时注册资本为 100 万元，股东均以货币出资。

2009 年 11 月 10 日，公司召开股东会，同意注册资本增至 1 000 万元，其中张春知识产权增资 420 万元、货币增资 120 万元；冯国馨知识产权增资 256.13 万元、货币增资 73.18 万元；许立志知识产权增资 23.87 万元、货币增资 6.82 万元。

本次出资的非专利技术为"中小企业在线学习引擎"，2009 年 11 月 9 日，北京海峡资产评估有限公司出具了（海峡评报字 [2009] 第 099 号）《资产评估报书》，根据该报告记载，截至 2009 年 10 月 31 日，知识产权——非专利技术"中小企业在线学习引擎"评估价值为 700 万元。根据非专利技术知识产权分割协议书，张春拥有 420 万元、冯国馨拥有 256.13 万元、许立志拥有 23.87 万元。上述出资已经北京永勤会计师事务所有限公司审验，并于 2009 年 11 月 13 日出具了（永勤验字 [2008] 第 443 号）《验资报告》验证。

2009 年 12 月股东投入的非专利技术 "中小企业在线学习引擎"可用于

开发符合中小型企业培训特征及 IT 系统建设特点的远程培训系统。但由于公司在实际经营中确立以职业教育软件产品的研发与销售为战略方向，未取得针对中小型企业在线学习的软件产品和服务的相关收入，可能存在减值迹象，因此公司决定对该无形资产进行减值处理并进行减资。

2013 年 4 月 1 日，公司召开股东会，同意公司注册资本减少至 300 万元，其中：张春减少 415.8 万元、冯国馨减少 253.5687 万元、许立志减少 23.6313 万元、沈桂福减少 7 万元，公司在《新京报》上刊登了减资公告。上述减资后，联合永道仍持有上述非专利技术，且该技术可以在联合永道网上教学等系统中得以继承和发展，并在市场中推广使用。

2013 年 6 月 18 日，公司召开股东会，同意增加新股东金泰亚盛；同意增加公司注册资本增加至 444.44444 万元，其中张春增资 59.4 万元、冯国馨增资 36.2241 万元，许立志增资 3.3759 万元，沈桂福增资 1 万元，金泰亚盛增资 44.44444 万元。

最终，联合永道通过对无形资产减值处理并进行减资，再重新增资的方式消除了该无形资产存在减值迹象给挂牌过程中带来的障碍。

出现减值或者价值被高估的情况需要结合当时情况做具体分析，一般来说，在处理价值高估或者减值的问题时，解决思路有以下几种供参考：1. 股东协商调低作价；2. 原股东补足作价偏高的部分；3. 对该无形资产做减值处理并进行减资。

本章小结

处理无形资产出资瑕疵时，主要思路在于一方面补足缺失的手续，防止法律纠纷；另一方面通过评估验资确定无形资产的价值，有瑕疵的置换或补足出资，保证出资的真实性和充足性。具体方法包括以下几点：1. 规定期限内办理转让手续，逾期的补办转让手续并出具补充验资报告，转移有障碍的应以等额货币补足出资；公司用无形资产出资要证明该无形资产为职务发明，个人出资则要证明不是职务发明，发现这类问题一般做减资处理。2. 无形资产价值被高估时，主要措施是重新评估资产价值，然后置换或者补足。3. 出资程序不合规的主要由中介机构、会计师事务所、律师事务所、保荐人出具复核意见，说明该瑕疵不影响未来经营，不产生潜在风险及不构成挂牌障碍。4. 无形资产占比超标应如实披露，在不影响后续经营和股东利益的情况下，做出不存在出资不实的说明；若属于用于主要经营的高新技术成果，则应寻找相关文件支持，寻求工商部门证明；若该瑕疵影响到挂牌，则应以等额货币置换超标无形资产；若无形资产经摊销后，在申报期已低于规定，一般不构成影响。无形资产相关的其他问题也应以"实质重于形式"为标准，比如以专利出资但没有转让专利产权，而企业一直在使用的，只要及时补足手续转移产权并充分披露说明，一般就不会构成挂牌障碍。

第四章

转增股本

　　公司增加注册资本主要有两种途径：一是吸收外来新资本，包括增加新股东或者原股东追加投资；二是用资本公积、盈余公积、未分配利润转增资本。而转增资本一般指的就是公司以资本公积、盈余公积、未分配利润转增注册资本。

　　公司要到新三板挂牌，必须将有限公司改制为股份有限公司，这一改制过程通常称为"股改"。大部分情况下资本公积、盈余公积、未分配利润转增资本都发生在股改阶段。股改时往往以公司净资产整体折股，或是以净资产中一部分折股，剩余部分纳入资本公积。以净资产折股不外乎以下四种实质结果：（1）资本公积转增股本；（2）盈余公积（法定公积金和任意公积金）转增股本；（3）未分配利润转增股本；（4）未分配利润和盈余公积转为资本公积。

　　（1）以资本公积转增股本

　　《国家税务总局关于股份制企业转增股本和派发红股征免个人所得税的通知》（国税发〔1997〕198号）文中明确规定，"股份制企业用资本公积金转增股本不属于股息、红利性质的分配，对个人取得的转增股本数额，不作为个人所得，不征收个人所得税"。在《关于原城市信用社在转制为城市合作银行过程中个人股增值所得应纳个人所得税的批复》（国税函〔1998〕289号）中又进一步明确了国税发〔1997〕198号文中所表述的"资本公积金"是指股份制企业股票溢价发行收入所形成的资本公积金。将此转增股本由个人取得的数额，不作为应税所得征收个人所得税。而与此不相符合的其他资本公积金分配个人所得部分，应当依法征收个人所得税。

而2015年财政部、国家税务总局发布的《关于将国家自主创新示范区有关税收试点政策推广到全国范围实施的通知》（财税［2015］116号）以及国家税务总局《关于股权奖励和转增股本个人所得税征管问题的公告》（国税发［2015］80号）中，对转增股本做出如下规定："1.自2016年1月1日起，非上市的中小高新技术企业或未在全国中小企业股份转让系统挂牌的中小高新技术企业以未分配利润、盈余公积、资本公积向个人股东转增股本，并且个人股东一次缴纳个人所得税确有困难的，可以分期缴纳个人所得税；非上市及未在全国中小企业股份转让系统挂牌的其他企业转增股本，应及时代扣代缴个人所得税。2.上市公司或在全国中小企业股份转让系统挂牌的企业转增股本（不含以股票发行溢价形成的资本公积转增股本），按现行有关股息红利差别化政策执行。"

由此可知，对于资本（或股本）溢价发行收入所形成的资本公积金，转增股本时自然人股东不用缴纳个人所得税。除了以股票发行溢价形成的资本公积的其他资本公积金转增股本，应该依法征收个人所得税。

（2）以盈余公积（法定公积金和任意公积金）转增股本

《国家税务总局关于股份制企业转增股本和派发红股征免个人所得税的通知》（国税发［1997］198号）除对资本公积金转增股本是否应该纳税情况予以规定外，还规定"股份制企业用盈余公积金派发红股属于股息、红利性质的分配，对个人取得的红股数额，应作为个人所得征税"。该政策在《国家税务总局关于盈余公积金转增注册资本征收个人所得税问题的批复》（国税函发［1998］333号）中得到进一步强调和说明。国税函发［1998］333号文中指出，"青岛路邦石油化工有限公司将从税后利润中提取的法定公积金和任意公积金转增注册资本，实际上是该公司将盈余公积金向股东分配了股息、红利，股东再以分得的股息、红利增加注册资本。因此，依据《国家税务总局关于股份制企业转增股本和派发红股征免个人所得税的通知》（国税发［1997］198号）精神，对属于个人股东分得并再投入公司（转增注册资本）的部分应按照'利息、股息、红利所得'项目征收个人所得税，税款由股份有限公司在有关部门批准增资、公司股东会决议通过后代扣代缴"。

实务中，各地也是按照上述政策具体操作的，例如在《山东省地方税务局关于企业类型变更过程中实收资本变动征免个人所得税问题的批复》（鲁地税函［2009］97号）中，明确答复"山东尤洛卡自动化装备股份有限公司整体改制过程中，用盈余公积金和未分配利润转增的公司股本 1 825.77 万元（其中：盈余公积金转增 198.91 万元，未分配利润转增 1 626.86 万元）部分，应按照'利息、股息、红利所得'项目征收个人所得税"。

故而，对于盈余公积（法定公积金和任意公积金）转增股本的情况，自然人股东需要缴纳个人所得税。

（3）以未分配利润转增股本

该种情况与盈余公积转增股本类似。《国家税务总局关于企业股权投资业务若干所得税问题的通知》（国税发[2000]118 号）规定，"除另有规定的外，不论企业会计账务中对投资采取何种方法核算，被投资企业会计账务上实际做利润分配处理（包括以盈余公积和未分配利润转增资本）时，投资方企业应确认投资所得的实现"。因此，有限责任公司整体变更为股份有限公司时以净资产中的未分配利润转增股本的视同利润分配行为。因而自然人股东也需缴纳个人所得税。

（4）以未分配利润和盈余公积转为资本公积

按照现行《个人所得税法》的规定，自然人是就其"所得"依法纳税。对于未分配利润和盈余公积转为资本公积的情况，自然人股东并未实际取得相应收入，现行的税收法律、法规及规范性文件也未明确规定该种情况下个人需缴纳税款，且从我国关于公司整体变更时自然人股东纳税义务发生时间的规定来看，也暗含上述意思。因而，笔者认为仅仅发生未分配利润和盈余公积转为资本公积，而并未伴随相应的配股等分配行为时，自然人股东无须缴纳个人所得税。

总体来说，资本公积（其他资本公积除外）转增部分一般不需要缴纳个人所得税，而未分配利润和盈余公积转增部分需要缴纳个人所得税。

下面通过几个案例来分析在实务中如何处理转增股本的问题：

案例一 爱夫卡（833331），整体变更时注册资本未变

2015 年 3 月 15 日，爱夫卡有限公司召开董事会，同意以发起设立的方式，将爱夫卡有限公司整体变更为股份公司，爱夫卡有限公司登记在册的股东作为股份公司的发起人。

2015 年 3 月 15 日，有限公司全体股东作为股份公司发起人签署了《发起人协议》，公司由有限责任公司整体变更为股份有限公司，按照爱夫卡有限截至 2015 年 2 月 28 日经致同会计师事务所（特殊普通合伙）审计的公司净资产值为人民币 6 143 406.31 元，以经审计的净资产按照 1：0.9034 折股比例（保留四位小数），将有限公司净资产中的人民币 555 万元折为股份公司的股份 555 万股，每股面值人民币 1.00 元，余额人民币 59.34 万元计入公司资本公积金。各发起人按照各自在有限公司所占注册资本比例，确定对股份公司的股份比例，有限公司股东变更为股份公司股东。

2015 年 5 月 18 日，致同会计师事务所（特殊普通合伙）出具了（致同［2015］第 351ZB0002 号）《验资报告》，截至 2014 年 3 月 31 日，公司已根据《公司法》有关规定及公司折股方案，将爱夫卡有限公司截至 2015 年 2 月 28 日经审计的所有者权益（净资产）人民币 6 143 406.31 元，按 1：0.9034 的比例折合股份总额 555 万股，每股 1.00 元，共计股本人民币 55 500 00.00 元，大于股本部分 593 406.31 元计入资本公积。

由于爱夫卡有限公司采取整体变更方式设立股份有限公司，公司整体变更前注册资本为 555 万元，整体变更为股份公司后注册资本为 555 万元。在本次整体变更过程中，未发生以未分配利润、盈余公积转增股本的情形，因此公司自然人股东无须缴纳个人所得税。

除此之外，在 2015 年 8 月 14 日挂牌的霍普股份（833328）也采取了类似做法，整体变更前公司的实收资本为 30 000 000.00 元，资本公积为 0，盈余公积为 15 000 00.00 元，未分配利润为 54 511 016.37 元。公司整体变更时，以经审计的净资产 86 011 916.37 元折合为股份有限公司的实收股本总额的 3 000 万元，股份总数为 3 000 万股，每股面值 1.00 元，注册资本 3 000 万元，余额 56 011 916.37 元计入资本公积。

爱夫卡和霍普股份在股改时采取了类似的做法，即整体变更前后注册资本不变，将资本公积、盈余公积、未分配利润转为股份公司资本公积的做法。采取此种做法的挂牌企业不在少数，此种做法减轻了自然人股东在整体变更时的税负压力。但随着股转公司的审核标准不断提高，笔者认为此种做法存在一定的潜在风险。

案例二 **升拓监测（839148），以资本公积、未分配利润和盈余公积转增股本**

2015 年 8 月 28 日，升拓有限通过股东会决议，同意以升拓有限截至

2015 年 7 月 31 日经审计的净资产 16 332 314.25 元折为公司股本 900 万股，整体变更为股份有限公司，实际出资超过股本的部分作为股本溢价列入公司资本公积。

2015 年 10 月，升拓有限整体变更为股份有限公司，在整体变更过程中，公司注册资本由 300 万元变更为 900 万元，新增注册资本 600 万元，其中以资本公积转增注册资本 596 万元，以未分配利润和盈余公积转增注册资本 4 万元，公司用于转增注册资本的资本公积全部为有限阶段股东溢价增资形成。

1998 年 5 月 15 日，国家税务总局颁布《关于原城市信用社在转制为城市合作银行过程中个人股增值所得应纳个人所得税的批复》（国税函 [1998] 289 号）中对不征收个人所得税的资本公积金的范围进行了界定，该批复中规定：国税发 [1997]198 号文 ① 中所说的"资本公积金"是指股份制企业股票溢价发行收入所形成的资本公积金。将此转增股本由个人取得的数额，不作为应税所得征收个人所得税。而与此不相符合的其他资本公积金转增股本部分，应当依法征收个人所得税。自然人股东未就资本公积转增注册资本部分缴纳个人所得税；对于以未分配利润和盈余公积转增股本部分，自然人股东已缴纳了相应的个人所得税。

2010 年 5 月 31 日，国家税务总局颁布《关于进一步加强高收入者个人所得税征收管理的通知》（国税发 [2010]54 号）规定：加强企业转增注册资本和股本管理，对以未分配利润、盈余公积和除股票溢价发行外的其他资本公积转增注册资本和股本的，要按照"利息、股息、红利所得"项目，依据现行政策规定计征个人所得税。

根据上述规定，自然人股东就资本公积转增注册资本部分可以免缴纳个人所得税；对于以未分配利润和盈余公积转增股本部分，自然人股东已缴纳了相应的个人所得税。

本案例中，升拓监测利用公司增资时股东投入形成的股票溢价转增股本，满足相关法律法规所规定的资本公积中股票溢价部分，不作为应税所得征收个人所得税，合法地绕开了纳税的义务。

---

① 1997 年 12 月 15 日，国家税务总局颁布的《关于股份制企业转增股本和派发红股征免个人所得税的通知》（国税发 [1997]198 号）规定，股份制企业用资本公积金转增股本不属于股息、红利性质的分配，对个人取得的转增股本数额，不作为个人所得，不征收个人所得税。

案例三 **华虹科技（830824），分期缴纳个人所得税**

2013 年 9 月 27 日，有限公司召开股东会，股东一致同意有限公司整体变更为股份有限公司。根据《公司法》有关规定及公司折股方案，将有限公司截至 2013 年 3 月 31 日的净资产 42 503 756.25 元折股，折合股份总额 35 000 000 股，每股 1.00 元，共计股本 35 000 000 元，净资产大于股本部分计入资本公积。整体变更后所增加股本的具体构成：1. 将历次增资形成的资本公积即资本溢价共计 1 009.49 万元，全部用于转增股本。2. 上述资本公积转增股本后，不足部分以经审议的留存收益转增，即整体变更完成后，截至基准日的公司留存收益 17 503 756.25 元中的 10 000 000.00 元转增股本，余额计入资本公积。

其中，在有限公司整体变更为股份公司过程中，自然人股东尚未缴纳就未分配润、盈余公积、资本公积等转增资本所应缴纳的个人所得税额。

2014 年 3 月 17 日，自然人股东陈春江、陈炳添、林契声和李培根向福州市鼓楼区地税局递交分期缴纳个人所得税的申请。根据《福建省地方税务局关于个人投资及转增股本个人所得税征管问题的通知》（闽地税函［2012］247号），对于用未分配利润、盈余公积、资本公积（不含股份制企业股票溢价发行收入所形成的资本公积金）转增股本的情形经纳税人申请，报县区地税局审核同意，可在不超过 5 年的期限内分期纳税。

2014 年 5 月 8 日，自然人股东陈春江、陈炳添、林契声、李培根做出《承诺函》，承诺有限公司整体变更为股份公司时，自然人股东应缴纳的个人所得税，由自然人按照国家法律、法规、税收征管规定或税收征管机关的要求缴纳。如因自然人股东未及时缴纳个人所得税导致公司承担责任或遭受损失，自然人股东将承担连带赔偿责任，并及时、足额地向公司赔偿其所发生的与此有关的所有损失。自然人自愿接受中国证监会、全国中小企业股份转让系统公司根据证券监管相关法律、法规和规范性文件做出的处罚，并承担相应法律责任。

在本案中，由于公司自然人股东已申请 5 年内分期缴纳公司整体变更应缴纳的税额，且自然人股东已经做出承诺如因未及时缴纳个人所得税导致公司承担责任或遭受损失的，由自然人股东承担连带赔偿责任。因此，自然人股东尚未缴纳公司整体变更应缴纳的税额的情形没有对华虹科技的挂牌产生实质性影响。

案例四 **德卡科技（832423），以未经审计的未分配利润转增注册资本**

2012 年 8 月 1 日，深圳市德卡科技有限公司召开了股东会，全体股东一致同意在本年度净利润弥补 2005—2011 年度损益后，提取各项盈余公积金，包括：1. 计提 10% 的法定盈余公积金；2. 计提 5% ～ 10% 的法定公益金后，未分配利润余额 500 万元转增为实收资本，公司实缴注册资本至 1 500 万元。增加的注册资本中，法人代表孙永战占转增资本的 350 万元，股东贾立民占转增资本的 150 万元。

2012 年 8 月 13 日，深圳佳和会计师事务所出具了（深佳和验字 [2012] 第 234 号）《验资报告》，验证截至 2012 年 8 月 1 日，公司已收到股东孙永战、贾立民缴纳的新增的注册资本人民币 500 万元，股东以公司截至 2012 年 7 月 31 日的未分配利润转增。

2013 年 1 月 30 日，德卡科技召开股东会，经股东会一致表决同意：将公司注册资本由人民币 1 500 万元增加至 2 000 万元。公司在本年度净利润提取 2012 年度各项盈余公积金，包括：1. 计提 10% 的法定盈余公积金；2. 计提 5% ～ 10% 的法定公益金后，未分配利润余额 400 万元转增为实收资本，剩余 100 万元以货币增资。其中，孙永战转增资本 350 万元，贾立民转增资本 150 万元，于 2013 年 2 月 28 日之前完成实收资本转增的相关工作。

2013 年 2 月 27 日，深圳恒晨会计师事务所（普通合伙）出具（深恒晨验字 [2013] 第 007 号）《验资报告》验证，截至 2013 年 2 月 26 日，公司已收到股东孙永战、贾立民缴纳的新增注册资本人民币 500 万元，货币出资人民币 100 万元，以公司截至 2012 年 12 月 31 日的未分配利润转增资本金人民币 400 万元。其中，孙永战以货币出资人民币 70 万元，以截至 2012 年 12 月 31 日账面实现的未分配利润投入 280 万元；贾立民以货币出资 30 万元，以截至 2012 年 12 月 31 日账面实现的未分配利润投入 120 万元。变更后的累计注册资本为人民币 2 000 万元，实收资本为人民币 2 000 万元。

股东孙永战及贾立民于 2012 年 8 月及 2013 年 2 月 27 日先后两次以未分配利润转增注册资本，都未经专项审计，未缴纳个人所得税，公司也未履行代扣代缴义务。

◎ **应对措施：**

首先，就公司以未经专项审计的未分配利润转增注册资本事项，公司做出具体说明：公司 2012 年以未分配利润增资 500 万元，根据律师核查证明，公司 2011 年度审计报告显示 2011 年未分配利润为 6 255 017.78 元，股改时公司的审计报告显示 2011 年未分配利润为 5 832 718.22 元。

此次转增方案：2011 年末公司未分配利润 +2005 年至 2011 年损益 – 计

提（2011 年度未分配利润 +2005 年至 2011 年度损益）×10% 的盈余公积金后，以余额进行转增。

根据 2011 年度审计报告计算，可转增股本的数额为 5 577 868.926 元；根据股改时的审计报告计算，可转增股本的数额为 5 197 799.322 元，上述两个结果均比实际转增股本多，用同样的方法计算出 2012 年可转增股本的数额均比实际转增股本多，故不存在因未分配利润低于转增资本额的情况，且不存在未足额出资或虚假出资行为。

其次，股东出具《关于股权变动事宜的声明及承诺函》，承诺公司历次增资程序合法、有效，增资权项均已足额到位，用于出资的实物资产产权清晰、合法，已经变更至公司名下。公司股东对上述声明、承诺的真实性及合法性负全部法律责任；如公司股东对上述事项进行了虚假陈述，并造成公司、投资者经济损失的，公司股东承诺承担连带责任。

关于两次以未分配利润转增注册资本未缴纳个人所得税事项，股东出具《关于纳税事宜的承诺函》，承诺："上述增资涉及的补缴个人所得税、滞纳金及／或罚金等税费，本人同意，该等税费完全由本人于 2015 年 12 月 31 日前自行承担，且本人同意确保公司免予承担上述任何税费。"

最后，主办券商和律师出具结论性意见，认为德卡科技历史上以未经审计的未分配利润进行增资的情形，虽然存在程序上的瑕疵，但并未造成公司或其他股东的实际损失。公司股东也对该程序性瑕疵可能产生的影响出具了书面承诺，上述情形不会导致公司违规受损失，对公司申请挂牌不构成实质性障碍。

本案中，公司和中介机构通过披露说明并证明公司两次以未分配利润增资的行为不存在因未分配利润低于转增资本额的情况，且不存在未足额出资或虚假出资行为，解决了公司历史上存在的程序瑕疵问题。可以得知对于历史进程中的程序瑕疵问题，股转公司更关注的是有无对公司或其他股东造成实际损失，依旧是"实质重于形式"。

案例五　三立股份（836743），股改时股东暂未缴纳个人所得税

2015 年 9 月 30 日，三立有限召开临时股东会，审议通过将有限公司依据经审计的净资产整体变更为股份公司等议案。根据天衡会计师事务所（特殊普通合伙）以 2015 年 8 月 31 日为审计基准日出具的（天衡审字［2015］02131 号）《审计报告》，经审计的账面净资产值为 20 725 804.43 元。根据普欣评估出具的（锡普评报字［2015］第 47 号）《资产评估报告》，净资产评估值为

4 241.67 万元，公司评估后的净资产不低于审计确定的净资产。

2015 年 9 月 30 日，股东沈立言、陈燕敏、王勇、过世明、杜建忠签署了《发起人协议》，根据《发起人协议》，全体发起人自愿以 2015 年 8 月 31 日经审计的公司净资产额认购股份有限公司的发起人股份，股份公司注册资本为人民币 20 000 000.00 元，超过注册资本部分的 725 804.43 元人民币计入资本公积金。

2015 年 10 月 16 日，天衡会计师事务所（特殊普通合伙）就有限公司整体变更为股份公司出具《验资报告》（天衡验字〔2015〕02116 号）。根据该《验资报告》，截至 2015 年 10 月 16 日，股份公司已收到全体发起人缴纳的股本合计人民币 2 000 万元，出资方式为依据审计后的无锡市三立轴承有限公司的净资产及股东所占其股权比例计算的各股东应享有的净资产。

本次股改，自然人股东暂未缴纳个人所得税，公司也暂未履行代扣代缴义务。但自然人股东承诺："如果未来税务机关追缴上述个人所得税，本人应当及时足额地缴纳税金、滞纳金、罚款等；若公司因此被追缴上述税款、被税收机关进行处罚等产生任何支出、费用或损失，本人同意全额向公司进行补偿，保证公司不因此遭受任何经济损失。"

公司在股改时经常会以盈余公积或者未分配利润转增注册资本，此时自然人股东就需要缴纳个人所得税，但在实务过程中很多自然人股东不会立即缴纳个人所得税，此时就需要自然人股东出具《承诺书》，承诺如果未来税务机关追缴上述个人所得税，其本人将及时缴纳税金、滞纳金、罚款，并对由此给公司造成的损失进行全额赔偿。从最近成功挂牌的案例可知股转公司依然是接受此种做法的。

本章小结

一般来说，只要企业愿意缴（补缴）税且程序合法，公司转增股本基本不会给企业挂牌造成实质性障碍。但是由于目前国内对转增股本涉税问题的相关法律仍然不够健全、明确，各地方政府也出台了一些法规（这些法规里有存在与国家税务局出台文件的规定相冲突的），这使得实际操作中存在合法变通的空间。为了减轻税负，目前新三板企业可采取的主要变通方式有：1.整体变更时保持注册资本不变；2.通过股票溢价的资本公积转增股本；3.按照法律规定，制订合理的分期缴纳计划，并提交主管税务机关审核；4.根据地方性法规获得个税减免，申请获得相关证书和税收优惠的证明批文并由股东出具兜底性承诺；5.将个人持股转化为法人持股。

第五章

主营业务发生变更

　　根据股转发布的《全国中小公司股份转让系统股票挂牌条件适用基本标准指引（试行）》，其中"二、业务明确，具有持续经营能力"，对拟挂牌公司的主营业务问题进行了详细的解释，具体条文如下：

　　（一）业务明确，是指公司能够明确、具体地阐述其经营的业务、产品或服务、用途及其商业模式等信息。

　　（二）公司可同时经营一种或多种业务，每种业务应具有相应的关键资源要素，该要素组成应具有投入、处理和产出能力，能够与商业合同、收入或成本费用等相匹配。

　　1. 公司业务如需主管部门审批，应取得相应的资质、许可或特许经营权等。

　　2. 公司业务须遵守法律、行政法规和规章的规定，符合国家产业政策以及环保、质量、安全等要求。

　　简单来说，以上两条想要表达的意思是：公司所做的业务需要明确具体，而且要有完整的投入产出链条，规则对公司的业务种类也并没有限制，可以经营一种或多种业务，但最后的底线是要取得业务资质。

　　不过在实践过程中，券商往往要求拟挂牌公司主营业务突出，也就是要求公司把不相关业务进行剥离，集中公司优势力量把主营业务做好，这其实也是对公司可持续经营能力的要求。另外，业务资质是一条红线，如果没有取得业务资质，往往会成为挂牌的实质性障碍。

不过，股转并没有明文要求公司主营业务在报告期内不能变更。这也就意味着，主营业务发生重大变化一般会构成挂牌新三板的实质性障碍。主营业务的变化，一般存在一定变更背景，公司不会无缘无故将主营业务进行变更。如果公司在报告期主营业务发生了变更，我们需要披露主营业务变更的前因后果，考虑主营业务变更是否会对公司的持续经营能力产生影响。

主营业务的变更可能会存在以下几种情形：

1. 经营产品种类的变化，比如公司的主营业务为 PVC 发泡板的生产及销售、玩具的生产及销售，后公司进行战略调整，终止玩具的开发和生产，及公司的主营业务变更为 PVC 发泡板的研发、生产和销售；

2. 经营模式的变更，以前既有贸易又有生产变更为进行单纯的生产销售，比如从事 B 种产品贸易业务，又从事 B 产品研发、生产、销售，后来专门进行 B 产品的研发、生产、销售，不再从事贸易业务；

3. 经营领域的彻底变更，从一个领域转型至另一个领域，比如从电子产品销售变更为青少年家庭安全教育培训服务。

案例分析：

案例一　铭冠板业（837862）

一、公司主营业务

福建铭冠板业科技股份有限公司成立于 2008 年 2 月 25 日，主要从事塑料建筑装饰板材——PVC 发泡板的研发、生产和销售。目前公司 PVC 发泡板已全部实现机械化、自动化生产。报告期之初，公司还从事玩具的生产和销售。公司的申报报告期为 2014 年、2015 年两个完整的会计年度。在报告期内，2014 年 9 月，公司决定终止玩具生产。2015 年 5 月，公司最后一批玩具销售完毕后，公司彻底终止了玩具的生产经营。

二、主营业务变更风险

报告期内，公司的主营业务为 PVC 发泡板的生产及销售、玩具的生产及销售。2014 年 9 月，公司进行战略调整，终止玩具的开发和生产，2015 年 5 月，销售完最后一批库存玩具后，公司彻底终止了玩具的销售。至此，公司的主营业务变更为 PVC 发泡板的研发、生产和销售。

鉴于公司的主营业务收入构成发生重大变化，公司目前的经营制度、管理模式需要随之做出调整和完善，因此公司面临主营业务变更风险。

◎ **应对措施：**

公司实际控制人收购公司的目的是为了发展生产 PVC 发泡板，但因公司实际控制人无生产经营 PVC 发泡板经验，因此，收购公司初期主要是处于对 PVC 发泡板项目的充分论证阶段，2014 年初进行试生产，并于 2014 年 5 月实现销售。玩具产品是公司实际控制人蔡氏家族传统经营的产业，具有较强的研发、生产和销售经验。在收购公司至完成 PVC 发泡板项目正常投产阶段，为保持公司有生产经营业务，公司决定暂时生产蔡氏家族传统经营产品——玩具。

公司的 PVC 发泡板业务是经充分论证的。同时，公司也从业内聘请了专业技术人员和销售人员来加强公司的生产销售管理工作。随着公司生产销售规模的不断扩大，公司将不断吸纳业内的优秀生产、管理和销售人员加入公司。

三、主营业务转型对公司持续经营的影响

（1）公司主营业务转型的原因

2012 年，公司实际控制人收购公司的目的主要是为了建设塑料建材——PVC 发泡板生产线项目。但因实际控制人没有从事塑料建材的生产经营经验，因此没有立即进入该行业。收购公司后，公司也未完成项目论证，因此蔡氏家族收购公司初期也处于项目充分论证阶段，同时，为保证公司有存续业务，公司决定在塑料建材项目投产前，先暂时从事实际控制人家族从事的传统产业——玩具的制造和销售。且低端玩具产品投入较少，不会占用公司较大资源，经营风险也较低。2014 年，PVC 发泡板生产线项目正式投产后，公司决定终止玩具生产，2015 年 5 月，最后一批玩具销售完毕后，公司彻底终止了玩具的生产经营。

公司选择从事塑料建材——PVC 发泡板作为公司发展业务基于：

① PVC 发泡板一直作为木材、铝材等材料的替代品被广泛运用到建筑装饰、家具等行业中，其需求量一直增长。

② 我国高端 PVC 发泡产品的产量还是不足，需求量还是很大。并且随着经济的发展，建筑、家具等行业对 PVC 发泡板的需求会越来越大，未来的市场前景比较广阔。

③ 公司地处福建漳州，福建作为中国闻名的橱柜、卫浴及汽车公司生产集区，为公司提供了大量的潜在客户。邻近的台湾地区系亚洲 PVC 发泡板

深加工的主要地区之一，也为公司产品的对外出口销售提供了可能。

④ 论证筹划阶段，公司已在 PVC 发泡板技术方面获得多项研发成果，并申请了专利。

⑤公司可以通过高于行业内的薪酬待遇、培训计划及股权激励等方式吸引塑料建材业内的优秀人才加入公司，共同发展。

公司放弃玩具产品的生产和销售主要基于：

① 玩具行业属于广东省汕头市的传统支柱行业，该地区从事玩具生产的大小公司上千家，竞争较为激烈。公司位于福建省诏安县，距离广东省汕头市约 1 个小时车程，如继续投入较大资源从事玩具行业，势必加剧竞争；

② 公司实际控制人收购公司之初生产销售的玩具产品技术含量较低，竞争力较弱，盈利能力低，市场波动将给公司持续经营能力带来不利影响；

③ 公司实际控制人的父母控制的皇冠科技一直从事玩具行业，公司实际控制人认为继续从事该行业难有较大规模的发展；

④ 公司实际控制人的父母控制的皇冠科技一直从事玩具的研发、生产和销售，公司终止玩具生产销售可以有效避免同业竞争。

（2）公司业务转型内外部决策程序

2014 年 5 月 28 日，信嘉饰品召开股东会：同意公司名称变更为"福建铭冠板业科技有限责任公司"；同意变更公司经营范围由"生产、销售：电子玩具及配件，塑料制品，工艺制品（不含金银饰品），微电机，木制玩具、布艺制品；经营本公司自产产品及技术的进出口业务和本公司所需的机械设备、零配件、原辅材料及技术的进口业务，但国家限定公司经营或禁止进出口的商品及技术除外（以上经营范围涉及许可经营项目的，应在取得有关部门的许可后方可经营）"，变更为"生产、销售：PVC 板材及制品、塑料制品、工艺制品（不含金银饰品）、木制玩具、布艺制品、电子玩具及配件；自营和代理各类商品和技术的进出口业务，但国家限定公司经营或禁止进出口的商品及技术除外（依法须经批准的项目，经相关部门批准后方可开展经营活动）"。

2014 年 6 月 9 日，福建省诏安县工商行政管理局核准了上述工商变更登记。

（3）公司业务转型对公司持续经营能力的影响

① 2014 年、2015 年，公司对玩具产品和 PVC 发泡板产品资源要素投入情况分析

2014 年、2015 年，公司用于生产玩具和 PVC 发泡板的固定资产变动情况如下表所示。

单位：元

项目	2014 年期初数	2014 年增加数	2014 年减少数	2014 年期末数
玩具	352 383.67	—	352 383.67	—
板材	447 820.07	863 247.85	76 259.78	1 234 808.14
合计	800 203.74	863 247.85	428 643.45	1 234 808.14
项目	2015 年期初数	2015 年增加数	2015 年减少数	2015 年期末数
玩具	—	—	—	—
板材	1 234 808.14	3 271 367.56	315 099.49	4 191 076.21
合计	1 234 808.14	3 271 367.56	315 099.49	4 191 076.21

注：2014 年度公司玩具固定资产减少的 352 383.67 元，其中 306 723.67 元是公司终止玩具生产而处置报废用于生产玩具的固定资产。

2014 年末，公司机器设备较 2014 年初增加 54.31%，主要是购进用于生产 PVC 发泡板的机器设备，同时，2014 年 9 月，公司终止生产玩具，相应地生产玩具类产品的固定资产也随即报废处理。2014 年末，公司已无生产玩具的固定资产。2015 年末，公司机器设备较 2014 年初增加 239.41%，系公司继续加大生产 PVC 发泡板机器设备的投入。2014 年、2015 年，公司对生产 PVC 发泡板的固定资产投入始终较生产玩具类固定资产多。

2014 年、2015 年，公司生产玩具和 PVC 发泡板的工人数量变化如下表所示。

单位：人

项目	2014 年期初数	2014 年增加数	2014 年减少数	2014 年期末数
玩具	10	4	9	5
板材	2	19	0	21
合计	12	23	9	26
项目	2015 年期初数	2015 年增加数	2015 年减少数	2015 年期末数
玩具	5	0	5	0
板材	21	11	0	32
合计	26	11	5	32

2014 年初，公司生产工人主要是生产玩具产品，2014 年玩具产品和 PVC 发泡板生产工人均有所增加，但生产 PVC 发泡板工人增加人数要高于生产玩具的生产工人的增加数量，生产 PVC 发泡板工人增加人数中 9 人系原生产玩具的工人，2014 年 9 月后经培训转岗从事 PVC 发泡板生产工作。2015 年生产工人增加 11 人均为生产 PVC 发泡板的工人。

2014 年，公司生产工人资源均开始向 PVC 发泡板的生产工作上倾斜，至 2015 年末，公司无生产玩具产品的工人。

公司实际控制人收购公司后立即着手塑料建材——PVC 发泡板的研发工

作，经数年的研发后，公司取得 15 项研发成果，并于 2015 年获得专利申请。

综上所述，从 2014 年开始，公司投入的各项资源均向 PVC 发泡板产品上面倾斜。

② 公司业务转型对公司盈利能力的影响

2014 年、2015 年，公司各类别产品销售收入情况如下表所示。

类别名称	2015 年度		增长幅度	2014 年度	
	营业收入（元）	占比（%）		营业收入（元）	占比（%）
PVC 发泡板	27 771 050.70	99.58	806.59	3 063 244.06	34.63
玩具	117 277.57	0.42	−97.97	5 783 123.85	65.37
合计	27 888 328.27	100.00	215.25	8 846 367.91	100.00

从 2014 年起，公司各项资源均开始向 PVC 发泡板生产销售倾斜，PVC 发泡板产品的收入开始体现在主营业务收入中。2014 年，因公司 PVC 发泡板生产销售时间不足一个完整年度，且 PVC 发泡板生产设备及生产工人数量受限，同时公司与 PVC 发泡板客户存在一定磨合期，因此，2014 年度，公司 PVC 发泡板收入低于玩具产品收入。2015 年，公司大幅增加 PVC 发泡板生产设备的投入和增加了 PVC 发泡板生产工人数量，同时，公司加大了 PVC 发泡板的销售力度，并采取宽松的收款信用政策，致使 2015 年 PVC 发泡板业务收入较 2014 年大幅增长 806.59%。2015 年公司销售的玩具产品主要是 2014 年未销售完毕的玩具库存，数量较少。

2014 年、2015 年，公司收入毛利情况如下表所示。

项目	2015 年度			2014 年度		
	毛利（元）	占比(%)	毛利率(%)	毛利（元）	占比（%）	毛利率(%)
PVC 发泡板	6 134 762.76	98.64	22.09	785 734.41	48.64	25.65
玩具	27 883.22	0.45	23.78	829 581.05	51.36	14.34
其他业务收入	56 731.46	0.91	5.83	41.03	0.00	66.67
合计	6 219 377.44	100.00	21.55	1 615 356.49	100.00	18.26

综合来看，公司 PVC 发泡板产品的毛利率高于玩具产品的毛利率。2015 年玩具产品毛利率高于 PVC 发泡板的毛利率主要是该批产品属于玩具产品中毛利率较高的木质玩具。

2014 年，公司 PVC 发泡板销售收入占总收入的 34.63%，但贡献了毛利总额的 48.64%，对公司利润贡献较大。2015 年，公司毛利主要依靠 PVC 发泡板业务，占毛利总额的 98.64%。

2014 年、2015 年，公司主营业务收入及利润情况如下表所示。

单位：元

项目	2015 年度	2014 年度
销售商品、提供劳务收到的现金	28 062 803.21	10 170 431.91
收到的税费返还	0	0
收到的其他与经营活动有关的现金	116 094.85	61 424.66
经营活动现金流入小计	28 178 898.06	10 231 856.57
购买商品、接收劳务支付的现金	22 786 281.59	7 495 555.50
支付给职工以及为职工支付的现金	2 161 061.28	1 297 884.33
支付的各项税费	1 036 694.68	959 218.10
支付的其他与经营活动有关的现金	2 933 537.12	827 994.02
经营活动现金流出小计	28 917 574.67	10 580 651.95
经营活动产生的现金流量净额	−738 676.61	−348 795.38

2014 年，公司玩具产品和 PVC 发泡板销售规模均较小，销售毛利无法覆盖公司各项费用，最终导致公司亏损。2015 年 PVC 发泡板销售规模的扩大及对毛利贡献的大幅增加最终使得公司扭亏为盈。

③ 公司业务转型对公司经营活动产生的现金流量的影响

项目	2015 年度	2014 年度
销售商品、提供劳务收到的现金	28 062 803.21	10 170 431.91
收到的税费返还	0	0
收到的其他与经营活动有关的现金	116 094.85	61 424.66
经营活动现金流入小计	28 178 898.06	10 231 856.57
购买商品、接收劳务支付的现金	22 786 281.59	7 495 555.50
支付给职工以及为职工支付的现金	2 161 061.28	1 297 884.33
支付的各项税费	1 036 694.68	959 218.10
支付的其他与经营活动有关的现金	2 933 537.12	827 994.02
经营活动现金流出小计	28 917 574.67	10 580 651.95
经营活动产生的现金流量净额	−738 676.61	−348 795.38

2014 年经营活动产生的现金流量净额为负数，与公司亏损一致。2015 年公司为扩大生产规模，导致 2015 年经营活动产生的现金流量净额为负数。2015 年公司经营活动产生的现金流量净额为负数并非公司业务转型导致，而是产销规模扩大导致流动资金不足产生的。2016 年 3 月，公司已通过向银行借款 420 万元解决公司流动资金不足的问题。

综上所述，公司业务转型未对公司持续经营能力产生重大不利影响。

尽管主办券商深知主营业务变更不会构成公司挂牌上市的障碍，但是仍谨慎应对，用了相当长篇幅来论述主营业务变化对公司持续经营能力的好处。反馈回复首先论述这种变化原因的合理性，而且重点说明变化是为了消除同业竞争，这首先让股转系统觉得你这种变化是必需的、合理的。然后再从这种变化的合规方面论述，主营业务变更经过了合规的决策程序，不是随意变更，公司决策机制没有问题。再有就是从变化对公司的盈利影响上来分析，先后说到了这种变化对盈利能力、现金流量的正面影响。总之，反馈回复从各个维度，对主营业务的变更进行了论述，最后得到了股转的认可。

案例二　汇东管道 (836903)

1. 公司主营业务

河北汇东管道股份有限公司成立于 2011 年 6 月 1 日，主营业务为保温管道的研发、生产及销售，主要产品包括聚乙烯外护预制直埋热水保温管和蒸汽管，用于城镇集中供热及输原油管线，公司现有 8 条保温管生产线，年生产 DN50–DN1680 保温管道 1 800 公里。拥有聚乙烯管材生产线 6 条，采用螺旋模具挤出、真空定径、喷淋冷却、自动切割等工艺，年生产 Φ90–Φ1 800 聚乙烯外套管 4 万吨。

此外，报告期内公司还经营过管件产品的商贸业务，经营模式为从管件生产商处购买管件，并卖给化工、电力、油气等下游行业，赚取差价，由于公司不具备管件的研发及生产能力，仅仅是从事管件产品的商贸业务，无技术含量且利润空间小。随着公司的发展，管理层逐渐明晰了公司发展策略，公司主营业务从最初的保温管道的研发、生产和销售及管件产品的商贸业务变为主要从事保温管道的研发、生产及销售，管件产品的商贸业务逐年减少，从 2015 年 8 月开始，公司变更经营范围，不再从事管件产品的商贸业务。

不过，汇东管道的商贸业务和生产、研发销售业务，都是围绕管件产品进行的。所不同的是，变更前后，经营模式发生了变化。所以，公司还是把管件产品的商贸业务和之后的生产研发业务，都算作主营业务。

2015 年 1—8 月、2014 年度和 2013 年度，公司主营业务收入分别为 74 419 251.74 元、61 978 978.19 元、58 237 959.61 元，主要业务收入占营业收入比重分别为 100.00%、100.00% 和 99.15%，主营业务明确。

2. 经营模式发生变化情况分析

（1）经营模式转型的具体过程、原因及其合理性

公司成立于 2011 年 6 月 1 日，公司的销售团队具有多年的普通管件销售

经验和较好的客户基础，因而在公司未生产普通管件的情况下仍能获得一定的订单，普通管件业务为贸易类业务，经营模式为从管件生产商处购买管件，并卖给化工、电力、油气等下游行业，赚取差价，由于公司不具备管件的研发及生产能力，仅仅是从事管件产品的商贸业务，无技术含量且利润空间小。

随着公司的发展，治理层逐渐明晰了公司发展战略，公司专注于保温管道领域，主营业务从最初的保温管道的研发、生产及销售和管件产品的商贸业务变为主要从事保温管道的研发、生产及销售，管件产品的商贸业务逐年减少，公司生产销售逐渐向保温管道倾斜，城市集中供热项目得到政府的支持，市场潜力巨大，市场对保温管道的需求逐年上升，并且此产品为高附加值产品，公司成立以来其研发项目全部与保温管道相关，目前取得的 8 项专利也全部与保温管道相关，2015 年 10 月"外护管及支管整体成型的保温管件"获得《河北省科学技术成果证书》，成果水平为"国际领先"，经过多年的研发，公司保温管道生产工艺日渐成熟，获取保温管道订单能力在逐年增强，产品质量获得客户的认可，业内口碑逐渐提高，订单数量及金额明显增加，因而公司将业务聚焦于保温管道，其收入逐年提高。从 2015 年 8 月开始，公司变更经营范围，不再从事管件产品的商贸业务。

公司业务逐步转型到保温管道产品生产销售，保温管道生产符合国家产业政策，公司的盈利能力和未来发展前景广阔，主营业务变更对公司的持续经营能力不会造成影响。

（2）主营业务转型前后的业务模式和因素模式

转型前：

转型前公司主营业务为保温管道的研发、生产及销售和管件产品的商贸业务。保温管道产品的业务模式为：公司采购主要原材料为钢管、管件、聚乙烯原料、聚乙烯外套管、异氰酸酯、聚醚多元醇等，产品主要用于城镇集中供热及输油管线，销售范围主要为长江以北的区域，公司在各个地区都安排有相应业务员，并及时跟进各大招标网站的动态，以了解各地的项目并对合适的项目跟踪，最后通过招标来赢取订单，合同签订后，公司在各种原材料合格供应商的名单里对原材料进行采购，每批原材料进厂后都会进行相应的检验，检验合格后方可入库，生产部接到相应的生产通知单后开始生产，生产完成后有检测部门进行相应的检测，检测合格后标示、包装，最后成品入库，准备发货。管件产品的商贸业务的业务模式为：从管件生产商处购买管件，并卖给化工、电力、油气等下游行业，赚取差价。公司成立于 2011 年 6 月 1 日，公司的销售团队具有多年的普通管件销售经验和较好的客户基础，因而在公司未生产普通管件

的情况下仍能获得一定的订单，公司成立前几年的发展阶段，在能够获得普通
管件订单且能够获得一定利润的情况下，公司主营业务中除了保温管道的研发、
生产及销售，同时还兼做普通管件产品的商贸业务。

转型后：

转型后公司主营业务为保温管道的研发、生产及销售。保温管道产品的业
务模式依然为：公司采购主要原材料为钢管、管件、聚乙烯原料、聚乙烯外套管、
异氰酸酯、聚醚多元醇等，产品主要用于城镇集中供热及输油管线，销售范围
主要为长江以北的区域，公司在各个地区都安排有相应的业务员，并及时跟进
各大招标网站的动态，以了解各地的项目并对合适的项目跟踪，最后通过招标
来赢取订单，合同签订后，公司在各种原材料合格供应商的名单里对原材料进
行采购，每批原材料进厂后都会进行相应的检验，检验合格后方可入库，生产
部接到相应的生产通知单后开始生产，生产完成后有检测部门进行相应的检测，
检测合格后标示、包装，最后成品入库，准备发货。转型后公司逐渐减少普通
管件的商贸业务，聚焦保温管道的研发、生产及销售业务，从2015年8月开始，
公司变更经营范围，不再从事管件产品的商贸业务。

（3）主营业务转型对业绩的影响情况分析

报告期内，公司收入、成本及毛利构成情况如下表所示。

产品	2015年1—8月		2014年度		2013年度	
	金额（元）	占比(%)	金额（元）	占比(%)	金额（元）	占比(%)
保温管道	71 301 241.27	95.81	53 117 798.41	85.70	25 904 096.94	44.48
管件	3 118 010.47	4.19	8 861 179.78	14.30	32 333 862.67	55.52
主营业务收入合计	74 419 251.74	100.00	61 978 978.19	100.00	58 237 959.61	100.00
保温管道	52 014 195.63	95.73	38 895 146.26	85.75	19 947 879.35	46.28
管件	2 322 727.79	4.27	6 463 607.19	14.25	23 155 341.95	53.72
主营业务成本合计	54 336 923.42	100.00	45 358 753.45	100.00	43 103 221.30	100.00
保温管道	19 287 045.64	96.04	14 222 652.15	85.57	5 956 217.59	39.35
管件	795 282.68	3.96	2 397 572.59	14.43	9 178 520.72	60.65
毛利合计	20 082 328.32	100.00	16 620 224.74	100.00	15 134 738.31	100.00

公司主营业务收入中，保温管道收入在2015年1—8月占同期主营业务
收入的比重为95.81%，2014年度为85.70%，2013年度为44.48%，占比不
断上升；普通管件收入在2015年1—8月同期主营业务收入的比重为4.19%，

2014年度为14.30%，2013年度为55.52%，占比不断下降。

公司毛利中，保温管道毛利在2015年1—8月占同期毛利的比重为96.04%，2014年度为85.57%，2013年度为39.35%，占比不断上升；普通管件毛利在2015年1—8月占同期毛利的比重为3.96%，2014年度为14.43%，2013年度为60.65%，占比不断下降。

主营业务毛利的构成、毛利率的变动趋势及原因：

2015年1—8月	收入（元）	成本（元）	毛利（元）	毛利率（%）
保温管道	71 301 241.27	52 014 195.63	19 287 045.64	27.05
普通管件	3 118 010.47	2 322 727.79	795 282.68	25.51
合计	74 419 251.74	54 336 923.42	20 082 328.32	26.99
2014年度	收入（元）	成本（元）	毛利（元）	毛利率（%）
保温管道	53 117 798.41	38 895 146.26	14 222 652.15	26.78
普通管件	8 861 179.78	6 463 607.19	2 397 572.59	27.06
合计	61 978 978.19	45 358 753.45	16 620 224.74	26.82
2013年度	收入（元）	成本（元）	毛利（元）	毛利率（%）
保温管道	25 904 096.94	19 947 879.35	5 956 217.59	22.99
普通管件	32 333 862.67	23 155 341.95	9 178 520.72	28.39
合计	58 237 959.61	43 103 221.30	15 134 738.31	25.99

公司2015年1—8月、2014年度、2013年度主营业务毛利率分别为26.99%、26.82%和25.99%，报告期内公司主营业务毛利率总体呈小幅上升趋势，主要原因是公司保温管道生产工艺不断精进，业务规模有所扩大，产品结构逐步优化。2015年1—8月、2014年度、2013年度公司保温管道业务毛利率分别为27.05%、26.78%和22.99%，公司保温管道业务毛利率呈上升趋势。2015年1—8月、2014年度、2013年度公司普通管件业务毛利率分别为25.51%、27.06%和28.39%，公司普通管件业务毛利率呈小幅下降趋势。报告期内普通管件商贸业务毛利率呈小幅下降趋势，但是公司转型后逐渐减少普通管件的商贸业务，聚焦保温管道的研发、生产及销售业务，普通管件的商贸业务的销售收入占同期主营业务收入的比重：2013年为55.51%、2014年为14.30%、2015年1—8月为4.19%，占比逐渐减少，而保温管道产品的销售占比逐渐提高，使得公司主营业务毛利率总体保持小幅上升趋势。

与上一个例子不同的是，汇东管道产品种类没有发生大的变化，只是从单纯的贸易转型为生产、研发及销售，从单纯的"中间商"，变成了"生产商"。尽管这种模式的转型并没有彻底改变公司提供的产品，但是，由于贸易和生产方式的改变，公司产品的利润率也发生变化。因此，公司还是从各个角度对转型造成盈利能力的影响进行了详尽描述。可见，主营业务发生的任何变化，都极易引发股转的关注，需要特别谨慎。

案例三　中青科技（837314）

（一）公司主要业务

中青英拓（北京）教育科技股份有限公司是一家专门提供青少年综合素质教育服务的科技型公司。青少年家庭安全教育是青少年综合素质教育的一个重要环节，公司目前从青少年家庭安全教育着手，面向全国青少年及其家庭，提供专业化、情景式的家庭安全教育培训服务，旨在提高青少年及其家庭成员安全防护综合素质。公司业务涵盖了青少年家庭安全教育课程原创研发设计、推广销售、培训服务等较为全面的业务链条，可为客户提供科学、全面、系统的青少年家庭安全教育培训服务。

报告期内，公司主营业务存在重大转型情况。2013 年，公司的主营业务为电子产品销售，主营业务收入占营业收入比重为 100.00%。2014 年，为了进一步突出公司的核心优势，公司管理层对公司经营战略进行了重大调整，并决定将公司主营业务变更为青少年家庭安全教育培训服务。公司 2014 年营业收入均来自教育培训服务收入，主营业务收入占营业收入的比重为 100.00%。2015 年 1—9 月，公司的营业收入主要来自教育培训服务收入，主营业务收入占营业收入比重为 62.04%；其他业务收入中的电子产品销售收入占营业收入比重为 4.28%，均为 2013 年度积压的尚未实现销售的电子产品存货，此项销售收入不具备经常性，不再被确认为公司主营业务收入；其他业务收入中的受托软件开发收入占营业收入比重为 33.68%，此项销售收入主要依靠公司在软件开发、销售领域的资源、渠道优势实现，此项收入的产生同样不具备经常性，不被确认为公司主营业务收入，并未对公司主营业务明确及持续性产生实质性影响。报告期内，公司主营业务自 2014 年转型为教育培训服务后，2014 年及 2015 年 1—9 月，公司主营业务未再发生重大变化，且经营收入稳定，主营业务明确，具备可持续经营能力。

（二）报告期内主营业务变更风险

公司 2013 年度的主营业务为电子产品销售，为了进一步突出公司核心资源优势，实现公司产业战略转型，经公司管理层决策，将公司主营业务自2014 年起变更为青少年安全教育服务。自主营业务变更以来，公司 2014 年、

2015 年 1—9 月的主营业务收入均来自青少年安全教育服务收入，公司主营业务明确，且报告期内具备持续盈利特征。由于公司转型行业属于教育服务行业，与转型之前电子产品销售的主营业务不具备相关性，公司在新的领域不断拓展资源平台及网络销售平台均需要一定的培养周期，且相关行业政策、同行业竞争均会对公司业务转型后新业务的发展产生不确定性影响。

◎ **应对措施：**

公司将在专注于青少年家庭安全教育培训服务的基础上，进一步加大主营业务的研发投入及业务拓展，不断完善销售模式、运营平台及产品服务的品种结构，促进同种业务项下的产业链整合，实现主营业务突出、可持续发展。

（三）业务收入情况

报告期内，公司营业收入和营业成本情况如下表所示。

单位：元，%

项目	2015 年 1—9 月		2014 年度		2013 年度	
	营业收入	占比	营业收入	占比	营业收入	占比
电子产品销售	320 512.82	4.28	—	—	211 917.96	100.00
教育服务收入	4 640 502.71	62.04	1 204 703.85	100.00	—	—
受托软件开发	2 518 867.86	33.68	—	—	—	—
合计	7 479 883.39	100.00	1 204 703.85	100.00	211 917.96	100.00
项目	营业成本	占比	营业成本	占比	营业成本	占比
电子产品销售	327 554.47	11.84	—	—	186 501.29	100.00
教育服务收入	533 952.79	19.30	132 000.81	100.00	—	—
受托软件开发	1 905 660.38	68.86	—	—	—	—
合计	2 767 167.64	100.00	132 000.81	100.00	186 501.29	100.00

2013 年，公司的主营业务为电子产品销售，主营业务收入占营业收入的比重为 100.00%。2014 年，为了进一步突出公司的核心优势，公司管理层对公司经营战略进行了重大调整，并决定将公司主营业务变更为青少年家庭安全教育培训服务，公司 2014 年营业收入均来自教育培训服务收入，主营业务收入占营业收入的比重为 100.00%。2015 年 1—9 月，公司的营业收入主要来自教育培训服务收入，主营业务收入占营业收入的比重为 62.04%；其他业务收入中的电子产品销售收入占营业收入的比重为 4.28%，均为处置 2013 年度电子产品存货实现的销售，此项销售收入占比相对较小，不再被确认为公司主营业务收入；其他业务收入中的受托软件开发收入占营业收入的比重为 33.68%，此项销售收入主要依靠公司在软件开发、销售领域的资源、渠道优

势实现，此项收入的产生同样不具备经常性，不被确认为公司主营业务收入，并未对公司主营业务明确及持续性产生实质性影响。

本章小结

综上案例可知，挂牌新三板报告期内主营业务变更是可以的，同时主营业务变更会对公司的持续经营能力产生影响。但针对报告期内存在主营业务变更情形的，股转系统主要关注以下几个方面：

（1）转型前后的业务模式和因素模式；

（2）主营业务转型的具体过程、原因及其合理性；

（3）量化分析对业绩的具体影响；

（4）主营业务变更是否对公司业务经营的连续性和持续经营能力造成影响。

针对主营业务变更事项及股转系统的问询，主要应对措施如下：

（1）如实披露转型前后的业务模式和因素模式；

（2）披露主营业务转型的具体过程、原因及其合理性；

（3）量化分析主营业务变更对收入、毛利率和利润等业绩指标的具体影响；

（4）从公司对各种产品资源要素投入情况分析、公司主营业务变更对公司盈利能力的影响、公司主营业务变更对公司经营活动产生的现金流量的影响等方面，分析对公司持续经营能力的影响。从实践来看，主办券商在回复中，往往都会将主营业务变更视为一种积极的信号，充分论述主营业务变更后利于公司发展客户，一般情况下，股转不会因此而对公司的持续经营能力产生疑虑。

新三板与现行首发上市条件（IPO）在主营业务变更要求上的差异

项目	新三板	创业板、中小板	创业板
主营业务变更	业务明确，具有持续经营能力	最近3年内主营业务没有发生重大变化	最近2年内主营业务没有发生重大变化

第六章
返程投资与VIE企业挂牌

　　根据国家外汇管理局于 2014 年 7 月 14 日发布生效的《关于境内居民通过特殊目的公司境外投融资及返程投资外汇管理有关问题的通知》（汇发[2014]37 号）（以下称"37 号文"）的规定，"特殊目的公司"，是指境内居民（含境内机构和境内居民个人）以投融资为目的，以其合法持有的境内企业资产或权益，或者以其合法持有的境外资产或权益，在境外直接设立或间接控制的境外企业。"返程投资"是指境内居民直接或间接通过特殊目的公司对境内开展的直接投资活动，即通过新设、并购等方式在境内设立外商投资企业或项目（以下简称外商投资企业），并取得所有权、控制权、经营管理权等权益的行为。

　　VIE 是"Variable Interest Entity"的缩写，译为"可变利益实体"，也称"协议控制"或者"新浪结构"，是指境外融资实体通过其股权控制的外商独资企业（WFOE）以协议的方式控制境内运营实体（OPCO）的一种投资结构，其中的OPCO 就是境外融资实体的 VIE（可变利益实体）。其主体结构由境外上市主体、境内外资全资子公司或境内外资公司和持牌公司构成。境外全资子公司和持牌公司之间通过资产运营控制协议、借款合同、股权质押协议、认股选择权协议、投票权协议、独家服务协议等主要协议确定控制与被控制关系。同时，为了获得更多的税收与注册层面的便利，开曼公司、香港壳公司等多种或混存的模式成为热选。

具体就是以如下的方法搭建 VIE 架构：（1）公司创始人各自在境外（如 BVI）设立一个壳公司→(2) 公司创始人通过其 BVI 壳公司在境外（如 Cayman）共同设立一个控股公司作为境外融资实体→(3) 境外融资实体在香港设立一个壳公司（有的结构也会由境外融资实体先在 BVI 设立一个壳公司，然后再由 BVI 壳公司在香港设立一个壳公司）→ (4) 香港壳公司在境内设立 WFOE → (5) WFOE 与 OPCO 及其股东签署一系列控制协议。如下图所示。

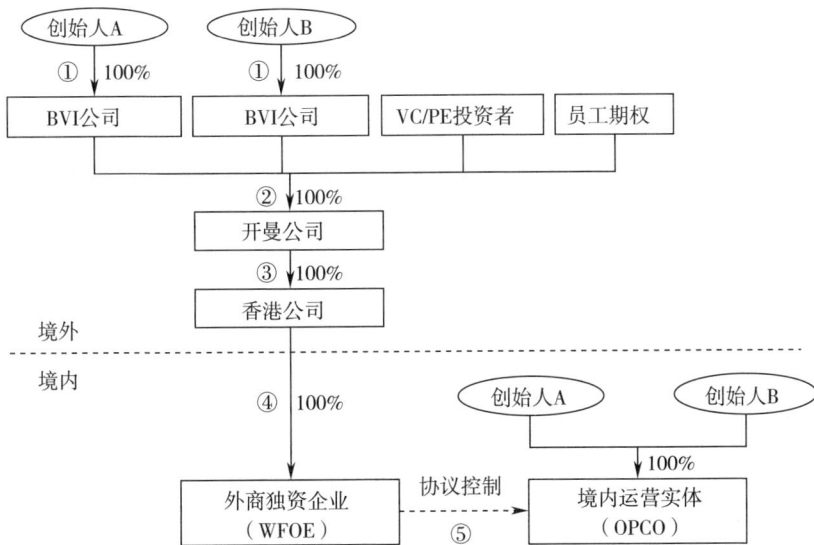

由于相关部门一直未出台相关法规，因此 VIE 架构一直处于法律灰色地带。除了政策风险以外，还存在税务风险、外汇管制风险和控制风险。税务层面，VIE 模式下将会频繁出现关联交易和反避税问题。外汇管制层面，按照协议，需要转移利润至境内外资全资子公司，因此可能面临外汇管制风险。控制层面，由于属于协议控制下，上市公司对于内资企业没有控股权，因此可能会出现无法参与和控制经营管理的情况。

根据股转发布的《全国中小企业股份转让系统股票挂牌条件适用基本标准指引（试行）》第四条规定："股权明晰，股票发行和转让行为合法合规"，对拟挂牌公司的股权问题进行了详细解释，具体如下：（一）股权明晰，是指公司的股权结构清晰，权属分明，真实确定，合法合规，股东特别是控股股东、实际控制人及其关联股东或实际支配的股东持有公司的股份不存在权属争议或潜在纠纷。

1. 公司的股东不存在国家法律、法规、规章及规范性文件规定不适宜担任股东的情形。

2. 申请挂牌前存在国有股权转让的情形，应遵守国资管理规定。

在实践中，律师往往要求拟挂牌公司股权明晰。VIE 架构企业由于其 OPCO 都是通过控制协议受控于 WFOE，而 WFOE 的控股股东又是境外的公司，存在双重控制架构，境内运营实体没有实际控制权，股权不明晰。因此，按理说，VIE 企业不能直接挂牌新三板。换言之，VIE 企业要挂牌新三板则需拆除 VIE 架构。在 VIE 企业挂牌新三板时，股转系统一般会就 VIE 搭建及解除过程（包括履行的审批或备案程序、外汇管理、税务、资金来源等）的合法合规性、公司控股权变更及对公司业务影响等问题让主办券商和律师核查并发表意见。

下面就 VIE 企业挂牌新三板通过案例分析一下。

案例一　九城教育（836670），挂牌公司股东为 VIE 协议控制下公司

根据九城教育新三板挂牌的《公开转让说明书》的披露，该公司的控股股东上海第九城市信息技术有限公司（简称"九城信息"）处于 VIE 协议控制之下，为 VIE 控制架构中的境内运营实体。公司的实际控制人为 VIE 架构中的美国纳斯达克上市公司第九城市（The9）。九城教育成为明确披露挂牌公司股东受制于 VIE 控制安排并完成在新三板挂牌的首家公司。

在回答全国中小企业股份转让系统就九城教育的控股股东九城信息处于 VIE 协议控制之下，是否符合股权清晰及合法合规的挂牌条件时，中介机构回复的主要内容包括：1. 公司的股东并未与任何第三方签署关于股东权利的控制协议。2. 公司各股东（包括后续引入的股东）系依据持股比例行使股东权利以决定公司的重大事项，公司各股东行使股东权利不受 VIE 架构的约束。3. 公司的股权明晰且公司未与第三方有过转移业务收入的特殊安排，其业务收入均留存在公司。公司的股东（包括后续引入的股东）可依据持股比例参与公司的利润分配。4. 公司非九城信息的唯一控股子公司，其收入及利润对九城信息不构成重大影响。5. 在 VIE 架构自首次搭建及后续变更的相关控制协议中，协议主体均未涉及公司，九城教育并不受相关控制协议的约束。6. VIE 架构搭建过程及境外主体融资过程合法合规，虽然自然人返程投资外汇登记略有瑕

疵，但不构成对公司挂牌的实质法律障碍。7. 公司及其子公司所属产业不属于《外商投资产业指导目录（2015 年修订）》限制类和禁止类外商投资教育产业的范围。

本案例中，九城教育明确披露其控股股东为 VIE 模式下的境内运营实体，并且在随后成功挂牌，成为国内首例。尽管对于外商投资政策的限制类行业的其他公司，本案例参考意义不大，但是对于实际控制人仍为境外主体的情况下，并非外商投资限制行业的红筹结构下 VIE 公司的下属公司作为挂牌主体登陆新三板具有借鉴意义。

案例二 全美在线 VIE 搭建与拆除

1. 全美在线搭建 VIE 的过程

（1）2006 年设立 ATA Inc.，并通过换股方式收购 ATA BVI

2006 年 9 月，马肖风在英属开曼群岛设立 ATA Inc.。ATA Inc. 设立时授权资本 50 000 美元，共 500 000 000 股普通股。2006 年 11 月，ATA Inc. 以换股方式收购 ATA BVI 股权普通股和优先股股份；此次换股完成后，ATA Inc. 成为 ATA BVI 的唯一股东，持有 ATA BVI 普通股 21 900 132 股，A 系列优先股 6 628 369 股，A-1 系列优先股 883 783 股。

（2）2006 年设立全美在线，并签署 VIE 协议

2006 年 9 月，马肖风、王林、王建国三人在中国境内设立全美在线，注册资本 100 万元，并于 2006 年 9 月 11 日获得北京市工商局海淀分局颁发的营业执照。

2006 年 10 月 27 日，全美在线及其股东与全美教育和 ATA BVI 签署了一系列控制性协议（以下统称"VIE 协议"），包括：

① 全美教育与全美在线签署《技术支持服务协议》、《战略咨询服务协议》；

② 全美教育与全美在线股东马肖风、王建国、王林签署《股权质押合同》；

③ ATA BVI、全美在线及其股东马肖风、王建国、王林签署《购买选择权及合作协议》；

④ ATA BVI 与全美在线股东马肖风、王建国、王林签署《借款协议》。

股权结构如下：

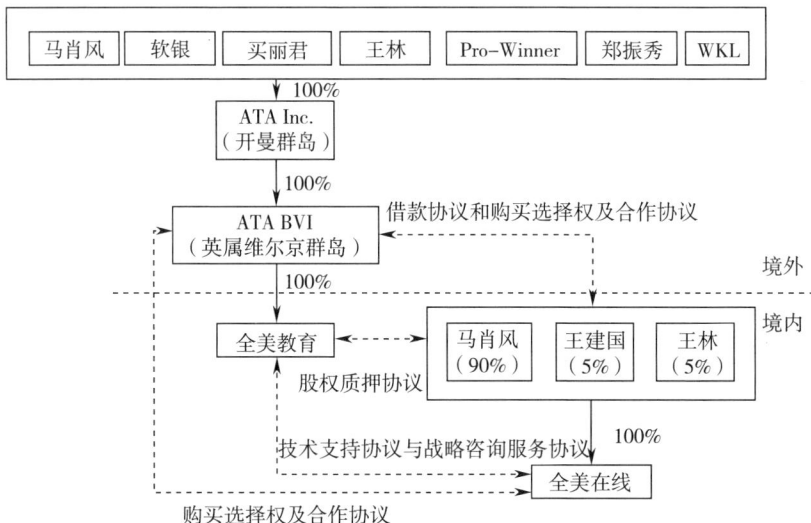

2. 全美在线拆除 VIE 的过程

（1）2015 年 5 月签署《重组框架协议》，解除 VIE 协议

2015 年 5 月 20 日，全美在线及其当时的股东马肖风和熊海昌，以及 ATA BVI、全美教育和众效致行签署《重组框架协议》，约定 ATA BVI 授权全美教育和众效致行作为受让方依据《购买选择权协议》收购全美在线的 100% 股权，其中全美教育收购马肖风持有的 90% 股权，众效致行收购熊海昌持有的 10% 股权。马肖风和熊海昌以股权出让对价款清偿其与 ATA BVI 签署的《贷款协议》下的全部债务。根据《重组框架协议》，在执行上述全美在线 100% 股权的转让后，相关各方终止先前签订的 VIE 协议。

（2）全美在线股权转让已完成交割

2015 年 5 月 20 日，根据《重组框架协议》约定，马肖风及熊海昌分别与全美教育和众效致行签署《出资转让协议书》，将所持有的全美在线 100% 股权转让给全美教育和众效致行。2015 年 5 月 26 日，各方已经依法完成股权转让工商变更登记手续。根据公司提供的支付凭证并经核查，截至本反馈意见三出具之日，前述受让方已经按照协议约定金额以现金方式向转让方足额支付了股权转让全部对价。

VIE 拆除后，股权结构如下：

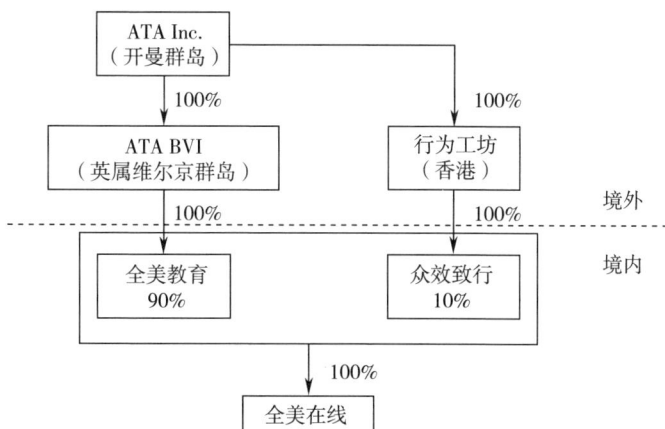

此次，在全美在线挂牌新三板时，股转系统就 VIE 搭建及解除过程（包括履行的审批或备案程序、外汇管理、税务、资金来源等）的合法合规性、公司控股权变更等问题让主办券商和律师核查并发表意见。

3. 关于股转系统的问题反馈意见，券商和律师一般做如下反馈：

（1）关于 VIE 搭建过程的合法合规性

第一，商务部门审批／工商行政管理部门备案程序。根据挂牌主体的工商档案及公司提供的相关材料并核查，在搭建 VIE 之前：外商独资企业（WFOE）设立以及后续股权变更是否已经工商局核准，并在工商局办理了备案登记手续。内资企业（OPCO）设立是否已在工商局办理备案登记手续。再核查相关方签署 VIE 协议当时有效的法律、法规和规范性文件，WFOE 与 OPCO 及相关方签署 VIE 协议是否属于协议安排，当时有效的法律、法规和规范性文件是否明文规定 VIE 协议的签署和生效需要向有关商务部门履行相应商务审批程序，是否涉及股权质押情况（股权质押需要办理工商登记），若规定，则需要向有关工商行政管理部门履行相应工商备案登记程序。若没有明文规定，VIE 协议的签署和生效则不需要向有关工商行政管理部门履行相应工商备案登记程序。

第二，外汇管理。根据《国家外汇管理局关于境内居民通过境外特殊目的公司融资及返程投资外汇管理有关问题的通知》（以下简称"75 号文"）规定，75 号文实施前，境内居民已在境外设立或控制特殊目的公司并完成返程投资，但未按规定办理境外投资外汇登记的，应于 2006 年 3 月 31 日前补办外汇投资登记。WFOE 和 BVI 公司在设立阶段是否获得外商投资企业外汇登记证，是否按照当时有效的法律、法规和规范性文件的规定办理返程投资的外汇登记手续。若未办理，按照当时有效的 75 号文完成补办中国居民境外持股并返程投资需办理的外汇管理登记。

(2) 关于 VIE 解除的合法合规性

第一，商务部门审批／工商行政管理部门备案程序。核查 WFOE 和 OPCO 的工商档案，VIE 解除系通过何种方式进行。另外，由于境内运营实体为内资企业，因此，股权转让要在工商局办理备案登记手续。并分析，VIE 解除后其股权结构是否发生变化。若变化，则要办理商务部门审批／工商行政管理部门备案手续；否则，不需要。

第二，外汇管理。根据国家外汇管理局于 2014 年 7 月 14 日发布的《关于境内居民通过特殊目的公司境外投融资及返程投资外汇管理有关问题的通知》（以下简称"37 号文"），37 号文废止了 75 号文，并规定了"已登记境外特殊目的公司发生境内居民个人股东、名称、经营期限等基本信息变更，或发生境内居民个人增资、减资、股权转让或置换、合并或分立等重要事项变更后，应及时到外汇局办理境外投资外汇变更登记手续"。因此，在 VIE 解除后，要核查股东继续持有的境外特殊目的公司的股份是否因 VIE 解除发生持股数量的变化，境外特殊目的公司层面是否因 VIE 解除而发生增资、减资、股权转让或置换、合并或分立等重要事项，若是，则需就此 VIE 解除办理外汇登记注销或变更登记手续；若否，则无须就 VIE 解除办理外汇登记注销或变更登记手续。

第三，税务。核查公司提供的经地方税务局盖章确认的《个人股权变动情况报告表》以及银行出具的电子缴税付款凭证，看 VIE 解除过程中股东因转让股权所得所需缴纳的个人所得税是否依法足额缴付。

第四，资金安排。核查在 VIE 解除过程中，在收购股权对价，是否已经以现金方式足额缴付。是否存在违反中国有关外汇管理规定的情形。

本章小结

综上案例可知，关于 VIE 结构拆除要关注的问题，主要体现在以下几个方面：

1. 外汇登记问题。

2. 境外投资者利益的权衡问题。

3. VIE 结构下，既然这些行业都不能允许外资进入，那么在红筹架构下境内实体的经营是否存在违法违规、不符合产业政策的事情。

4. VIE 协议在解除之前的履行情况，是否有利益输送到境外，是否履行了相关手续，如何进行会计处理等。

5. 实际控制人变更问题。

6. 业务是否发生重大变化问题。

相关 VIE 企业其他注意事项：

2015 年 12 月 18 日，中国证监会发布并实施《关于重大资产重组中标的资产曾拆除 VIE 协议控制架构的信息披露要求的相关问题与解答》，关于上市公司进行重大资产重组，如拟购买的标的资产在预案公告前曾拆除 VIE 协议控制架构，应当在重组报告书中对以下事项进行专项披露：

1. VIE 协议控制架构搭建和拆除过程，VIE 协议执行情况，以及拆除前后的控制关系结构图；

2. 标的资产是否曾筹划境外资本市场上市，如是，应当披露筹划上市进展、未上市原因等情况；

3. VIE 协议控制架构的搭建和拆除过程是否符合外资、外汇、税收等有关规定，是否存在行政处罚风险；

4. VIE 协议控制架构是否彻底拆除，拆除后标的资产股权权属是否清晰，是否存在诉讼等法律风险；

5. VIE 协议控制架构拆除后，标的资产的生产经营是否符合国家产业政策相关法律法规等规定；

6. 如构成借壳上市，还应当重点说明 VIE 协议控制架构拆除是否导致标的资产近 3 年主营业务和董事、高级管理人员发生重大变化、实际控制人发生变更，是否符合《首次公开发行股票并上市管理办法》第十二条的规定。

第七章 股权代持

　　股权代持是指实际出资人以他人名义代替实际出资人履行股东权利和义务的一种股权或股份处理方式。实际出资人与名义出资人之间往往通过股权代持协议来确定其代持的事实。

　　常见的股权代持原因一般有以下几种：一是实际出资人的身份不愿意公开或者不适合做股东；二是为了规避关联交易；三是一个人代持一个团体的股份，便于工商程序简洁以及员工管理；四是为了规避法律对一些行业持股上限的限制。

　　从我国民法和合同法的角度来看，没有有关股权代持的专门规定，那么只要符合民法和合同法的规定，就是合法有效的；从公司法角度分析，股权代持也没有被明确禁止，并且在2011年1月27日最高人民法院出台的《最高人民法院关于适用〈中华人民共和国公司法〉若干问题的规定（三）》第二十五条规定："有限责任公司的实际出资人与名义出资人订立合同，约定由实际出资人出资并享有投资权益，以名义出资人为名义股东，实际出资人与名义股东对该合同效力发生争议的，如无《合同法》第五十二条规定的情形，人民法院应当认定该合同有效。前款规定的实际出资人与名义股东因投资权益的归属发生争议，实际出资人以其实际履行了出资义务为由向名义股东主张权利的，人民法院应予支持。名义股东以公司股东名册记载、公司登记机关登记为由否认实际出资人权利的，人民法院不予支持。实际出资人未经公司其他股东半数以上同意，请求公司变更股东、签发出资证明书、记载于股东名册、记载于公司章程并办理公司登记机关登记的，人民法院不予支持。"第二十六条规定："名义股东将登记于其名下的股权转让、质押或者以其他方式处分，实际出资人以其对于股权享有实际权利为由，请求认定处分股权行为无效的，人民法院可以参照物权法第一百零六条的规定处理。名义股东处分股权造成实际出资人损失，实际出资人请求名义股东承担赔偿责任的，人民法院应予支持。"第二十七条规定："公司债权人以登记于公司登记机关的股东未履行出资义务为由，请求其对公司债务不能清偿的部分在未出资本息范围内承担补充赔偿责任，股东以其仅为名义股东而非实际出资人为由进行抗辩的，人民法院不予支持。名义股东根据前款规定承担赔偿责任后，向实际出资人追偿的，人民法院应予支持。"可见我国法律也已正式承认和保护了实际出资人的权利。

在新三板的实际操作中，《全国中小企业股份转让系统股票挂牌条件适用基本标准指引（试行）》相关规定：

四、股权明晰，股票发行和转让行为合法合规

（一）股权明晰，是指公司的股权结构清晰，权属分明，真实确定，合法合规，股东特别是控股股东、实际控制人及其关联股东或实际支配的股东持有公司的股份不存在权属争议或潜在纠纷。

1．公司的股东不存在国家法律、法规、规章及规范性文件规定不适宜担任股东的情形。

2．申请挂牌前存在国有股权转让的情形，应遵守国资管理规定。

3．申请挂牌前外商投资企业的股权转让应遵守商务部门的规定。

拟挂牌企业需要满足：（1）依法设立且存续满两年；（2）业务明确，具有持续经营能力；（3）公司治理机制健全，合法规范经营；（4）股权明晰，股票发行和转让行为合法合规；（5）主办券商推荐并持续督导；（6）全国股份转让系统公司要求的其他条件。六项条件中第四条股权明晰是指，公司的股权结构清晰，权属分明，真实确定，合法合规，股东特别是控股股东、实际控制人及其关联股东或实际支配的股东持有公司的股份不存在权属争议或潜在纠纷。虽然并没有明确的禁止代持股，但是代持股可能会有实际出资人与名义出资人产生纠纷的风险，例如名义出资人实际上行使了一系列股东权利，存在道德风险；除此之外，出于规避国家法律法规而发生代持的，可能存在违法行为，给公司的经营带来很大风险。因此，存在代持行为的公司很难满足股权明晰的要

求，故一般认为不满足拟挂牌企业条件。

目前新三板挂牌规则要求拟挂牌公司对股权代持进行彻底清理，而目前的清理，基本上都是采取股权转让的方式。那么是否只要企业存在股权代持就不允许新三板挂牌呢？答案当然是否定的。因为股权代持目前还是比较普遍的现象，如果存在股权代持就"一刀切"地否定，那是不符合实际情况和企业挂牌的最终目的的。清理不是目的，只是实现企业上市和防止股权纠纷的重要手段。

案例一　黑马高科（837796），股权激励人未明代持

第一次股权代持：

2010 年 5 月 12 日，有限公司进行了第三次股份转让、第三次增资，公司股东会决议郭顺根将 145 万元股权以 10 元价格转让给胡琳；公司注册资本由 1 100 万元增加至 1 500 万元，新增的注册资本 400 万元中胡琳以货币资金认缴其中 100 万元。其中，郭顺根将 145 万元股权以 10 元价格转让给胡琳及胡琳认缴的 100 万元货币增资均涉及股份代持问题。

代持原因是为了提升公司员工对公司持续发展的信心，增强员工对公司的凝聚力及主人翁意识，因此朱国峰与公司其他股东协商一致决定对公司经营发展作出贡献的员工进行股权激励，激励办法为通过以郭顺根 145 万元股权及朱国峰增资 100 万元股权进行转让的方式进行，由于此时股权激励的具体人员尚未明确，出于工商变更登记便捷性之考虑，朱国峰与公司其他股东协商一致将郭顺根应转让给朱国峰的 145 万元股权及朱国峰增资 100 万元股权由胡琳代为持有。

2010 年 5 月 12 日，朱国峰与胡琳签署《股权代持协议书》，约定朱国峰自愿委托胡琳作为自己对公司人民币 245 万元出资的名义持有人，245 万元出资包括 2010 年 5 月 12 日以胡琳名义对公司进行的 100 万元增资及郭顺根转让给朱国峰的 145 万元股权；胡琳代持的股权的用途为对公司经营发展作出贡献的员工进行股权激励，代持期限为委托股权转让到激励人员的名下为止，本协议自动解除，胡琳自愿接受朱国峰的委托并代为行使相关股东权利。

第二次股权代持：

2013 年 5 月 30 日，有限公司进行了第四次增资，公司股东会决议将公司的注册资本由 1 500 万元增至 2 100 万元，其中，胡琳的 55 万元货币增资中的 25 万元涉及股份代持问题。

2013 年 5 月 30 日，朱国峰与胡琳签署《股权代持协议书》，约定朱国峰自愿委托胡琳作为自己对公司人民币 25 万元出资的名义持有人，25 万元出资具体为 2013 年 5 月 30 日以胡琳名义对公司进行的 25 万元增资；胡琳代持的股权的用途为对公司经营发展作出贡献的员工进行股权激励，代持期限为委托股权转让至激励人员的名下为止，本协议自动解除，胡琳自愿接受朱国峰的委托并代为行使相关股东权利。

综上所述，截至 2013 年 5 月 30 日，胡琳在公司为朱国峰代持的股权共计 270 万元出资，用途均为对公司经营发展作出贡献的员工进行股权激励。

上述两次股份代持的解除过程如下：

2015 年 7 月 24 日，有限公司召开股东会决议将胡琳持有的有限公司 7.67% 的股权 270 万元出资以每股人民币 2 元的价格分别转让给韦恒峰 0.85% 的股权 30 万元出资、任广阔 1.14% 的股权 40 万元出资、钱隽 2.84% 的股权 100 万元出资、西藏华众资产管理合伙企业 2.84% 的股权 100 万元出资，其他股东放弃优先购买权。此即为胡琳代持朱国峰 270 万元股权的股权激励用途的实现。

2015 年 7 月 24 日，朱国峰与胡琳签署《解除股权代持协议》，约定根据朱国峰与胡琳于 2010 年 5 月 12 日、2013 年 5 月 30 日订立《股权代持协议书》，朱国峰委托胡琳代持的公司共计 270 万元股权，270 万元股权具体包括 2010 年 5 月 12 日以胡琳名义对公司进行的 100 万元增资及郭顺根转让给朱国峰的 145 万元股权、2013 年 5 月 30 日朱国峰以胡琳名义对公司进行的 25 万元增资；现胡琳代持的股权已对公司员工进行激励，代持股权的用途已实施，朱国峰与胡琳上述代持协议自 2015 年 7 月 24 日予以解除，双方不再存在代持关系。

2016 年 1 月 26 日，朱国峰出具《声明与承诺》，声明上述《股权代持协议书》及《解除股权代持协议》均是其真实意思表示，与胡琳的股权代持关系已真实有效解除，与胡琳不存在任何股权纠纷。

2016 年 1 月 27 日，胡琳出具《声明与承诺》，声明上述《股权代持协议书》及《解除股权代持协议》均是其真实意思表示，与朱国峰的股权代持关系已真实有效解除，与朱国峰不存在任何股权纠纷。

2016 年 2 月 28 日，公司全体股东出具《关于无股份代持的声明》，作为江苏黑马高科股份有限公司的股东，所持股份全部为自己所有，不存在替他人代持的情况。

本案例中，公司对历史上存在的代持原因、详细过程、解除过程，以及过程中各相关声明、协议均做出了详细的披露和说明，代持原因合理，过程合法合规，截至 2016 年 2 月 28 日，所有代持均已解除，全体股东出具了无代持声明，股份权属明晰。

案例二　洞察力（837360）

2008 年 5 月 6 日，万浩军、朱宏共同货币出资组建明智思达，2009 年 5 月 25 日刘立新、张家芳以货币出资组建睿智思通。其中刘立新实缴出资 110 万元，占有 55% 的股权。刘立新是万浩军配偶刘艳新的妹妹，在睿智思通设立时，刘立新对睿智思通的出资实际出资人是万浩军，为了以多个不同公司名义迅速扩展业务，万浩军与刘立新于 2009 年 4 月 7 日签署《股份代持协议书》，约定由刘立新代万浩军持有睿智思通 55%（110 万元出资额）的股权，刘立新按照万浩军指示行使股东权利，由万浩军实际享受股权收益。

2014 年 11 月 2 日，明智思达召开股东会，一致同意万浩军将其持有的明智思达 55% 股权（110 万元出资额）以 110 万元的价格转让给洞察力有限，并对公司章程做出相应修改。同日，转让双方签署了《出资转让协议书》，明确了双方的权利义务。

2015 年 5 月 10 日，明智思达召开股东会，一致同意朱宏将其持有的明智思达 45% 股权（90 万元出资额）以 90 万元的价格转让给洞察力有限，并对公司章程做出相应修改。同日，转让双方签署了《出资转让协议书》，明确了双方的权利义务。

2014 年 11 月 2 日，睿智思通召开股东会，一致同意刘立新将其持有的睿智思通 55% 股权（110 万元出资额）以 110 万元的价格转让给洞察力有限，并对公司章程做出相应修改。同日，转让双方签署了《出资转让协议书》，明确了双方的权利义务。

2014 年 11 月 3 日，刘立新与万浩军签署《股权转让确认函》，按照万浩军的要求，刘立新与洞察力有限签订《股权转让协议》，将刘立新代持的睿智思通的 110 万元的货币出资转让给洞察力有限，并办理了工商变更登记手续。至此，刘立新与万浩军以股权转让的方式实际解除了代持关系，两人于 2015 年 6 月 8 日签署了《解除股权代持协议》，股权代持关系清理完毕，洞察力有限成为睿智思通的股东。

2015 年 4 月 10 日，睿智思通召开股东会，一致同意张家芳将其持有的睿智思通 45% 股权（90 万元出资额）以 90 万元的价格转让给洞察力有限，并对公司章程做出相应修改。同日，转让双方签署了《出资转让协议书》，明确了双方的权利义务。

洞察力两家子公司均为公司控股股东万浩军控股的企业，明智思达、睿智思通的主营业务与洞察力相同，上述资产重组后洞察力的主营业务未发生重大变化。

在本案例中，代持产生原因是为了以不同公司开展业务，在后来的重组过程中，股权代持被解除，整个过程中的协议文件齐全，合法合规，但最好还是要由洞察力及其子公司全体股东出具无代持声明，来证明股权明晰。

案例三 必可测（430215），挂牌前处理股份代持

北京必可测科技有限公司召开股东会，同意成锡璐将货币出资额 5 万元转让给周继明，同意何忧将货币出资额 287 万元转让给何立荣，同意苗承刚将货币出资额 5 万元转让给苗雨，并修改公司章程。2012 年 5 月 23 日，上述各方签署了相关的股权转让协议。何忧将其股权转让给何立荣的目的是解除双方的代持关系。成锡璐将其股权转让给周继明的转股价格为 1 元每股。苗承刚将其持有公司的股权无偿赠送给苗雨，苗雨为苗承刚的女儿。何立荣与何忧就双方代持关系出具了《股权代持情况说明》，书面确认：出资款由何立荣实际支付，何忧仅仅为在工商登记注册的名义股东，在何立荣的授权下行使各项股东权利。双方之间的股权代持关系已于 2012 年 5 月解除，并完成了工商变更登记，双方不存在股权纠纷。何立荣与何忧之间代持关系的形成、变动以及最终的解除，均系双方真实的意思表示，且该行为不存在合同法第五十二条规定的欺诈、胁迫及损害国家、社会公共利益或者第三人利益等情形，也不存在任何非法目的，故双方之间的代持行为应当是合法有效的。

挂牌前通过转让股份解除代持关系，并且代持双方出具《股权代持情况说明》，书面确认代持情况，满足股权明晰、转让行为合法合规条件。

案例四 思宇信息 (837692)

在刘跟民以其持有的际融信息 100% 股权认缴思宇信息有限公司新增注册资本 563.2341 万元，根据刘跟民、刘彬及余焕章提供的书面说明，际融信息设立时，刘跟民直接持有际融信息 60% 的股权，并同时委托其妻子刘彬持

有际融信息剩余 40% 的股权，在际融信息设立及历次增资过程中，刘彬的出资款项均为刘跟民实际提供；另外，2010 年 11 月刘跟民将其持有的际融信息 60% 的股权转让给其姐夫余焕章，委托余焕章持有该等股权。所以，刘彬及余焕章所持有的际融信息的股权实际均为代刘跟民持有。

2015 年 9 月，刘跟民与刘彬、余焕章通过股权转让的方式解除了股权代持。为此，刘跟民分别与刘彬、余焕章签署了《解除委托持股协议》，约定双方的委托持股关系解除。同时，刘跟民与刘彬、余焕章分别签署了《股权转让协议》，约定刘彬、余焕章将代刘跟民持有的际融信息 40%、60% 的股权无偿转让给刘跟民。该等股权转让在工商局办理了工商变更登记手续，刘跟民成为际融信息在工商登记注册的唯一股东，股权代持关系解除完毕。

随后，刘彬、余焕章签署了《关于陕西际融信息科技有限公司委托持股情况的确认书》，确认其仅为在工商登记注册的名义股东，在刘跟民的授权下行使各项股东权利；确认其与刘跟民签订的《解除委托持股协议》、《股权转让协议》及其他法律文件均系本人真实的意思表示，该等文件合法有效；并承诺不对公司或刘跟民、公司其他股东主张本人委托持股期间以及解除委托持股后的任何股东权利，也不对相关各方就该等股权及其衍生权利主张其他任何对价。

就前述股权代持关系，刘跟民签署了《关于陕西际融信息科技有限公司委托持股情况的确认书》，确认其与刘彬、余焕章签署的《解除委托持股协议》、《股权转让协议》及其他法律文件均系双方真实、一致的意思表示和股权代持关系的形成及解除合法有效。

主办券商认为经过规范后，子公司际融信息已经解除了股权代持，并完成了工商变更，履行了必要的法律程序，当前公司及子公司的股权明晰，不存在代持或委托持股、其他利益安排情形。

本案例中没有签署股权代持协议，虽然没有产生纠纷，代持问题最后得到了妥善解决，但是如果出现了股权纠纷，可以参照《最高人民法院关于适用〈中华人民共和国公司法〉若干问题的规定（三）》第二十五条规定，人民法院在类似代持产生的股权纠纷中，一般都是支持实际出资人的。

本章小结

如果企业充分披露了股权代持的相关情况，同时给出解除代持的具体方案并且愿意承担可能出现的后果，股权代持问题就是可以解决的，之后就不再构成新三板挂牌的实质性障碍。

存在代持行为的公司挂牌需要披露最主要的几点信息：

1. 向股东说明股权代持对公司挂牌所带来的实质性影响。

2. 了解股权代持的具体情况，诸如：代持原因、当前的代持情况、双方的代持协议。

3. 解除股权代持，并出具承诺与声明。

4. 如实披露信息，阐述清楚问题的来龙去脉。

新三板与现行首发上市条件（IPO）在股权代持要求上的差异

项目	新三板	创业板、中小板	创业板
股权代持	股权明晰，股票发行和转让行为合法合规	明确禁止	明确禁止

第八章

股权激励

　　针对新三板挂牌企业的股权激励并没有详细的法律规定，只见于新三板法律法规中对股权激励计划的披露做出了相应的安排，故目前新三板股权激励计划的实施条件大多比照上市公司要求（《上市公司股权激励管理办法（试行）》）。新三板法律法规中直接涉及股权激励的全部规定如下：

　　1.《中华人民共和国公司法》第一百四十二条：公司不得收购本公司股份。但是，有下列情形之一的除外：（一）减少公司注册资本；（二）与持有本公司股份的其他公司合并；（三）将股份奖励给本公司职工；（四）股东因对股东大会做出的公司合并、分立决议持异议，要求公司收购其股份的。公司依照第（三）项规定收购的本公司股份，不得超过本公司已发行股份总额的百分之五；用于收购的资金应当从公司的税后利润中支出；所收购的股份应当在一年内转让给职工。

　　2.《全国中小企业股份转让系统业务规则（试行）》第2.6条：申请挂牌公司在其股票挂牌前实施限制性股权或股票期权等股权激励计划且尚未行权完毕的，应当在公开转让说明书中披露股权激励计划等情况。4.1.6条：挂牌公司可以实施股权激励，具体办法另行规定。

　　3.《全国中小企业股份转让系统挂牌公司信息披露细则（试行）》第四十一条：实行股权激励计划的挂牌公司，应当严格遵守全国股份转让系统公司的相关规定，并履行披露义务。第四十六条：挂牌公司出现以下情形之一的，应当自事实发生之日起两个转让日内披露——（七）董事会就并购重组、股利分派、回购股份、定向发行股票或者其他证券融资方案、股权激励方案形成决议。

4.《全国中小企业股份转让系统公开转让说明书内容与格式指引（试行）》第三十条第六项：披露报告期内各期末股东权益情况，主要包括股本、资本公积、盈余公积、未分配利润及少数股东权益的情况。如果在挂牌前实施限制性股权或股票期权等股权激励计划且尚未行权完毕的，应披露股权激励计划内容及实施情况、对资本公积和各期利润的影响。

5.《非上市公众公司信息披露内容与格式准则第 1 号——公开转让说明书》第二十五条：申请人应披露公司董事、监事及高级管理人员的薪酬和激励政策，包括但不限于基本年薪、绩效奖金、福利待遇、长期激励（包括股权激励）、是否从申请人关联企业领取报酬及其他情况。

6.《全国中小企业股份转让系统主办券商尽职调查工作指引（试行）》第十条：通过实地考察、与管理层交谈、查阅公司主要知识产权文件等方法，结合公司行业特点，调查公司业务所依赖的关键资源，包括但不限于——（八）调查公司管理层及核心技术（业务）人员的薪酬、持股情况和激励政策（包括股权激励）。最近两年上述人员的主要变动情况、原因和对公司经营的影响，了解公司为稳定上述人员已采取或拟采取的措施，并评价管理层及核心技术（业务）人员的稳定性。

股权激励主要有以下几种模式：

1. 直接定向发行股票：就是挂牌企业直接向不超过 35 人的激励对象或者由其组成的合伙企业增发公司股份，一般来说发行价格可能会有一些折扣。定向发行同其他方式比起来方案设计比较简单，完成时间比较短。

2. 股票期权模式：指挂牌企业给予激励对象一个购买公司股票的权利，激励对象可以根据期权规定的行权时间以给定的行权价格购买一定数量的公司股票，也可以选择不购买。期权本身是不可以转让给他人的。期权模式可以促使激励对象（公司经理人等）努力提升公司收入等经营水平来提升股价，然后在行权期内，若公司股价高于行权价格，则激励对象可从中获得收益。

3. 股票增值权：指公司给予经营管理者一个权利，当公司的股价和业绩上升之后，激励对象可以从中按股价或者业绩提升的比例来获取收益，从而激励其努力经营公司。行权不需要支付现金，行权后由公司支付现金或者股票组合。这种方式操作简单，无须解决股票来源问题。但是我国股价波动较大，股票市场有效性弱，难以公正地奖励。此外，现金支付会对公司造成一定的财务压力。

4. 业绩股票：指公司在年初设定业绩目标，如果年末公司业绩达到了目标，则公司为管理层用激励基金购买一部分公司股票。业绩股票有法可依，符合惯例，可操作性强，对管理层有长期的激励和约束作用，但是成本较高，现金压力较大。除此之外，还可能促使管理层为了短期利益弄虚作假，抬高股价，从中获利。

5. 虚拟股票：指挂牌公司给予激励对象一定的虚拟股票，如果年末业绩能达到设定的目标，公司将给予激励对象一定数量的分红，虚拟股票没有表决权，也不能转让出售。在达到目标时公司对激励对象支付现金、股票或者两者组合，激励对象的收益同公司直接挂钩。

案例一 讯美科技，增发限制股

经主办券商核查，公司持股平台股权激励的股票来源为新增股份，授予对象均为公司主要管理团队、核心技术骨干人员。

2015 年 8 月 25 日，公司通过股东会决议，同意将公司注册资本由原来的 5 000 万元增加到 5 450 万元，增加部分由新股东重庆云石咨询有限公司（已更名为重庆云石企业管理咨询有限公司，以下简称"云石咨询"）以货币方式缴纳 1 035 万元（其中 450 万元为新增注册资本，超过部分的 585 万元作资本公积）。

云石咨询本次增资取得的讯美科技股权有效期为 7 年。有效期包括锁定期和解锁期。其中，锁定期为 1 年，自讯美科技在新三板挂牌之日起。锁定期届满后为解锁期，解锁期自锁定期届满之日起 6 年。

在解锁期内，未经讯美科技书面同意，云石咨询本次增资取得的讯美科技股权未解锁部分不得转让、质押、用于担保、偿还债务或委托他人管理等，如若因为债务等问题导致司法机关或其他单位强行处置上述的股权，高新兴或其指定单位或个人拥有优先购买权。

讯美科技全体股东承诺云石咨询 2015—2017 年业绩如下：2015 年度净利润不低于 1 800 万元；2016 年度净利润不低于 2 000 万元；2017 年度净利润不低于 2 200 万元。上述各年度净利润指标为经会计师事务所审计的归属于公司普通股股东的扣除非经常性损益的净利润，不低于该数为包括该数。如讯美科技 2015—2017 年其中某一年度业绩未达到上述承诺的业绩条件，云石咨询本次增资取得的讯美科技股权未解锁部分相应追加锁定期一年。一年未达到，追加锁定期一年；两年未达到，追加锁定期两年；三年未达到，追加锁定期三年。

股权激励可以调动员工积极性，提高员工的工作效率，留住人才、吸引人才。同时，与现金激励相比，给企业的财务压力更小，但股权分散会降低决策效率。

<blockquote>案例二</blockquote> **紫罗兰（832052），股票期权**

2014 年 7 月 18 日，紫罗兰餐饮与周全宝、白雪峰、严玲、郭锐、张瑞渊等 39 名自然人分别签署《股票期权激励协议》，约定上述自然人在满足期权行权条件后，通过书面申请，经紫罗兰餐饮股东大会考核符合行权条件后，以 1.3 元 / 股的价格向紫罗兰餐饮进行增资，授予的股票期权自授予日起满 12 个月后在未来的 36 个月内分三期行权。另外，协议约定了期权资格丧失、禁售期、双方的权利和义务、特殊规则及争议解决等相关条款。

股票期权模式的优点在于，它可以将公司的利益和经营管理人员的利益捆绑在一起，经营管理人员要想实现从期权中获利的目标，就要努力经营公司，从而提升股价，从而实现公司和自身双赢的目标。除此之外，对于挂牌公司来说，用期权激励能减少很多现金支出，能使公司的财务压力减轻的同时留下和激励管理人才。股票期权也有可能给公司带来不利的影响，比如管理层可能为了能在短期内达到从期权中获益的目标，通过牺牲公司长期利益，达到短期内提升股价的结果，以此从中获利。

<blockquote>案例三</blockquote> **比酷股份（833319），股票期权激励计划**

1. 实施激励计划的目的

为了进一步建立、健全公司长效激励机制，吸引和留住优秀人才，充分调动比酷股份中高层管理人员及主要业务（技术）人员的积极性，有效地将股东利益、公司利益和经营者个人利益结合在一起，使各方共同关注公司的长远发展，在充分保障股东利益的前提下，按照收益与贡献对等原则，根据《公司法》、《证券法》等有关法律、法规和规范性文件以及《公司章程》的规定，制订本激励计划。

2. 激励对象的确定依据和范围

本计划涉及的激励对象共计24人，包括：（一）公司董事、监事、高级管理人员；（二）公司核心员工；（三）董事会认为对公司有特殊贡献的其他人员。以上激励对象中，高级管理人员必须经公司董事会聘任。所有激励对象必须在本计划的考核期内于公司或公司的控股子公司任职并已与公司签署劳动合同。

3. 激励计划具体内容

（1）股票期权激励计划的股票来源

股票期权激励计划的股票来源为公司向激励对象定向发行公司的股票。

（2）股票期权激励计划标的股票数量

计划拟向激励对象授予股票期权120万份股票期权，涉及的标的股票种类为公司普通股，约占本激励计划签署时公司股本总额1 200万股的10%。每份股票期权在满足行权条件的情况下，拥有在有效期内以行权价格购买1股公司股票的权利。激励对象获授的股票期权不得转让、用于担保或偿还债务。

（3）股票期权激励计划的分配

授予的股票期权在各激励对象间的分配情况如下表所示：

姓名	职务	获授的股票期权数量（万份）	占授予期权总数的比例（%）	占目前股本总额的比例（%）
×××	×××	×××	×××	×××
×××	×××	×××	×××	×××

注：上述任何一名激励对象通过本计划获授的公司股票均未超过公司总股本的1%。

4. 股票期权激励计划的有效期、授予日、等待期、可行权日、禁售期

（1）股票期权激励计划的有效期：本激励计划的有效期为自股票期权首次授予日起60个月。

（2）本计划首次授予日：本计划首次授予日为经公司股东大会审议通过本计划之日。

（3）等待期：公告编号：2016-035 11 股票期权授予后至股票期权可行权日之间的时间，本计划等待期为12个月。

（4）可行权日：在本计划通过后，授予的股票期权自授予日起满12个月后可以开始行权。可行权日必须为交易日，但不得在下列期间内行权：①公司定期报告公告前30日至公告后2个交易日内，因特殊原因推迟定期报告公告日期的，自原预约公告日前30日起至最终公告日；②公司业绩预告、业绩快报（如有）公告前10日至公告后2个交易日内；③重大交易或重大事项决定过程中至该事项公告后2个交易日；④其他可能影响股价的重大事件发生之日

起至公告后 2 个交易日。

上述"重大交易"、"重大事项"及"可能影响股价的重大事件"为公司依据《全国中小企业股份转让系统有限责任公司业务规则（试行）》、《全国中小企业股份转让系统有限责任公司挂牌公司信息披露细则（试行）》的规定应当披露的交易或其他重大事项。激励对象必须在期权有效期内行权完毕，计划有效期结束后，已获授但尚未行权的股票期权不得行权，由公司注销。在可行权日内，若达到本计划规定的行权条件，激励对象应在股票期权授予日起满12 个月后的未来 48 个月内分 4 期行权。

首次授予的期权行权期及各期行权时间安排如下表所示：

行权期	行权时间	可行权数量占获授期权数量比例
第一个行权期	自等待期届满之日后的首个交易日起至等待期届满之日起 12 个月内的最后一个交易日当日止	20%
第二个行权期	自等待期届满之日起 12 个月后的第一个交易日起至等待期届满之日起 24 个月内的最后一个交易日当日止	20%
第三个行权期	自等待期届满之日起 24 个月后的第一个交易日起至等待期届满之日起 36 个月内的最后一个交易日当日止	30%
第四个行权期	自等待期届满之日起 36 个月后的第一个交易日起至等待期届满之日起 48 个月内的最后一个交易日当日止	30%

激励对象必须在期权行权有效期内行权完毕。若达不到行权条件，则当期股票期权不得行权。若符合行权条件，但未在上述行权期全部行权的该部分股票期权由公司注销。

（5）禁售期

禁售期是指对激励对象行权后所获股票进行售出限制的时间段。本激励计划的禁售规定按照《公司法》、《证券法》等相关法律、法规、规范性文件和《公司章程》执行，具体规定如下：

① 激励对象为公司董事、监事和高级管理人员的，其在任职期间每年转让的股份不得超过其所持有本公司股份总数的 25%；在离职后半年内，不得转让其所持有的本公司股份。

② 激励对象为公司董事、监事和高级管理人员的，将其持有的本公司股票在买入后 6 个月内卖出，或者在卖出后 6 个月内又买入。由此所得收益归本公司所有，本公司董事会将收回其所得收益。

③ 在本激励计划的有效期内，如果《公司法》、《证券法》等相关法律、法规、规范性文件和《公司章程》中对公司董事、监事和高级管理人员持有股份转让的有关规定发生了变化，则这部分激励对象转让其所持有的公司股票应当在转让时符合修改后的《公司法》、《证券法》等相关法律、法规、规范性文件和《公司章程》的规定。

5. 股票期权的行权价格或行权价格的确定方法

本次授予的股票期权的行权价格：本次授予的股票期权的行权价格为 5 元。

6. 激励对象获授权益、行权的条件

（1）股票期权的获授条件

股票期权的获授条件：激励对象只有在同时满足下列条件时，才能获授股票期权。公司未发生以下任一情形：① 最近一个会计年度财务会计报告被注册会计师出具否定意见或者无法表示意见的审计报告；② 最近一年内发生重大违法违规行为的；③ 中国证监会、全国中小企业股份转让系统有限责任公司等相关监管机构认定不能实行股票期权激励计划的其他情形。激励对象未发生以下任一情形：① 最近三年内存在重大违法违规行为的；② 最近三年内被证券交易所公开谴责或宣布为不适当人选的；③ 具有《公司法》规定的不得担任公司董事、监事及高级管理人员情形；④ 公司董事会认定其他严重违反公司有关规定的。

（2）股票期权的行权条件

在行权期，激励对象行使已获授的股票期权除满足上述条件外，必须同时满足如下条件：

①公司业绩考核要求

本计划授予的股票期权，在行权期的 4 个会计年度中，分年度进行绩效考核并行权，以达到绩效考核目标作为激励对象的行权条件。

各年度绩效考核目标如下表所示：

行权期	业绩考核目标
第一个行权期	公司 2016 年实现营业收入相比于 2015 年增长不低于 25%；公司 2016 年归属于公司股东的扣除非经常性损益的净利润相比于 2015 年增长不低于 25%
第二个行权期	公司 2017 年实现营业收入相比于 2015 年增长不低于 50%；公司 2017 年归属于公司股东的扣除非经常性损益的净利润相比于 2015 年增长不低于 50%
第三个行权期	公司 2018 年实现营业收入相比于 2015 年增长不低于 75%；公司 2018 年归属于公司股东的扣除非经常性损益的净利润相比于 2015 年增长不低于 75%
第四个行权期	公司 2019 年实现营业收入相比于 2015 年增长不低于 100%；公司 2019 年归属于公司股东的扣除非经常性损益的净利润相比于 2015 年增长不低于 100%

如果公司当年发生公开发行或非公开发行行为，则新增加的净资产和该等净资产产生的净利润与其对应预定投入的项目达到预定可使用状态前，计算净利润增长率时相应地从净资产中和净利润中扣除。

由本次股权激励产生的激励成本将在管理费用中列支。

期权的行权条件达成，则激励对象按照计划规定比例行权。反之，若行权上一年度考核不合格，激励对象当年度股票期权的可行权额度不可行权，并按照本计划注销激励对象所获期权中当期可行权份额，或根据届时有效的股东大会、董事会会议决议对可行权份额进行其他安排。

② 个人业绩考核要求

根据《北京比酷天地文化股份有限公司股票期权激励计划实施考核办法》，公司对激励对象设置个人业绩考核期，以自然年为考核期间，设置考核指标及权重，并将个人考核的结果分为 A、B、C 三个等级。

考核结果	A	B	C
评价标准	优	良	不合格
行权比例	100%	70%	0

注：若个人绩效考核为 C 档，则当年不得行权，由公司按照本计划注销，或根据届时有效的股东大会、董事会会议决议对可行权份额进行其他安排；若个人绩效考核为 B 档，则个人只能行使当年可行权的股票期权数量的 70%，不能行权部分由公司按照本计划注销，或根据届时有效的股东大会、董事会会议决议对可行权份额进行其他安排；若个人绩效考核为 A 档，则个人行使当年可行权的股票期权数量的 100%。

7. 股票期权激励计划的调整方法和程序

（1）股票期权数量的调整方法

若在行权前公司有资本公积转增股本、派送股票红利、股票拆细、配股或缩股、分红派息等事项，应对股票期权数量进行相应的调整。调整方法如下：

① 资本公积转增股本、派送股票红利、股票拆细

$$Q = Q0 \times (1 + n)$$

其中：Q0 为调整前的股票期权数量；n 为每股的资本公积转增股本、派送股票红利、股票拆细的比率（即每股股票经转增、送股或拆细后增加的股票数量）；Q 为调整后的股票期权数量。

② 配股

$$Q = Q0 \times P1 \times (1 + n) / (P1 + P2 \times n)$$

其中：Q0 为调整前的股票期权数量；P1 为股权登记日当日收盘价；P2 为配股价格；n 为配股的比例（即配股的股数与配股前公司总股本的比例）；Q 为调整后的股票期权数量。

③ 缩股

$$Q = Q0 \times n$$

其中：Q0 为调整前的股票期权数量；n 为缩股比例（即 1 股公司股票缩为 n 股股票）；Q 为调整后的股票期权数量。

（2）行权价格的调整方法

若在行权前有派息、资本公积转增股本、派送股票红利、股票拆细、配股或缩股等事项，应对行权价格进行相应的调整。调整方法如下：

① 资本公积转增股本、派送股票红利、股票拆细

$$P = P0 \div （1 + n）$$

其中：P0 为调整前的行权价格；n 为每股的资本公积转增股本、派送股票红利、股票拆细的比率；P 为调整后的行权价格。

② 配股

$$P = P0 \times （P1 + P2 \times n）/[P1 \times （1 + n）]$$

其中：P0 为调整前的行权价格；P1 为股权登记日当日收盘价；P2 为配股价格；n 为配股的比例（即配股的股数与配股前股份公司总股本的比例）；P 为调整后的行权价格。

③ 缩股

$$P = P0 \div n$$

其中：P0 为调整前的行权价格；n 为缩股比例；P 为调整后的行权价格。

④ 派息

$$P = P0 - V$$

其中：P0 为调整前的行权价格；V 为每股的派息额；P 为调整后的行权价格。经派息调整后，P 仍须大于 1。

⑤ 增发

公司在发生增发新股的情况下，股票期权的数量和授予价格不做调整。

（3）股票期权激励计划调整的程序

公司股东大会授权公司董事会，当出现前述情况时由公司董事会决定调整行权价格、股票期权数量。

（4）股权回购

公司无义务对激励对象持有的股票进行回购，但是公司董事会可根据实际需要（如转板上市等）或有关法律规范性文件的要求，对激励对象已行权但未转让交易的股权按照董事会确定的市场公允价格或估值进行回购，每股回购价格不低于期权行权价格。

8. 股票期权会计处理与期权费用的摊销

根据《企业会计准则第 11 号——股份支付》和《企业会计准则第 22 号——金融工具确认和计量》的规定，公司将在等待期的每个资产负债表日，根据最新取得的可行权人数变动、业绩指标完成情况等后续信息，修正预计可行权的股票期权量，并按照股票期权授权日的公允价值，将当期取得的服务计入相关成本或费用和资本公积。

本案例中详细说明了股票期权激励对象、内容、来源、有效期、授予日、等待期、可行权日、禁售期，以及激励对象获授权益、行权的条件。对公司而言，股票期权实现了激励对象和公司利益一致，经营者要实现个人利益最大化，就必须努力经营，选择有利于企业长期发展的战略，使公司的股价在市场上持续看涨，进而达到"双赢"的目标。采取股票期权方式，公司没有任何现金支出，有利于企业降低激励成本。然而，股票期权的激励方式存在纳税和股票跌破行权价的双重损失的风险，可能引起经营者的短期行为的缺陷。对员工而言，相比限制性股票，股票期权并不具有惩罚性，股价下跌或者期权计划预设的业绩指标未能实现，受益人只是放弃行权，并不会产生现实的资金损失。通过实施股票期权的股权激励方案，可实现经营者与所有者利益的一致性，锁定期权人的风险、降低激励成本、吸引留住人才；不仅如此，股票期权的激励方式激励力度较大，模式相对公平。总的来说，股票期权的股权激励方式适合那些初始资本投入较少，资本增值较快，在资本增值过程中人力资本增值效果明显的公司，例如高科技行业。

案例四　合全药业（832159），虚拟股

2016 年 4 月，公司计划拟向激励对象授予的股票增值权 45 万份，涉及的虚拟股票数量为 45 万股，占本计划生效日公司股份总数 12 927.0091 万股的 0.3481%，其中，首期拟授予股票增值权 35.7 万份，占本计划生效日公司股份总数 12 927.0091 万股的 0.2762%；预留股票增值权 9.3 万份，占本计划生效日公司股份总数 12 927.0091 万股的 0.0719%。每份股票增值权拥有在行权日以预先确定的行权价格和行权条件执行增值权收益的权利，如行权日公司股票收盘价高于行权价格，每份股票增值权可获得每股价差收益，公司将以现金方式支付行权日公司股票收盘价格与行权价格之间的差额。

虚拟股票是一种简便的激励措施，它不受到股权变动、行权条件等影响，而且没有法律限制，属于公司内部管理，便于操作。相对于其他激励模式，虚拟股权的影响可以一直延伸下去，并不因为股票价格、行权、解锁等事项而受到影响，其最大的制度价值在于利用虚拟股权给予的分红权调动企业员工为公司长远发展而共同努力的积极性。虚拟股权并不是股权，所以激励力度相对较小，无法实现固定人才的作用，激励对象也可能过分关注企业短期效益获得分红，不支持企业资本公积金的积累。因虚拟股权激励模式主要以分红为激励手段，所以对于公司的现金支付压力较大。对于员工而言是纯分红奖励的措施，没有任何风险。员工较容易理解，无须自主支付资金，较易接受。但相对于其他激励模式而言，诱惑力较小，员工的积极性不会太高。

本章小结

各种模式的特点和公司如何对口选择：

1. 股票期权以未来二级市场上的股价为激励点，不需要企业支出大量的现金进行即时奖励。所以股票期权特别适合成长期初期或扩张期的企业，特别是网络、科技等发展潜力大、发展速度快的企业采用。一方面，这种企业股价上升空间较大，将激励对象的收益与未来二级市场上的股价波动联系起来，能够达到很好的激励作用，并且股票期权实施的时间期限一般比较长，一般为 5 ~ 10 年，所以对留住人才和避免管理层的短视行为具有较好的效果。同时，这种企业本身发展和经营的资金需求比较大，需要尽量降低激励成本，而股票期权不需要企业现金支出，所以比较受该类企业的欢迎。当然，其他企业也完全可以采用这种模式，目前股票期权是上市公司采用最多的一种股权激励模式，占到 80% 以上。

2. 限制股票特点是以公司的业绩为股票授予的条件，所以将公司的业绩与激励对象的收益联系特别密切。只有公司业绩达到预定要求，激励对象才可以免费赠予或低价授予股票，才能抛售股票。否则激励计划取消。该模式在成熟型企业中能收到更好的效果。因为该类企业在短时间内股价上涨空间不会很大，所以激励对象的收益更多地来自股票本身而非股价的涨幅。

3. 股票增值权的授予不会影响公司的总资本和所有权结构，不涉及股票来源问题。但股票增值权大多是现金兑现，对企业资金压力比较大，所以适合于现金充足、发展稳定的成熟型企业。

4. 虚拟股票实际上是将奖金延期支付，其资金来源于企业的奖励基金，其发放不会影响公司的总资本和所有权结构。同时虚拟股票受市场的影响小，只要公司有好的收益，被授予者就可以通过分红分享到好处。但跟股份增值权模式一样虚拟股票模式也需要公司以现金支付，公司的现金压力较大，所以适合于现金充足、发展稳定的成熟型企业或非上市公司。

目前新三板股权激励计划的实施条件大多比照现行首发上市条件（IPO）要求。

第九章
对赌协议

对赌协议指的是投资方与企业达成一个有约定的融资协议，约定未来到期时就某一条件的达成情况来行使相对应的权利。对赌协议其实是期权的一种形式，它是通过约定条件和对应权利的设计来保护投资者利益、激励融资企业的经营发展。

在我国，对赌协议在企业首发上市过程中是明确禁止的，因为IPO的一个重要条件就是股权明晰，如果存在对赌协议，那企业的股权就存在不稳定因素，因此不允许在IPO过程中存在对赌。对于新三板而言，没有明确的法律法规禁止对赌协议的存在，在满足相关信息充分披露的情况下，新三板企业挂牌不会构成实质性障碍。新三板企业对赌协议里不能包括挂牌企业主体，因为这样的对赌协议可能影响到企业的利益甚至可持续经营能力。但现有成功案例里，对赌双方不乏企业大股东、实际控制人，因为只要对赌协议失败对大股东、实际控制人产生的影响不波及影响挂牌主体，对企业挂牌就不存在实质性障碍。

总的来说，对于拟挂牌新三板的企业来说，对赌协议方面的要求重点在于参与对赌的不能是企业主体，可以是股东，同时对于对赌协议的详情，包括订立背景、对象、形式、条款、触发条件要承担的后果以及潜在风险充分披露，让投资者能充分了解协议，通过审核是很有希望的。

由于对赌协议使得投资风险可控，因此受到了机构投资者的热捧。在很多情况下，是否签署对赌协议成为企业是否能获得投资的重要条件之一。而在评判对赌协议中，许多人只看到了投资者为了保障自身权益提出的各种要求，却忽略了它也是一份根据企业发展现状而量身定做的条款，它能够敦促股东在获得新一轮融资后更加积极地投身到企业的管理中去，否则将有可能触发条款而造成损失，在这个过程中发挥约束和激励作用。

事物均具有两面性，对赌协议最大的弊端就是造成了股权的不明晰性。此外，对赌协议的设计也是关注的焦点之一，因为对赌协议的触发条件常常涉及企业未来几年的业绩表现，若不能科学、合理地设计对赌协议，将会给企业造成重大影响。例如，若协议中所涉及的业绩条件不切实际，企业根本无法在规定期限内完成，那么由此造成的协议触发将会对企业造成巨大的冲击和损失。

为了防范这种风险，企业需要先对当前自身的经营状况有一个全面、真实的了解，随后结合投资方提出的对赌协议，衡量双赢的可实现性。在保证双方能够平等博弈的前提下，尽量将对赌协议设计成具有多层级结构的条款，从而降低单一条件满足而触发对赌协议进而造成一系列不利影响的情况。

此外，如若不利局面无法挽回，合适地与投资者沟通也有可能减少损失，例如通过调整协议，增加有利于企业挽救现状的条款，如增加财务绩效等。

目前对赌标的一般有财务业绩、非财务业绩、上市时间和企业行为四种形式，其中财务业绩是对赌标的中最常见的形式。而协议到了约定执行的期限时，如果融资方无法达到对赌标的设置的相应指标，则融资方需对投资方进行相应的补偿，补偿形式通常包括现金补偿、股份补偿、股份回购等形式。除了设定补偿条款，为了保证对赌协议的公平透明化进行，投资者与融资者之间还会约定一定的约束或特殊权利，如股权转让限制、优先分红权、优先清算权、共同售股权等。

2016 年被资本市场认定为新三板监管最严的一年，8 月初，全国股转系统发布了《挂牌公司股票发行常见问题解答（三）——募集资金管理、认购协议中特殊条款、特殊类型挂牌公司融资》（简称问答）的通知。该问答中除了对募集资金用途进行了明确限定之外，对此前在新三板市场上日益火爆的对赌也进行了相应的监管。实际上，这也是监管层首次将对赌协议纳入监管范围。上述《问答》中有关对赌协议的具体条款显示，未来投资方或不能与挂牌公司进行对赌，而只能与大股东做对赌，并且现存的反稀释条款、强制分红权、最优权、不合理不合程序的保护性条款、清算优先权等都被禁止。

新三板全国性的扩容，在公司挂牌备案或在已挂牌公司定向增发的过程中浮现不少对赌协议，比较显著的有以下案例：

案例一 **方心健康（834017），对赌回购股票**

公司实际控制人张昕与天津左右诚隆股权投资基金合伙企业（有限合伙）、上海骏行股权投资合伙企业（有限合伙）以及上海浦东新星纽士达创业投资有限公司）三家投资机构签署的《协议书》中对回购的约定如下：

在公司完成新三板挂牌或合格 IPO 或投资方实现出售权利之前，未经投资方书面同意，公司核心股东、核心股东的关联股东以及参与经营股东不得直接或间接转让其所持有公司的股份，或对其持有公司的股份设定担保或其他第三方权利。

如果发生下列条件任一事项（因投资方原因造成的除外），投资方有权要求核心创始人按照 12% 年利率回购投资方持有的全部或部分股份：

1. 2015 年 12 月 31 日之前公司未完成按照证券行业协会要求递交挂牌新三板全部资料。

2. 2015 年公司合并税后净利低于 4 000 万元。

3. 2016 年 12 月 31 日之前公司未完成合格 IPO，合格 IPO 是指：(1) 公司满足在国内 A 股市场上市的基本条件并实现上市；(2) 投资方所持有的公司股份在公司上市后可流通（中国有关法律、行政法规、中国证监会规定或公司上市地证券交易所股票上市规则规定的禁售期或限售期除外）。

4. 公司累计亏损超过本次投资完成时公司所有者权益的 50%。

5. 公司 2016 年 12 月 31 日前未拿到疏肝脂片、三参养心胶囊、松友参芪三个药品中任一品种的新药证书。核心创始人应在自收到投资方相关方书面通知之日起三个月内完成回购事宜，包括但不限于签署相关股份转让协议，完成工商变更等。如果发生上述 1、2、3、4、5 条件中任一事项，左右诚隆基金、骏行基金、纽士达三方投资方中任何一方或两方不提出回购要求，其他一方或两方仍有权利按照上述约定提出回购要求。

实际控制人张昕在与投资方约定的回购条款中，当触发回购条件时，张昕将以现金方式回购部分或全部投资方的股份。张昕目前直接持股 51.58%，左右诚隆基金、骏行基金、纽士达三家投资机构目前合计持有公司 21.05% 股份，一旦触发对赌条款，张昕的持股比例会发生变化，但不会影响其实际控制人地位。

　　本案例中，双方就公司挂牌、未来净利润、IPO、亏损、新药证书进行了对赌，在协议中，对赌双方是投资方和实际控制人，并未涉及公司主体。此外，在后面还就触发对赌条款后的结果进行了说明，明确了即便投资方行权也不会影响实际控制人的事实。

案例二　皇冠幕墙（430336），与股东对赌回购

　　2014 年 3 月 27 日，皇冠幕墙（430336）发布定向发行公告，公司定向发行 200 万股，融资 1 000 万元，新增一名股东天津市武清区国有资产经营投资公司（以下简称武清国投），以现金方式全额认购本次定向发行的股份。同时披露的还有武清国投与公司前两大股东欧洪荣、黄海龙的对赌条款，条款要求皇冠幕墙自 2014 年起，连续三年，每年经审计的营业收入保持 15% 增幅；如触发条款，武清国投有权要求欧洪荣、黄海龙以其实际出资额 1 000 万元 +5% 的年收益水平的价格受让其持有的部分或者全部股份。完成定向发行后，欧洪荣、黄海龙以及武清国投所占公司股份比例分别为 46.609%、28.742% 以及 4.334%。项目律师就该回购条款的合法合规性发表意见：上述条款为皇冠幕墙的股东、实际控制人欧洪荣、黄海龙与武清国投附条件股份转让条款，双方本着意思自治的原则自愿订立，内容不影响皇冠幕墙及其他股东的利益，条款合法有效。假使条件成就，执行该条款，股份变更不会导致皇冠幕墙的控股股东、实际控制人发生变化，不影响挂牌公司的持续稳定经营。

　　对赌协议签署方为控股股东与投资方，不涉及上市主体；即使触发对赌协议，对于公司的控制权不产生影响，进而说明不影响公司的持续经营。

案例三　易事达（430628），新的替换旧的对赌协议

　　2012 年 2 月 23 日，经易事达有限股东会决议，同意将注册资本增加至 1 561.04 万元，新增注册资本 231.04 万元由新股东钟山九鼎及湛卢九鼎缴纳。钟山九鼎以货币投入 1 648.75 万元，其中 152.37 万元计入注册资本，其余 1 496.38 万元计入资本公积。湛卢九鼎以货币投入 851.25 万元，其中 78.67 万元计入注册资本，其余 772.58 万元计入资本公积。

　　在本次增资过程中，增资方钟山九鼎及湛卢九鼎（甲方）、公司（乙方）、公司股东段武杰及周继科（丙方）签订了增资补充协议，约定了对赌条款，主要内容包括如下：

（1）业绩补偿

公司 2011 年、2012 年、2013 年的净利润分别不得低于 2 500 万元、3 300 万元、4 300 万元，同时 2012 年、2013 年实现净利润累计不低于 7 600 万元，如果不能完成以上任一业绩指标，由丙方段武杰及周继科对甲方钟山九鼎和湛卢九鼎根据约定做出现金补偿，自有资金不足的，由公司向甲方单向分红或丙方将分红所得支付甲方补足。

（2）退出安排

①除非甲方另以书面形式同意延长，本次投资完成后，如果：

A. 乙方 2014 年 6 月 30 日前未提交发行上市申报材料并获受理。

B. 乙方 2014 年 12 月 31 日前没有完成挂牌上市。

C. 乙方 2011 年实现净利润低于 2 000 万元，或者 2012 年实现净利润低于 2 600 万元，或者 2013 年实现净利润低于 3 400 万元。甲方有权选择在上述任一情况出现后要求乙方及 / 或丙方以约定价款回购或购买甲方持有的全部或部分乙方股权。

②如果出现以下任何一种情况：

A. 丙方或丙方实际控制的其他方投资、经营任何与乙方主营业务相同或者相关的其他业务或企业；

B. 实际控制人发生重大变化，或者实际控制人不履行其管理控制公司的义务。

则甲方有权选择在上述任何一种情况出现后要求丙方或乙方受让甲方持有的全部或部分乙方股权，乙方及丙方承诺以约定价格受让。

如果乙方、丙方不能按照前述要求受让甲方所持股权，甲方还可以选择向第三方转让股权，甲方按照本款约定向第三方转让股权实际所得少于根据前述约定甲方应得款项的差额，由乙方和丙方予以补足。

退出有关约定自公司向中国证监会递交正式申报材料时自动失效；若乙方中止或放弃上市计划，或者乙方上市申请被否决，或者乙方上市申报材料被撤回，或者上市申请文件提交之日起 12 个月内尚未取得证券监管机构核准上市的批文，则该等退出约定的效力即自行恢复，且甲方对失效期间有关退出的相应权利具有追溯力，有关期间自动顺延。甲方根据上市申报进度等情况书面同意暂缓前述权利自动恢复除外。

（3）清算财产分配

乙方如果实施清算，则在分别支付清算费用、职工的工资、社会保险费用和法定补偿金，缴纳所欠税款，清偿公司债务后，对乙方的剩余财产进行分配时，乙方和丙方保证甲方获得其对乙方的全部实际投资加上在乙方已公布分配方案但还未执行的红利中甲方应享有的部分，如乙方分配给甲方的剩余资产不足上述金额，差额部分由丙方以获得的清算资产为限对甲方进行补偿。

（4）其他约定

甲方与丙方签订借款协议，甲方借予丙方 1 500 万元，甲方承诺如果未要求乙方及或丙方购买甲方股份，且乙方在 2014 年 12 月 30 日前在国内 A 股成功实现上市，甲方将豁免丙方偿还该等借款及利息，作为丙方主导乙方上市后的奖励。补充协议与增资扩股协议存在冲突和不一致之处，以该补充协议为准。

（5）大股东出具承诺

2013 年 11 月 28 日，为了公司本次挂牌不受到影响，公司股东段武杰、周继科做出承诺，承诺全部承担增资方基于上述《增资补充协议》提出的一切包括但不限于支付业绩补偿、差额补偿及 / 或转让股份的责任与义务，确保公司及其他股东不因上述《增资补充协议》的履行而遭受任何损失；如果公司或其他股东的利益因上述《增资补充协议》的履行受到任何损害或损失，承诺人将就该等损害或损失承担不可撤销的连带赔偿责任。

（6）增资方出具承诺函

根据《增资补充协议》，当增资方向第三方转让股权时，根据买方需要，可要求易事达股东段武杰、周继科也以增资方转让的同等条件转让一部分股权。对此，增资方承诺自公司向股转公司报送申请材料之日起放弃上述权利。

（7）三方签订补充协议

2013 年 12 月 31 日，增资方钟山九鼎及湛卢九鼎（甲方）、公司（乙方）、公司大股东段武杰及周继科（丙方）签订了《增资补充协议二》，约定主要内容包括：①自乙方向全国中小企业股份转让系统申报挂牌材料之日起豁免乙方基于前述协议对赌条款约定的所有责任和义务；②自乙方向全国中小企业股份转让系统申报挂牌材料之日起增资方放弃可以要求乙方及丙方回购或受让甲方所持有的乙方股份的权利；③如果甲方向其他任何第三方转让甲方所持有的乙方全部或部分股份，甲方承诺对外每股转让价格不低于乙方最近一期经审计的每股净资产值；④如果乙方挂牌申请被否决，或者乙方挂牌申报材料被撤回，则上述甲方放弃的权利即自行恢复。

券商核查：由于在 2012 年未能完成业绩约定以及 2013 年可能不能完成业绩约定，截至 2014 年 3 月，大股东段武杰、周继科需向增资方支付的补偿金额合计 2 712.38 万元至 2 991.45 万元。中介机构通过对大股东的自有资产进行核查，根据公司股权结构、利润分配政策、累计未分配利润数量以及公司持有现金状况，分析大股东可通过现金分红的形式获得的金额。证明公司股东段武杰、周继科能够在不对公司股权结构产生不利影响的前提下通过自有资金及获取公司分红偿付相关对赌约定款项。同时根据补充协议的约定，在挂牌时解除了协议双方的责任与义务。

本案例中，实际上是用了一个新的对赌协议替换了旧的对赌协议。从上述报告的关注点来看，重点解释说明的地方在于：对挂牌主体是否构成重大影响；对股权结构是否有重大影响，对实际控制人是否产生影响；股东对赌失败能否在对挂牌主体不造成重大影响的前提下负责赔偿。

案例四　欧迅体育，挂牌成功后解除对赌

2014 年 1 月 22 日，欧迅体育披露股份公开转让说明书，公开转让说明书显示，2013 年 5 月 23 日公司进行第三次增资时，新增股东上海屹和投资管理合伙企业（有限合伙）、上海鼎宣投资管理合伙企业（有限合伙）、上海棕泉亿投资合伙企业（有限合伙），上述股东合计以 850 万元认缴新增注册资本 13.333 万元。增资的同时，上述新增股东与欧迅体育实际控制人朱晓东签署了现金补偿和股权收购条款，对业绩的约定为：（1）2013 年经审计的扣除非经常性损益的净利润不低于人民币 760 万元；（2）2014 年经审计的扣除非经常性损益的净利润不低于人民币 1 140 万元；（3）2013 年和 2014 年的平均利润扣除非经常性损益的净利润不低于人民币 950 万元。但同时也约定在欧迅体育向全国中小企业股份转让系统有限责任公司提交新三板挂牌申请之日起，投资人的特别条款自行失效，投资人依该等条款所享有的特别权利同时终止。增资完成后，控股股东朱晓东，新增资三家投资机构股份占比分别为 65.7%、5.88%、3.53%、0.59%。

投资协议的签署方为控股股东朱晓东和新增投资机构，不涉及上市主体，对欧迅体育并不具有约束力，投资协议中并无欧迅体育承担义务的具体约定。此外，触发条款的履行将可能导致实际控制人朱晓东所持有的欧迅体育的股权比例增加或保持不变，不会导致欧迅体育控股股东、实际控制人的变更。新增股东所持有公司的股份不会影响公司的控制权；双方同时约定，挂牌成功时解除协议双方的权利和义务，消除了股权不确定的可能性。

案例五　**新疆火炬（832099），公司分红现金补偿**

　　新疆火炬燃气股份有限公司，主要从事为城市管道天然气与压缩天然气销售及提供燃气设施、设备的安装服务。目前，公司已经在新疆南疆喀什地区的喀什市、疏附县、疏勒县取得 16～30 年的城市管道燃气特许经营权，公司已在一市两县区域内拥有居民用户 12 万余户、各类工商业用户 2 000 余户。此外，公司还拥有公交运输车、出租车等各类双燃料加气车辆用户约 1.8 万户。目前形成了民用、CNG 加气站、工业和商业供气的多元经营模式。

　　2014 年 4 月，公司引入九鼎投资方六家基金作为机构投资者，并签署《股权转让协议》与《补充协议》，本次股权转让完成后，火炬燃气、建工集团和赵安林对火炬燃气未来一定时间内的经营业绩进行承诺：火炬燃气 2013 年实现净利润 5 000 万元，2014 年实现净利润 6 000 万元，2015 年实现净利润 7 000 万元，2016 年实现净利润 7 000 万元，2017 年实现净利润 7 000 万元。其中火炬燃气当年净利润未达到承诺利润且波动范围在百分之十五以内，利润差额部分累积至下一年的业绩承诺。

　　如火炬燃气未达到承诺业绩，则建工集团及或其实际控制人对六家机构将于 2013 年至 2017 年进行一次性现金补偿人民币 500 万元。如火炬燃气 2013 年、2014 年、2015 年、2016 年、2017 年净利润分别达到业绩目标并成功上市，则六家机构对建工集团及 / 或实际控制人及 / 或火炬燃气管理层予以现金奖励人民币 500 万元。

　　截至 5 月 17 日，公司已于 3 月 11 日成功挂牌新三板，且 2013 年和 2014 年公司分别实现净利润 6 006.70 万元和 8 055.71 万元，均超额完成任务，并保持良好的增长趋势，公司将在协议到期时获得良好业绩的同时获得六家机构的额外奖励。

　　本案例中，火炬燃气、建工集团和赵安林与九鼎投资等六家机构投资者就企业净利润和上市进行了对赌，其中建工集团和赵安林作为对赌协议的融资方，即该协议不涉及企业主体。对赌期间，火炬燃气成功挂牌上市，且超额完成协议中的净利润要求。

本章小结

　　虽然监管层首次将对赌协议纳入监管范围，新规并非禁止对赌，但是将受到很严格的限制，这些投资机构仍然可以和挂牌公司的实际控制人，或者第一大股东对赌。并且在实际操作过程中，新三板上绝大多数对赌就是和公司实控人或者第一大股东，而并非和整个公司进行对赌。另外从具体细则来看，对于对赌协议中所涉及的特殊权利都将被大范围叫停，认购协议以下7大情形不得存在，分别是：

1. 挂牌公司作为特殊条款的义务承担主体。

2. 限制挂牌公司未来股票发行融资的价格。

3. 强制要求挂牌公司进行权益分派，或不能进行权益分派。

4. 挂牌公司未来再融资时，如果新投资方与挂牌公司约定了优于本次发行的条款，则相关条款自动适用于本次发行认购方。

5. 发行认购方有权不经挂牌公司内部决策程序，直接向挂牌公司派驻董事，或者派驻的董事对挂牌公司经营决策享有一票否决权。

6. 不符合相关法律法规规定的优先清算权条款。

7. 其他损害挂牌公司或者挂牌公司股东合法权益的特殊条款。

新三板与现行首发上市条件（IPO）在对赌协议要求上的差异

项目	新三板	创业板、中小板	主板
对赌协议	不能包括挂牌企业主体，需要将对赌协议的背景、形式、主要条款可能引起的后果以及存在的风险交代清楚	明确禁止	明确禁止

第十章
实际控制人

《全国中小企业股份转让系统挂牌公司信息披露细则 （试行）》第四十八条关于实际控制人的定义：指通过投资关系、协议或者其他安排，能够支配、实际支配公司行为的自然人、法人或者其他组织。对控制的定义：指有权决定一个公司的财务和经营政策，并能据以从该公司的经营活动中获取利益。有下列情形之一的，为拥有挂牌公司控制权：

1. 为挂牌公司持股 50% 以上的控股股东；

2. 可以实际支配挂牌公司股份表决权超过 30%；

3. 通过实际支配挂牌公司股份表决权能够决定公司董事会半数以上成员选任；

4. 依其可实际支配的挂牌公司股份表决权足以对公司股东大会的决议产生重大影响；

5. 中国证监会或全国股份转让系统公司认定的其他情形。

在判断公司控制权的时候，不仅仅要考虑相应的股权投资关系，也要根据个别公司的实际情况，结合其实际影响等来决定。实际控制人应参照追溯至最终控制人而不是中间控制人，实际控制人为外资的，也应该追溯至最终控制人。

一般而言，多数实际控制人是自然人，自然人为实际控制人时，又有单独控制和共同控制两种情况。共同控制人可以是基于家庭成员关系，也可以是基于一致行动协议的，或者是存在一致行动事实的。在认定实际控制人的过程中，还要关注认定的合理性如是否长期持股、是否有影响力等。

但是，实际控制人是否可以变更并没有明确的界定，如果挂牌企业发生实际控制人变更是否会对挂牌造成实质性障碍呢？我们认为是不会的。根据《新三板全国第二次培训纪要：申报、审核与督导实务》的指示：报告期内，申请新三板挂牌公司的实际控制人是可以发生变更的，但要详细说明，最终落实到是否影响持续经营能力。从中我们知道挂牌公司的实际控制人是可以发生变更的，但最终必须说明是否会对持续经营能力造成影响，换言之，如果实际控制人的变更对公司持续经营能力没有影响，则实际控制人变更不影响挂牌。

综上所述，新三板中实际控制人问题主要可以分为以下几种情况：

1. 公司无实际控制人。

2. 实际控制人变更。

3. 认定夫妻为共同实际控制人。

4. 将国有资产授权管理公司认定为实际控制人。

下面将介绍几个案例来分析说明上述问题。

案例一　海力香料（837599），公司无实际控制人

海力香料是一家主要从事精细化学品的生产销售的公司，现有股权结构中，前五大股东李文革、谢荣梅、胡国田、李晓东、梅银平分别直接持有公司21.33%、16.11%、15.31%、9.98%、9.98% 的股权，公司股权较为分散，无控股股东。为维护公司经营稳定，加强公司经营决策能力，公司前五大股东李文革、谢荣梅、胡国田、李晓东、梅银平于 2015 年 5 月 20 日签订《一致行动协议》，组成一致行动人。现 5 人合计直接持有公司 72.71% 的股权，李文革、李晓东通过分别持有海韵投资 10.526% 权益而合计间接持有公司 1.38% 的股权。因此，上述 5 人通过直接及间接持股，合计持有公司 74.09% 的股权，为公司的共同实际控制人。根据《一致行动协议》的约定，任何一方拟就有关公司经营发展的重大事项向股东大会、董事会提出议案之前，或在行使股东大会或董事会等事项的表决权之前，一致行动人内部应先对相关议案或表决事项进行充分沟通、协商，并以最终形成的一致意见为最终意见；如出现意见不一致的情形，则以一致行动人中李文革的意见为准；一致行动人在参加股东大会、

董事会行使表决权时，均应按照各方事先协调所达成的一致意见行使表决权。此外，上述一致行动人 2009 年 7 月至今均一直担任公司董事，且一致行动人根据其合计持股比例所享有的表决权能够决定公司的经营管理、财务决策及管理层人事任免。

本案例中，公司的任何单一股东所持股份均不足以控制公司，股权结构较分散，公司没有实际控制人，这样当然不利于公司的治理也影响相关决策的施行。对此，公司股东签订《一致行动协议》，自公司成立以来 5 人一直根据协商一致的结果进行表决或投票，并且同意在今后按照相关约定采取一致行动，在充分沟通及协商的基础上行使各自在公司的表决权和经营管理权。这能够解决股东对重大事项的决策问题，由不能得出统一决策到能够统一决策，从而解决没有实际控制人的问题。

案例二　行动教育（831891），实际控制人变更

实际控制人变更对公司经营的影响及关键业务人员流动风险。

公司业务的开展对其人力资本的依赖性较高，包括营销、研发等业务链环节都需要核心人员去决策、执行和服务，所以拥有稳定、高素质的专业人才对公司的持续发展壮大至关重要。在公司的历史发展过程中，原公司实际控制人之一的侯志奎先生离开公司，导致公司实际控制人发生变更；曾担任公司董事、副总经理的常国政先生及部分公司关键业务人员也离开了公司。上述实际控制人的变更和关键业务人员的流失对公司的经营造成了重要的影响。2013 年，公司的营业收入、营业利润、预收账款及经营活动产生的现金流量净额等财务指标显著下降。考虑到目前行业内优秀人才的争夺较为激烈，如果未来公司实际控制人业务流程中的核心人员出现流失，则公司将可能面临着较高的经营风险。

◎ **应对措施：**

一、实际控制人的变更不会使股权存在潜在纠纷

报告期初，李践、赵颖、侯志奎为公司的共同实际控制人。其后，李践、赵颖两人与侯志奎先生在公司的经营理念及发展战略上产生了分歧。由于发展理念的分歧已经影响到公司的经营，因此，经过协商，2013 年 2 月，李践与侯志奎签署《股份转让协议》，侯志奎将其持有的公司 2 636 万股（包括其以自己名义持有的 2 236 万股，以及通过杨德云、冯那、胡蓉代持的 400 万股）

全部转让给李践，公司的实际控制人变更为李践、赵颖夫妇二人。

二、说明控股股东、实际控制人经营公司的持续性、公司管理团队的稳定性不受影响

报告期内，因上述公司实际控制人发生了变更，实际控制人之一侯志奎离开公司，公司的管理团队相应发生了重大变化。具体表现为公司董事、高级管理人员的变动较为频繁。但截至目前，公司董事会、高级管理人员构成的管理团队已趋于稳定，公司经营架构的调整也已基本完成，公司重要股东、董事会和经营管理团队对公司制定的战略发展方向都较为认可，公司业务明确，经营稳定，具有持续经营能力。

三、对比控股股东、实际控制人变更前后公司业务的发展方向、业务具体内容的变化

实际控制人变更前，公司主要致力于传统的线下管理培训、管理咨询、图书音像制品销售业务。实际控制人变更后，鉴于中国企业已经进入从粗放式管理到精细化管理的发展阶段，公司凭借自己积累的知识数据库，充分运用互联网工具和大数据功能，致力于建设一个提升企业竞争力的云智力支持平台。公司设立了上海赢智网络科技有限公司、参股了上海赢策教育科技有限公司，从而丰富了公司的盈利模式。综上所述，实际控制人变更后，公司的业务发展方向仍以管理培训、管理咨询为基础，但更多地运用了互联网思维和互联网工具，并寻求资本市场的帮助；业务具体内容也从单纯的线下培训、线下咨询变更为线下为主，线上试验突破，线上线下融合发展的模式。

四、对比控股股东、实际控制人变更前后客户的变化情况

实际控制人变更时，根据公司与上海师道文化发展有限公司签订的《业务转让协议》及《课程结算协议》，公司将《教导模式》、《四化内训》等课程转让给了上海师道文化发展有限公司。对于在协议签订前已经存在的客户业务合同，相关管理培训劳务将由上海师道文化发展有限公司提供，但鉴于公司在客户开拓方面的贡献，相关合同收入由公司与上海师道文化发展有限公司按比例分成。上述过渡期满后，公司此后不再开设《教导模式》、《四化内训》等课程，也不再开拓与上述课程有关的客户群体。经核查，实际控制人变更前，《教导模式》等课程共有客户 50 多家，占公司全年营业收入的比例为 5% 左右。实际控制人变更后，《教导模式》等管理培训课程的客户有所减少，公司业务收入也随之受到一定的影响。

五、控股股东、实际控制人变更前后公司收入、利润变化情况

2013 年 2 月，侯志奎全部转让其所持股份、辞去公司董事及总经理职务，

公司实际控制人由李践、赵颖、侯志奎三人变更为李践、赵颖二人，实际控制人变更前后，公司的收入、利润情况如下：

单位：元

项目	变更前 （2012 年度）	变更后 （2013 年度）	变更后 （2014 年 1—6 月）
营业收入	319 517 579.70	240 405 590.52	93 417 687.65
营业利润	5 489 146.98	-1 203 764.98	8 522 522.47
利润总额	10 102 818.55	16 392 133.74	12 395 106.34
净利润	3 082 575.93	12 857 614.26	8 963 710.98

由于实际控制人变更，部分高管和关键业务人员离职，变更后 2013 年利润下降，净利润的增加是由于处置资产所致。在 2014 年，公司由于制定了新的战略和经营方针，提升了产品服务定价，控制了成本，由于上半年节假日影响营业收入有所减少，但毛利率迅速上升，盈利能力增强。

同 IPO 的要求不同，IPO 的实际控制人是一定不可以发生变更的，但新三板对于实际控制人的审核相对宽松了许多，即使新三板挂牌企业的实际控制人发生了重大变更，只要能证明公司的可持续经营能力没有受影响，就对挂牌不构成实质性的障碍。本案例在报告期内公司实际控制人因公司以后的发展产生分歧而发生变更，主营业务、高管、关键业务人员等都发生了重大变更，但是通过核查，公司的经营方向以及主营业务发展良好，虽然由于业务变更，收入减少，但毛利率升高，盈利能力得到了增强，管理层、公司构架等也趋于稳定，符合股转公司对持续经营的标准，所以该变更没有对挂牌构成实质性障碍。

案例三 **飞田通信（430427），共同实际控制人**

公司认定于秀珍、吴宝林、吴建俊和陆桂华四人为公司实际控制人。

公司认定于秀珍、吴宝林、吴建俊和陆桂华为公司实际控制人的依据是：直接持有飞田股份 1 395.301 万股，占总股本的 46.51%，另外通过上海飞诚持有飞田股份 43.5104 万股，合计持有 1 438.811 万股，占总股本的 47.9603%，为飞田股份的控股股东。吴宝林直接持有飞田股份 150 万股，占总股本的 5%。于秀珍与吴宝林为夫妻关系，二人持有飞田股份的股权比例超过 51%，因此应认定为飞田股份的实际控制人。吴建俊和陆桂华虽然不直接持有公司的股权，吴建俊系于秀珍、吴宝林之子，长期担任公司董事长、总经理、法定代表人，吴建俊之妻陆桂华担任公司董事长秘书。吴建俊和陆桂华实际参与公司经营，能够决定和实质影响公司的经营方针、决策和经营管理层的任免。因此，根据实质重于形式的原则，应当认定为飞田股份的实际控制人。

于秀珍、吴宝林、吴建俊和陆桂华签订了《一致行动人协议》，约定对于公司经营过程中须经股东大会、董事会等机构决策的事项，须经各方事先协商并形成一致意见，并由各方在公司股东大会、董事会上根据各方达成的一致意见投票表决。就公司股东大会任何议案进行表决时，应确保各方持有的全部有效表决权保持一致行动。

于秀珍、吴宝林、吴建俊和陆桂华出具承诺：于秀珍、吴宝林与吴建俊、陆桂华无任何股权代持关系。

该项目在认定实际控制人方面十分谨慎，尤其是吴建俊和陆桂华虽然不直接持有公司的股权，吴建俊系于秀珍、吴宝林之子，长期担任公司董事长、总经理、法定代表人，吴建俊之妻陆桂华担任公司董事长秘书，其两人也被认定为实际控制人。在认定实际控制人的时候，除了在持股比例、一致行动协议等进行考量之外，也要从实际出发，股东存在夫妻关系、亲子关系的，存在一致行动实质的，都要考虑进去。

案例四 箭鹿股份（430623），将国有资产授权管理公司认定为实际控制人

江苏箭鹿毛纺股份有限公司是一家具备完善研发、设计、生产、销售体系的大型毛纺织企业，主营业务为生产、销售精纺面料、半精纺面料、仿毛面料、成衣制品，同时产销部分毛条、纱线及家纺用品等。

公司面临的潜在风险有控股股东不当控制风险：公司控股股东及实际控制人宿迁产业发展集团有限公司持有公司 75.90% 的股份，在公司经营决策、人事、财务管理上均可施予重大影响。若公司控股股东及实际控制人宿迁产业发展集团有限公司利用其对公司的实际控制权对公司的经营决策、人事、财务等进行不当控制，可能损害公司和少数权益股东利益。

公司控股股东及实际控制人为宿迁产业发展集团有限公司（以下简称"产业集团"），产业集团是宿迁市人民政府出资并授权宿迁市国有资产监督管理委员会行使国有股东权利的国有独资公司，在授权范围内负责其持有的国有资产的投资及运营管理。但股转系统在第一次反馈的时候提出了这样的疑问：为什么未认定宿迁市国资委为实际控制人而认定产业集团为实际控制人？

对此，主办券商和律师采取了如下的应对措施：

1. 产业集团具备作为实际控制人的资格

（1）产业集团为经宿迁市人民政府授权批准的直接经营国有资产机构根据产业集团公司章程第 1 条、第 2 条记载，"产业集团是经宿迁市人民政府批准授权直接经营国有资本的企业；产业集团是由宿迁市人民政府出资设立，代表国家作为投资主体对国有企业行使出资职能的产权经营机构，专门从事资本运作的国有独资公司"。（2）产业集团由宿迁市人民政府直接出资设立根据产业集团章程、工商局打印的企业基本信息档案、相关验资报告记载，产业集团的股权结构如下：股东/出资人出资金额(万元)宿迁市人民政府 50 000。(3)产业集团关键管理人员的任免由宿迁市人民政府决定。2011 年 10 月 5 日，宿迁市人民政府下发《市政府关于韩锋等同志职务任免的通知》(宿政发[2011]112号)，研究决定：韩锋同志任产业集团董事长；单成武同志任产业集团总经理；耿开亮同志任产业集团监事会主席。（4）产业集团具备国有资产营运的登记经营范围。根据产业集团《企业法人营业执照》、公司章程，产业集团的经营范围为：授权范围内的国有资产营运；制造业和服务业的投资管理；高新技术成果转化风险投资。综上所述，本所律师认为产业集团为宿迁市人民政府出资设立并授权批准直接经营国有资产的法人主体，具备作为箭鹿股份实际控制人的法定资格。

2. 产业集团行使对箭鹿股份的出资人职能，并形成实际控制箭鹿股份补充法律意见书就箭鹿股份国有资本的实际控制及管理情况，本所律师查阅了产业集团、宿迁市国资委盖章出具的《关于箭鹿股份实际控制人情况的说明》，该说明的主要内容如下："产业集团有权代表宿迁市人民政府享有对箭鹿股份的资产受益、重大决策、选择经营者等出资人权利。在箭鹿股份的重大事项决策中，产业集团作为箭鹿股份股东独立行使国有出资人职能，具有相关独立运营和决策权，对箭鹿股份国有资产形成实际管理和控制效果。在宿迁市国有资产管理体系中，宿迁市国资委主要负责国有资产产权的监督和管理，以及根据相关国有资产管理规定须由国资委审批的事宜，而涉及市属国有企业的经营决策则由宿迁市人民政府授权的专门国有资产经营机构（如产业集团）统一管理。因此，宿迁市国资委不适合认定为公司实际控制人，产业集团应为箭鹿股份实际控制人。" 本所律师就箭鹿股份国有资本的实际控制与管理情况、上述实际控制人认定情况与箭鹿股份、宿迁市国资委等工作人员进行了电话访谈核实，本所律师经上述核查后认为：箭鹿股份的国有资本由产业集团根据宿迁市人民政府的授权批准运营并形成实际控制和管理，箭鹿股份认定产业集团为实际控制人符合实际情况，具有充分的依据。

3. 上市公司中有多家企业将国有资产授权管理公司认定为实际控制人的情形，本所律师在箭鹿股份认定实际控制人时查阅并参考了 A 股上市公司中地方国有企业关于实际控制人认定的案例，简列部分案例如下：

股票代码	公司名称	实际控制人	实际控制人性质
002208	合肥城建	合肥市国有资产控股有限公司	地方国有资产经营公司
600119	长江投资	上海国有资产经营有限公司	地方国有资产经营公司
002673	西部证券	陕西省投资集团（有限）公司	地方国有资产经营公司
002061	江山化工	浙江省铁路投资集团有限公司	地方国有资产经营公司
002101	广东鸿图	高要市国有资产经营有限公司	地方国有资产经营公司

本案中，公司的实际控制人是宿迁市政府授权的专门国有资产经营机构产业集团，而宿迁市国资委主要负责国有资产产权的监督和管理以及相关的审批事宜。在认定实际控制人的时候，要注意对最终控制人和中间控制人的认定，实际控制人的认定要穿透各层股权结构，如果是国资要找到对应的资产管理部门；如果是外资，也要找到外资的最终控制人。

本章小结

实际控制人在新三板中是一个重要的问题，关系到挂牌公司的控制权问题，进而影响公司的重大问题决策，最终影响公司的持续经营能力。所以，一般的挂牌公司都能够确定实际控制人，当然有些公司由于股权结构分散，任何一个股东单独持有的股权都难以控制公司，这种情况下一定不能披露公司没有实际控制人，否则会让股转系统重点关注，之后再要解释是非常费力的。当然，也不是没有解决的办法。针对这种情况，一般是确定几个持有公司股份较多的股东为实际控制人，当然所持股份总数必须是 50% 以上，并由这几个股东签订《一致行动协议》，这主要解决的是公司的控制权问题。只要确定了公司的实际控制人，一般是没有问题的。

但是，如果公司的实际控制人发生了变更，会相对变得复杂一些，这种情况首先必须如实披露实际控制人发生变更的原因，让股转系统相信你这种变更是必需的，以及发生变化时对公司持续经营能力影响的披露。

报告期内公司实际控制人发生变更，需要关注：

（1）实际控制人发生变更的原因，目前公司股权是否明晰，是否存在潜在的股权纠纷，公司股权是否（曾经）存在委托持股情形；

（2）对比公司管理团队的变化，说明实际控制人经营公司的持续性、公司管理团队的稳定性；

（3）对比实际控制人变更前后公司业务的发展方向、业务具体内容的变化；

（4）对比实际控制人变更前后客户的变化情况；

（5）实际控制人变更前后公司收入、利润变化情况。

主办券商就实际控制人变更对公司业务经营、公司治理、董监高变动、持续经营能力等方面是否产生重大影响发表明确意见，公司结合上述内容就实际控制人变更事项做重大事项提示。

另外，当公司的股权结构中出现了股东之间存在配偶关系，且其中的一方所持有股份超过50%，而另一方所持有的股份低于50%的情况，根据股转系统的窗口指导，一般认定夫妻二人为公司的实际控制人，这一指导的依据是夫妻双方对共有财产享有支配权。但笔者觉得股转系统这一窗口指导有待商榷，因为按照《公司法》的规定，只要股东所持公司股份超过50%，就能够控制公司了，就能够被认定为公司的实际控制人了，而没有必要认定配偶也为公司的实际控制人。实践中，股转系统的这一指导已经成为铁律了，一般的做法也是把夫妻双方都认定为公司的实际控制人，所以当出现这种情况时还是以股转系统的窗口指导为准，省去不必要的麻烦。

最后，实际控制人为国资企业的，需要找到管理国资的部门。

第十一章 董监高任职资格

根据《全国中小企业股份转让系统股票挂牌条件适用基本标准指引(试行)》规定：现任董事、监事和高级管理人员应具备和遵守《公司法》规定的任职资格和义务，不应存在最近 24 个月内受到中国证监会行政处罚或者被采取证券市场禁入措施的情形。

首先，董监高的任职资格必须符合《公司法》的规定，《公司法》第一百四十六条规定：有下列情形之一的，不得担任公司的董事、监事、高级管理人员：

（一）无民事行为能力或者限制民事行为能力；

（二）因贪污、贿赂、侵占财产、挪用财产或者破坏社会主义市场经济秩序，被判处刑罚，执行期满未逾五年，或者因犯罪被剥夺政治权利，执行期满未逾五年；

（三）担任破产清算的公司、企业的董事或者厂长、经理，对该公司、企业的破产负有个人责任的，自该公司、企业破产清算完结之日起未逾三年；

（四）担任因违法被吊销营业执照、责令关闭的公司、企业的法定代表人，并负有个人责任的，自该公司、企业被吊销营业执照之日起未逾三年；

（五）个人所负数额较大的债务到期未清偿。

公司违反前款规定选举、委派董事、监事或者聘任高级管理人员的，该选举、委派或者聘任无效。

本条规定的是公司董事、监事、高级管理人员的消极资格，即不得担任公司董事、监事、高级管理人员的情形。根据本条规定，有以下五种情形之一的人，不得担任公司董事、监事、高级管理人员：

(1) 无民事行为能力或者限制民事行为能力。这是对公司董事、监事、高级管理人员的基本要求。董事、监事、高级管理人员要执行公司职务，独立行使权利、履行义务、承担责任，必须是完全民事行为能力人。

(2) 因贪污、贿赂、侵占财产、挪用财产或者破坏社会主义市场经济秩序，被判处刑罚，执行期满未逾 5 年或者因犯罪被剥夺政治权利，执行期满未逾 5 年。董事、监事、高级管理人员管理、监督的是公司财产的运营，应当有较高的诚信度，对于采取非法手段牟取私利的人，应当限制他们担任公司董事、监事、高级管理人员。因此，对于因贪污、贿赂、侵占财产、挪用财产或者破坏社会主义市场经济秩序，被判处刑罚或者因犯罪被剥夺政治权利的人员，在刑罚执行期满后的一定期限内，不宜担任公司领导职务。

(3) 担任因经营不善破产清算的公司、企业的董事、厂长、经理，并对该公司、企业的破产负有个人责任的，自该公司、企业破产清算完结之日起未逾 3 年。有这类情形的人员通常在经营管理能力方面有欠缺，应该让他们经过一段时间的重新实践，提高能力后，再从事公司经营管理工作。

(4) 担任因违法被吊销营业执照、责令关闭的公司、企业的法定代表人，并负有个人责任的，自该公司、企业被吊销营业执照之日起未逾 3 年。这类人员属于对公司、企业的严重违法行为负有领导责任的人员，由于缺乏守法意识，应当让他们经过一段时间的反省改过，增强法律观念、培养守法意识后，再担任公司领导职务。

(5) 个人所负数额较大的债务到期未清偿。发生这类情形可能是由于当事人不信守承诺、到期不清偿债务，也可能是当事人无力偿还。不管属于哪种情况，聘请这类人员担任公司领导职务是有较大风险的。

根据本条第二款、第三款的规定，公司违反第一款规定所做出的选举、委派和聘任行为无效。在上述有关人员担任职务期间发现其不符合任职资格的，公司应撤销其职务，重新选任。

《全国中小企业股份转让系统业务规则（试行）》规定：申请挂牌公司、挂牌公司的董事、监事、高级管理人员违反本业务规则、全国股份转让系统公司其他相关业务规定的，全国股份转让系统公司视情节轻重给予以下处分，并记入诚信档案：（1）通报批评；（2）公开谴责；（3）认定其不适合担任公司董事、监事、高级管理人员。因此，被股转系统认定为不适合任职的人员不得担任挂牌公司董事、监事、高管。

《公务员法》也规定：（1）公务员因工作需要在机关外兼职，应当经有关机关批准，并不得领取兼职报酬。（2）公务员必须遵守纪律，不得从事或者参与营利性活动，在企业或者其他营利性组织中兼任职务。（3）公务员辞去公职或者退休的，原系领导成员的公务员在离职三年内，其他公务员在离职两年内，不得到与原工作业务直接相关的企业或者其他营利性组织任职，不得从事与原工作业务直接相关的营利性活动。

这也就是我们为什么要求企业及企业的董监高开具无犯罪记录证明的原因了，通过开具无犯罪记录证明，说明董监高是符合任职资格的，是符合法律规定的，是合法合规的。

以下将通过具体案例予以分析与说明。

案例一　微点生物（835054），董事任职资格存在瑕疵

反馈意见：公开转让说明书显示，公司董事 Nan Zhang 任职资格存在瑕疵。请主办券商及律师核查瑕疵问题的具体情况、解决措施和对公司的影响，并就该董事任职资格发表明确意见。

Nan Zhang（张囡）的国籍为加拿大，截至本反馈意见出具日，担任公司总经理，但尚未取得中国工作签证。《中华人民共和国出境入境管理法》第四十一条规定，外国人在中国境内工作，应当按照规定取得工作许可和工作类居留证件。任何单位和个人不得聘用未取得工作许可和工作类居留证件的外国人。该法第四十三条规定，外国人未按照规定取得工作许可和工作类居留证件在中国境内工作的属于非法就业。该法第八十条规定，外国人非法就业的，处五千元以上二万元以下罚款；情节严重的，处五日以上十五日以下拘留，并处五千元以上二万元以下罚款；非法聘用外国人的，处每非法聘用一人一万元，总额不超过十万元的罚款；有违法所得的，没收违法所得。

根据上述规定，Nan Zhang（张囡）担任公司总经理的任职资格存在瑕疵，且 Nan Zhang（张囡）面临罚款或拘留的潜在风险，公司面临罚款的潜在风险。

根据 Nan Zhang（张囡）的确认，目前工作许可证正在积极办理中。Nan Zhang（张囡）已向主管单位递交申请材料，并且已取得编号为

ET201544003065 的申请回执。截至本反馈意见出具日，其并未因中国签证未办理完成而受到有关部门的处罚或立案调查。

本案例中，张囡由于其未及时完成中国签证的办理而使得任职资格存在争议，但因为她正在积极弥补瑕疵，且该项签证已经获得受理，因此，张囡没有受到有关部门的处罚。尽管任职资格存在瑕疵，但不构成任何实质性影响。

案例二　沧运集团（832289），担任被吊销企业法定代表人未满三年

反馈意见：现任董事、监事和高级管理人员是否具备和遵守法律法规规定的任职资格和义务，沧运（北京）投资成立于 2011 年 7 月 11 日，成立时为沧运有限控股子公司。

2011 年 12 月，沧运有限、冀运集团将其持有的股权转让予嘉运投资，沧运（北京）投资成为嘉运投资的全资子公司。根据沧运集团的说明，2013 年 9 月，沧运（北京）投资因未及时办理工商年检被北京市工商行政管理局丰台分局吊销营业执照。

根据《公司法》第一百四十六条的规定，担任因违法被吊销营业执照、责令关闭的公司、企业的法定代表人，并负有个人责任的，自该公司、企业被吊销营业执照之日起未逾三年，不得担任公司的董事、监事、高级管理人员。

根据沧运集团、嘉运投资、王春英、刘瑞英出具的书面说明，沧运（北京）投资成立后一直未开展实际业务，并无违法行为。2011 年 12 月，沧运有限将其持有沧运（北京）投资的股权转让予嘉运投资后，原拟定变更法定代表人，王春英女士不再担任法定代表人，但因经办人员刘瑞英工作疏忽并未办理变更事宜。因沧运（北京）投资一直未有实际业务，且注册地在北京，其工作人员刘瑞英也未及时办理沧运（北京）投资的年检工作，造成公司营业执照被吊销，因此王春英女士对沧运（北京）投资被吊销营业执照不承担个人责任。事件发生后，责任人刘瑞英就工作失误做了检讨，嘉运投资对员工刘瑞英处以 500 元罚款，并给予警告处分。目前，嘉运投资正积极办理沧运（北京）投资的注销手续。

经核查，券商认为：沧运集团的董事、监事和高级管理人员遵守了法律法规规定的任职资格和义务，不存在最近 24 个月内受到中国证监会行政处罚或者被采取证券市场禁入措施的情形；虽然王春英担任沧运集团的董事及董事会秘书的任职资格存在瑕疵，但不会对沧运集团的生产经营产生重大影响，不构

成本次挂牌的实质性障碍。

经核查，国浩律师认为："除董事王春英外，沧运集团现任董事、监事和高级管理人员任职资格未违反《公司法》和《公务员法》的相关规定，具备法律法规规定的任职资格，不存在最近 24 个月内受到中国证监会行政处罚或者被采取证券市场禁入措施的情形。""王春英担任沧运集团的董事及董事会秘书的任职资格存在瑕疵不会对沧运集团的生产经营产生重大影响，不构成本次挂牌的实质性障碍。"

本案例中，沧运（北京）投资被吊销营业执照未逾三年，王春英作为其法定代表人，担任沧运集团的董事及董事会秘书的任职资格存在瑕疵。但是，根据沧运集团、嘉运投资、王春英出具的说明，沧运（北京）投资被吊销营业执照系因沧运（北京）投资工作人员刘瑞英工作疏忽导致，刘瑞英负有个人主要责任。当前，嘉运投资也正在办理沧运（北京）投资的注销手续。因此，该瑕疵不会对本次挂牌产生实质性影响。

案例三　贝融股份（837463），董监高受到刑事处罚

2015 年 1 月 7 日，公司董事长兼总经理古力围因涉嫌非法占用农用地罪经南昌市湾里区人民检察院决定刑事拘留，同日由南昌市公安局湾里分局执行刑事拘留。同年 1 月 20 日因涉嫌非法占用农用地罪经南昌市湾里区人民检察院对其取保候审。

2015 年 9 月 16 日，湾里区人民检察院做出湾检刑不诉 [2015]06 号不起诉决定书，认定："被不起诉人古力围作为南昌市贝融环保建材有限公司直接负责的主管人员，违反土地管理法规，非法占用农用地，改变被占用农用地的用途，造成 40.4 亩农用地大量毁坏，已实施了《中华人民共和国刑法》第三百四十二条、第三百四十六条的行为，但犯罪情节轻微，同时具有坦白情节。根据《中华人民共和国刑法》第三十七条的规定，不需要判处刑罚。依据《中华人民共和国刑事诉讼法》第一百七十三条第二款的规定，决定对古力围不起诉。"根据《中华人民共和国刑事诉讼法》的相关规定，刑事拘留、取保候审是刑事诉讼过程中采取的强制措施，检察院做出的不起诉决定属于检察院侦查终结案件做出的一种决定，属于案件的最终结论。刑事拘留、取保候审、检察院做出的不起诉决定均不属于《中华人民共和国行政处罚法》规定的行政处罚种类，也不属于《中华人民共和国刑法》规定的刑事处罚种类。鹰潭市公安局

高新开发区分局白露派出所于 2016 年 1 月出具证明，古力围在该辖区无违法犯罪。

此外，股份公司控股股东及实际控制人古陵波、张岩青、江西汇诚、古力围均出具《江西贝融循环材料股份有限公司控股股东及实际控制人守法情况声明函》，承诺最近两年不存在重大违法违规及受处罚行为，亦不存在被相关主管机关给予重大处罚的情形。

虽然公开转让说明书中已说明了古力围受刑事处罚一事，但股转系统还是对此提出了质疑，这说明股转系统对董监高是否受处罚是非常关注的，对此律师方面的应对措施如下：

根据股份公司提供的资料并经本所律师登入全国企业信用信息公示系统、全国法院被执行人信息查询网、全国法院失信被执行人名单信息的查询，股份公司的全资子公司南昌贝融曾因使用聂城村农用地的行为被南昌市国土局做出罚款 42.05 万元的处罚，时任南昌贝融法定代表人、董事长古力围需承担负责人的责任，被司法机关因涉及非法占用农用地罪刑事拘留，该案件的具体情况如下：

（一）主管部门对案件的初步意见

2014 年 4 月 3 日，南昌市国土资源局做出洪国土资执罚 [2014]2001 号《南昌市国土资源局行政处罚决定书》，认定南昌贝融在招贤镇聂城村占用 30 002.4 平方米建设年产 60 万吨预拌干混砂浆的行为构成未供即用的违法事实，在聂城村租用的 26 933.2 平方米土地进行平整的行为构成未报即用的违法事实。南昌市国土资源局对南昌贝融未供即用土地的行为做出没收在非法占用的土地上新建的建筑物、其他设施（共计建筑面积 3 434.5 平方米）和罚款 9 万元的处罚，对未报即用土地的行为做出罚款 42.05 万元的处罚，以上罚款共计 51.05 万元。

2015 年 1 月 7 日，南昌贝融法定代表人、董事长古力围因涉嫌非法占用农用地罪被南昌市湾里区人民检察院决定刑事拘留，同日由南昌市公安局湾里分局执行刑事拘留。同年 1 月 20 日因涉嫌非法占用农用地罪经南昌市湾里区人民检察院对其取保候审。

（二）主管部门对案件的最终处理结果

2015 年 9 月 16 日，南昌市湾里区人民检察院做出湾检刑不诉 [2015]06 号《南海润律师事务所——补充法律意见书昌市湾里区人民检察院不起诉决定书》，认定："被不起诉人古力围作为南昌市贝融环保建材有限公司直接负责的主管人员，违反土地管理法规，非法占用农用地，改变被占用农用地的用途，造成 40.4 亩农用地大量毁坏，已实施了《中华人民共和国刑法》第三百四十二条、第三百四十六条的行为，但犯罪情节轻微，同时具有坦白情节。根据《中华人民共和国刑法》第三十七条的规定，不需要判处刑罚。依据《中华人民共和国刑事诉讼法》第一百七十三条第二款的规定，决定对古力围不起诉。

2015 年 12 月 31 日，南昌市国土资源局出具《关于南昌市贝融环保建材有限公司土地守法情况的证明》，南昌贝融因未供即用、未报即用土地的行为被处罚的事宜已得到妥善处理，不属于重大违法违规行为。除此之外，南昌贝融自 2013 年 1 月 1 日至今不存在其他违反土地管理方面的法律、法规和规范性文件的情形，也不存在其他因违反土地管理方面的法律、法规和规范性文件而受到处罚的情况。"

（三）股份公司实际控制人古力围曾涉嫌非法占用农用地罪被司法机关刑事拘留不构成《全国中小企业股份转让系统股票挂牌条件适用基本标准指引（试行）》所述的重大违法违规行为，也不存在《中华人民共和国公司法》第一百四十六条所规定的不得担任公司董事、监事、高级管理人员情形

1. 根据《中华人民共和国刑事诉讼法》的相关规定，刑事拘留、取保候审是刑事诉讼过程中采取的强制措施，并非案件的最终结论；检察院做出的不起诉决定属于检察院侦查终结案件做出的一种决定，属于案件的最终结论。刑事拘留、取保候审、检察院做出的不起诉决定均不属于《中华人民共和国行政处罚法》规定的行政处罚种类，也不属于《中华人民共和国刑法》规定的刑事处罚种类。

2. 鹰潭市公安局高新开发区分局白露派出所于 2016 年 1 月出具证明，古力围在该辖区无违法犯罪。

3. 股份公司实际控制人古力围被司法机关刑事拘留是因为南昌贝融使用聂城村农用地构成未报即用土地的行为，而其作为南昌贝融的法定代表人、董事长须承担负责人责任，因而被司法机关刑事拘留。南昌市国土局已于 2015 年 12 月 31 日出具《关于南昌市贝融环保建材有限公司土地守法情况的证明》，南昌贝融未报即用土地的行为不属于重大违法违规行为。

4. 股份公司控股股东、实际控制人古陵波、张岩青、江西汇诚、古力围均出具《江西贝融循环材料股份有限公司控股股东及实际控制人守法情况声明函》，承诺最近两年不存在重大违法违规及受处罚行为，也不涉及任何重大诉讼或仲裁事项。

鉴于此，本所律师经核查认为，股份公司实际控制人古力围曾涉嫌非法占用农用地罪被司法机关刑事拘留不构成《全国中小企业股份转让系统股票挂牌

条件适用基本标准指引（试行）》所述的重大违法违规行为，也不存在《中华人民共和国公司法》第一百四十六条所规定的不得担任公司董事、监事、高级管理人员情形。

本案中，首先通过交代古力围受处罚的具体经过，简要地对案件的来龙去脉进行描述，让股转系统对此案件有一个基本的认识，虽然公安机关对其进行了刑事拘留，检察院也对其采取了取保候审，但未对其起诉，而是做出了不起诉的决议，由此可以定性此案件并不是严重到须处以刑罚的地步，并且相关的行政机关对其违法行为进行了相应的处罚。但归根结底，是因为古力围的行为虽然违法但并没有受到刑事处罚，其行为并没有越过股转系统关于董监高任职资格限制的红线，并且古力围户口所在地的公安局也开具了无犯罪记录证明。这在客观上削减了其行为的违法违规性，再者由古力围自己出具声明对不存在重大违法违规行为进行兜底，做足了这些准备工作就不构成其成为董监高的实质性障碍。

案例四 均信担保（430558），董事之一为公务员身份

公司现任董事张涛轩在哈尔滨市财政局任国库处处长、支付中心主任。股转系统提出反馈意见问张涛轩的兼职行为是否符合《公务员法》第五十三条第十四款规定："公务员不得从事或者参与营利性活动，在企业或者其他营利性组织中兼任职务"以及是否存在其他不符合董事资格标准的情形。

针对此反馈意见，中介机构回复如下：

根据张涛轩填写的相关资料，张涛轩自2011年4月至今在哈尔滨市财政局任国库处处长、支付中心主任及哈尔滨经济开发投资公司总经理。其中哈尔滨市经济开发投资公司系哈尔滨财政局单独出资设立的国有独资企业，经营范围为"一般经营项目"，对市属企业进行固定资产等财政投资及收取分成资金。

均信担保于2013年6月22日召开2013年第一次临时股东大会，根据哈尔滨经济开发投资公司的提名，选举张涛轩为公司第三届董事会董事。目前张涛轩在均信担保不领取任何报酬。

公司股东哈尔滨经济开发公司于2013年10月出具相关证明，证实其委派张涛轩担任公司董事事宜。

本案例中，张涛轩在哈尔滨市财政局任国库处处长、支付中心主任及哈尔滨经济开发投资公司总经理，属于公务员的范畴，并且是哈尔滨经济开发投资

公司委派的董事，且在均信担保没有领取薪酬，符合《公务员法》中"公务员因工作需要在机关外兼职，应当经有关机关批准，并不得领取兼职报酬"的规定，其董监高资格不会受到影响。

本章小结

对于担任一般非公众公司的董监高任职限制资格，《公司法》第一百四十六条有着较为清晰的规定。但是对于上市公司和新三板挂牌的非上市公众公司而言，董监高作为信息披露义务人和掌握公司内幕信息的人员，对其任职资格有着比非公众公司更为严格的要求。本文拟就新三板挂牌企业董监高任职资格限制及选任应注意的问题，进行简要梳理。

一、董监高任职资格限制的一般规定

对于担任公司董监高需要具备的资格而言，我国《公司法》采取排除法的方式进行规定，即只要不存在《公司法》第一百四十六条规定的情形，即可担任公司的董监高。简要归纳该条文规定，主要从以下几个方面进行限制，主办券商和律师要逐条进行核查：

（一）因能力原因受限

如系无民事行为能力或者限制民事行为能力。对于该种情形，理解和执行都毫无争议，且实践中发生的概率较小。

（二）因特定犯罪行为受限

具体指因贪污、贿赂、侵占财产、挪用财产或者破坏社会主义市场经济秩序，被判处刑罚，执行期满未逾五年，或者因犯罪被剥夺政治权利，执行期满未逾五年。

对此规定，在理解上并无分歧。核心问题主要是如何尽到勤勉尽责的核查义务。笔者认为，主要通过访谈方式进行核查，必要时律师应当核查中国裁判文书网等相关司法机关信息公示系统。

（三）因经营管理工作不善而承担责任受限

主要指两种情形：担任破产清算的公司、企业的董事或者厂长、经理，对该公司、企业的破产负有个人责任的，自该公司、企业破产清算完结之日起未逾三年；担任因违法被吊销营业执照、责令关闭的公司、企业的法定代表人，并负有个人责任的，自该公司、企业被吊销营业执照之日起未逾三年。

对于该种情形，在核查上存在一定的困难。如针对担任被吊销营业执照的企业法定代表人而言，虽然早在2005年，国家工商行政管理总局就下发了《关于建立全国工商行政管理系统黑牌企业数据库的通知》，要求各地工商局将被吊销企业的信息上传至总局，以便实现信息全国共享，也建立了"违法违规人员限制登记名单库"（俗称"黑名单"）。但实践中，仍然存在担任过被吊销营业执照企业法定代表人且未满解禁期仍然被选举为公司董监高，又获得工商机关再次备案登记的情形。随着"全国企业信用信息公示系统"（http：//gsxt.saic.gov.cn/）的不断完善，相信在一段时间以后这一现象会得到极大改观。

除了核查困难外，在认定上也存在一定分歧。核心问题在于如何认定"负有个人责任"。以被吊销营业执照为例，可能被处以吊销营业执照处罚的情形很多，如何认定法定代表人对此负有个人责任，在实践中存在一定困难。如在实行企业年检制度时期，实践中大量存在许多企业未参加年检而被处以吊销营业执照的处罚。而企业经营者对此并不在意，通常不闻不问另立门户继续经营。对此，国家工商行政管理总局在《关于企业法定代表人是否负有个人责任问题的答复》中（工商企字［2002］123号）有着较为明确规定："企业逾期不接受年度检验，被工商行政管理机关依法吊销营业执照，该企业的法定代表人作为代表企业行使职权的负责人，未履行法定的职责，应负有个人责任，但年检期间法定代表人无法正常履行职权的除外。"当然随着企业年检制度的取消，该种情形也逐渐退出历史舞台。但可以参照企业被处以吊销营业执照的处罚，法定代表人作为企业行使职权的负责人若要免责，无法正常履行职权是较为被认可的理由之一。实践中若出现此种情况，而又无法更换其他人选时，除了本人出具书面说明进行合理解释外，争取获得工商行政管理机关的书面豁免尤为关键。

（四）因个人负债而受限

"因个人所负数额较大的债务到期未清偿"，对此规定中"数额较大"如何认定并无统一标准。除此之外，该条规定如何理解也存在问题。抛开金额大小标准不论，若个人所负债务到期未清偿，但期满或逾期后已经履行偿还责任，是否仍然属于受限之列？笔者认为，这有赖于对此条文立法目的的理解：若重点考察拟任职人员的信用，则应当受限；若重点考察其承担责任的能力，则应不在受限之列，对此也无明确解释。实践中因此而受到限制的情形也较为少见。对此，笔者认为为了慎重起见，律师应当关注拟任职人员是否存在未了结的债务纠纷或被法院采取强制执行措施。

二、新三板挂牌企业董监高任职的特殊限制

（一）因在证券市场受到处罚或调查而受限

2015年5月18日，证监会发布了《关于修改〈证券市场禁入规定〉的决定》（第115号，2015年6月22日施行），明确将非上市公众公司的董监高纳入了监管范围，若新三板公司的董监高被采取证券市场禁入措施，在禁入期间内，除不得担任原非上市公众公司董事、监事、高级管理人员职务外，也不得担任非上市公众公司董事、监事、高级管理人员职务。除此之外，全国中小企业股份转让系统有限责任公司（以下简称"股转公司"）的相关业务细则并未明确而具体的要求。但从股转公司公布的《董事（监事、高级管理人员）声明及承诺书》内容可以窥见端倪。仔细阅读该声明和承诺可以看出，其内容除了涵盖《公司法》第一百四十六条规定的限制情形外，主要关注以下几个方面：

1. 是否曾因违反《证券法》、《非上市公众公司监督管理办法》和《证券市场禁入规定》等证券市场法律、行政法规或部门规章而受到行政处罚或证券市场禁入。

2. 是否曾违反相关业务规则受到股转公司采取的监管措施或违规处分。

3. 是否因涉嫌违反证券市场法律、行政法规正受到中国证监会的调查。

因新三板挂牌公司作为公众公司，对于存在上述情形人员的任职限制，可以参照《上海证券交易所上市公司董事选任与行为指引（2013年修订）》以及深圳证券交易所2015年修订的主板、中小企业板和创业板《上市公司规范运作指引》对董监高任职的相关规定区别对待：

1. 绝对禁止的情形

（1）被中国证监会采取证券市场禁入措施，期限尚未届满；

（2）被证券交易所公开认定为不适合担任上市公司董事、监事和高级管理人员或被股转公司认定为不适合担任公司董事、监事和高级管理人员，期限尚未届满。

2. 相对禁止的情形

（1）最近三年内受到中国证监会行政处罚；

（2）最近三年内受到证券交易所或股转公司公开谴责或者三次以上通报批评；

（3）因涉嫌犯罪被司法机关立案侦查或者涉嫌违法违规被中国证监会立案调查，尚未有明确结论意见。

对于存在上述情形，深圳证券交易所和上海证券交易所均实行有条件地限制。深圳证券交易所要求公司应当披露该候选人具体情形、拟聘请相关候选人的原因以及是否影响公司规范运作；上海证券交易所则规定若董事存在上述情形之（1）、（2）的，除了应当说明理由外，在股东大会表决程序上也采取了特殊规定，除须经出席股东大会的股东所持股权过半数通过外，还须经出席股东大会的中小股东所持股权过半数通过。

（二）因违反公司挂牌独立性要求而受限

对于众多中小企业而言，由于管理人员匮乏，核心管理人员身兼数职的情形并不少见。根据《全国中小企业股份转让系统业务规则（试行）》第4.1.3条"挂牌公司与控股股东、实际控制人及其控制的其他企业应实行人员、资产、财务分开，各自独立核算、独立承担责任和风险"的规定，独立性是股转公司审核关注的要点之一，其中人员独立即会涉及董监高的任职。因此，在安排董监高任职时，除了《公司法》的规定以外，可以参照《首次公开发行股票并上市管理办法》关于人员独立性的要求，避免存在以下任职冲突：

1. 董事、高级管理人员不得兼任监事；

2. 拟挂牌企业的总经理、副总经理、财务负责人和董事会秘书等高级管理人员不得在控股股东、实际控制人及其控制的其他企业中担任除董事、监事以外的其他职务，不得在控股股东、实际控制人及其控制的其他企业领薪；

3. 拟挂牌企业的财务人员不得在控股股东、实际控制人及其控制的其他企业中兼职。

总之，作为中小企业，到新三板挂牌一定程度上能够有效解决中小企业融资难的瓶颈问题，但作为全国性证券交易市场，其对挂牌企业规范性要求也远比非公众公司更加严格。因此，对于众多中小企业而言，拟登陆新三板，做好充沛人力资源的储备也是必备条件之一；主办券商和律师在提供挂牌服务时，对拟挂牌企业董监高的任职资格核查也不可掉以轻心，否则将可能增加不必要的麻烦。

第十二章
房产瑕疵

在新三板挂牌审核中，房屋瑕疵是审核重点之一，因为其涉及公司生产经营的稳定性、可持续性以及资产的完整性。同时房产问题上的权属纠纷也属于合法合规问题，生产所使用的房产是否存在不合法、不合规的情况也就成了股转系统关注的重点之一。

新三板挂牌中出现的房屋瑕疵问题主要有：1. 主要生产经营场所为租赁房屋，或者缺乏租赁备案登记证明，或者转租方无法提供出租方授权文件；2. 出租方没有产权证或者没有提供产权证；3. 租赁的土地属于集体建设用地且没有办理集体土地使用权证书；4. 存在搬迁风险；5. 未按规定程序报建。

以下将用几个具体案例对上述问题进行分析说明：

案例一　科安达（832188），租赁土地无产权证明

根据深圳市南山区西丽街道规划土地监察队出具的《地块核查结果》及签署的《访谈纪要》，认定公司租赁的位于深圳市南山区西丽镇九祥岭工业区第二栋、第四栋厂房的土地性质为国有土地，但目前由农村集体经济组织实际占有和使用，属于深圳市农村城市化历史遗留建筑，该土地的规划用途为建设用地。

关于土地租赁关系的有效性问题，主办券商查询了相关法律法规，并走访了深圳市南山区西丽街道办事处新围居民委员会九祥岭居民小组办公室，认定出租方深圳丽新实业股份有限公司九祥岭经营部系农村集体经济组织的经营主

体，有权签署租赁协议，该房屋租赁行为不涉及改变土地用途问题，出租方签署租赁合同的行为已取得村民会议的授权，无须政府部门进行审批、登记。

鉴于出租方深圳丽新实业股份有限公司未取得产权证书，公司租赁事项存在被认定为无效的风险，存在无法转为国有土地和取得新的使用权证的风险，存在土地被收回的风险。

但根据九祥岭居民小组出具的《关于深圳科安达电子科技股份有限公司用地情况的说明》，认定近三年内公司租赁房屋不存在被强制拆迁的风险，且西丽街道规划土地监察队在访谈中提到该租赁房屋已根据《深圳市人民代表大会常务委员会关于农村城市化历史遗留违法建筑的处理决定》办理了历史遗留违法建筑普查登记，暂不会纳入拆迁范围。

公司目前生产经营中所应用的机器设备不涉及大型设备，生产主要应用的设备等均为轻型设备，拆卸、运输、装备都较为方便，对生产场所无特殊性要求，预计搬迁在 10 天内能够完成，整体搬迁过程中，人员搬迁可以分批次进行，不会出现停工搬迁现象。搬迁对公司生产经营的影响较小，整体搬迁成本较低。

针对上述租赁瑕疵的风险，公司采取了以下应对措施：

1. 公司对周边合法的租赁场所进行了考察，由于公司厂房均为标准厂房，可用于搬迁的替代厂房较多，搬迁不存在困难且搬迁成本较低，搬迁对公司持续生产经营的影响较小；

2. 公司已取得位于珠海市联港工业区大林山片面积为 26 554.4 平方米的工业用地，目前正在进行厂房建设，预计 2016 年建成，如届时出现租赁房屋搬迁风险，公司计划在珠海厂区进行替代生产，对公司持续生产经营影响较小；

3. 公司实际控制人郭丰明、张帆夫妻已向公司出具《承诺函》，承诺"如果因公司租赁房产涉及的法律瑕疵而导致该等租赁房产被拆除或拆迁，或租赁合同被认定无效或者出现任何纠纷，并给公司造成经济损失（包括但不限于拆除、处罚的直接损失，或因拆迁可能产生的搬迁费用、固定配套设施损失、停工损失、被有权部门罚款或者被有关当事人追索而支付的赔偿等），本人就公司实际遭受的经济损失承担赔偿责任，以确保公司不因此遭受经济损失"。

综上所述，主办券商和律师认为上述租赁房屋瑕疵问题对公司持续经营不会产生重大不利影响，且公司已经有切实可行的应对措施，不会对公司造成重大损失。

本案例中，拟挂牌公司租赁的厂房的出租方没有取得产权证书，存在不能续租，土地被回收，影响公司正常生产经营的风险。首先，通过对土地性质和规划的追溯以及相关政府部门对出租方授权的确认，明确了租赁协议的合法性。其次，由政府部门出具了证明，说明了房屋在三年内不存在强制拆迁风险。此外，公司也就生产中不涉及大型设备、搬迁方便、对实际经营产生影响较小进行了说明。最后，公司披露已取得新地并正在规划设计新厂房，说明了未来搬迁风险的解决办法，并由大股东兜底，个人承担公司因上述问题产生的经济损失。

对于历史遗留问题，一般同政府部门沟通配合，都能得到解决，但是本案例中即使解决了历史遗留问题，也没有消除全部风险，因为出租方没有土地产权，故即便是政府承诺三年内不拆迁，从公司长期经营角度看，仍然存在可能产生重大影响的风险。拟挂牌公司通过同政府部门沟通配合，同时取得新地和规划新厂房，分别消除了短期和长期的土地房屋风险，充分把问题掰开揉碎，消除了所有潜在风险。

案例二　卓越钒业（835008），租赁土地产权手续不完善，缺少开工建设及竣工验收的相关文件

报告期内，卓越钒业现有的配电室、化验室、冲洗淋房等 7 处非生产用房，建筑面积 462.65 平方米，账面原值 216 657.23 元，账面净值 209 760.60 元，产权手续不完善，缺少开工建设及竣工验收的相关文件。

2006 年，柱宇钒钛租用了攀枝花高新技术产业园区管理委员会的高粱坪园区建设用地 62 亩，租期 30 年，柱宇钒钛在该租赁土地上自建了办公楼、车间、锅炉房等 27 处生产用房，账面原值 11 423 463.79 元，账面净值 7 918 260.98 元。由于历史原因，公司未获工程建设批准程序，至今也未取得房屋产权证明。

2015 年 9 月，攀枝花高新技术产业园区管理委员会出具说明，承诺柱宇钒钛有权使用该租赁土地，在租赁期内，园区管委会不会收回该土地，园区管委会未对柱宇钒钛在租赁地块上建造的附着物进行过处罚，未来三年内，园区不会对公司厂房等建筑物进行拆除，不会要求公司搬迁。攀枝花市东区住房和城乡建设局出具说明，证明柱宇钒钛是攀枝花市东区重大招商引资项目，基于攀枝花市城市发展中先发展后规划的历史原因，柱宇钒钛在未办理国土与规划手续的情况下已建成并投入生产，为支持企业发展，解决历史遗留问题，攀枝花市东区住房和城乡建设局将积极督促并帮助柱宇钒钛完善相关手续。

公司将积极关注园区内的土地政策，待条件和时机成熟，柱宇钒钛将以支付土地出让金的方式取得租用土地的使用权，并办理和完善地上建筑物的产权

证明。

2015年9月17日,卓越钒业控股股东钢城集团做出承诺,如果上述土地房产等违规情形,造成卓越钒业或柱宇钒钛的生产经营方面产生损失,或者致使卓越钒业或柱宇钒钛遭受到政府相关部门行政处罚,钢城集团愿意以自身财产弥补其遭受的损失,或者以自身财产为公司承担相关责任及以后可能产生的一切费用。

本案例中,挂牌公司存在建筑产权手续不完善,缺少开工建设及竣工验收的相关文件等问题。通过政府部门出具说明,明确了土地使用权的合法性,承诺三年内不拆迁,同时说明了该瑕疵是由于政府先发展后规划而产生的历史遗留问题,承诺积极督促并帮助公司完善手续,解决问题。与此同时,控股股东也承诺承担公司因上述土地房产问题可能产生的责任并愿以自身财产承担一切经济损失。

建筑手续的问题政府承诺帮助解决,但就土地使用权一事并没有给出很明确的答复,"积极关注"、"条件和时机成熟"太过笼统,有蒙混过关嫌疑,虽然高新技术园区管理委员会说明租期(30年)内不会收回土地,但对于土地上的建筑只承诺了三年,并没有完全消除风险。

案例三　**龙利得(833229),已支付出让定金,未签署《土地出让合同》,未办理《国有土地使用权证》**

上海龙利得的主要生产经营场所位于上海市奉贤区拓林镇法华村浦卫公路6085号,场所面积约20亩,属于镇集体用地。公司已经支付了该地块土地出让的定金,因该地块所属区域至今没有拿到土地指标,故目前该区域企业和相关主管部门均未签署《土地出让合同》,也未办理《国有土地使用权证》,存在土地被收回的风险。

上海龙利得于该宗土地上建造的房屋建筑物主要有占地面积约8 600平方米的厂房,占地面积约1 500平方米的办公楼,以及占地面积约2 400平方米的宿舍楼,上述房屋建筑物均尚未办理产权证书,因此存在权属争议以及遭受行政处罚、房屋被拆除的风险。

2014年9月9日,上海市奉贤区拓林镇人民政府出具证明,由于历史遗留问题,上海市奉贤区拓林镇法华村浦卫公路6085号工业用地地块,暂无用地指标,同意龙利得包装印刷(上海)有限公司持续使用十年以上。

为了妥善解决上海龙利得用地问题，上海龙利得通过其子公司上海通威取得上海市奉贤区胡桥镇 15 街坊 32/22 丘土地、上海市奉贤区胡桥镇 15 街坊 32/24 丘土地，并于 2014 年 3 月 26 日取得上海市规划和国土资源局核发的沪房地奉字 (2014) 第 005066 号、沪房地奉字 (2015) 第 000189 号《上海市房地产权证》。上海龙利得计划在该块土地上建设上海龙利得新的生产经营场所。根据上海通威提供的《上海通威新建厂房的说明》，上述厂房正在建设过程中，预计 2016 年底投入生产。另外，根据上海市奉贤区拓林镇人民政府出具的证明，报告期内，上海龙利得遵守国家及地方的土地管理法律、法规、规章及规范性文件的规定，截至本公开转让说明书签署之日，未发生重大违法违规行为，未曾因违反有关国家土地管理法律、法规、规章或规范性文件的规定而被处罚或存在争议的情形。此外，上海龙利得从未将上述地块作为自身的资产进行财务核算，因此该事项不会对公司财务产生重大不利影响。

综上所述，本次挂牌的主办券商、会计师及律师认为，上海龙利得的上述用地虽然存在权属争议、存在遭受行政处罚或房屋被拆除、土地被收回的风险，但未发生重大违法违规行为。鉴于上海龙利得从未将上述地块作为自身的资产进行财务核算，上海市奉贤区拓林镇人民政府承诺上海龙利得可以继续使用上述土地十年以上；同时，上海龙利得通过其子公司已经合法取得相应的国有土地使用权，且已经计划在该块土地上兴建厂房以替换目前的生产经营场所，上海龙利得用地问题不会对公司财务核算和持续经营造成不利影响。

挂牌公司主要生产经营场所属于镇集体用地，但是没有签署《土地出让合同》，也没有拿到《国有土地使用权证》，存在土地回收风险。同时，该土地上的厂房、办公楼、宿舍均无产权证书，存在权属纠纷、行政处罚以及拆迁风险。

本案例中，挂牌公司对上述瑕疵的处理很到位，一方面通过与政府部门的沟通，解决了历史遗留问题，拿到了 10 年以上的土地使用承诺，同时自身相关的财务工作也没有瑕疵；另一方面，公司也取得了新地，并拿到了地产权证，开始规划建筑新厂房，彻底将房屋土地瑕疵解决掉。政府承诺使用 10 年以上仍然积极寻找新地建设新厂房，这就使问题得到了完满的解决。

案例四　三信股份 (831579)

报告期内，公司所有门店均采用租赁物业，部分租赁房屋存在瑕疵，具体情况分为以下三种：

（1）租赁房屋无法取得房屋所有权及权属证明

经核查，截至本反馈意见出具之日，公司及其子公司租赁的房产共计113处，其中有房屋所有权证的租赁房屋共计17处（原出租方提供了7处，报告期后提供了10处），其余租赁房屋只能通过以下证明文件证明其权属：提供土地使用权证的租赁房屋共计2处，由村委会、居委会等出具房屋权属证明文件的租赁房屋共计13处，通过房屋租赁证证明其权属的租赁房屋共计18处，无法提供房屋权属证明文件的租赁房屋共计63处。

无法提供房屋权属证明的租赁房屋63处，公司与该部分房屋出租方签署的房屋租赁合同中，其租赁合同中明确约定：出租人因房屋产权发生纠纷而影响承租人正常装修和使用的，出租人向承租人做出赔偿。

（2）租赁房屋性质无法确定

除有房屋所有权证的租赁房屋共计17处外，其他租赁房屋因出租方无法提供出租房屋的详细材料，公司租赁房屋的性质及用途存在不确定性的共计96处（其中房屋租赁合同中明确约定租赁房屋用途为超市经营的共计79份）。公司所有签署的房屋租赁合同中均规定，如出租人交付的房屋不符合合同约定的用途，导致公司受损的，出租人需承担违约赔偿责任。

（3）房屋租赁备案情况

经核查，公司及其子公司租赁房屋共计113处中，有41处办理了租赁备案登记。根据《中华人民共和国合同法》及《最高人民法院关于适用〈中华人民共和国合同法〉若干问题的解释（一）》等相关规定，房屋租赁合同未租赁登记手续的，不会影响房屋租赁合同的效力，因此，未办理房屋租赁备案不会对公司及其子公司合法使用租赁房屋造成实质性法律障碍。

经核查，截至本反馈意见出具之日，公司及其子公司未发生过因租赁房屋而产生纠纷或者受到任何主管部门的处罚，租赁房屋存在瑕疵的情况并未实际影响公司及其子公司实际使用该等房屋。为避免租赁房屋瑕疵对公司及其子公司造成损害，公司的实际控制人邓小华、石春玉已出具书面承诺，如因租赁房屋的权属纠纷或因房屋属于违章建筑被责令拆除或者其他非租赁协议约定的合理原因导致三信商业及其分店需要进行搬迁并因此遭受经营损失的，邓小华、石春玉将全额补偿公司因此所遭受的全部经营损失。

综上所述，主办券商认为，公司及其子公司租赁房屋存在的瑕疵对公司持续经营不构成重大影响，对公司本次挂牌不构成重大法律障碍。

尽管乍一看很多租赁房屋存在房产瑕疵，但签订的租赁合同规定了出租方承担因房产瑕疵产生的损失，且实际控制人也承诺兜底，而且近百处租赁房屋存在房产瑕疵无法短期内完全解决，甚至有的因为历史遗留问题无法解决，出于"实质重于形式"原则，只要对公司经营不构成重大影响，在审核员看来不构成实质性障碍。

案例五　八亿时空（430581），土地系非法租赁所得

租赁厂房搬迁风险：

八亿液晶的全资子公司金讯阳光现有厂房系从八亿资产租赁取得，该房产建成在一宗非农用建设集体土地之上，该集体土地使用权最初从阳坊镇人民政府通过协议转让取得，阳坊镇人民政府目前仍持有该土地的《集体土地使用证》（证号为京昌集用 1999 划企字第 26-01-1606 号），系该土地的证载使用权人。根据证载信息，该土地使用权类型为批准拨用企业用地，用途为科研开发。根据《中华人民共和国土地管理法》，农民集体所有的土地的使用权不得出让、转让或者出租用于非农业建设。根据《中华人民共和国城乡规划法》、《北京市城乡规划条例》、《北京市房屋租赁管理若干规定（2011 年修订）》等规定，金讯阳光的租赁房产未取得建设用地规划许可证和建设工程规划许可证等许可即进行建设，存在被拆除的风险，该等房产不属于可以用于经营租赁的标的物。根据最高人民法院《关于审理城镇房屋租赁合同纠纷案件具体应用法律若干问题的解释》（法释 [2009]11 号），租赁合同存在被法院认定无效的风险。如果在租赁期内出现土地被收回、房产被拆除等原因导致金讯阳光无法继续租用该厂房，厂房搬迁将对公司未来业绩造成一定影响。

◎ **应对措施：**

金讯阳光租赁房产系从八亿资产租赁取得。就该房产租赁，2011 年 3 月 1 日，八亿资产与金讯阳光签署租赁合同，八亿资产将位于阳坊镇阳坊村北建筑面积共 3 565.28 平方米的厂房出租给金讯阳光用作生产用途，租期至 2016 年 3 月 1 日，租金为每年 12.30 万元。2013 年 7 月 1 日，八亿资产与金讯阳光签署新的《房屋租赁合同》，将该厂房的租金调整为每年 40 万元，租期至 2016 年 3 月 1 日。上述合同已经双方法定代表人签署并加盖公章。根据金讯阳光及八亿资产的确认，上述合同内容为双方真实意思表示。据此，上述房屋租赁合同的内容及签署不存在《中华人民共和国合同法》及其司法解释规定的合同无效的情形，上述房屋租赁合同是有效的。

该房产建成在一宗非农用建设集体土地之上,该集体土地使用权最初从阳坊镇人民政府协议转让取得,阳坊镇人民政府目前仍持有该土地的《集体土地使用证》(证号为京昌集用(1999 划企)字第 26-01-1606 号),系该土地的证载使用权人。根据证载信息,该土地使用权类型为批准划拨用企业用地,用途为科研开发。

根据《中华人民共和国土地管理法》,农民集体所有的土地的使用权不得出让、转让或者出租用于非农业建设。根据公司的说明及本所律师的核查,该土地上建成房产的建设未取得建设用地规划许可证和建设工程规划许可证等许可即进行建设,根据《中华人民共和国城乡规划法》和《北京市城乡规划条例》的规定,存在被拆除的风险。根据《商品房屋租赁管理办法》,属于违法建筑的房屋不得出租,因此该房产不属于可以用于经营租赁的标的物。

就上述土地使用权的转让及金讯阳光目前占用、使用该土地及其地上建筑房产进行生产经营的情况,阳坊镇人民政府于 2013 年 5 月 14 日出具书面说明,确认金讯阳光自设立之日起使用的上述土地为从八亿资产租赁的一宗使用权人载明为阳坊镇人民政府的集体土地(京昌集用(1999 划企)字第 26-01-1606 号),金讯阳光有权占用、使用该宗土地及其上建筑物用于其生产经营活动,其对该土地的利用情况符合政府部门对该土地的规划用途,因国有土地指标暂未落实,暂未办理房地产权证。阳坊镇人民政府将遵守该宗土地使用权对外出租时与相关方于 2006 年 10 月 18 日签署的《协议书》的约定,保证八亿资产或其转租的其他公司在 2054 年 3 月 26 日前有权使用该宗土地用于工业用途,且无须就使用该土地再向政府部门缴纳任何费用,该土地上已建成的建筑物归八亿资产所有,阳坊镇人民政府不会对该土地上建设的房屋行使任何权利。

就金讯阳光目前占用、使用该土地及其地上建筑房产进行生产经营的情况,公司实际控制人赵雷出具书面文件,承诺:"如金讯阳光租赁使用上述土地的租赁合同无效或者出现任何纠纷,导致金讯阳光需要另租其他生产经营场地进行搬迁,或被有权的政府部门罚款,或者被有关当事人要求赔偿,本人将以连带责任方式全额补偿金讯阳光的搬迁费用、因生产停滞所造成的损失以及其他费用,确保八亿液晶和金讯阳光不会因此遭受任何损失。"

综上所述,阳坊镇人民政府将该土地进行转让不符合《中华人民共和国土地管理法》关于农民集体所有的土地的使用权不得出让、转让或者出租用于非农业建设的规定;根据《中华人民共和国城乡规划法》和《北京市城乡规划条例》的规定,因该地上建成的租赁标的物未取得建设用地规划许可证和建设工程规划许可证等许可即进行建设,存在被拆除的风险;根据《商品房屋租赁管理办法》，属于违法建筑的房屋不得出租，因此该房产不属于可以用于经营租赁的标的物。但鉴于阳坊镇人民政府已出具说明保证八亿资产或其转租的其他公司在 2054 年 3 月 26 日前有权使用该宗土地用于工业用途，且无须就使用该土地再向政府部门缴纳任何费用，该土地上已建成的建筑物归八亿资产所有，阳坊镇人民政府不会对该土地上建设的房屋行使任何权利；公司实际控制人赵雷承诺将全额补偿金讯阳光因租赁上述房产而可能发生的搬迁费用、罚款、生产停滞所造成的损失及其他费用。因此，上述租赁标的物的现状不会对金讯阳光现有生产经营造成实质性不利影响。同时，根据公司提供的文件和说明，公司已计划将生产厂房全部搬迁至位于房山区的新厂址，且已就该新厂址建设取得相关的国有土地使用权（《国有土地使用证》编号：京房国用（2013 出）第 00055 号）、《北京市非政府投资工业固定资产投资项目备案通知书》（京房山经信委备案 [2013]032 号）和《建设用地规划许可证》（2013 规（房）地字 0014 号 /H0111201300020 号），因此，上述租赁标的物可能给金讯阳光和公司带来的风险和损失将会在公司厂址搬迁后得到妥善解决。

本案属于租赁违章建筑作为厂房的案例，存在被拆迁的风险，但由于当地政府出具了声明承认其有权使用该宗土地用于工业用途，这在一定程度上降低了该违章房产的使用风险，同时公司实际控制人也承诺承担因房产瑕疵造成的所有损失，并且公司也积极寻求新的用于生产的厂房，使房产瑕疵这个问题得到了妥善的解决。

本章小结

房屋瑕疵的解决思路主要是通过证明可预见时间内不会有拆迁风险，无违规违法证明，寻找新土地、厂房，大股东承诺等方式来说明企业不会因为房屋瑕疵而影响正常的生产经营。总结起来有以下几点：1. 由出租方以及政府部门证明该建筑在可预见的时间范围内不会有拆迁风险；2. 由出租方提供产权证明，转租方提供出租方授权证明；3. 政府部门证明瑕疵属历史遗留问题，责任不在公司，或政府部门出示不予处罚的说明；4. 补足缺失的相关程序及文件；5. 大股东承诺积极寻找解决方案，诸如购买新土地、新建厂房等；6. 大股东或者实际控制人承诺承担因瑕疵所带来的一切损失。

第十三章

国有资产

国有资产，根据《企业国有资产法》第二条规定，指的是国家对企业各种形式的出资所形成的权益。换句话说，只要在企业的股本结构中，有国家的出资，就可以认定为是国家资本参与的企业。在新三板挂牌中，也会有国有资本入主其中，而且随着市场经济的进一步发展，国家资本参与资本市场的趋势将会越来越常见，而我国对于国有资产向来都是持谨慎态度的，对于国有资产的管理也是非常严格的，尤其是在新三板这个鱼龙混杂的地方，监管十分严格，目的当然是防止国有资产流失。如果国有资产问题没有得到彻底解决，往往会成为挂牌的实质性障碍。挂牌企业中的国有资产问题也是股转系统重点关注的问题之一。

国有资产的问题属于合法合规问题，只要挂牌企业按照在处理国有资产的过程中履行了相关的程序，股转系统一般是不会为难的，下面介绍几种企业国有资产存在瑕疵的情形：

1. 国有股权出资未履行相关的程序如未对国有股东出资的国有资产进行评估、未对出资的国有资产进行审批等。

2. 国有股权转让未履行相关程序，如未进行立项、审计、评估等，而直接以协议方式转让。

3. 国有资产增减资未在相关部门进行备案。

可见，从国有资产进入三板企业到退出三板企业都须经过一系列的程序，才能完成整个过程，但从侧面也看出，国有资产问题中程序上的问题居多，只要程序履行上没有瑕疵，该走的程序都走过，一般是没有什么问题的。

下面通过几个典型案例来分析说明上述问题：

案例一　**斯派克（430392），国有股权出资未经主管部门的审批**

斯派克的股东国家农药创制工程技术研究中心以货币出资 79.9 万元，占总出资额的 10%，国家农药创制工程技术研究中心国家科技部于 2005 年 12 月以国科发计字 [2005]503 号文正式批复：在国家南方农药创制中心湖南基地、湖南省农用化学品重点实验室和湖南省农药工程研究中心的基础上，以湖南化工研究院为依托单位组建国家农药创制工程技术研究中心（以下简称"工程中心"），是国家出资设立的企业，是国有企业，其拥有的资产为国有资产。

2007 年国家农药创制工程技术研究中心出资 79.9 万元。该次国家农药创制工程技术研究中心的出资，由国家农药创制工程技术研究中心会同湖南化工研究院于 2007 年 11 月 5 日召开办公会议审议通过（此时上述两单位实际上采用"整建制"运行，即"两块牌子，一套人马"），对出资额度、出资价格、出资比例等做了详细安排，实际出资与上述安排一致。但此次出资，未见国家农药创制工程技术研究中心的主管单位湖南海利高新技术产业集团有限公司的审批文件。这存在国有股东以国有资产出资未经相关部门审批的程序瑕疵。

◎ **应对措施：**

根据《关于同意设立湖南海利高新技术产业集团有限公司的批复》（湘政函 [2000]138 号）中有关"省人民政府授权集团有限公司（即海利集团）经营原湖南化工研究院、湖南海利化工股份有限公司等控股企业以及参股企业的国有资产，依照《公司法》行使国有资产投资主体职能，享有投资收益、重大决策和选择管理者的权利"及相关法律法规的明确规定，国家农药创制工程技术研究中心对外投资的程序应该是先由其自身依据章程约定履行内部决策程序，后报经湖南海利高新技术产业集团有限公司批准后实施。

2013 年 10 月 17 日，湖南海利高新技术产业集团有限公司出具《关于对湖南斯派克科技股份有限公司出资及其改制的有关意见》，并又于 2013 年 11 月 20 日出具《情况说明》，对国家农药创制工程技术研究中心的此次出资进行核实及确认。

综上所述，国家农药创制工程技术研究中心的此次出资，程序上存在瑕疵，尤其是相关决策事项当时未及时报经主管单位湖南海利高新技术产业集团有限公司批准存在不当，但本次投资数额较小，实质上已经相关决策人员的审议和通过，湖南海利高新技术产业集团有限公司作为其主管单位对该次出资事项进行了事后的核实及确认，认为本次投资依照办公会议要求进行，事实上也形成了不错的投资效果，不存在国有资产损失的情形。

本案例属于国有股东出资未经有关部门审批的问题，该国有股东在出资时未经过其上级主管部门的审批，而存在出资上的程序瑕疵，该企业先说明此次出资是按照《公司法》的规定及公司自身章程履行了内部决策程序，之后向有关主管部门申请核实报批，补足了出资未经审批的程序瑕疵。这提醒我们，在利用国有资本进行投资时，必须履行两道程序，首先要经过该国有资产所属的国有企业内部程序决策，这解决的是内部程序问题；然后再报有关部门进行核实、审批，这解决的是外部程序问题。两步都完善好了，就基本没有什么问题了。

案例二　格纳斯（430619），国有股权转让未履行国有资产转让的立项、审计、评估、挂牌转让等程序，而直接以协议方式转让

格纳斯在有限公司时期存有两个国有法人股东，其中，嘉阳集团原为四川省乐山市国资委下属国有独资公司，2005 年 11 月，四川省乐山市国资委将嘉阳集团股权无偿划转至四川省投资集团有限责任公司（国有独资）；成都创投原为成都市科技风险开发事业中心（成都市科技局下属事业单位）主导设立的国有控股公司。

嘉阳集团 2003 年 1 月召开董事会，出资参股四川省格纳斯光电科技有限公司，出资额为 200 万元，根据嘉阳集团《公司章程》第二十七条（二）规定，嘉阳集团董事会有权决定集团公司的经营计划和投资方案。嘉阳集团在参股川格有限期间，2004 年 5 月、6 月两次转让所持的川格有限股权，嘉阳集团未通过董事会做出决议，但嘉阳集团与股权受让方成都创投、博创风投均已分别签署了股权转让协议并办理了工商变更登记。嘉阳集团于 2004 年 11 月召开董事会做出《关于转让格纳斯光电科技有限公司股份的决议》，嘉阳集团与股权受让方王斌签署了股权转让协议并依法办理了工商变更登记。由于上述股权转让发生时，《企业国有资产监督管理暂行条例》、《企业国有产权转让管理暂行

办法》等制度刚开始实施，相关转让、受让方对这些制度还不够了解，故所转让的川格有限股权均未履行国有资产转让的立项、审计、评估、挂牌转让等程序，而直接以协议方式转让存在程序瑕疵。

◎ **应对措施：**

经走访嘉阳集团，与当时经办股权转让人员确认了相关股权转让事项，并且嘉阳集团就国有股权转让程序出具了《声明》，认可其参股及股权转让行为的真实性，声明按照当时的公司章程，嘉阳集团出资 200 万元参股格纳斯已履行相关的内部决议程序，嘉阳集团退出时的股权转让协议是其真实意思表示。

根据四川华信出具的《关于四川省格纳斯光电科技有限公司整体变更股份有限公司前注册资本实收情况的专项复核报告》（川华信专 [2013]272 号）和 2005 年 1 月 31 日嘉阳集团与王斌签订的《股权转让协议书》，嘉阳集团 2004 年 5 月和 2004 年 6 月转让股权的价款均支付至有限公司账户，用于弥补有限公司设立时未到位的实物出资；嘉阳集团 2005 年 2 月全部退出有限公司时，由王斌参照有限公司 2004 年 12 月 31 日经审计确认的 200 万元人民币出资对应的公司净资产值协商后确定支付股权转让价款 180 万元人民币，其中用货币资金转给有限公司后支付给嘉阳集团人民币 140 万元，王斌用私车（川 A.BP412本田 CRV 车一辆）抵股权转让款人民币 40 万元。

2004 年 5 月，成都创投决定出资参股四川省格纳斯光电科技有限公司，出资额为 100 万元；2004 年 6 月成都创投转让所持的川格有限股权，与股权受让方博创风投已签署了股权转让协议并依法办理了工商变更登记。成都创投于 2006 年 2 月召开第一届董事会第六次会议，退出四川省格纳斯光电科技有限公司，成都创投与股权受让方王斌签署了股权转让协议并依法办理了工商变更登记。由于上述股权转让发生时，《企业国有资产监督管理暂行条例》、《企业国有产权转让管理暂行办法》等制度刚开始实施，相关转让、受让方对这些制度还不够了解，故所转让的川格有限股权均未履行国有资产转让的立项、审计、评估、挂牌转让等程序，而直接以协议方式转让存在程序瑕疵。经核查成都创投的工商登记资料，2006 年 11 月成都创投国有股东成都市科技风险开发事业中心通过公开挂牌转让了其持有成都创投 35% 的股权，成都创投由国有控股公司变更为国有参股企业；2008 年 1 月成都创投国有股东蚌埠市建设投资有限公司通过公开挂牌转让了其持有成都创投 35% 的股权，成都创投由国有参股企业变更为有限责任公司（法人独资）；成都创投于 2011 年变更为自然人投资的有限责任公司。故成都创投现已不再受国有资产监督管理部门的监督管理。

根据四川华信出具的《关于四川省格纳斯光电科技有限公司整体变更股份有限公司前注册资本实收情况的专项复核报告》（川华信专 [2013] 272 号），成都创投 2004 年 6 月转让股权的价款支付至有限公司账户，用于弥补有限公司设立时未到位的实物出资；成都创投 2006 年 7 月全部退出有限公司时，股权转让双方参照有限公司 2005 年 12 月 31 日经审计确认的 100 万元人民币出资对应的公司净资产值协商后作价。该股权转让价款由王斌将货币资金转给有限公司再通过有限公司账户支付给成都创投。

基于嘉阳集团和成都创投转让所持有的川格有限股权存在未履行《企业国有资产监督管理暂行条例》、《企业国有产权转让管理暂行办法》、《企业国有资产评估管理办法》规定的国有资产转让的立项、审计、评估、挂牌转让等程序方面的瑕疵，现股份公司控股股东、实际控制人王斌与律师事务所律师走访了四川省国有资产监督管理委员会，希望国资监管部门就嘉阳集团、成都创投转让川格有限股权事项出具追认文件，但相关工作人员答复按照国务院国有资产监督管理委员会的会议精神原则上不再对既往国有资产转让相关事宜进行追认。

为最大限度降低嘉阳集团和成都创投转让所持川格有限股权的程序瑕疵所带来的潜在风险，减轻对本次公司新三板挂牌的影响，当时的股权受让方暨股份公司现控股股东、实际控制人王斌于 2013 年 11 月 12 日做出《承诺书》明确承担其相应的责任，具体内容如下："本人作为四川格纳斯光电科技股份有限公司的控股股东、实际控制人，承诺：2003 年 2 月至 2005 年 2 月涉及四川嘉阳集团有限责任公司、2004 年 5 月至 2006 年 7 月涉及成都创业投资有限公司的国有法人股权转让，由此产生的一切法律后果，均由本人承担，与公司无关。"

综上所述，嘉阳集团投资参股川格有限并无法律、行政法规就国有资产对外投资应履行的程序进行明确规定，嘉阳集团严格按照其公司章程的规定召开了董事会通过相关投资决议，嘉阳集团在参股川格有限期间两次转让所持有的川格有限股权虽未通过董事会做出决议，但均与股权受让方签署了股权转让协议并已完成工商变更登记手续。虽未收集到成都创投在参股川格有限时及参股期间转让所持川格有限股权的相关内部决议文件，但成都创投该次投资入股已支付股权转让价款并完成了工商变更登记手续，在参股川格有限期间转让所持有的川格有限股权均与股权受让方签署了股权转让协议并已完成工商变更登记手续。并且嘉阳集团和成都创投退出川格有限的股权转让作价均参照了经审计确认的有限公司上年末净资产值且已结算支付，嘉阳集团出具的书面声明文件和现股份公司控股股东、实际控制人王斌出具的书面承诺书均是其真实意思表示，内容合法有效。故而公司涉及的国有股权转让不规范事项不构成本次公司新三板挂牌的实质性障碍。

本案例属于国有股权转让未履行国有资产转让的立项、审计、评估、挂牌转让等程序，而直接以协议方式转让的问题。本案中，公司先对国有股东进行访谈，并取得股东的确认声明，对已经发生的股权转让行为进行确认，说明股权转让是真实的，这是解决这类问题的第一步，再如实披露没有经过相关资产管理部门的追认这一客观存在，坦承企业的问题让股转系统看到你想解决问题的态度，然后由大股东进行兜底承诺此次股权转让因未履行相关程序受到的损失由其承担全部责任。这样产生的程序瑕疵问题就消除了，也被股转系统接受了，就不再是挂牌的实质性障碍了。

案例三　威门药业（430369），增资未履行国有资产评估备案程序

2005 年 7 月，贵阳风投出资 800 万元，认购公司 419 万股股份，对公司增资 419 万元，公司注册资本及实收资本由 3 200 万元增至 3 619 万元。

2005 年 3 月 9 日，贵阳安达会计师事务所出具了《审计报告》[（2005）安达会审字第 087 号]，根据该报告，截至 2004 年 12 月 31 日，公司净资产为 48 789 747.68 元。

2005 年 4 月 16 日，具备国有资产评估资质的中和正信会计师事务所有限公司贵州分公司出具了《贵州威门药业股份有限公司拟增资扩股资产评估报告》（中和正信评报字 [2005] 第 4–015 号），根据该报告，截至评估基准日 2004 年 12 月 31 日，公司净资产为 5 930.32 万元。

2005 年 4 月 28 日，为推动贵阳市高新技术企业发展，贵阳风投与公司签署了增资协议书，约定以 2004 年 12 月 31 日作为审计、评估基准日，根据经评估之净资产值，贵阳风投出资 800 万元，认购公司 419 万股股份，溢价部分 381 万元计入公司资本公积，并约定贵阳风投投资 5 年后，其有权以法律规定的方式退出威门药业。

2005 年 5 月 25 日，公司召开 2005 年第三次临时股东大会并形成决议，同意贵阳风投出资 800 万元认购公司 419 万股股份，对公司增资 419 万元；公司原所有股东放弃优先认购权。

2005 年 5 月 8 日，中和正信会计师事务所有限公司贵州分公司就本次增资事宜出具了《验资报告》[中和正信（2005）第 4-009 号]，确认：公司已经收到本次增资的货币资金 800 万元，其中 419 万元为注册资本，剩余 381 万元计入公司资本公积。

2005 年 7 月 8 日，贵州省人民政府签发了《省人民政府关于贵州威门药业股份有限公司变更注册资本的批复》（黔府函 [2005]248 号），同意公司变更注册资本，新增贵阳风投为公司股东，同意贵阳风投以货币 800 万元入股，折合股份 419 万股，为国有股；贵阳风投增资完成后，公司注册资本由 3 200 万元增至 3 619 万元，股本由 3 200 万股增至 3 619 万股，其中自然人股为 3 200 万股，国有股为 419 万股。

2005 年 7 月 27 日，公司就本次增资事宜办理了工商变更登记手续，并获发了企业法人营业执照。

本次增资作价所依据的评估报告并没有在主管国资部门履行备案程序，存在法律瑕疵。

◎ **应对措施：**

（1）此次增资已经威门药业临时股东大会审议通过，此次增资作价已取得威门药业全体股东的同意，并未损害其他股东的利益。

（2）为本次增资出具评估报告的中和正信会计师事务所有限公司贵州分公司具备国有资产评估资质。

（3）贵州省人民政府作为有权的国资部门已对此次增资行为、增资价格及增资完成后股份性质进行了总体批复。

（4）此次增资贵阳风投已按增资协议书约定缴付了出资，经中和正信会计师事务所有限公司贵州分公司验证，并办理了工商变更登记手续。

（5）2013 年 10 月 23 日，贵阳市财政局出具《关于贵州威门药业股份有限公司 2005 年及 2007 年增资相关事宜的确认函》，其中记载"我局确认 2005 年增资已经履行了必要的内部决议、外部审批程序，未造成国有资产的任何流失，增资行为合法、有效"。

（6）截至本说明书出具之日，公司未因本次增资所依据的评估报告未履行国有资产评估备案程序而引发任何法律纠纷或争议。

主办券商认为，本次增资所依据的评估报告未履行国有资产评估备案程序不影响威门药业本次增资的有效性，对威门药业本次挂牌不构成实质性影响。

金杜所认为，此次增资未履行国有资产评估备案程序的不规范行为不影响威门药业的合法存续，对威门药业本次挂牌不会产生实质性不利影响。

在此案例中涉及国有股权变动的增减资行为，虽然资产评估事务所进行了资产评估，但没有报给有关主管部门备案登记，有程序瑕疵。因此，公司股东向主管部门提供了补充登记资料，详细说明了情况，并且证实了股权变动程序合规，取得了股东确认，同时也证明了历次股权变动没有国有资产流失。相关主管部门对挂牌公司进行了教育和要求，并进行了补充登记。上述问题经过充分披露和说明，在对国有股权进行了补充登记之后，对挂牌不构成实质性障碍。

本章小结

综合以上案例，国有资产问题在很大程度上是一个程序问题，在新三板实务中，由于股权结构中有国有资本的参与，为防止国有资产的流失，从国有资本的加入到退出都有非常严格的程序要求，缺少任何一个程序环节都会构成挂牌的实际障碍。而解决这一问题的思路包括与国有股东之间的沟通确认以证明企业股权明晰、权属确定，无潜在纠纷，还有与国资委等有关主管部门的协调，明确问题所在，补充登记相关手续和材料，获得批复文件。最后辅助以相关的保证措施以最大化降低风险，即再由股东出具相关承诺，承担瑕疵所可能带来的法律风险和损失。

第十四章 环保核查

随着可持续发展战略的深入实施，国家对于环保问题越来越重视，对企业的环保要求也在不断提高。因此，企业在申请挂牌新三板的过程中，环保问题也自然成为中介机构及股转公司核查的重点之一。在实践中，企业履行法定的环保程序及拥有法定的环保资质几乎被所有中介机构视为不可逾越的红线之一，故企业在准备申请挂牌新三板时务必做好环保工作，避免因为程序性问题而影响挂牌；中介机构在推荐企业挂牌时也务必严格要求企业做好日常环保工作并履行完应有的环评程序，获得必需的环保资质，对于因实质性问题而无法履行相关程序或获得相应资质的，应谨慎推荐。

2015年9月，《全国中小企业股份转让系统挂牌业务问答——关于挂牌条件适用若干问题的解答（一）》（简称《解答一》）出台以前，新三板业务规则中对核查企业环保问题的规定比较模糊。《全国中小企业股份转让系统股票挂牌条件适用基本标准指引（试行）》第二条第二款规定：公司业务须遵守法律、行政法规和规章的规定，符合国家产业政策以及环保、质量、安全等要求，规定相对原则，各中介机构往往凭经验和案例对拟挂牌企业做环保核查。《解答一》的出台为中介机构核查拟挂牌企业环保合法合规性提供了较为明确的思路，其内容如下：

（一）推荐挂牌的中介机构应核查申请挂牌公司及其子公司所属行业是否为重污染行业。重污染行业认定依据为国家和各地方的相应监管规定，没有相关规定的，应参照环保部、证监会等有关部门对上市公司重污染行业分类规定执行。

（二）申请挂牌公司及其子公司所属行业为重污染行业，根据相关法规规定应办理建设项目环评批复、环保验收、排污许可证以及配置污染处理设施的，应在申报挂牌前办理完毕；如公司尚有在建工程，则应按照建设进程办理完毕相应环保手续。

（三）申请挂牌公司及其子公司所属行业不属于重污染行业但根据相关法规规定必须办理排污许可证和配置污染处理设施的，应在申报挂牌前办理完毕。

（四）申请挂牌公司及其子公司按照相关法规规定应制定环境保护制度、公开披露环境信息的，应按照监管要求履行相应义务。

（五）申请挂牌公司及其子公司最近24个月内不应存在环保方面的重大违法违规行为，重大违法行为的具体认定标准按照《全国中小企业股份转让系统股票挂牌条件适用基本标准指引（试行）》相应规定执行。

以上五条几乎为中介机构进行环保核查提供了标准化的作业流程，接下来本章将对每一条进行详细的分析，以期为中介机构和企业在实践过程中提供可操作的指导。

（一）核查拟挂牌企业所从事的业务是否属于重污染行业

核查是否属于重污染行业是后续步骤如何进行的前提。而重污染认定的依据主要是国家和地方相应的监管规定，环保部、证监会等有关部门对上市公司重污染行业分类规定则作为国家和地方监管规定的补充。故从尽职调查的勤勉义务上考虑，中介机构在核查是否属于重污染行业时必须参照以上所有的规定。

实践中，在全国具有普遍约束力的相关规定有2003年环保部颁发的《关于对申请上市的企业和申请再融资的上市企业进行环境保护核查的通知》、2008年环保部颁发的《上市公司环保核查行业分类管理名录》（该文件已于2016年7月被废除，但出于谨慎性考虑，笔者认为核查时仍应全面考虑）以及2010年9月环保部公布的《上市公司环境信息披露指南》（征求意见稿）。根据以上文件，在全国各省市皆应当被认定为重污染的行业涵盖火电、钢铁、水泥、电解铝、煤炭、冶金、建材、采矿、化工、石化、制药、轻工（酿造、造纸、发酵、制糖、植物油加工）、纺织、制革14大行业。此外，中介机构对于并不包含在以上行业中的企业也不能绝对地认为不属于重污染行业，因为部分省市还出台了地方的重污染行业名录，例如广东省另将电镀、印染、一般工业固体废物及危险废物处置也列为重污染行业进行核查。

案例一　向明轴承（832468），不属于重污染行业

反馈意见：请主办券商、律师核查以下事项并发表明确意见：

公司所处行业根据国家规定是否属于重污染行业，并请予以特别说明。

中介机构回复意见：

根据中国证监会颁布的《上市公司行业分类指引 (2012 年修订)》分类，公司属于"通用设备制造业"(分类代码：C34)，根据《国民经济行业分类 (GB/T4754—2011)》，属于 C34 "通用设备制造业"中的 C3451 "轴承制造"。

根据《上市公司环保核查行业分类管理名录》等有关规定，重污染行业包括火电、钢铁、水泥、电解铝、煤炭、冶金、化工、石化、建材、造纸、酿造、制药、发酵、防止、制革和采矿业。因此，律师认为，公司所处行业不属于重污染行业。

案例二　爱诺药业（838233），属于重污染行业

反馈意见：请主办券商和律师就公司是否按照《全国中小企业股份转让系统挂牌业务问答——关于挂牌条件适用若干问题的解答（一）》的相关要求履行核查公司的环保情况。

中介机构回复意见：

根据原国家环保总局《关于对申请上市的企业和申请再融资的上市企业进行环境保护核查的通知》（环发 [2003]101 号）、《关于印发〈上市公司环保核查行业分类管理名录〉的通知》，重污染行业的范围被界定为：冶金、化工、石化、煤炭、火电、建材、造纸、酿造、制药、发酵、纺织、制革和采矿业，对于未包含在前述行业的类型暂不列入核查范围。

根据证监会颁布的《上市公司行业分类指引》（2012 年修订），公司所属行业属于"C27 医药制造业"。根据《国民经济行业分类》（GB/T4754—2011），公司所属行业为"C2740 中成药生产"。根据全国中小企业股份转让系统有限责任公司发布的《挂牌公司投资型行业分类指引》规定，公司所处行业属于医药制造业（27）下的中成药生产（2740）。

公司主营业务为中成药及化学药品研发、生产和销售，因此属于上述重污染行业的范围。

（二）重污染行业的核查要求

若中介机构根据（一）做出判断，拟挂牌企业所属行业为重污染行业，则该企业往往要履行全面的环评程序。一般而言，企业的建设项目从其规划到最终建成并投入使用往往需要履行如下审批流程：

（1）根据建设项目对环境影响的大小编制《环境影响报告书》、《环境影响报告表》，或填报《环境影响登记表》。

（2）将以上申报材料递交至环保部门，以获得环保部门对建设项目的批准，即我们通常所说的《环评批复》。

（3）获得项目建设批准后开工建设，建设时需同步建设环保配套设施，以满足环保"三同时"（同时设计、同时建设、同时投入使用）的要求。

（4）建成后，企业进行试生产申请，根据环评法的规定，试生产一般为三个月。2016 年 4 月后，环保部发出《关于环境保护主管部门不再进行建设项目试生产审批的公告》，省、市、县级环境保护主管部门不再受理建设项目试生产申请，也不再进行建设项目试生产审批。

（5）项目建成或试生产结束后，由环保部门对企业建设项目进行验收，只有企业通过环保部门的验收，取得《建设项目竣工验收合格》的报告，企业才可以正式投入生产。

另外需要明确的是，并不是一个企业终身只需要完成一次环评程序即可束之高阁，一劳永逸。根据《环境影响评价法》、《建设项目环境保护管理条例》的规定，以下三种情况企业均需要履行环评程序：（1）建设项目开工前；（2）建设项目性质、规模、地点或者采用的生产工艺发生重大变化时；（3）建设项目环境影响报告书、环境影响报告表或者环境影响登记表自批准之日起满 5 年建设项目方开工建设的，原文件应报原审批机关重新审核。故需不需要履行环评程序应当根据建设项目的实质条件进行判断，若该建设项目是一个全新的，或与之前的建设项目有重大变化的或可能有重大变化的，都应当进行环评程序。

此外，《排污许可证》也是大多数重污染行业企业必备的资质，但并非所有重污染行业都必须具备该资质。根据《排污许可证管理条例》，国家对在生产经营过程中排放废气、废水、产生环境噪声污染和固体废物的行为实行许可证管理。下列在中华人民共和国行政区域内直接或间接向环境排放污染物的企业事业单位、个体工商户（以下简称排污者），应按照本条例的规定申请领取排污许可证：（一）向环境排放大气污染物的；（二）直接或间接向水体排放工业废水和医疗废水以及含重金属、放射性物质、病原体等有毒有害物质的其他废水和污水的；城市污水集中处理设施；（三）在工业生产中因使用固定的设备产生环境噪声污染的，或者在城市市区噪声敏感建筑物集中区域内因商业经营活动中使用固定设备产生环境噪声污染的；（四）产生工业固体废物或者危险废物。依法需申领危险废物经营许可证的单位除外。因此，中介机构在核查拟挂牌企业是否需要该资质时应当全面考虑企业的生产作业流程是否向外排出污染物以及当地的相关规定。

案例三 **瑞诚科技（836437），重污染行业，在建项目，无排污许可证**

反馈意见：请主办券商和律师就公司是否按照《全国中小企业股份转让系统挂牌业务问答——关于挂牌条件适用若干问题的解答（一）》的相关要求履行核查公司的环保情况，做补充核查并发表意见。

中介机构回复意见：

一、核查过程

主办券商通过查看公司的业务情况及运营项目的环评批复情况、核查在建项目的环评批复情况，公司所执行的环保方面的制度及所采取的措施，对公司高级管理人员进行了访谈，查看了公司与河南华银工业有限公司的合作协议。

二、事实依据和分析过程

根据《上市公司行业分类指引》（2012年修订）、《国民经济行业分类》（GB/T4754—2011）、《挂牌公司投资型行业分类指引》、《挂牌公司管理型行业分类指引》并经本所律师核查，公司所处行业属于C26化学原料和化学制品制造业，属于重污染行业。

（一）在运行项目环评批复情况

2011年8月，新乡市环境保护科学设计研究院受瑞诚科技委托承担公司"年产1 000吨四乙酰核糖项目"的环境影响评价工作，并编写了《新乡瑞诚科技发展有限公司年产1 000吨四乙酰核糖项目环境影响报告书》（以下简称《报告书》），该报告结论为：该项目符合国家产业政策及清洁生产要求，项目选址位于新乡县朗公庙镇曲水村西北700米，选址符合当地规划，各项污染物经治理后能够实现达标排放，能够满足总量控制的要求。评价认为该项目具有较好的社会效益、经济效益和环境效益，从环保角度看项目可行。

2011 年 11 月 29 日，新乡市环境保护局出具了新环专项行动 [2011]02 号《新乡市环境保护局关于新乡瑞诚科技发展有限公司年产 1 000 吨四乙酰核糖项目环境影响报告书的批复》，原则批准《报告书》，同意项目建设。

2014 年 1 月 26 日，新乡市环境保护局做出新环专项行动 [2014]01 号《新乡市瑞诚科技发展有限公司年产 1 000 吨四乙酰核糖项目环境保护验收意见》，结论：该项目认真落实了环评批复提出的各项环境污染防范措施，环保设施运行正常，各项污染物排放浓度均达到了国家标准提出的相关要求，同意该项目通过环保验收。

综上所述，公司目前正在运行的项目通过了环评批复及验收。

（二）在建项目环评批复情况

公司截至报告期末有在建工程：中试车间和乙腈生产线，其中中试车间为针对四乙酰核糖项目的产品试验车间，截至 2015 年 12 月 31 日已经转固。

乙腈车间生产线是公司计划与河南华银化工有限公司合作建设的项目，公司于 2015 年 7 月购置氧化床拟用于该项目，设备已经交付但需安装，由于项目尚未开始建设，氧化床设备尚未进行安装，公司将其在在建工程中归集列示；2015 年 8 月 1 日至 2015 年 12 月 31 日公司未进行投入。故公司目前在建工程中的项目无须环评报告。

公司于 2015 年 5 月 8 日与河南华银化工有限公司签订租赁合同对乙腈生产线项目的合作事宜做出明确约定：由河南华银化工有限公司负责乙腈项目环评、安评手续的办理及费用，保证乙腈项目顺利进展。

2015 年 5 月 29 日，新乡县发展改革委下发《河南省企业投资项目备案确认书》（项目编号：豫新新乡制造 [2015]09423）：经核查河南华银化工有限公司申请备案的河南华银化工有限公司年产 1 200 吨乙腈项目，符合国家《产业结构调整目录（2011 年本）》（修正案）鼓励类第十一条石化化工第 6 款"高效、安全、环境友好"的农业新品种、新剂型（水基化剂型等）专业中间体、助剂的开发与生产，"准予备案。华银化工凭此备案确认书办理土地、规划、环评、施工许可等项目开工前依法依规所需的全部手续。

目前河南华银化工有限公司正在办理乙腈生产线项目的环评报告及批复，待取得环评批复后进行开工建设。

（三）排污许可情况

根据新乡市人民政府办公室 2013 年 3 月 29 日发布的《新乡市人民政府

办公室关于印发新乡市 2013 年主要污染物总量减排实施方案的通知》、新乡市人民政府办公室 2014 年 4 月 23 日发布的《新乡市人民政府办公室关于印发新乡市 2014 年主要污染物总量减排实施方案的通知》、新乡市人民政府办公室 2015 年 4 月 7 日发布的《新乡市人民政府办公室关于印发新乡市 2015 年主要污染物总量减排实施方案的通知》，新乡市政府根据上级有关规定，结合本区重污染行业整治提升要求，制订了每年年度重点企业主要污染物总量削减计划、削减范围，瑞诚科技均不属于《通知》中主要污染物总量削减重点企业。《河南省减少污染物排放条例》（于 2013 年 9 月 26 日河南省第十二届人民代表大会常务委员会第四次会议通过，2014 年 1 月 1 日开始实施）第十二条规定："对重点排污单位实行排污许可制度。重点排污单位名录由省和省辖市环境保护主管部门根据本行政区域的环境容量、主要污染物排放总量控制指标的要求以及排污单位排放污染物的种类、数量和浓度等因素确定，并定期在本行政区域内予以公告。"经核查，公司不在河南省环境保护厅公布的《2015 年度河南省重点排污单位名录》、《2014 年度河南省重点排污单位名录》中，根据现有规定，公司暂不需办理排污许可证。

综上所述，根据河南省相关规定，瑞诚科技不需要办理排污许可证。

股转公司在第二次反馈意见中再次提到了无排污许可证的问题。在第二次反馈意见的回复中，主办券商及公司承认，按照相关法律法规，公司应当取得《排污许可证》，但是因为地方规定及地方相关部门的原因而未办理，且公司日常环保工作良好，排污设施完善，未受到相关部门的处罚，故不构成挂牌的实质性障碍。"同样应当取得《排污许可证》而未取得的案例还有黑龙江林海华安新材料股份有限公司，在反馈意见回复中，'海林市环境保护局于 2015 年 7 月 31 日出具证明，证明内容为黑龙江林海华安新材料股份有限公司年产 2 万吨 PVC 塑料型材项目在 2007 年经过海林市环保局的审批，现牡丹江地区一直未实施排污许可证制度，所以未向企业发放排污许可证。'"

由以上案例可知，对于重污染行业的建设项目，环评批复文件、验收合格报告及排污许可证（若存在排污情况）必须全部具备才能满足合法合规的要求。但由于中小企业在尚未规范时环保意识相对薄弱，以及各地方规定及政府部门实践的不统一，常常出现拟挂牌企业缺少其中某一项程序或资质的情况。在这种情况下，中介机构需要核查到充分的证据证明，该程序的瑕疵或缺失并非由于拟挂牌企业的主观故意造成，最好取得地方相关政府部门的说明，且表明拟挂牌企业并无因相关违法违规行为而受到主管部门处罚的情况，公司正在积极弥补该程序或瑕疵，且不会存在实质性障碍。如此股转公司才能充分相信拟挂牌公司的合法合规性，以及不会因该环保程序的缺失或瑕疵受到主管部门的处罚从而影响其持续经营的能力。

案例四　科利尔（831653），未进行环保验收而受处罚

反馈意见：请主办券商、律师，（1）核查公司最近 24 个月是否存在违法行为，并对以上违法行为是否构成重大违法行为发表意见；（2）针对公司受到处罚的情况，核查公司受处罚的原因、公司的整改措施，并对整改措施的有效性发表意见。

中介机构回复：根据公司提供的资料，经主办券商及律师核查，公司最近 24 个月存在如下受到行政处罚的违法行为：2013 年 7 月 1 日，科利尔有限因未进行环保验收等环境问题被新疆生产建设兵团第十三师责令整改并处以 10 万元的行政罚款。

就上述受到行政处罚的违法行为，主办券商、律师查阅了公司环境保护主管机关出具的确认函、访谈了公司管理层、查阅了国家有关环保的法律法规，发现：① 2014 年 6 月 30 日，新疆生产建设兵团第十三师环境保护局出具《确认函》，确认：科利尔年处理 120 万吨煤洁净化综合利用项目系该局主管范围内的建设项目，该建设项目尚需办理项目竣工环境保护验收方面的手续，科利尔有限目前正在按照该局的要求办理上述手续；鉴于该建设项目未发生环境事故，且该公司目前正在积极采取措施完善上述手续，就该建设项目，科利尔有限可继续投入生产或使用，该局不再对科利尔有限未获得试生产批复并办理项目竣工环境保护验收手续而将该建设项目正式投入运营的行为进行处罚，科利尔有限需继续按照该局的要求补办项目竣工环境保护验收手续。

② 2014 年 11 月 26 日，新疆生产建设兵团第十三师环保局再次就上述罚款出具补充《证明》："2013 年 10 月，经我局环境监察支队现场监察，发现你公司危险废物处置不规范、环保设施缺失、未验投产等问题，鉴于情节较轻，属于非重大违法行为，并对你公司进行了与上述行为相适应的行政处罚（人民币 10 万元），希望你公司在后续生产经营过程中严格执行该项目环保管理措施。"

公司受到上述处罚的原因为公司存在危险废物处置不规范、公司"年处理 120 万吨煤洁净化综合利用项目"存在环保设施缺失以及未验投产的环境保护

方面的问题。其中，（1）关于环保设施缺失以及未验先产的环境保护方面的问题，即公司在就"年处理 120 万吨煤洁净化综合利用项目"办理环保验收手续之前需要完成建立包括污水处理站、在线监控系统（当地环保主管部门可通过该系统在线监控公司可能出现的污染物情况）、原煤煤棚封闭的环保设施，截至本反馈回复之日，公司正在建设原煤煤棚封闭设施，已完工约 80% 部分，已建成的煤棚部分可将绝大部分原煤粉尘控制在煤棚内，剩余的煤棚部分计划在2015 年 1 月底全部完成，公司已经开始建立在线监测系统，计划在 2015 年 1月底完成，并就污水处理厂的建设与相关污水处理企业进行沟通相关技术细节，计划于 2015 年 3 月开始建设污水处理站以及于 2015 年年底建成污水处理站，上述环保设施建设完成后，公司将于 2015 年年底向当地环保主管部门补办环保设施竣工验收手续；（2）关于危险废物处置不规范的环保问题，公司未将危险废物交予拥有相应的危险废物处置资质的单位处置，就上述环保问题，公司的整改措施为在将危险废物交予处置时将审核该等单位是否有相应的资质证书，以避免将危险废物交予无资质单位进行处置。

　　主办券商认为：公司正在根据环保机关要求完善环保设施，且主管环保机关也出具相关确认该事项不属于重大违法违规情形，公司整改措施有效。

案例五　科富股份（832546），参股子公司及曾经的全资子公司未进行环保验收

　　反馈意见：请主办券商、律师核查公司最近 24 个月是否存在违法行为，并就以上违法行为是否构成重大违法行为发表意见。

　　中介机构回复：

　　（1）子公司常德科宇建设项目未通过环评问题

　　常德科宇涂装有限公司位于鼎城区灌溪镇灌溪工业园，由于子公司对环保法律、法规的理解不到位，误以为不需要申请环评，导致项目生产经营至今仍未通过环评验收。公司已聘请相关的环评机构编制环境影响评价报告，截至本说明书签署之日，常德科宇的环评工作已经处于审核阶段。该子公司营业收入所占公司总营业收入比例不超过 10%，所占比例较小。2014 年 10 月 14 日，常德市环保局出具无违法违规证明，其内容如下：常德科宇涂装有限公司自2012 年成立以后，在生产经营活动中严格遵守执行国家和地方有关环境保护的法律、法规，各项污染物达标排放，符合环保要求，没有发生环境处罚、环境纠纷、污染事故处罚等环境违法行为。常德科宇涂装有限公司已完成了环影响评价，环保批复正在办理中。特此证明。

主办券商认为：该子公司营业收入所占公司总营业收入比例不超过10%，对公司生产经营影响较小，环保部门也已出具证明，常德科宇自成立以来一直严格遵守环保法律、法规，没有受到环保行政处罚，且公司已采取措施补办环评手续，该行为不构成重大违法违规行为，不会构成公司挂牌的实质性障碍。

（2）原子公司运营期间未进行环保验收

公司主要通过原全资子公司佛山市科富表面技术有限公司（简称"科富表面"）进行产品生产。佛山科富属于生产型涂料企业，需要办理环保手续后才能进行试生产。但因为佛山科富租赁生产厂地为佛山市南海区狮山狮北村工业开发区，该块土地的性质为集体土地，无法办理环保验收手续。2013年12月25日，佛山市南海区环境运输和城市管理局出具环保证明，证明佛山科富2011年11月至2013年8月未有被处罚或造成污染的记录。2013年8月30日，佛山市科富表面技术有限公司召开股东会，同意股东广东科富科技股份有限公司将其持有的70%的出资以35万元的价格转让给方子清，将剩余30%的出资以15万元的价格转让给王跃军。同日，上述转让各方签订了《股权转让协议》。2013年9月3日，公司完成了工商变更登记手续。至此，佛山科富不再为公司子公司。公司为解决自产问题，于2013年4月成立了全资子公司清远科富。目前，清远科富已向清远市政府购买20亩工业用地用于产品生产，清远市环保局已出具了关于《清远科富表面技术有限公司年产水性涂料5 000吨、表面处理剂1 000吨建设项目环境影响报告书》的批复。

主办券商认为：公司原子公司佛山科富虽然在成立之日至2013年8月未办理环评手续，但是其未造成不利的后果，且未遭受当地环保局的处罚。因该子公司已转让剥离，公司不规范运作情形已经中断，因此不构成重大违法违规行为，不构成公司挂牌的障碍。

从以上案例可知，实践中会出现因为各种各样的原因而导致程序或资质的缺失或不完善，最可靠的解决办法当然是按照《解答一》的要求在挂牌前将相关的程序或资质完善，但实践中也难免遇到因为其他客观原因而无法在短时间内进行弥补的情况。企业和各中介机构可以尝试从以上案例中得到一些启示，没必要将存在环保瑕疵的企业全盘否定，而应该积极寻找瑕疵存在的原因，并寻求合理合法的解决办法，以期使审核人员相信该瑕疵并不会对挂牌构成实质性障碍。

（三）非重污染行业的核查要求

根据《解答一》的要求，如果申请挂牌公司及其子公司所属行业不属于重污染行业但根据相关法规规定必须办理排污许可证和配置污染处理设施的，应当在申报挂牌前办理完毕。相比于重污染行业，股转公司对非重污染行业的环保核查相对简单，仅要求根据相关法规规定需要办理排污许可和配置污染处理设施的应当在申报前办理完毕。但此处切勿认为对于非重污染行业，审查时就不再需要审查其是否履行环评程序，环评程序存在于几乎每一个新的建设项目中。但是在实践中，考虑到非重污染行业对环境影响并不大，故允许相关企业在申报时并不必然完成所有的环评程序，而只是要求根据相关法律法规需要办理排污许可和配置污染处理设施的，应当在申报挂牌前办理完毕。但是，出于谨慎性考虑，大部分中介机构在规范企业以做挂牌准备时，都会要求企业履行完相应的环评程序。

（四）环境保护制度及信息披露

无论是主板还是股转公司都要求企业建立起公司的环境保护制度并保证其实施，这是对企业在日常生产运作过程中环保工作能真正贯彻落实的基础，故我们在股转公司的反馈意见回复中多次看到要求拟挂牌企业披露其日常环保制度的建立及执行情况。根据相关法律法规规定公开披露环境信息是指中介机构应当依照环境信息公开披露制度向投资者和社会公众公开与公司有关的环境信息，例如《环境保护法》第五十五条规定，重点排污单位应当如实向社会公开其主要污染物的名称、排放方式、排放浓度和总量、超标排放情况，以及防治污染设施的建设和运行情况，接受社会监督；第五十六条规定，对依法应当编制环境影响报告书的建设项目，建设单位应当在编制时向可能受影响的公众说明情况，充分征求意见。

在实践中，股转公司对于环境保护制度的建立及环境信息披露的要求并不会像其他几点严格，毕竟环保制度的建立因企业而异，也较难考察，但中介机构仍应足够重视，督导企业建立起合适的环境保护制度。而信息披露往往是其他几项的前置性条件，因此，在履行完其他几项程序时，相应的信息披露也往往包含其中。

（五）重大违法违规行为的核查

报告期内不得存在重大违法违规行为是拟挂牌企业必须满足的条件，重大违法行为的具体认定标准按照《全国中小企业股份转让系统股票挂牌条件适用基本标准指引（试行）》（以下简称《指引》）相应规定执行。根据该《指引》：

公司的重大违法违规行为是指公司最近 24 个月内因违反国家法律、行政法规、规章的行为，受到刑事处罚或适用重大违法违规情形的行政处罚。

（1）行政处罚是指经济管理部门对涉及公司经营活动的违法违规行为给予的行政处罚。

（2）重大违法违规情形是指，凡被行政处罚的实施机关给予没收违法所得、没收非法财物以上行政处罚的行为，属于重大违法违规情形，但处罚机关依法认定不属于的除外；被行政处罚的实施机关给予罚款的行为，除主办券商和律师能依法合理说明或处罚机关认定该行为不属于重大违法违规行为的外，都视为重大违法违规情形。

（3）公司最近 24 个月内不存在涉嫌犯罪被司法机关立案侦查，尚未有明确结论意见的情形。

由以上条文可知，若公司最近 24 个月内存在涉嫌犯罪被司法机关立案侦查，尚未有明确结论意见的情形，或已有明确结论意见并受刑事处罚的情形即可构成公司的重大违法违规行为，没有任何解释的余地，是公司挂牌新三板不可逾越的红线；此外，对于行政处罚，若企业被实施机关处以没收违法所得、没收非法财物以上的行政处罚，且处罚机关并不认定其不属于重大违法违规行为，则构成重大违法违规行为；若企业被实施机关处以罚款，则除了处罚机关可以认定其不属于重大违法违规外，主办券商和律师也可依法合理说明。在实践中，对于被处以罚款的行为，中介机构往往从被罚原因、主观过错、客观影响、整改措施及效果等方面予以说明。

案例六　柏承科技（831861），子公司受环保部门处罚三次

（1）报告期内，子公司柏承惠阳因生产废水超标排放受到环保部门行政处罚 3 次。2013 年 1 月 29 日，据惠市环（惠城）罚 [2013]7 号，因柏承惠阳于 2012 年 6 月 26 日处理设施出口废水所测项目中磷超标 0.3 倍，处以 5 000 元罚款，并责令改正，公司已按要求上交罚款并采取相关整改措施。

2013 年 4 月 2 日，据惠市环（惠城）罚 [2013]77 号，因柏承惠阳于 2012 年 8 月 10 日处理设施出口废水所测项目中磷超标 3.3 倍，处以 7 339 元罚款，并责令改正，公司已按要求上交罚款并采取相关整改措施。

2013 年 5 月 13 日，据惠市环（惠城）罚 [2013]78 号，因柏承惠阳于 2012 年 9 月 19 日处理设施出口废水所测磷项目中磷超标 15.5 倍，处以 7 339 元罚款，并责令改正，公司已按要求上交罚款并采取相关整改措施。

公司控股子公司柏承惠阳的环保违法行为发生后，积极查找违规原因，及时消除危害，最大限度地降低了损失。通过对主要污染源进行排查与分析，分析结果为：① 员工对生化池操作流程不熟悉，加错药水导致磷超标；② 生化处理项目所使用的原材料中含有磷，致使废水处理设施出口的总磷超标。经过多方改善，自受到环保行政处罚后，柏承惠阳废水处理设施出口的废水已能达标排放。此外，2013 年 4 月 2 日，惠州市环境保护监测站出具的《检测报告》（（惠）环境监测（污 – 水）字（2013）第 319 号）显示，柏承惠阳的废水处理设施出口的废水已能达标排放。因此，上述行政处罚未对公司及子公司生产经营产生重大影响。

（2）报告期内公司是否仍存在可能导致环保处罚行为的核查情况

自受到环保行政处罚后，公司在生产运营过程中严格履行《中华人民共和国环境保护法》、《中华人民共和国环境影响评价法》、《建设项目环境保护管理条例》、《中华人民共和国水污染防治法》、《中华人民共和国大气污染防治法》、《中华人民共和国固体废物污染环境防治法》、《关于实施排污许可证制度的通知》、《江苏省排放水污染物许可证管理办法》等法律法规，对废水排放等可能造成环保污染的情况进行彻底清理，废水处理设施出口的废水已能达标排放，报告期内公司不存在其他可能导致环保处罚行为。

（3）环保守法证明情况

2014 年 8 月 12 日，惠州市环境保护局出具《守法证明》（惠市环字 [2014]43 号），证明柏承惠阳办理了环保审批手续，领取了排污许可证，2012 年 1 月至 2014 年 6 月，因生产废水超标排放受到环保部门行政处罚 3 次。其间，无经核实的群众污染投诉，无重大环境污染事故发生。

主办券商及律师意见

综上所述，主办券商及律师认为，公司所受环保行政处罚情节轻微，且企业已采取相关弥补措施。因此，主办券商认为柏承科技及其子公司柏承惠阳受到行政处罚的违法、违规行为不构成本次股票挂牌转让的实质性障碍。

对于环保方面的合法合规情况，需要中介机构及企业注意的是，2014 年 10 月 19 日，环境保护部出具《关于改革调整上市环保核查工作制度的通知》（环发 [2014]149 号），明确表示环境保护部门停止受理及开展上市环保核查，并停止印发与上市环保核查的相关文件，其中也包括无违法违规证明。实践中，部分省市严格按照该通知的精神不再给拟上市或挂牌企业开具无违法违规证明，也仍有部分地方环保局可以开具该证明，中介机构可以根据当地的实际情况进行操作。若当地环保局确实拒绝开具无违法违规证明，中介机构仍可以从拟挂牌企业履行的环评程序、取得的相关资质、日常的环保工作、是否受过行政处罚、受过行政处罚的原因、整改措施及影响等方面论述拟挂牌企业的无重大违法违规情况。

本章小结

一般来说，对企业进行环保核查可以分为以下几步：

（1）根据企业实际从事的业务，对比环保部的相关规定，判断拟挂牌企业是否属于重污染企业。

（2）若属于重污染行业，则环评的所有程序，包括环评批复、环保验收等都必须履行。根据相关规定需要取得《排污许可证》及配置污染处理设施的，也应在申报挂牌前取得。当然，实践中存在因各种各样的原因导致相关程序或资质缺少而又无法在申报前弥补的，中介机构应根据导致该结果的原因进行分析，并非缺少某项资质或存在一定的程序瑕疵就必然导致无法挂牌。

（3）对于非重污染行业，虽然考虑到其对环境影响并不大，允许相关企业在申报时并不必然完成所有的环评程序，而只是要求根据相关法律法规需要办理排污许可和配置污染处理设施的，应当在申报挂牌前办理完毕。但是，出于谨慎性考虑，大部分中介机构在规范企业以做挂牌准备时，都会要求企业履行完相应的环评程序。

（4）核查企业是否存在刑事或行政处罚，并依据《指引》的规定判断是否属于重大违法违规行为。报告期内公司不存在重大违法违规行为是新三板挂牌的必要条件。

第十五章 劳务派遣

劳务派遣是指劳动者和用人单位（也称劳务派遣单位）签订劳动合同，而实际上为用工单位（也称接受以劳务派遣形式用工的单位）工作的三方合作形式。其目的是为了降低用工成本、规避用工风险、保障派遣员工的合法权益以及便于用工管理等。

在企业的生产经营过程中，劳务派遣用工是常见的用工形式，被派遣员工的合法权益也日益受到重点关注。2012年底，全国人大常委会对《劳动合同法》进行修订，修订内容主要即为劳务派遣事项；2014年1月，人力资源和社会保障部发布《劳务派遣暂行规定》。在以上法律法规中，股转系统重点考察的条文如下：

《劳动合同法》第五十七条：经营劳务派遣业务应当具备下列条件：（一）注册资本不得少于人民币二百万元；（二）有与开展业务相适应的固定的经营场所和设施；（三）有符合法律、行政法规规定的劳务派遣管理制度；（四）法律、行政法规规定的其他条件。经营劳务派遣业务，应当向劳动行政部门依法申请行政许可；经许可的，依法办理相应的公司登记。未经许可，任何单位和个人不得经营劳务派遣业务。

第五十九条：劳务派遣单位派遣劳动者应当与接受以劳务派遣形式用工的单位（以下称用工单位）订立劳务派遣协议。劳务派遣协议应当约定派遣岗位和人员数量、派遣期限、劳动报酬和社会保险费的数额与支付方式以及违反协议的责任。用工单位应当根据工作岗位的实际需要与劳务派遣单位确定派遣期限，不得将连续用工期限分割订立数个短期劳务派遣协议。

第六十三条：被派遣劳动者享有与用工单位的劳动者同工同酬的权利。用工单位应当按照同工同酬原则，对被派遣劳动者与本单位同类岗位的劳动者实行相同的劳动报酬分配办法。

第六十六条：劳动合同用工是我国的企业基本用工形式。劳务派遣用工是补充形式，只能在临时性、辅助性或者替代性的工作岗位上实施。

前款规定的临时性工作岗位是指存续时间不超过六个月的岗位；辅助性工作岗位是指为主营业务岗位提供服务的非主营业务岗位；替代性工作岗位是指用工单位的劳动者因脱产学习、休假等原因无法工作的一定期间内，可以由其他劳动者替代工作的岗位。

用工单位应当严格控制劳务派遣用工数量，不得超过其用工总量的一定比例，具体比例由国务院劳动行政部门规定。

《劳务派遣暂行规定》第三条：用工单位决定使用被派遣劳动者的辅助性岗位，应当经职工代表大会或者全体职工讨论，提出方案和意见，与工会或者职工代表平等协商确定，并在用工单位内公示。

第四条：用工单位应当严格控制劳务派遣用工数量，使用的被派遣劳动者数量不得超过其用工总量的10%。

从以上规定可知，关于劳务派遣，中介机构需重点核查以下几点：（1）劳务派遣单位是否具有相应资质；（2）劳务派遣单位及用工单位是否签订劳务派遣协议，及签订的劳务派遣协议是否符合法律法规规定；（3）被派遣员工是否享有与用工单位正式员工同工同酬的权利；（4）被派遣员工是否只在临时性、辅助性或者替代性的工作岗位上工作；（5）拟挂牌公司被派遣员工是否超过其用工总量的10%；（6）作为兜底，拟挂牌公司是否因被派遣员工发生纠纷或诉讼，或是否因此受到相关部门的处罚。

若拟挂牌公司存在以上问题，中介机构在该问题上的解决思路比较清晰，即在如实披露的前提下，提出解决方案并披露最终效果，再由相关部门出具无违法违规证明并最终以控股股东或实际控制人承诺进行兜底。具体而言，即（1）详细披露拟挂牌公司存在的劳务派遣情况，对股转系统重点关注的问题进行重点披露，对存在的问题如实说明；（2）针对发现的问题提出整改方案，如对于被派遣员工数量超过用工总量10%的，可以通过与部分员工签订正式劳动合同的方式予以整改，使该比例降至 10% 以下；（3）由主管部门出具拟挂牌公司在劳动用工方面不存在重大违法违规行为的声明；（4）有公司控股股东或实际控制人出具个人愿意承担潜在损失及风险责任的承诺，以保障拟挂牌公司不会因此遭受损失；（5）出于谨慎性考虑，参照 IPO 标准，中介机构可以安排与被派遣员工的访谈，以确定被派遣员工与用工单位之间不存在潜在的法律纠纷或风险，并由被派遣员工出具声明，说明与拟挂牌公司之间不存在薪酬、社保公积金及其他用工方面的纠纷。

案例一 百林园林（836183），通过将被派遣员工纳入正式员工以减少劳务派遣员工的比例

公司在经营过程中存在使用劳务派遣工的情况，按实际出工情况统计，2013 年度、2014 年度及 2015 年 1 月至 7 月派遣人数分别为 0、158 人、203 人。

公司存在选择劳务派遣用工的情况，主要因为在公司所做的一些工程中，有时会出现公司员工无法满足工程需求而出现临时短缺用工的情况，当出现上述情形时，公司会按照用工的需求与劳务派遣公司签订劳务派遣合同，劳务派遣人员填补某些工种或某些岗位的临时空缺。公司使用劳务派遣人员的岗位全部为施工岗位，工种主要为苗木种植、铺砖工等。同时，公司使用劳务派遣人员的工种也存在不确定性，具体取决于施工过程中临时短缺的工种的情况而定。报告期内，公司劳务派遣用工主要来源于广州市宏力建筑劳务有限公司。

公司与上述劳务派遣公司不存在关联关系，为避免对上述劳务派遣公司产生依赖，目前公司正积极扩展与其他劳务派遣公司进行合作。劳务派遣很大程度缓解了施工过程中出现的工人临时性短缺的问题，使用劳务派遣人员的工种主要是苗木种植、铺砖工等一线施工人员，技术和管理人员为公司正式聘用的员工，目前公司采取的劳务派遣用工模式不会对公司技术和服务稳定性、保密性要求产生不利影响，亦不会对公司生产经营及持续发展产生不利影响。

根据《中华人民共和国劳动合同法》的有关规定，劳务派遣公司经营劳务派遣业务应当获得劳动行政部门许可，目前与公司合作的劳务派遣公司具备劳务派遣资质。公司已书面承诺严格根据《劳务派遣暂行规定》的要求，在过渡期内将劳务派遣用工数量降低至其用工总量的 10% 或以下。

计划分流安置被派遣劳动者的途径如下：

转为本单位职工

经协商一致，被派遣劳动者转为本单位的职工，由劳务派遣单位、本单位与被派遣劳动者签订三方变更劳动合同协议，将用人单位由劳务派遣单位变更为本单位，劳动者在劳务派遣单位的工作年限计算为本单位工作年限（或由劳务派遣单位解除被派遣劳动者的劳动合同并支付经济补偿，本单位与被派遣劳动者订立新的劳动合同）。涉及被派遣劳动者约51人。

公司将通过劳务派遣人员转化为公司在职员工的方式解决劳务派遣用工比例超标问题，目前公司正按上报的《劳务派遣调整用工方案》进行整改，并保证在2016年1月31日之前完成，目前64名劳务派遣人员中有51人转变为公司员工，剩余13人保持不变，整改完成后公司的劳务派遣用工将降至7%，符合《劳务派遣暂行规定》等法律法规的规定，同时公司本次劳务派遣用工的整改未产生任何劳务方面的纠纷及潜在纠纷，劳务派遣人员转化为公司正式员工亦并未对公司的业务开展造成任何影响，公司所做项目正常进行中。

2016年1月18日，东莞市人力资源和社会保障局南城分局出具书面《备案证明》，公司已提交了《劳务派遣调整用工方案》，同意公司按方案进行备案整改。公司已出具书面承诺，公司将严格按照《劳务派遣调整用工方案》进行整改，并保证于2016年1月31日前整改完毕，同时公司今后将严格遵守相关劳动法律法规，严格控制劳务派遣员工的人数比例，公司实际控制人邹水平亦出具书面承诺，如公司因劳务派遣问题而使公司受到行政机关的处罚，由其代替公司承担相应责任。

由中介机构披露的以上内容可知，百林园林的解决思路即严格按照说明情况、发现问题、提出解决方案、主管机关出具说明、公司实际控制人进行兜底的顺序进行披露。首先，中介机构说明了公司存在劳务派遣的具体情况及其存在原因，证明劳务派遣岗位是临时性岗位；其次，如实说明报告期内存在劳务派遣员工数量超过10%的问题，然后提出整改方案并说明解决效果。最后由相关部门出具声明，实际控制人进行兜底。解决思路清晰明了，值得借鉴。

案例二 **宁夏新龙（832038），将相关业务外包以降低派遣员工比例**

宁夏新龙拥有员工总共88人，公司采取劳务派遣的人数为20～30人，劳务派遣员工所占比例超过了10%。公司采取劳务派遣用工的主要原因如下：

第一，有利于人事管理便捷。因劳务派遣员工流动性和可替代性较强。公司可根据生产经营需要，要求劳务派遣单位增减派员，有利于增强用人的灵活性。

第二，有利于降低公司成本。劳务派遣员工由劳务派遣单位集中管理，人事档案均在劳务派遣单位，且由劳务派遣单位为其办理社会保险相关手续，为公司免去了琐碎的人员聘用、统筹保险、工伤生育申报等各种人事、劳动手续，有效降低公司人力成本，提高公司管理效率。

第三，有利于减少法律风险。劳务派遣单位作为专业处理劳动关系的机构，熟悉劳动保障政策法规，在劳动合同签订、工资支付、社会保险等问题上一般能规范操作，能有效降低发生劳动争议的可能，从而有利于减少法律风险。

公司劳务派遣人员主要是为公司客户新疆中泰化学阜康能源有限公司的触媒抽翻、装填以及触媒作业区域卫生的清理工作，为公司生产经营的辅助性、临时性工作。

根据 2014 年 3 月 1 日起实施的《劳务派遣暂行规定》："用工单位应当严格控制劳务派遣用工数量，使用的被派遣劳动者数量不得超过其用工总量的 10%"、"用工单位在本规定施行前使用被派遣劳动者数量超过其用工总量 10% 的，应当制订调整用工方案，于本规定施行之日起 2 年内降至规定比例"，公司采取劳务派遣的人数为 20～30 人，公司员工总人数为 88 人，劳务派遣人数超过了总人数的 10%，违反了上述规定。

针对上述情况，公司将为客户新疆中泰化学阜康能源有限公司的触媒抽翻、装填以及触媒作业区域卫生的清理工作承包给了常传亭，并于 2014 年 10 月 1 日与常传亭签署了《触媒抽翻、装填业务承包合同》，至此公司不存在劳务派遣事项。

宁夏新龙的案例详细说明了起用劳务派遣员工的原因，然后采用将所涉业务进行外包的方式以解决劳务派遣的问题。本书认为，若业务确实需要且可行，将相关的业务外包是一个不错的选择，这样既能够在不影响正常生产经营的情况下解决劳务派遣问题，同时并不需要因此花费过多人力成本。

本章小结

对于劳务派遣，股转系统关注的问题比较集中，也说明了拟挂牌企业在劳务派遣方面存在的问题具有一定的普遍性和相似性，即（1）劳务派遣单位的资质问题；（2）是否同工同酬问题；（3）是否签订劳务派遣协议及是否经过职工代表大会通过的程序性问题；（4）是否符合临时性、辅助性、替代性特点；（5）派遣员工比例是否低于 10% 的问题等。中介机构在核查时可以对以上问题予以重点关注。对于存在问题的解决方法，同下一章社保及公积金一样，其思路也比较简单清晰：在如实披露的前提下，提出解决方案并披露最终效果，再由相关部门出具无违法违规证明并最终以控股股东或实际控制人承诺进行兜底，出于谨慎性考虑也可以取得被派遣员工关于与被派遣单位不存在潜在纠纷的声明。

第十六章
社保及公积金

　　为公司员工缴纳社保及住房公积金是用人单位合法用工、保障公司员工合法权益的重要措施，也是我国《劳动法》、《社会保险法》、《住房公积金管理条例》规定的企业重要义务。如果企业没有依法按时按量完成社保公积金的缴纳，就可能构成违法违规行为。

　　《劳动法》第七十三条规定，劳动者在下列情形下，依法享受社会保险待遇：（一）退休；（二）患病、负伤；（三）因工伤残或者患职业病；（四）失业；（五）生育。《社会保险法》、《住房公积金管理条例》及其他部门规章制度、地方政府规章制度对社保公积金的缴纳规定了更为详细可操作的实施细则。总的来说，企业为员工缴纳社保公积金应满足以下要求：

　　（1）缴纳义务主体：养老保险、医疗保险及失业保险由单位和个人共同缴纳，工伤和生育保险仅由单位缴纳，个人不需要缴纳。

　　（2）缴纳对象：与公司签订了劳动合同的公司员工。试用期包含在劳动合同期限内，故公司也需为试用期员工缴纳社保公积金，但实践中不少案例证明股转系统似乎也认同"在试用期内，待转正后为其缴纳社保公积金"的解释；同理，因实习生并未与公司建立劳动合同关系，公司无须为实习生缴纳社保公积金。此外，劳务派遣员工因其劳动关系简历在劳务派遣单位，临时性员工（少于一个月）并未与公司建立劳动关系，故拟挂牌公司不为该两类对象缴纳社保公积金并不违反相关法律法规。

（3）缴纳基数：一般情况下以上一年度本人工资收入为缴费基数。当职工工资收入高于当地上年度职工平均工资 300% 的，以当地上年度职工平均工资的 300% 为缴费基数；职工工资收入低于当地上一年职工平均工资 60% 的，以当地上一年职工平均工资的 60% 为缴费基数；职工工资在 60% ~ 300% 的，按实申报。职工工资收入无法确定时，其缴费基数按当地劳动行政部门公布的当地上一年职工平均工资为缴费工资确定。当然，各地对于缴费基数的规定略有不同，中介机构在核查社保及公积金缴纳合法合规情况时，应核查当地关于社保及公积金缴纳基数的规定，再结合企业的实际缴纳情况进行评估。

（4）缴纳比例：如前所述，《社会保险法》中明确规定五险中的养老保险、医疗保险及失业保险由单位和个人共同缴纳，工伤和生育保险仅由单位缴纳，个人不需要缴纳，至于具体比例则由各地根据实际情况进行调整。同样，《社保公积金管理条例》第十八条规定，具体缴存比例由住房公积金管理委员会拟订，经本级人民政府审核后，报省、自治区、直辖市人民政府批准。因此，在核查企业给员工缴纳社保及公积金的比例是否合法合规时，同样需关注各地方规定。

（5）缴纳时间：《社会保险法》明确规定，用人单位应当自用工之日起三十日内为其职工向社会保险经办机构申请办理社会保险登记。《住房公积金管理条例》规定，单位录用职工的，应当自录用之日起 30 日内到住房公积金管理中心办理缴存登记。即公司与员工签订劳动合同（含试用期）后，公司需在 30 日内办理缴存登记，开始缴纳社保。

除了以上基本问题外，社保和公积金的问题还涉及很多其他方面，但在实践中股转公司往往不会对该问题考察得过于详细，只要企业在劳动用工方面不存在重大违法违规行为，在申报时经整改以上几个基本方面符合相关法律法规要求，并且承诺以后将规范并执行用工制度，则公司前期在社保公积金方面存在瑕疵并不会成为新三板挂牌的实质性障碍，毕竟社保公积金问题在非上市公司中普遍存在，对于中小企业而言更是如此。在这个问题上若追溯历史，要求过于严格，将导致大部分企业无法满足条件，这并不是新三板成立的精神所在。

《主办券商尽职调查工作指引》第十九条：调查公司与控股股东、实际控制人及其控制的其他企业在业务、资产、人员、财务和机构方面的分开情况，判断其独立性，包括但不限于：

（三）通过查阅股东单位员工名册及劳务合同、公司工资明细表、公司福利费缴纳凭证、与管理层及员工交谈，取得高级管理人员的书面声明等方法，调查公司高级管理人员从公司关联企业领取报酬及其他情况，调查公司员工的劳动、人事、工资报酬以及相应的社会保障是否完全独立管理，判断其人员独立性。

由以上规定可知，股转公司对于社保公积金的考察主要在于判断公司人员是否独立于控股股东、实际控制人或其控制的其他企业，是否具有人员独立性，因为这是一个企业能够正常运营的基本条件。当然，拟挂牌公司必须同时满足合法合规运营，无重大违法违规的情况。对于拟挂牌公司而言，在社保公积金方面存在的问题具有普遍性和相似性。或者说，在几个基本方面若能满足相关法律法规的要求，股转公司并不会过于深究，即股转公司对于社保公积金方面的合法合规性关注的问题相对比较集中，主要有以下几个方面：

（1）没有给符合条件的员工缴纳社保；

（2）没有及时地缴纳社保，即没有在用工 30 日以内缴纳；

（3）缴纳社保的金额补足，社保金额应该根据上年的实际的工资水平来缴纳，而不是平均工资水平甚至是最低工资标准；

（4）缴纳社会保险的种类不齐，《社会保险法》规定用人单位必须依法为员工缴纳基本养老保险、基本医疗保险、工伤保险、失业保险、生育保险，很多企业只缴纳了基本养老保险和基本医疗保险。

而对于以上问题，解决思路也比较简单明确，即在申报之前完成对相关问题的纠正，对症下药：即给没有缴纳的员工补缴，给缴纳金额不足的员工补足，给险种不够的员工补齐险种等。当然，如前所述，截至目前的实践而言，股转系统并不严格要求拟挂牌公司对历史问题进行彻底及追溯性地纠正，只要在申报时拟挂牌公司已基本规范用工制度，人社局等相关部门能出具无重大违法违规证明，同时控股股东或实际控制人能对历史问题进行兜底承诺，则社保公积金问题对挂牌公司往往不会存在实质性障碍。

当然，由于各种客观原因，截至申报时拟挂牌公司仍有可能未为部分员工缴纳社保公积金。对于这部分员工，只要拟挂牌公司能给出合理解释，股转系统也不会过于深究。实践中，被股转系统认可的尚未给部分员工缴纳社保的解释主要有以下几类：

（1）员工入职不满一个月，公司正在为其办理社保公积金登记手续；

（2）员工从原单位离职后，因社保公积金登记尚未转移至本单位，仍由原单位缴纳；

（3）员工未退休返聘人员，因已经开始享受社会保险待遇，故拟挂牌公司无须再为其缴纳社保公积金；

（4）因客观原因无法及时提供必需证件而无法办理社保或公积金登记导致无法及时缴纳；

（5）员工个人在户口所在地缴纳了社保或参加了农村合作医疗，个人声明不愿由公司缴纳社保的；

（6）对于其他满足条件但又不愿意缴纳社保公积金的员工，中介机构应当核实该员工放弃缴纳社保公积金是否为其真实意思表示，并取得其书面签字说明文件，以避免潜在的风险或纠纷。

不可否认，实践中可能遇到的未给员工缴纳社保公积金的原因多种多样，中介机构应当秉持如实客观披露的原则，同时寻求合理的解释，只要不会因此导致重大违法违规行为或重大的劳务纠纷、诉讼，影响公司持续经营能力，股转系统一般不会在该问题上过于深究。当然，寻求合理的解释并不等于是为了说明该行为合法合规，而实际上以上行为均存在或大或小的法律瑕疵。因此，拟挂牌公司应当承诺在规范后将严格按照法律法规用工，以避免潜在的法律纠纷或风险。

案例一　璟泓科技（430222），未给部分员工缴纳社保

公司的劳动用工人数为 105 人，公司与员工签订了劳动合同，依法建立了劳动关系。根据公司书面确认，截至 2013 年 5 月 9 日，公司已为 36 名员工缴纳了社会基本保险。经核查，未能为全体员工缴纳社会保险的原因如下：

1. 25 名农民工因自身原因，导致公司未能为其办理养老保险、医疗保险、失业保险和生育险。经过公司核查和书面确认，该部分农民工流动性较强，并且在当地参加了新农村合作医疗保险。该员工出具了《缴纳社会保险说明》，明确自愿放弃了办理养老保险、医疗保险、失业保险、生育险以及工伤险。

2. 29 名员工为新入职，处于试用期，公司正在为其办理社会保险手续。

3. 13 名员工由原单位为其缴纳社保。

4. 2 名员工为外籍员工，该员工出具了《缴纳社会保险说明》，明确自愿放弃了办理养老保险、医疗保险、失业保险、生育险以及工伤险。

根据武汉市人力资源和社会保障局东湖新技术开发区分局于 2012 年 12 月 12 日出具的《证明》，自 2010 年 1 月 1 日起至证明出具日，公司与员工签订了劳动合同并办理了社会保险（包括养老保险、医疗保险、失业保险、生育险以及工伤险），按时足额地缴纳了保险金，不存在违反劳动保障法律法规而受处罚的情形。

在璟泓科技的案例中，出现了较多员工未缴纳社保的情况，其涉及的原因类型也较多，故可作为典型案例参考。另外，因拟挂牌公司在规范以前往往都存在社保及公积金未及时足额足量缴纳的情形，为确保一旦相关部门追溯征缴不会影响公司的持续经营，实践中介机构往往会要求拟挂牌公司控股股东或实际控制人出具承诺函，承诺若相关部门进行追溯征缴，控股股东或实际控制人愿以个人名义进行补缴，保证公司不会因此遭受任何损失。

案例二 美兰股份（430236），临时工劳动用工及其保障问题

1. 劳动用工

根据公司提供的劳动合同、员工花名册及社保情况的说明，截至 2012 年 12 月 31 日，美兰股份（合并口径）共有职工 46 人。美兰股份实行全员劳动合同制，公司与全体员工均签订了劳动合同。

另外，美兰股份的孙公司美兰科技约有 20 个岗位存在季节性短暂使用农民工的情形。经核查，美兰科技系美兰股份体系内从事生产的公司，主要从事复配制剂及分包装。由于农药行业的特殊性，受生产季节限制，短而急，主要在每年的 4 月、5 月、6 月、7 月四个月。而该等生产月同时也是农业的春耕、夏收、夏种的忙碌季节，农民为农业生产的需要会主动调整其为公司工作的时间，导致人员流动性很大，每个农民工每年能为公司工作时间不足 1 个月。因此，美兰科技根据行业实际情况在 4 月、5 月、6 月、7 月四个月季节性短暂使用农民工，且实行计件报酬制度。由于每个农民工工作时间短，公司没有与其签订劳动合同。该等用工情况不违背《劳动合同法》第十条第二款"应当自用工之日起一个月内订立书面劳动合同"的规定。

因此，本所律师认为，美兰股份的劳动用工事宜合法、合规。

2. 劳动保护与社会保险

（1）经核查，美兰股份、美兰农业、美兰科技职工分别在其实际工作地北京市、合肥市缴纳社会保险；截至 2012 年 12 月 31 日，美兰股份职工中有

部分职工因个人已在户口所在地缴纳了社会保险或参加了农村合作医疗，个人声明不愿由公司缴纳社保，公司为保护其利益将应由公司承担的社会保险费用直接给本人；还有部分为新入职员工，社会保险正在办理过程中。

2013年1月，美兰股份控股股东、实际控制人徐长才就美兰股份及其控股子公司社会保险事宜，做出如下承诺："若因美兰股份及其控股子公司因未为部分职工缴存社会保险费而产生的补缴义务以及因此而遭受的任何罚款或损失，将由本人全额承担。"

（2）就季节性短暂使用农民工事宜，根据实际情况并确保为公司工作的农民工的劳动安全、人身健康，公司每年都为该等工人购买了人身意外安全保险、医疗保险，同时每年安排对一线生产工人进行职业健康检查，并在安全教育、技能培训、劳动保护方面也做了大量工作，如工人工作服、防护手套、口罩、急救药品等，为该部分员工提供了相应的保障。

基于上述事实，本所律师认为，尽管美兰股份有部分职工未缴纳社会保险，但其已经将应由公司承担的社会保险费用支付给有关职工，没有损害职工的利益；其控股股东、实际控制人徐长才已经就此做出承诺，未缴纳行为不会对公司造成损害。因此，美兰股份的社会保险缴纳事宜不构成本次挂牌公司的实质性障碍。

临时工问题向来是用工问题上关注的重点，尤其是在农业企业因大量存在临时农民工而使得问题更加突出。对于此类问题，拟挂牌公司应结合本行业的实际情况进行充分解释，必要时取得人社局或其他相关部门的说明。此外，应由控股股东或实际控制人出具承诺，一方面对可能由此导致的损失进行兜底；另一方面确认将严格按照法律法规规范公司雇用临时工的行为，保障临时工的利益。

此外需要说明的是，对于社保公积金的披露，不同的中介机构可能会采用不同的方式。有的会详细地披露每一类社会保险项下拟挂牌公司为多少员工进行了购买，甚至披露所在地方政府规定每一类社会保险公司及员工的缴纳比例，以此核查拟挂牌公司社保公积金方面的合法合规性；也有中介机构仅在人员独立处对拟挂牌公司是否独立为公司员工购买社会保险及公积金进行简单说明。无论以何种方式及披露到什么程度，本书认为，正是因为社保公积金对于企业来说并不算一项太大的开支，但却涉及员工的切身利益，因此，能否规范地用工能很好地反映一个企业是否真心愿意进行整改的决心。

本章小结

　　对于拟挂牌公司而言，在用工及社保公积金的缴纳方面或多或少都会存在问题，股转系统应该也很清楚这点。因此，实践中若拟挂牌公司能在申报前完成对用工及社保公积金缴纳合法合规方面的整改，对于确实在申报时仍然无法达到法律法规要求的情况应如实披露并进行合理解释，则只要在本问题上不存在重大违法违规行为（由相关部门出具证明），不存在潜在纠纷或风险，控股股东或实际控制人能对历史上的相关瑕疵进行兜底承诺以保证公司不会因此遭受损失，则相关问题往往不会对挂牌公司构成实质性障碍。

　　需要重新说明的是，实践中中介机构往往会对未严格按照法律法规用工或缴纳社保公积金的行为进行解释并最终通过股转系统的审核，但这并不等于该公司在用工问题上就不存在法律上的问题，而实际上拟挂牌公司往往都存在或多或少的法律瑕疵。在申报前能否正视并进行彻底解决以上问题是一个企业是否愿意承担社会责任，能否最终走向规范治理的重要体现，拟挂牌企业务必予以重视。

第十七章 同业竞争

对于同业竞争，现行法律法规并没有对其进行明确的定义，我们可以参照已失效的《股票发行审核标准备忘录第 1 号》，根据该规定，同业竞争"适用于一切直接、间接地控制公司或对公司有重大影响的自然人或法人及其控制的法人单位与公司从事相同、相似的业务"。因为同业竞争将可能导致在"一切直接、间接地控制公司或对公司有重大影响的自然人或法人及其控制的法人单位"与拟挂牌公司之间进行任意的商业机会的转移等风险，严重危害投资者利益。故股转公司，与证监会一样，对同业竞争重点关注。随着新三板监管的日趋严格，股转公司与证监会对同业竞争的审核尺度也日趋相同。

核查同业竞争首先要回答的一个问题就是核查哪些人是否存在同业竞争，即同业竞争的核查范围。对于该问题，《公司法》及股转系统的相关条文是中介机构核查时必须遵循的规则。

《中华人民共和国公司法》

第一百四十七条　董事、监事、高级管理人员应当遵守法律、行政法规和公司章程，对公司负有忠实义务和勤勉义务。

第一百四十八条　董事、高级管理人员不得有下列行为：

（五）未经股东会或者股东大会同意，利用职务便利为自己或者他人谋取属于公司的商业机会，自营或者为他人经营与所任职公司同类的业务。

第二百一十六条 本法下列用语的含义：

（一）高级管理人员，是指公司的经理、副经理、财务负责人，上市公司董事会秘书和公司章程规定的其他人员。

（二）控股股东，是指其出资额占有限责任公司资本总额百分之五十以上或者其持有的股份占股份有限公司股本总额百分之五十以上的股东；出资额或者持有股份的比例虽然不足百分之五十，但依其出资额或者持有的股份所享有的表决权已足以对股东会、股东大会的决议产生重大影响的股东。

（三）实际控制人，是指虽不是公司的股东，但通过投资关系、协议或者其他安排，能够实际支配公司行为的人。

《非上市公众公司信息披露内容与格式准则第 1 号——公开转让说明书》

第二十二条 申请人应披露是否存在与控股股东、实际控制人及其控制的其他企业从事相同、相似业务的情况。对存在相同、相似业务的，申请人应对是否存在同业竞争做出合理解释。

申请人应披露控股股东、实际控制人为避免同业竞争采取的措施及做出的承诺。

《全国中小企业股份转让系统主办券商尽职调查工作指引（试行）》

第二十条 调查公司与控股股东、实际控制人及其控制的其他企业是否存在同业竞争。

通过询问公司控股股东、实际控制人，查阅营业执照，实地走访生产或销售部门等方式，调查公司控股股东、实际控制人及其控制的其他企业的业务范围，从业务性质、客户对象、可替代性、市场差别等方面判断是否与公司从事相同、相似业务，从而构成同业竞争。

对存在同业竞争的，要求公司就其合理性做出解释，并调查公司为避免同业竞争采取的措施以及做出的承诺。

《挂牌审查一般问题内核参考要点（试行）》

8. 同业竞争

请公司披露以下事项：（1）控股股东、实际控制人及其控制的其他企业的经营范围以及主要从事业务，是否与公司从事相同、相似业务，相同、相似业务（如有）的情况及判断依据；（2）该等相同、相似业务（如有）是否存在竞争；（3）同业竞争的合理性解释，同业竞争规范措施的执行情况，公司做出的承诺情况；（4）同业竞争情况及其规范措施对公司经营的影响；（5）重大事项提示（如需）。

请主办券商及律师核查以下事项并发表明确意见：

（1）公司与控股股东、实际控制人及其控制的其他企业是否从事相同或相似业务、是否存在同业竞争，判断依据是否合理；

（2）同业竞争规范措施是否充分、合理，是否有效执行，是否影响公司经营。

从以上的条文可以看出，除《公司法》规定的董事、监事及高级管理人员不得自营或者为他人经营与所任职公司同类的业务，即避免董事、监事及高管存在的同业竞争外，股转业务规则从条文上只关注到了控股股东和实际控制人的同业竞争问题。但是在实践中，考虑到可能存在的利益输送，从实质重于形式的角度，各中介机构早已将同业竞争的审查范围扩大，参照证监会对主板上市公司的要求对拟挂牌公司的同业竞争问题进行规范。股转公司在多个申报挂牌公司的反馈回复中也反馈到除控股股东、实际控制人以外的其他关联方的同业竞争情况。

证监会对主板上市公司同业竞争的审查范围的规定大多和以上条文重合，但在《公开发行证券公司信息披露的编报规则第 12 号——公开发行证券的法律意见书和律师工作报告》中，证监会要求核查以下内容："……（六）发行人与关联方之间是否存在同业竞争。如存在，说明同业竞争的性质。（七）有关方面是否已采取有效措施或承诺采取有效措施避免同业竞争。（八）发行人是否对有关关联交易和解决同业竞争的承诺或措施进行了充分披露，以及有无重大遗漏或重大隐瞒，如存在，说明对本次发行上市的影响。"由此可知，为了防止潜在的风险，尽可能保护投资者利益，证监会要求对同业竞争的核查范围扩大至公司的关联方。

此外，对同业竞争的本质的理解也有利于我们在该问题上形成清晰的思路。所谓同业竞争，如前文定义中描述，适用于"一切直接、间接地控制公司或对公司有重大影响的自然人或法人及其控制的法人单位与公司从事相同、相似的业务"的情况，规范同业竞争的目的就在于防范某些对公司能施加影响的自然人或法人，通过向存在同业竞争的公司转移业务或商业机会等手段获取不正当利益，从而损害投资者利益。因此，从目的解释出发，中介机构在核查同业竞争时，应当秉着实质重于形式的态度去核查。在一些案例中存在自然人或法人并不具有上文列出的身份，但可能对公司的决策等施以重要影响，则若存在同业竞争，中介机构仍应对其进行规范。

综上所述，中介机构在核查拟挂牌公司的同业竞争问题时，应秉着实质重于形式的态度，关注以下范围：

（1）公司的控股股东、实际控制人及其控制的其他企业；

（2）持有公司 5% 以上股份的股东及其控制的企业；

（3）公司现任董事、监事和高级管理人员及其控制的企业；

（4）其他可认定为公司关联方的自然人或法人（如公司控股股东、实际控制人、董监高的配偶、子女等）。

确定好核查对象范围后，中介机构应当从业务性质、客户对象、可替代性、市场差别等方面判断是否与公司从事相同、相似业务，从而构成同业竞争。业务性质是指被考察公司所从事的业务范围、属性、流程、生产的产品或提供的服务等；客户对象主要是考察竞争公司与拟挂牌公司之间客户对象的可区分性；可替代性主要是考察竞争公司的产品或服务与拟挂牌公司的产品或服务之间是否可以替代，若相互之间可以替代，则存在同业竞争的风险；市场差别主要是考察竞争公司与拟挂牌公司针对的市场区域划分，如若有充分的证据证明竞争公司针对的市场区域限于某一部分，和拟挂牌公司之间完全不存在重合，则即使存在产品或业务上的重合，仍有可能排除同业竞争。总之，判断是否属于同业竞争在大部分案例中并不复杂，在较复杂的案例中应当综合考虑各方面因素。

在判断存在同业竞争后，对于是否需要完全规避，实务界通常的观点是，新三板并不像 IPO 一样决绝杜绝搞一刀切，而是在尽量整改的原则下分具体情况对待。但这绝不等于在新三板中我们可以降低对同业竞争的审核标准，而是允许企业若存在特定历史背景且目前整合很困难，那么在充分信息披露的情况下可以尝试承诺上市后解决，但是要详细说明目前整合存在障碍的原因，并对未来整合的可行性和预期有着明确的表述，但该方式是否一定能得到监管部门的认可存在一定的风险。因此，一般情况下，中介机构都会要求拟挂牌企业在申报前将同业竞争的情况消除。

消除同业竞争的方式较为固定，企业可以根据实际情况，以最有利于公司的发展规划、最低成本的原则选择以下最适合于企业实际情况的方式：[①]

（1）企业之间合并重组。将同业竞争的公司股权、业务收购到拟挂牌公司或公司的子公司，吸收合并竞争公司等。

（2）转让股权和业务。由竞争方将存在的竞争性业务或公司的股权转让给无关联关系的第三方。

（3）停业或注销。直接注销同业竞争方，或者竞争方改变经营范围，放弃竞争业务。

（4）做出合理安排。如签订市场分割协议，合理划分拟挂牌公司与竞争方的市场区域，或对产品品种或等级进行划分，也可对产品的不同生产或销售阶段进行划分，或将与拟挂牌公司存在同业竞争的业务委托给拟挂牌公司经营等。

案例一　长城网科（839316），通过收购竞争公司消除同业竞争

重组前，蓝巨数码股东为刘徽、朱伟昕，分别持有蓝巨数码60%、40%的股权。其中刘徽持有蓝巨数码60%的股权，为蓝巨数码的实际控制人。长城网科的股东为刘徽、朱伟昕、智徽投资、郭涛、朱伟宇、廉艺舟。其中刘徽、朱伟昕合计持有长城网科62.5%的股权，为长城网科实际控制人。

长城网科的主营业务为智慧医疗、智慧校园、智能电子政务等信息系统集成解决方案的售前咨询、产品研发设计、实施、运维等，以及IT技术咨询与服务、IT产品代理与服务、信息系统设计运维及驻场服务。报告期内，深圳市蓝巨数码科技有限公司与公司从事的业务高度相似，存在潜在同业竞争的风险。公司收购蓝巨数码既能丰富公司的业务类型，又能消除潜在的同业竞争等不利影响。因此公司收购蓝巨数码具有必要性。

---

① 参照投行小兵《新三板挂牌解决之道》。

案例二　海达信通（839209），通过股权转让、注销关联公司消除同业竞争

公司的主营业务是为客户提供 IT 基础架构的设计、实施和运维等全套信息系统集成服务，是专业的 IT 基础架构设备供应商和服务提供商。主营业务包括信息化系统集成服务、系统维保服务、软件开发销售及云计算服务等。公司共有 14 名股东，其中林宏强为公司的控股股东和实际控制人。

1. 报告期内公司控股股东、实际控制人及其亲属对外投资企业

哈尔滨华胜盈天科技有限公司（以下简称"华胜盈天"）成立于 2003 年 5 月 19 日，成立之初林宏强所占股权比例为 50%，担任总经理职务；谢陪禹所占股权比例为 50%，担任公司法人及董事长职务。公司营业范围为：购销计算机、计算机网络设备、耗材、通信设备、办公自动化设备、家电、五金交电、化工产品（不含危险品、易燃易爆、剧毒品）、钢材、建材、机电产品、服装、电子产品及系统工程技术开发、技术咨询、技术转让。其经营业务涉嫌与公司存在同业竞争。2015 年 8 月 21 日经哈尔滨市市场监督管理局开发区分局核准完成工商变更登记和备案，林宏强将其持有的华胜盈天 50% 的股权全部转让给无关联第三方赵博，并不再担任该企业总经理职务，至此华胜盈天与海达信通不存在关联关系，同业竞争情形消除。

哈尔滨海达信通科技有限公司（以下简称"哈尔滨海达"）成立于 2005 年 9 月 19 日，注册资金为 100 万元，注册号为 230199100055512，林宏强持有其 40% 的股权，王奭凌持有其 30% 的股权，谢陶持有其 30% 的股权，其中林宏强担任公司法定代表人及董事长职务，公司经营范围为：计算机、计算机网络设备、通信设备、办公自动化设备、电子产品及系统工程的技术开发、技术咨询、技术转让、技术服务；购销家用电器、五金交电、化工产品（不含易燃易爆品、剧毒品、危险品）、钢材、建材、机电产品（不含小轿车）、服装。其经营业务涉嫌与海达信通存在同业竞争。2015 年 7 月 19 日，公司召开股东大会决议注销公司及通过清算报告，清算报告显示公司未分配利润 45 万元，资产总额 55 万元，负债为 0，剩余资产按投资比例退还股东。2015 年 7 月 22 日，哈尔滨工商局开发分局出具（开发分局）登记企销字 [2015] 第 348 号准予注销登记通知书准予注销登记。至此哈尔滨海达与海达信通之间不存在关联关系，同业竞争情形消除。

长春新海达信通科技有限公司（以下简称"长春新海达"）成立于 2008 年 4 月 2 日，注册号为 220101020009827，注册资金为 100 万元，成立之初

林宏强持有公司 30% 的股权并担任监事职务，谢陶持有公司 70% 的股权担任公司法定代表、执行董事及经理职务，公司经营范围为：计算机、办公自动化设备、电子产品、五金交电、钢材、机械设备、通信设备经销及技术咨询服务。其业务可能与海达信通构成同业竞争。2015 年 8 月 15 日，公司召开股东会决议并同意长春新海达信通科技有限公司股东林宏强将持有长春新海达信通科技有限公司的总股份 30% 以人民币 30 万元的价格转让给自然人谢陶。2015 年 8 月 25 日长春新海达完成公司变更登记。至此，长春新海达与海达信通不具有关联关系，涉嫌同业竞争情形消除。

2. 控股股东、实际控制人目前对外投资企业

截至本公开转让说明书签署日，林宏强无对外投资其他企业。

2016 年 3 月，公司持股 5% 以上股东出具了避免同业竞争承诺函，承诺：（1）本人承诺本人及本人关系密切的家庭成员，将不在中国境内外，直接或间接从事或参与任何在商业上对股份公司构成竞争的业务及活动。将不直接或间接拥有与股份公司存在同业竞争关系的任何经济实体、机构、经济组织的权益。或以其他任何形式取得该经济实体、机构、经济组织的控制权。或在该经济实体、机构、经济组织中担任总经理、副总经理、财务负责人、董事会秘书及其他高级管理人员或核心技术人员。（2）本人在持有股份公司 5% 以上股份期间，本承诺为有效之承诺。（3）本人愿意承担因违反以上承诺而给股份公司造成的全部经济损失。

案例三 **东软慧聚（430227），划分不同业务范围并承诺将相似业务转让至挂牌公司**

同业竞争情况

1. 公司与控股股东及其控制的其他企业之间同业竞争情况

公司与辽宁东创的控股股东东软集团下辖的 ERP 事业部的部分业务重合，都有 ERP 实施与运维服务业务，该部分业务存在潜在同业竞争关系。为解决此潜在竞争业务，也为规范集团内部经营范围，2009 年东软集团对公司和集团辖下的"ERP 事业部"（现已并入并成为"解决方案事业部"的部分业务内容）的目标市场进行了明确的划分，设定了各自业务的专属行业，其中："ERP 事业部"负责石油、地铁、柴油机、重工、钢铁、家电等行业，北京东软慧聚信息技术有限公司负责烟草行业（包括工业、商业、物资及烟机设备配套企业）、电力行业（包括电网、发电企业）及"ERP 事业部"未涉及的其他行业。

公司多年来一直致力于上述行业领域的信息化咨询和服务，已经形成了烟草工业行业解决方案、电力行业解决方案、国际贸易行业解决方案、房地产行业解决方案等多套全面、科学、先进的行业解决方案，其中烟草、电力、高科技等行业是公司的重点优势领域。这些行业解决方案已经在相关行业的客户中得到广泛应用，并与客户建立了长期的合作伙伴关系，积累了丰富的行业经验。

由于 ERP 服务业务具有极强的行业特性，行业经验、技术、市场和人才壁垒较高，掌握这些技术、经验和能力无疑需要长期的积累和历练。目前，双方严格遵守行业划分，未产生实质上的同业竞争。

为彻底解决上述潜在的同业竞争问题，东软集团承诺在公司挂牌后把该部分存在潜在同业竞争的业务进行分拆、分批转让至公司，以彻底解决潜在的同业竞争问题。暂缓转让的主要原因为该部分业务存在一些优质客户，如何将这些资源顺利延续到公司，需要一定的时间以及较大的资金投入。因此，需等公司挂牌后进行融资以收购该部分业务。

除上述情况外，东软集团控制的企业与公司在烟草行业（包括工业、商业、物资及烟机设备配套企业）、电力行业（包括电网、发电企业）及以下行业（石油、地铁、柴油机、重工、钢铁、家电、汽车、医药）之外的 SAPERP 及 ORACLEERP 咨询服务领域不存在同业竞争情况；公司与控股股东及其控制的企业、其他持股 5% 以上的主要股东之间不存在同业竞争情况。

2. 关于避免同业竞争的承诺

2012 年 12 月 21 日，公司控股股东、其他股东、董事、高级管理人员及核心技术人员出具《避免同业竞争承诺函》，表示不从事或参与与股份公司存在同业竞争的行为，并承诺：将不在中国境内外直接或间接从事或参与任何在商业上对股份公司构成竞争的业务及活动，或拥有与股份公司存在竞争关系的任何经济实体、机构经济组织的权益，或以其他任何形式取得该经营实体、机构、经济组织的控制权，或在该经营实体、机构、经济组织中担任高级管理人员或核心技术人员。

鉴于公司董事贾彦生担任东软集团解决方案事业部总经理一职，该部门的部分业务与公司 ERP 业务重合，存在潜在的同业竞争关系，且东软集团已出具《关于避免与北京东软慧聚信息技术股份有限公司产生同业竞争行为的措施说明》，对如何解决贾彦生任职部门与公司存在的潜在同业竞争问题做出了承诺。因此，待东软集团履行完毕《关于避免与北京东软慧聚信息技术股份有限公司产生同业竞争行为的措施说明》之后，董事贾彦生于东软集团所任职部门将不会同公司存在潜在的同业竞争关系。因此，董事贾彦生将在东软集团解决该潜在同业竞争问题之后履行上述避免同业竞争承诺。

2012 年 12 月 21 日，东软集团出具了《关于避免与北京东软慧聚信息技术股份有限公司产生同业竞争行为的措施说明》，表示 2009 年以来，除了从内部经营范围和管理上进行规范以及对目标市场进行明确的专属划分，设定各自的专属业务行业并严格遵守，避免产生矛盾和竞争外，东软集团为彻底解决将来可能产生新的或潜在的同业竞争，承诺在公司挂牌后，将把该部分存在潜在同业竞争的业务进行拆分，并分批转让至公司，以彻底解决潜在的同业竞争问题。2013 年 4 月 18 日，东软集团出具了《关于所控制企业避免与北京东软慧聚信息技术股份有限公司产生同业竞争行为的措施说明》，表示东软集团所控制的企业将不从事任何在商业上对公司在烟草行业（包括工业、商业、物资及烟机设备配套企业）、电力行业（包括电网、发电企业）及以下行业（石油、地铁、柴油机、重工、钢铁、家电、汽车、医药）之外的 SAPERP 及 ORACLEERP 咨询服务业务构成竞争的业务。

除了以上解决同业竞争的方法外，实践中还有其他可供参考的方式，在此不一一列举了。本书认为，若存在同业竞争的可能，则最靠谱的方式就是通过企业重组将其纳入合并报表范围，或者通过注销停业、转让给无关联的第三方以彻底撇清两者的关系。以往的案例中存在通过细分领域来解释不存在同业竞争的情况，但随着审查标准日趋严格，这种方式已逐渐不被认可，尤其是当对所涉业务划分过细时。因此，如果成本允许且可行，本书建议应当采取前述可彻底解决同业竞争的方法。若确实成本过大或对公司产生非常不利的影响而难以采取前述方法，则可以尝试通过细分领域或市场的方式，但中介机构此时必须对两者之间进行全方位的综合分析，以使审查员有充分的理由相信两者之间并不存在同业竞争。

同业竞争的判断和规范是一个比较复杂的工程，以上涉及的仅仅是常见的问题及对常见问题的常用方法。在实践中我们常常会碰到一些法律法规中没有明确规定，实际操作中常常标准不一的问题，对此本书作者结合实践经验、综合已有的观点总结了自己的一些看法：

（1）控股股东、实际控制人为多人时，应当逐一考察各股东或控制人的同业竞争情况。

（2）同业竞争的规范是否及于控股股东、实际控制人、5% 以上股东及董监高近亲属的问题，本书认为出于谨慎性考虑，如果消除该同业竞争在成本上是允许的且是可行的前提下，应当予以消除；如果确实不可行或困难较大，则可以尝试通过证明对拟挂牌企业的生产经营等无重大影响的方法消除可能的利益输送疑虑，但是控股股东、实际控制人或对公司有重大影响的其他股东或董监高的近亲属的同业竞争仍应当予以规范。总之，应当秉承实质重于形式的原则进行处理。

（3）财务投资机构的同业竞争问题。本书认为，秉承实质重于形式的原则，若该财务投资机构占公司股份大于 5%，或者委派成员担任拟挂牌公司的董监高，中介机构仍应予以规范。

综上所述，同业竞争核查可能遇到的困难五花八门，在处理同业竞争的问题时应当秉持"实质重于形式"以及谨慎性原则确定核查范围，并彻底解决审核时可能出现的因潜在同业竞争而可能损害投资利益的疑虑，尽量避免采用较冒险的方法试图浑水摸鱼。唯有这样，对于中介机构和拟挂牌企业而言，才能杜绝前功尽弃的风险。

本章小结

股转公司对于同业竞争的审核标准日渐趋近于主板上市，故中介机构在确定同业竞争核查范围、提出同业竞争解决方案时，应当秉持实质重于形式和谨慎性的原则，在成本可容忍的前提下应当尽量采取能彻底撇清与潜在竞争企业的关系的方法，以消除审核员可能产生的疑虑，提高挂牌公司的成功率。

同业竞争核查对象的范围应包含以下几类：

（1）公司的控股股东、实际控制人及其控制的其他企业；

（2）持有公司 5% 以上股份的股东及其控制的企业；

（3）公司现任董事、监事和高级管理人员及其控制的企业；

（4）其他可认定为公司关联方的自然人或法人（如公司控股股东、实际控制人、董监高的配偶、子女等）。

若核查到以上对象存在同业竞争，则应当秉持实质重于形式的原则，对其中能对拟挂牌公司施以重大影响的对象的同业竞争予以消除。

第十八章 重大违法违规行为

无论是主板还是新三板，对于违法违规行为的审查标准基本一致，只要一定期间内不存在重大违法违规行为，对于一般的违法违规行为如果中介机构可以做出合理解释，监管机构都不会在这个问题上做过多的纠结。毕竟企业从其设立到发展再到最终的壮大规范上市，和人的成长一样，其间难免犯一些错误，只要错误并非不可原谅，我们都大不必对之全盘彻底否定。反过来说，中介机构在核查企业是否存在违法违规行为时，若企业存在被处罚的情况，只要中介机构根据相关法律法规能合理解释相应的行为并不属于重大违法违规行为，必要时取得相关部门的书面说明，则该违法违规行为并不会对企业挂牌构成实质性障碍。

不存在重大违法违规行为是挂牌基本标准之三"公司治理机制健全，合法合规经营"的要求之一，当然重大违法违规行为还有可能影响到企业的持续经营能力。对于"重大违法违规行为"的认定，《全国中小企业股份转让系统股票挂牌条件适用基本标准指引（试行）》（以下简称《指引》）解释如下：

公司的重大违法违规行为是指公司最近24个月内因违反国家法律、行政法规、规章的行为，受到刑事处罚或适用重大违法违规情形的行政处罚。

（1）行政处罚是指经济管理部门对涉及公司经营活动的违法违规行为给予的行政处罚。

（2）重大违法违规情形是指，凡被行政处罚的实施机关给予没收违法所得、没收非法财物以上行政处罚的行为，属于重大违法违规情形，但处罚机关依法认定不属于的除外；被行政处罚的实施机关给予罚款的行为，除主办券商和律师能依法合理说明或处罚机关认定该行为不属于重大违法违规行为的外，都视为重大违法违规情形。

（3）公司最近24个月内不存在涉嫌犯罪被司法机关立案侦查，尚未有明确结论意见的情形。

简言之，重大违法违规行为主要指以下三种行为：（1）涉嫌刑事犯罪被司法机关立案侦查，不论司法机关是否有明确的结论；（2）被行政机关处以没收违法所得、没收非法财物以上的行政处罚，该处罚机关并不将之认定为非重大违法违规行为；（3）被行政机关处以罚款的行政处罚，处罚机关并不将之认定为非重大违法违规行为，且主办券商和律师也不能做出合理解释的。因此，当中介机构在核查到企业具有违法违规行为时，其处理思路也较为清晰：

（1）若涉嫌刑事犯罪而被立案侦查的，除最终判定不犯罪或无须刑事处罚外，没有任何回旋余地，即可定性为重大违法违规行为，触碰挂牌红线，不可推荐。

（2）若处罚是没收违法所得、没收非法财物以上的行政处罚，则应当取得该处罚机关认定其不属于重大违法违规行为的说明，再无其他选择，否则构成重大违法违规行为。实践中，中介机构也往往会通过披露行为后果、处罚原因、处罚执行情况、拟挂牌企业的主观过错、整顿措施及效果等各方面信息以使投资者对该处罚有更深入的认识。

（3）若企业被处以罚款的行政处罚，则拟挂牌企业除了可以寻求处罚机关对该行为不构成重大违法违规行为的声明外，还可以通过主办券商或律师的合理解释，说明该行为并不构成重大违法违规行为。实践中，中介机构在对所涉及的行为做出合理解释的同时，往往也会建议企业取得相关部门的声明。

在以上各项中，是否涉嫌刑事犯罪而被立案侦查以及是否取得处罚机关的书面说明没有太多操作层面的弹性空间。而对于行政处罚中需要主办券商及律师做出合理解释则往往需要中介机构对所涉问题有较深的认识，从而对违法违规行为的性质做出正确的定性。一般而言，当拟挂牌企业涉及违法违规行为时，中介机构往往会从以下几个方面进行解释：

（1）解释被行政处罚或者存在违法违规行为的原因，比如是当时制度导致的普遍现象，还是对流程不熟悉、相关意识淡薄的个别现象，旨在说明该违法违规行为是不可避免的或者是偶然现象；

（2）披露并分析该违法违规行为导致的后果，如果该违法违规行为并没有导致不良后果将有利于该行为非重大违法违规性的认定；

（3）通过分析违法违规行为发生的背景和原因，判断该行为的主观因素是故意还是过失；

（4）披露在该处罚发生后企业是否及时履行，或违法违规行为发生后企业是否采取补救措施以及采取补救措施后的效果；

（5）企业取得相关部门对该行为的说明，或者企业在该领域的无违法违规证明是中介机构对该行为定性的有力依据；

（6）实践中，中介机构也往往会要求公司控股股东或实际控制人对该违法违规行为可能给公司造成的损失做兜底承诺。

案例一　金利达（837464），报告期内存在违规使用票据融资行为，反馈意见中对该违规行为进行了详细的分析，思路值得借鉴

反馈意见：公司期末应付票据余额 6 000 000.00 元。（1）请公司分别说明报告期内是否存有无真实交易背景的票据及其发生原因、总额、明细、解付情况及未解付金额；（2）如未解付，请公司说明未解付的原因及依据，并对未解付票据金额对公司财务的影响程度进行分析；（3）请公司说明对于该等票据融资行为的规范措施及规范的有效性；（4）请公司分析采用该等票据融资与采用其他合法融资方式的融资成本的差异及对公司财务状况的影响，公司若不采用该等票据融资方式，是否对公司持续经营造成重大不利影响；（5）请主办券商、申报会计师就上述问题进行详细核查，请主办券商、律师对公司是否符合"合法规范经营"的挂牌条件发表明确意见并详细说明判断依据；（6）请公司就上述事项做重大事项提示。

中介机构回复：

（一）请公司分别说明报告期内是否存有无真实交易背景的票据及其发生原因、总额、明细、解付情况及未解付金额。

（此处省略中介机构披露的关于哪些票据具有真实交易背景，哪些不具有真实交易背景的内容）

公司报告期内存在无真实交易背景的银行承兑汇票，其原因为公司短期的运营资金紧张，因此公司通过无真实背景的票据融资行为补充流动资金以缓解资金压力。截至 2015 年 9 月 30 日，公司实际控制人张绍华用于归还公司欠款的 80 万元的应收票据已到期，且截至本反馈意见签署日，并未发生相关票据追索事项。公司对关联方金利达堤坡防护的金额为 600 万元的应付票据已解付完毕，并由票据的开具银行中国银行股份有限公司无锡分行营业部出具说明"无锡金利达生态科技股份有限公司在 2013 年 1 月 1 日至 2015 年 9 月 30 日在我行开具的银行承兑汇票，共计 779 万元。截至本说明出具之日，票据均已完成解付，不存在逾期、欠息等情形，公司未因上述行为给我行造成任何实际损失，与我行不存在任何纠纷，我行不会对公司进行任何形式的处罚"。

（二）如未解付，请公司说明未解付的原因及依据，并对未解付票据金额对公司财务的影响程度进行分析。

【回复】

截至本反馈意见回复签署日，以上无真实交易背景的票据皆已全部解付完毕，因此，不会对公司的财务状况及公司持续经营产生不利影响。

（三）请公司说明对于该等票据融资行为的规范措施及规范的有效性。

【回复】

公司报告期内存在的无真实交易背景的银行票据均已解付完毕。公司对报告期内存在的不规范开具票据的行为进行了自查和纠正，公司董事和高级管理人员未从中获取任何个人利益，公司不规范开具票据行为未受到行政处罚。

公司取得中国银行股份有限公司无锡分行营业部出具的说明"无锡金利达生态科技股份有限公司在 2013 年 1 月 1 日至 2015 年 9 月 30 日在我行开具的银行承兑汇票，共计 779 万元。截至本说明出具之日，票据均已完成解付，不存在逾期、欠息等情形，公司未因上述行为给我行造成任何实际损失，与我行不存在任何纠纷，我行不会对公司进行任何形式的处罚"。

针对上述不规范使用票据融资的行为，保护中小股东的权益，公司将加强对银行承兑汇票的规范管理，具体措施包括：组织管理层及财务人员深入学习《票据法》，树立规范使用票据的意识，强化内部控制，严格票据业务的审批程序。公司出具承诺：将严格按照《中华人民共和国票据法》等法律、法规的规定使用票据，不再从事任何不规范、不合法的票据行为，不再发生无真实交易背景或真实债权债务关系的票据行为。公司控股股东和实际控制人张绍华出具承诺：若因公司报告期内不规范的票据行为致使无锡金利达受到主管部门行政处罚或被其他机构要求赔偿、补偿的，本人将承担全部损失。

（四）请公司分析采用该等票据融资与采用其他合法融资方式的融资成本的差异及对公司财务状况的影响，公司若不采用该等票据融资方式，是否对公司持续经营造成重大不利影响。

【回复】

对于以上两笔无真实交易背景的票据，公司若采用短期借款的方式，融资成本如下：

（1）2014年度收到的张绍华的无真实交易背景的票据金额合计为800 000.00元，由于银行承兑汇票从出票日至到期日时间为6个月，公司需支付的利息约为2.64万元（按照公司同期贷款利率6.60%计算）。

（2）2015年9月2日开具给江阴市金利达堤坡防护工程有限公司的无真实交易背景的票据金额为6 000 000.00元，按应付票据开具日到报告期末累计应计息时间一个月计算，公司需支付的利息约为2.04万元（按照公司同期贷款利率4.0760%计算）。

由于上述融资规模小，由此产生的融资成本对公司的财务状况影响轻微，如果采用其他融资方式，不会对公司的筹资及持续经营造成不利影响。公司在挂牌成功后会借助新三板的平台，通过股权融资、银行授信等方法扩大融资规模，并且积极做好现金流规划，使现金流能够维持公司日常持续经营。

（3）请主办券商、申报会计师就上述问题进行详细核查，请主办券商、律师对公司是否符合"合法规范经营"的挂牌条件发表明确意见并详细说明判断依据。

【回复】

经主办券商、申报会计师核查，除2014年度收到张绍华的800 000.00元银行承兑汇票及2015年9月2日开具给江阴市金利达堤坡防护工程有限公司的6 000 000.00元银行承兑汇票无真实的交易背景外，其余银行票据的开具及使用皆具有真实交易背景。

《中华人民共和国票据法》（以下简称《票据法》）第十条规定："票据的签发、取得和转让，应当遵循诚实信用的原则，具有真实的交易关系和债权债务关系。票据的取得，必须给付对价，即应当给付票据双方当事人认可的相对应的代价。"因此，公司上述票据流转行为无真实交易背景不符合《票据法》关于要求存在真实票据基础关系的有关规定。

《票据法》第一百零二条规定："有下列票据欺诈行为之一的，依法追究刑事责任：（一）伪造、变造票据的；（二）故意使用伪造、变造的票据的；（三）签发空头支票或者故意签发与其预留的本名签名式样或者印鉴不符的支票，骗取财物的；（四）签发无可靠资金来源的汇票、本票，骗取资金的；（五）汇票、本票的出票人在出票时作虚假记载，骗取财物的；（六）冒用他人的票据，或者故意使用过期或者作废的票据，骗取财物的；（七）付款人同出票人、持票人恶意串通，实施前六项所列行为之一的。"《票据法》第一百零三条规定："有前条所列行为之一，情节轻微，不构成犯罪的，依照国家有关规定给予行政处罚。"

《中华人民共和国刑法》（以下简称《刑法》）第一百九十四条规定："有下列情形之一，进行金融票据诈骗活动，数额较大的，处五年以下有期徒刑或者拘役，并处二万元以上二十万元以下罚金；数额巨大或者有其他严重情节的，处五年以上十年以下有期徒刑，并处五万元以上五十万元以下罚金；数额特别巨大或者有其他特别严重情节的，处十年以上有期徒刑或者无期徒刑，并处五万元以上五十万元以下罚金或者没收财产：（一）明知是伪造、变造的汇票、本票、支票而使用的；（二）明知是作废的汇票、本票、支票而使用的；（三）冒用他人的汇票、本票、支票的；（四）签发空头支票或者与其预留印鉴不符的支票，骗取财物的；（五）汇票、本票的出票人签发无资金保证的汇票、本票或者在出票时作虚假记载，骗取财物的。使用伪造、变造的委托收款凭证、汇款凭证、银行存单等其他银行结算凭证的，依照前款的规定处罚。"

根据上述法律规定，公司上述无真实交易背景的票据流转行为，不属于《票据法》规定的票据欺诈行为，亦不属于《刑法》规定的金融票据诈骗行为，故公司不会因上述无真实交易背景的票据流转行为而遭受行政处罚或承担刑事责任。

另根据中国银行股份有限公司无锡分行营业部于2016年3月11日出具《说明》，记载："无锡金利达生态科技股份有限公司（前身为无锡金利达生态科技有限公司），在2013年1月1日至2015年9月30日在我行开具的银行承兑汇票，共计779万元。截至本说明出具之日，票据均已完成解付，不存在逾期、欠息等情形，公司未因上述行为给我行造成任何实际损失，与我行不存在任何纠纷，我行不会对公司进行任何形式的处罚。"据此，公司不存在因前述不合规票据流转行为而发生追索权纠纷等民事纠纷的风险。

综上所述，主办券商和律师认为，虽然在报告期内公司票据处理存在不规范问题，但鉴于公司此类问题占资金结算的比例总体较低，尚不属于遭受行政处罚或承担刑事责任的严重违法行为，故不会对公司持续经营能力构成实质性影响，不会对本次公司股票挂牌构成实质性障碍。

以上案例不但详细分析了拟挂牌公司存在的票据融资行为为什么不属于刑事犯罪从而不存在被刑事处罚的潜在风险，并对该违法违规行为的发生原因、违法违规行为对公司的影响、公司采取的解决措施、解决措施的效果、公司实际控制人出具的承诺等各方面进行了详细的披露，且取得了银行等相关机构的说明，以进一步佐证中介机构对该行为不属于重大违法违规行为的定性。虽然并不是每一个拟挂牌企业发生的违法违规行为都需要进行如此详细的披露，但是作为中介机构，在解决企业的违法违规行为时应当有相当清晰且完善的思路，本案例的中介机构在股转公司反馈问题的引导下形成的思路具有极强的借鉴意义，故具有代表性。

案例二　　金洪股份（831376），报告期内存在较大额的海关处罚

2013 年 6 月 17 日，吉林海关向吉林金洪下达了吉关缉违字〔2013)002号《中华人民共和国吉林海关行政处罚决定书》，对吉林金洪出口过渡管品名、毛重、净重申报不实行为处罚人民币 0.5 万元；对出口过渡管税则号列申报不实行为处罚人民币 67.2 万元。

2012 年，吉林金洪为拓展国外业务，向美国出口过渡管产品，由于报关经验不足，以及公司无报关员，故在发货时委托代理公司进行报关事宜。首次报关时，要对过渡管税则编码确认，公司对相关确认税则编码的方式不了解，故委托代理公司确认，在实际操作过程中发生了税则编码归类错误的情况。在过渡管品名、毛重、净重等方面委托报关时，公司向代理公司提供产品数量、重量和品名，但报关员在报关时，将过渡管写成过滤管，毛重和净重也因笔误造成与公司申报不符，故公司未能取得相关报关文件，仅在客户收到产品后才能取得报关文件，由于无法对出现的错误进行及时更正，只能事后得知报关错误的信息，而最终导致公司受到海关的处罚。

2014 年 1 月 23 日，吉林海关出具证明："经我关调查核实，吉林金洪汽车部件有限公司在出口货物申报时将商品编号申报错误，违反海关监管规定，鉴于该公司能够积极配合海关调查，不存在主观故意行为，且有法定从轻情节，我关以一般违规案件对其进行处罚，并下达了《中华人民共和国吉林海关行政处罚决定书》（吉关缉违字〔2013)002 号）。"

在金洪股份的案例中，虽然罚款高达 67.2 万元，但仍不认为是重大违法违规行为。由此可知，判断导致处罚的行为是否属于重大违法违规行为和处罚的数额大小并无绝对关系。在一些案例中，处罚的次数也不止一次，因此和受处罚的次数也无必然关系。如果能取得处罚部门的书面声明，认定所涉行为并不属于重大违法违规行为，则股转公司也不会提出异议。当然，实践中经常碰到处罚机关不愿意出具该声明的情况，在这种情况下，中介机构应当检索相关法律法规或地方规定中关于重大违法违规行为的定义，以做出有利于挂牌的定性。若既无处罚部门的说明，也没有相关规定的界定，则中介机构只能对处罚的前因后果做出综合的分析和合理解释。

案例三　贝融股份（837463），全资子公司被国土局处以较高额罚款，公司实际控制人之一被刑事拘留

反馈意见：2015 年，公司实际控制人曾涉嫌非法占用农用地罪被司法机关刑事拘留。请主办券商和律师就上述事项是否构成重大违法违规进一步论证，并发表明确意见。

中介机构回复：

经主办券商及律师在全国企业信用信息公示系统、全国法院被执行人信息查询网、全国法院失信被执行人信息查询网站的查询及核查公司提供的诉讼相关资料，公司的全资子公司南昌贝融曾因使用聂城村农用地的行为被南昌市国土局做出罚款 42.05 万元的处罚，时任南昌贝融法定代表人、董事长的古力围需承担负责人的责任，被司法机关因涉及非法占用农用地罪刑事拘留，该案件的具体情况为：

1. 主管部门对案件的初步意见

2014 年 4 月 3 日，南昌市国土资源局做出洪国土资执罚 [2014]2001 号《南昌市国土资源局行政处罚决定书》，认定南昌贝融在招贤镇聂城村占用 30 002.4 平方米建设年产 60 万吨预拌干混砂浆的行为构成未供即用的违法事实，在聂城村租用的 26 933.2 平方米土地进行平整的行为构成未报即用的违法事实。南昌市国土资源局对南昌贝融未供即用土地的行为做出没收在非法占用的土地上新建的建筑物、其他设施（共计建筑面积 3 434.5 平方米）和罚款 9 万元的处罚，对未报即用土地的行为做出罚款 42.05 万元的处罚，以上罚款共计 51.05 万元。2015 年 1 月 7 日，南昌贝融法定代表人、董事长古力围因涉嫌非法占用农用地罪被南昌市湾里区人民检察院决定刑事拘留。同日，由南昌市公安局湾里分局执行刑事拘留。同年 1 月 20 日，因涉嫌非法占用农用地罪经南昌市湾里区人民检察院对其取保候审。

2. 主管部门对案件的最终处理结果

2015 年 9 月 16 日，南昌市湾里区人民检察院做出湾检刑不诉 [2015]06 号《南昌市湾里区人民检察院不起诉决定书》，认定："被不起诉人古力围作为南昌市贝融环保建材有限公司直接负责的主管人员，违反土地管理法规，非法占用农用地，改变被占用农用地的用途，造成40.4亩农用地大量毁坏，已实施了《中华人民共和国刑法》第三百四十二条、第三百四十六条的行为，但犯罪情节轻微，同时具有坦白情节。根据《中华人民共和国刑法》第三十七条的规定，不需要判处刑罚。依据《中华人民共和国刑事诉讼法》第一百七十三条第二款的规定，决定对古力围不起诉。

2015年12月31日，南昌市国土资源局出具《关于南昌市贝融环保建材有限公司土地守法情况的证明》："南昌贝融因未供即用、未报即用土地的行为被处罚的事宜已得到妥善处理，不属于重大违法违规行为。除此之外，南昌贝融自2013年1月1日至今不存在其他违反土地管理方面的法律、法规和规范性文件的情形，也不存在其他因违反土地管理方面的法律、法规和规范性文件而受到处罚的情况。"

3. 主办券商及律师对公司实际控制人古力围曾涉嫌非法占用农用地罪被司法机关刑事拘留不构成重大违法违规行为的分析

（1）根据《中华人民共和国刑事诉讼法》的相关规定，刑事拘留、取保候审是刑事诉讼过程中采取的强制措施，并非案件的最终结论；检察院做出的起诉决定属于检察院侦查终结案件做出的一种决定，属于案件的最终结论。刑事拘留、取保候审、检察院做出的不起诉决定均不属于《中华人民共和国行政处罚法》规定的行政处罚种类，也不属于《中华人民共和国刑法》规定的刑事处罚种类。

（2）鹰潭市公安局高新开发区分局白露派出所于2016年1月出具证明，古力围在该辖区无违法犯罪。

（3）公司实际控制人古力围被司法机关刑事拘留是因为南昌贝融使用聂城村农用地构成未报即用土地的行为，而其作为南昌贝融的法定代表人、董事长需承担负责人责任，因而被司法机关刑事拘留。南昌市国土局已于2015年12月31日出具《关于南昌市贝融环保建材有限公司土地守法情况的证明》，南昌贝融未报即用土地的行为不属于重大违法违规行为。

（4）公司控股股东、实际控制人古陵波、张岩青、江西汇诚、古力围均出具《江西贝融循环材料股份有限公司控股股东及实际控制人守法情况声明函》，承诺最近两年不存在重大违法违规及受处罚行为，也不涉及任何重大诉讼或仲裁事项。

综上所述，主办券商及律师认为：公司实际控制人古力围曾涉嫌非法占用农用地罪被司法机关刑事拘留不构成《全国中小企业股份转让系统股票挂牌条件适用基本标准指引（试行）》所述的重大违法违规行为，也不存在《中华人民共和国公司法》第一百四十六条所规定的不得担任公司董事、监事、高级管理人员的情形。

贝融股份既涉及对全资子公司的处罚，也涉及对公司实际控制人的处罚，对于全资子公司的处罚的分析思路在上文中已有阐述，并不鲜见。本案例的特殊之处在于公司的实际控制人因为非法占用农用地而被刑事拘留的经历，而主办券商对于该问题的解决思路同样值得我们学习，其宗旨就是撇清和《指引》中的重大违法违规行为的关系，主要从以下几个方面入手：（1）刑事拘留仅仅是调查过程中的一种手段，并非《刑法》规定的刑事处罚；（2）刑事拘留并非最终的判决结果，最终结果是检察院的不起诉决定；（3）相关部门做出说明。由此可知，在涉及类似问题时，中介机构必须对其前因后果及经历的每一个阶段要有充分掌握，以便更全面地了解事实真相，在充分披露的前提下从任何一个可能的细节做出有利于拟挂牌公司的解释。

本章小结

对于拟挂牌企业而言，由于前期往往规模较小，经营也难免不规范。因此，对拟挂牌企业存在的违法违规行为甚至被处罚的情况，中介机构应当全面披露而切忌隐瞒。在全面了解该违法违规情况的前提下分析是否构成重大违法违规行为，其思路也较清晰：

（1）判定处罚的性质，是刑事处罚还是行政处罚，是行政处罚中的没收违法所得或没收非法财物以上的处罚还是罚款；

（2）若是刑事处罚，则已触及红线，不可推荐；

（3）若是没收违法所得或没收非法财物以上的行政处罚，则需处罚部门出具不属于重大违法违规行为的说明，实践中中介机构也往往会做合理解释作为补充；

（4）若是罚款的行政处罚，则除了相关部门可以对之定性外，中介机构在合理解释的前提下也可以对之定性。实践中中介机构往往会在作出合理解释的基础上，也要求企业取得相关部门的说明，以增强说服力。

第二部分

挂牌新三板财务问题

第一章
持续经营能力

　　《全国中小企业股份转让系统业务规则（试行）》的第二条中明确指出，拟挂牌企业要"业务明确，具有持续经营能力"。那到底什么是可持续经营能力？企业收入和利润做到多少才能算有持续经营能力呢？

　　持续经营能力是指公司基于报告期内的生产经营状况，在可预见的将来，有能力按照既定目标持续经营下去，在报告期内应有持续的营运记录，不应仅存在偶发性交易或事项。营运记录包括现金流量、营业收入、交易客户、研发费用支出等，且公司不存在《中国注册会计师审计准则第 1324 号持续经营》中列举的影响其持续经营能力的相关事项。

　　2015 年 9 月 8 日，全国中小企业股份转让系统发布的《关于挂牌条件适用若干问题的解答（一）》就申请挂牌公司持续经营能力问题做了详细解答。规定申报挂牌企业不能存在以下不具有持续经营能力的情况：

　　（一）未能在每一个会计期间内形成与同期业务相关的持续营运记录；

　　（二）报告期连续亏损且业务发展受产业政策限制；

　　（三）报告期期末净资产额为负数；

　　（四）存在其他可能导致对持续经营能力产生重大影响的事项或情况。

　　尽管股转系统对于持续经营能力进行了详细解释，但很多企业对于这些基本原则理解起来仍然有一定难度。根据新三板挂牌业务实践经验，本书总结出了具体的审核标准，在我们看来，存在下面情形的企业在持续经营能力方面就可能存在硬伤：

第一，企业目前亏损的原因在较短的时间内不能改变，很难在预期内开始盈利。什么是持续经营能力？归根到底是企业的挣钱能力，虽然现在是亏损的，但是在未来较短时间内企业能够扭亏为盈，这样企业就可以盈利了。比如某个互联网企业，已取得相关生产经营资质，研发费用、销售费用比较高而亏损，如果相关产品上线，那么企业就能够盈利。如果企业持续亏损，在短期内无法改变亏损的现状和趋势，这样的企业是不符合挂牌条件的。

第二，企业现在盈利，但是在未来企业持续亏损不再具有持续经营的能力因素很明显。比如传统的钢铁、水泥等行业，该行业已处在行业的衰退期，每年的盈利在大幅下降并一直持续下去，企业未来亏损的趋势很明显，这样的企业也不适合挂牌新三板。

第三，企业的业务断断续续，业务缺乏连续性，获取订单、成本结转、费用支付等方面也是不连续的。比如某企业一年当中偶然获取了一个大额订单，给企业带来了很大的利润，但是该订单完工后，企业又要重新去寻找新的订单，那么这样企业的业务不具有连续性，不能保证企业盈利的稳定性，这样的企业不能够挂牌。

第四，企业真实情况是盈利的，但是企业为了避税将利润调整为负数，这样导致很多财务指标很难解析，业务与财务指标不匹配，这样的企业也不符合新三板挂牌条件。

不过，值得注意的是，股转系统在2016年9月9日发布了《全国中小企业股份转让系统挂牌业务问答——关于挂牌条件适用若干问题的解答（二）》，首次提出了明确的收入要求，公布日期之后的挂牌企业都要符合这个标准。具体内容如下：

（一）科技创新类公司最近两年及一期营业收入累计少于1 000万元，但因新产品研发或新服务培育原因而营业收入少于1 000万元，且最近一期末净资产不少于3 000万元的除外；

（二）非科技创新类公司最近两年累计营业收入低于行业同期平均水平；

（三）非科技创新类公司最近两年及一期连续亏损，但最近两年营业收入连续增长，且年均复合增长率不低于50%的除外；

（四）公司最近一年及一期的主营业务中存在国家淘汰落后及过剩产能类产业。

科技创新类公司是指最近两年及一期主营业务均为国家战略性新兴产业的公司，包括节能环保、新一代信息技术、生物产业、高端装备制造、新材料、新能源、新能源汽车。不符合科技创新类要求的公司为非科技创新类。非科技创新类公司营业收入行业平均水平以主办券商专业意见为准。年均复合增长率以最近三年的经审计财务数据为计算依据。

第一节　亏　　损

企业亏损符合新三板挂牌条件吗？很多企业关心是否需要在申报期盈利。在"9月9日问答"公布之前，新三板挂牌条件中没有对盈利的财务指标做具体要求，只是要求挂牌新三板企业"业务明确，具有持续经营能力"。但是从"9月9日问答"中我们可以看出，新标准对于科技创新类公司没有盈利要求，但是要求传统企业在报告期内不能连续亏损。

现在的问题是，如果企业最近一期亏损，或者报告期内亏损，是否会影响企业的持续经营能力，进而影响企业挂牌呢？实践中，遇到企业亏损的情况，需要券商对企业的持续经营能力发表意见，只要亏损不影响企业的持续经营能力，那么亏损就不会成为新三板的实质性障碍。不过，从券商实践经验来看，大部分券商对报告期内企业是否亏损并不做硬性要求，只要能从别的方面找到足够的证据支撑企业持续经营能力。但是，绝大部分券商内部会有要求，连续亏损的企业的底线是最近一期盈利或者收支平衡。

不过，在"9月9日问答"公布之前已经挂牌的企业中，亏损的企业挂牌新三板例子很多，而已连续三年亏损的企业也不在少数。现就三年连续亏损、报告期最近一期存在较大规模亏损等案例进行分析。

案例一　吉玛基因（430601），三年连续亏损

公司前身成立于2007年8月27日，主要从事以RNA干扰技术为基础的基因生物制剂研发、生产与应用。2011年度、2012年度、2013年1—7月，公司的主营业务收入为 1 776.0 万元、2 328.1 万元和 1 589.2 万元,主营业务稳定,主要产品的销售已经开始达到一定规模,并保持了稳定增长的态势。公司亏损金额分别为 −756.8 万元、−548.5 万元和 −256.2 万元,各期末净资产分别为 667.2 万元、118.7 万元和 984.8 万元。公司的净利润为负,主要是由于公司正处于业务投入时期,公司持续进行研发投入。报告期内各期研发费用为 428.7 万元、764.0 万元和 570.0 万元,分别占当期营业收入的 24.14%、32.81% 和 35.87%;同时公司较超前地租赁了规模较大的办公和生产场所,人员配备齐整,每年租赁费用均在 400 万元左右,固定成本较为刚性,从而使得各项净利润指标为负,公司存在持续亏损的风险。从目前情况看,公司产品技术含量高,竞争优势明显,客户基础非常稳定并不断增长,营业收入规模逐期扩大,经营现金流流出缺口收窄,综合毛利率指标从 2011 年的 29.82% 增至 2012 年的 45.94%,并进一步提升至 2013 年 1—7 月的 50.51%,增长较快;且公司目前已经完成了核心产品的技术储备,销售的主要产品已不再依赖于研发的持续投入。

公司将严控费用占收入的比例,谨慎进行资本性投入,稳定现有客户群体,加强目前具有核心技术优势的主营产品的市场研究和销售,争取在近期内达到盈亏平衡,逐步达到盈利的状态。

从券商的反馈来看,主要从两个方面来说明企业持续经营能力,一方面是逐步控制或者减少资本性投入,防止现金流出现问题;另一方面,强调公司的盈利能力逐步增强,包括公司的收入增长较快、公司的毛利有大幅上升。总之,需要解释原因并做风险提示,同时从各个角度说明公司具有持续经营能力。

案例二　泰通农业（835398），三年连续亏损

公司前身成立于 2008 年 8 月,主营业务为粮食烘干、代储、粮食贸易。公司主要依托在全国各地设立的粮食烘干站点开展粮食烘干、代储和贸易等业务,因此粮食烘干站点的烘干能力和存储能力决定了公司的经营规模。公告显示,泰通股份 2013 年、2014 年、2015 年 1—6 月的营业收入分别为 8 987 万元、1.2 亿元、1 099 万元。净利润分别为 −1 242.3 万元、−218.7 万元和 −477.8 万元。

报告期内,公司业务经历了商业模式探索、磨合确认和健康发展等三个阶段,业绩存在一定程度的波动。2013 年度,公司处于商业模式探索和业务磨

合确认阶段，公司招募了大批研发、业务、行政、财务及现场操作专业人员，并进行系统培训，为公司今后快速发展储备人才。为了与各大客户建立广泛深入的业务关系，公司亦投入大量宣传和业务拓展费用。公司由此产生较大的研发、销售、行政及财务等费用。此外，公司子公司新疆福瑞得计提减值准备600万元。上述因素共同导致公司2013年的净利润为−1 335.01万元。

2014年公司进入健康发展阶段，商业模式得到进一步完善和巩固，各粮食烘干站点总体运营实现了盈利，但由于投产运营的烘干站点的数量规模有限，各烘干站点的盈利总和尚不能覆盖集团总公司的行政及财务费用，2014年度净利润为−154.86万元，扣除新疆福瑞得的处置损失后净利润为−63.61万元。

2015年1—6月公司亏损454.76万元，主要是由于公司业务具有明显的季节性，即公司的主要收入来自于每年7月至12月国内各地粮食收割季节。公司目前的亏损状况是业务拓展和快速发展阶段的必然结果，未来公司将进一步加强管理，扩大经营规模，在未来1～2年实现扭亏为盈，但公司短期内仍存在经营亏损的风险。

泰通农业的反馈仍把焦点放在寻找证据支撑可持续经营能力方面，反馈主要强调了几个方面：第一，公司的营业收入是增加的，从2013年的8 987万元增加到2014年底的1.2亿元，这表明公司规模总体上是在扩张而非萎缩。第二，说明公司的亏损在进一步收窄，公司的经营情况在好转。资料显示，2013年的亏损为−1 335.01万元。而到了2014年度，公司亏损收窄到−154.86万元，扣除非经常性损益：新疆福瑞得的处置损失，亏损进一步收窄到−63.61万元。

案例三 恒神股份（832397），报告期最近一期存在较大规模亏损

公司前身成立于2007年8月，主要从事碳纤维及复合材料设计、研发、生产、销售、技术应用服务，具有原丝、碳纤维、上浆剂、织物、树脂、预浸料、复合材料制品到设计应用服务的完整产业链。2014年和2013年，公司净利润分别为−25 127.38万元、528.17万元。2013年度公司相关碳纤维系列产品项目尚在调试期，调试期间发生的相关成本如材料费用、人工费用、能耗、项目占用资金的利息以及产生的试生产产品收入全部计入在建工程；2014年碳纤维一期、复合材料一期、公用工程一期、办公楼、工程中心等大量在建工程转固定资产后，与项目对应的当年度大量支出、收入均在损益中体现，致使当年亏损，同时影响毛利率、净资产收益率、每股收益等各项与利润相关的财务

指标均为负数，2014 年和 2013 年，公司加权平均净资产分别为 121 530 万元、92 164.9 万元，加权平均股本分别为 97 500 万元、76 667 万元，公司由于净资产及股本均很大，而收入暂未大规模实现，故净资产收益率和每股收益均不高。

恒神股份最近一期亏损，主要还是充分解释原因。从公开资料中看到，公司在 2013 年存在大量在建工程，而这些在建工程在 2014 年全部转为固定资产，根据会计准则，在建工程不用计提折旧，而固定资产需要计提。因此，从报表上看，这导致 2014 年会出现大量因为折旧而产生的费用或者成本，从而导致亏损。这种解释主要是为了说明，公司亏损是因为计提折旧导致的，并非由于公司经营状况所致，这也是一种解释持续经营能力的方法。

案例四　恒大矿泉，终止挂牌审核

恒大矿泉水集团有限公司成立于 2013 年 9 月，同年 11 月 9 日推出"恒大冰泉"。2015 年 7 月 21 日，恒大长白山矿泉水股份有限公司（以下简称"恒大矿泉"）披露要通过分拆登陆新三板。该公司的申报稿显示，2013 年度、2014 年度及 2015 年 1—5 月，公司的营业收入分别为 3 480.22 万元、96 803.72 万元和 28 430.52 万元，公司的净利润分别为 –55 164.65 万元、–283 910.28 万元和 –55 539.05 万元。报告期内，公司净利润连续亏损，主要是由于公司为了使其天然矿泉水能够迅速占领快消品市场，公司前期投入较大，包括广告在内的市场推广费、引进销售团队所增加的人工成本所致。公司一方面调整公司投放广告的策略、通过优化销售队伍、降低人工成本等方式加强成本控制；另一方面公司通过提高产能，增加销售，以使得公司的营业收入得到快速提升。但是，如果未来公司收入增长未能超过成本增加的幅度，公司可能仍存在持续亏损的风险。

2015 年 8 月 3 日，恒大矿泉收到全国中小企业股份转让系统的反馈意见，其中包括报告期内，连续大额亏损对持续经营能力产生的影响。全国中小企业股份转让系统要求，恒大冰泉在 10 个工作日内对反馈意见逐项落实，但此后，恒大冰泉并没有对意见进行回复。

恒大地产 (03333.HK) 在 9 月 24 日晚间突然披露称，由于申请分拆挂牌的上市发行主体恒大矿泉的资产发生较大变化，与恒大矿泉（恒大冰泉的公司名）的原来申请已有差异，为此公司已在 9 月 24 日向中国新三板提出申请终止恒大矿泉挂牌审核。对于"资产发生较大变化"的具体原因，恒大地产是这样解释的："为优化资源配置及降低成本、实现产业规模效益，计划对恒大矿泉及集团的粮油、乳业资产进行内部重组合并。"

不过，资本市场人士推断，恒大冰泉终止审核并非完全与"资产发生较大变化"有关，可能跟之前的反馈意见也不无关系。其最大可能是公司没有办法解释持续巨额亏损原因，而且短期内也没有办法扭转亏损的局面，导致公司持续经营能力存疑。

本节小结

　　企业报告期亏损，股转一般会要求企业对亏损影响其持续经营能力的问题进行回复，企业能就亏损的原因做出合理解释，说明亏损并不会对企业的持续经营能力产生影响，挂牌新三板一般能够成功。但是，恒大冰泉亏损总额为 39.46 亿元，像这样巨大的亏损额，在挂牌新三板企业中前所未有，尽管有恒大集团这个大靠山，但是股转系统通过二十个反馈来表达对恒大矿泉挂牌的疑虑。从这也可以看出股转系统的基本审核思路：亏损不能影响企业持续经营能力。虽然新三板对挂牌公司的盈利没有做要求，但是从挂牌新三板成功率上看，盈利企业比亏损企业更易挂牌成功，加上现在监管体系趋于严格，很多券商为了降低自己的风险，可能制定了立项标准，会对企业的营业收入、利润等指标做出要求。对于亏损而言，总体解决方案是：券商需要在风险及重大事项中进行提示，并解析亏损的具体原因。在"9月9日问答"公布之后，对于拟挂牌的传统企业的盈利要求是：不能在报告期内连续亏损，这是股转的底线。

第二节　资不抵债

资不抵债指个人或企业的全部债务超过其资产总值，以至于不足以清偿债权人的财务状况。其着眼点是资债比例关系及因此而产生的风险。资不抵债从财务角度上说，就是企业的所有者权益（净资产）为负数，资产负债率高于1。

企业资产负债表在报告期最后一期期末净资产为负，企业已资不抵债，已不具有持续经营能力，这样的企业是不具备新三板挂牌条件的。资不抵债的企业要想挂牌，必须要进行必要的财务调整。比如，虽然在报告期前两期期末净资产为负，但是在申报材料之前进行了增资或者最后一期报告期内进行了增资将净资产变为正数，从而使企业不再资不抵债，只要企业后续持续发展能力没有问题，这样的企业是可以挂牌新三板的。

根据股转公司向挂牌公司反馈的问题来看，股转公司对资不抵债的反馈问题一般表述如下：

"报告期前两期末净资产为负数。（1）请公司结合公司成立以来的经营状况补充说明未分配利润持续为负的主要原因、最近一期净资产由负转正的原因。（2）请公司结合产品市场容量、同行业竞争情况、公司产品技术优势、市场营销策略、后续销售合同情况等补充分析公司业务的市场前景，并分析持续经营能力"。

或者"报告期内公司未分配利润持续为负，公司前两期股东权益为负、每股净资产为负，2015年因大笔增资才使得上述情况有所缓解。请公司：（1）分别说明未分配利润持续为负、公司资不抵债的原因及合理性；（2）应对的具体措施及其有效性；（3）结合行业状况、市场前景、核心资源要素、核心竞争力、业务发展规划、市场开发能力、新业务拓展情况、资金筹资能力、期后签订合同、期后收入实现情况等，评估公司在可预见的未来的持续经营能力"。

股转系统对企业前两期净资产为负，最近一期变为正数，出现该情况的企业一般都会进行问题反馈，关注度很高。以下通过两个成功案例探究有资不抵债风险的企业是如何顺利挂牌的。

案例一 **同曦铝业（837714），未分配利润持续为负，公司前两期股东权益为负、每股净资产为负**

安徽同曦金鹏铝业股份有限公司是一家专业从事铝型材产品研发、生产、销售的高新技术企业。公司的自主品牌"鹏迪"铝型材包含90多个系列、5 000多种规格的工业材及建材产品。报告期内公司未分配利润持续为负，公司前两期股东权益为负、每股净资产为负。报告期期末未分配利润、净资产如下：

单位：元

项 目	2015/10/31	2014/12/31	2013/12/31
未分配利润	−34 927 062.07	−36 692 152.64	−37 171 944.10
净资产	72 253 937.93	−5 832 152.64	−6 311 944.10

从报表上看，公司报告期内未分配利润和净资产皆为负值，且未分配利润亏损较大，达到了三千多万元。

公司解释称，自 2004 年成立至 2010 年下半年正式投产，处于公司筹办、机器设备生产线安装及厂房建造阶段。2010 年投产之初，公司在技术、员工的熟练操作程度等方面进行磨合，直接导致产品成品率较低、单位产品负担的材料成本、人工成本、折旧等费用成本都比较高。生产初期产量较低，负担的固定成本较高，同时产量在未达到盈亏平衡点以前，产销量越大亏损越大。自 2011—2014 年进行大量的技术研发投入，研发项目 23 个，管理费用中研发费用较大。故公司在 2015 年 8 月股东增资之前累计亏损较多，资不抵债。

应对措施：随着公司逐步积累生产经验，公司将逐渐提高生产效率，提高产成品率、扩大生产规模，逐步降低单位成本；同时，公司将不断开拓销售渠道，完善营销策略，保持营业收入的增长；业务重心向工业铝型材及高端建材倾斜，同时加大力度发展铝型材深加工业务，实现产业延伸。

应对措施有效性分析：公司 2015 年 1—10 月、2014 年度、2013 年度分别实现净利润 176.51 万元、47.98 万元、−105.59 万元，公司产品所处行业竞争充分，加之进入市场时间尚短，报告期内净利润水平不高，但自 2014 年度开始实现盈利，随着公司生产工艺进步、产品结构转型，净利润将会逐步提高。

2015 年 10 月底至 2016 年 3 月末，公司共收到订单 228 份，订购型材重量 3 145.57 吨，其中湖南振纲铝材有限公司 12 份、1 008.59 吨，安徽振兴光伏新能源有限公司 7 份、35 000 套太阳能边框。期后主要客户较报告期内未发生重大变化，业务合同也在正常履行。2015 年 11—12 月，公司实现收入 2 348.91 万元，期后共实现收入约 4 500 万元。与往年相比，公司 2016 年第一季度订单相对增加，老客户订单数量有所上升，新客户业务拓展也逐步取得成效。主办券商认为公司的应对措施是有效的。

行业现状：2015 年，氧化铝产量 5 898 万吨，铝材 5 236 万吨，在宏观经济增速放缓和产能过剩的双重压力下，我国铝工业遭遇了行业困境，行业分化将进一步加剧。铝行业上游冶炼产能过剩，中游铝型材加工行业分化明显，高新技术产品相关市场前景向好。据中国有色网统计数据，2015 年中国铝加工材中的挤压材（管、棒、型、线材）产量 19 300 千吨，生产能力 28 400 千吨，产能利用率 67.96%。公司 2015 年 1—12 月产能利用率达到 68.71%，高于公司 2014 年产能利用率 67.07% 水平，同时亦高于 2015 年度行业平均水平。公司 2015 年度产销率 103.08%，销售情况保持良好。

市场前景：铝型材具有高强度、导电性能优异、重量轻、较好的耐腐蚀及耐磨性、安装简便等优势，广泛应用于建筑、包装、交通运输、电力、航空航天等领域。目前，"轻量化"既是材料工业发展的大势所趋，也是经济结构转型的必由之路。2015 年全球大宗商品"熊市"持续，铝价基本呈现单边下跌态势。公司属于铝型材加工企业，产品定价方式为铝锭价＋加工费，因此公司的利润受铝锭价格波动影响较小。相反，当前铝价处于历史低价水平，是扩大铝应用的最佳时机。近年来，中国有色金属工业协会先后在交通工具"以铝代钢"，建筑模板"以铝节木"，电线电缆"以铝节铜"等方面做了大量的推广工作，积极推动铝在交通、建筑及电力等领域的应用。

2015 年，铝材应用最为广泛的房地产行业和汽车行业增速放缓，一定程度上影响了铝材市场的收入规模。2015 年 1—11 月房地产开发投资同比仅增长 1.3%，汽车产量增长 4%。受到房地产市场影响，铝型材加工行业中传统建筑型材需求量有所萎缩，但在交通运输（尤其是轨道交通）、家用电器、家具装修、光伏发电等行业的应用范围逐步扩大，市场比重增加，整体需求量呈逐年递增态势。随着 2015 年及 2016 年第一季度国内持续降准降息刺激实体经济，近期经济环境有望持续好转。国家统计局近日公布的数据显示，2016 年 3 月制造业采购经理指数（PMI）为 50.2%，比上月回升 1.2 个百分点，自去年 8 月以来首次回到荣枯线以上；非制造业商务活动指数为 53.8%，比上月上升 1.1 个百分点，为近两年来的较大升幅。作为重要的前瞻性指标，各项 PMI 数据的回升，显示出当前中国经济在复杂的国内外形势下，正逐渐企稳向好。随着各项宏观调控政策的实施以及一系列稳增长政策的发力，制造业的维稳复苏、房地产行业的温和回暖将为铝型材加工行业带来收入利润增长。根据国家相关规划和当前市场情况，预计未来三年内，建筑型材年需求量维持现有水平，工业用材将以每年 20% 的速度递增，建材和工业材的市场比重将由目前的 60：40 转变为 40：60，工业型材市场空间较大。

核心资源要素及核心竞争力：公司为高新技术企业，安徽省认定企业技术中心，拥有 14 项发明及实用新型专利，公司的铝型材产品技术逐步成熟，尤其在型材表面处理、大截面幕墙生产、光伏边框加工、高铁型材开发等领域处于技术领先地位。公司在生产中采用高压风冷淬火工艺对挤压型材进行快速冷却，既保证强度，又减小变形量，大大提升产品的成品率，效果明显优于多数厂商使用的喷水降温工艺。公司采用单镍盐着色工艺，令铝型材底色发亮、光泽柔和、产品美观，颜色易于控制，槽液可以有效回收，降低成本，实现绿色环保。该工艺对槽液浓度配比、温度，着色电压、电流、时间的掌控要求较高，多数厂商尚无法掌控影响产出的各个因素。公司采用无铬化喷涂前处理技术，用有机涂料和锆盐的混合材料对素材进行处理，替代传统除油、铬化、烘干工艺中使用的大量重金属成分，减少对环境的破坏，环保经济。除上述工艺优势外，公司十分注重高新技术产品的开发及商品化，目前已经形成了节能门窗、隐形防盗门窗、全铝安全厨房等系列产品。公司所掌握的部分工艺优势及高新技术产品在周边铝型材生产厂商中较为独特，很多核心客户正是因为公司的产品工艺优势和质量保证而与公司建立长期合作关系。

业务发展规划：公司的业务发展规划与目前市场需求格局变化相一致，分为三个层次：首先是夯实业务基础、加强内部管理。在宏观经济受压平稳发展的背景下，公司将重点做好成本控制，在严格把控产品质量的基础上争取将生产成本控制在行业最低水平。同时，公司将不断完善研发及生产设备，优化生产工艺，向短流程、连续化、自动化方向发展，以达到高效率、高品质、节能降耗、环保的更高要求。

其次是拓展销售网络，充分释放产能。公司目前的主要客户分布在江苏、安徽、湖南等地区，未来，公司计划进一步强化营销团队管理，拓展销售网点，除巩固原有江浙沪皖地区的销售外，积极开拓山东、河南、河北等周边省区的建筑及工业铝型材业务。公司将加大现有高新技术产品的生产比重与市场开拓，实施产品的系列化和配套化体系，如轨道交通方面的高铁车厢开关门系统、空调系统、行李架系统的系列化，建材方面的隐形防盗门窗、全铝厨房、楼房和厨房电器的配套等。同时，公司还规划开拓高端型材出口业务，充分拓展公司产能空间，创造新增业务收入来源。

最后是实现产业延伸，强化品牌形象，这也是公司目前最重要的业务规划方向，即将业务重心向工业铝型材及高端建材倾斜，同时加大力度发展铝型材深加工业务。基于前期的工艺提升和业务开发，2015年度，公司的工业铝型材销售已经取得一定成果。另外，公司已新设深加工车间一个，在太阳能型材领域试水深加工业务，并逐步拓展散热器型材深加工，预计未来两年内深加工业务体量将凸显，覆盖太阳能型材、家电、汽车等行业，为公司实现产业链延伸的规划目标。

市场开发能力：公司采取直销的销售模式，直接与终端客户合作。截至目前，公司共设有4个销售部门，分别为同曦铝业公司本部、南京销售部、镇江销售部和合肥销售部，销售区域已覆盖安徽、江苏、浙江、上海、湖南、河南等地，下一步将逐步开发河北、北京、天津、山东等对工业型材需求量较大的市场区域，计划成立北部地区销售部，拓展北方销售渠道，增加20名业务精通、富有开拓精神的销售人员。

新业务拓展情况：2015年，公司增加铝型材深加工业务，初期产品方向是太阳能边框加工，目前已形成年产50万套的加工能力，客户主要为安徽振兴光伏新能源有限公司、镇江大全新能源有限公司等，公司正在与上海晶澳太阳能科技有限公司、连云港神舟新能源有限公司等洽谈新业务。2015年12月至2016年3月，已生产销售边框5万套左右，产值300万元，利润30万元，随着订单和产能的逐步稳定，产销量将逐步上升。下一步公司还将增加高精度的加工中心，与南京康尼集团和浦镇车辆合作，加工轨道交通与电气零件，逐步提高深加工业务在公司业务中所占比重。资金筹措能力：公司现在没有银行贷款，房产、土地及机器设备均未设置抵押，包袱较轻；应付款项按结算周期进行结算，维持在正常的范围内，不存在集中偿付风险。目前已有多家银行与公司交流，希望给公司办理贷款业务，另外蚌埠市科技局也愿意为公司办理科技贷款提供协助，公司筹资能力完全可以满足当前生产发展需要。

期后合同签订及收入实现情况：2015年10月底至2016年3月末，公司共收到订单228份，订购型材重量3 145.57吨，其中湖南振纲铝材有限公司12份、1 008.59吨，安徽振兴光伏新能源有限公司7份、35 000套太阳能边框。期后主要客户较报告期内未发生重大变化，业务合同也在正常履行。2015年11—12月，公司实现收入2 348.91万元，期后共实现收入约4 500万元。与往年相比，公司2016年第一季度订单相对增加，老客户订单数量有所上升，新客户业务拓展也逐步取得成效。

综上所述，公司所在行业未发生显著下滑，公司订单和合同保持稳定，不存在影响持续经营能力的事项，主办券商认为公司具有持续经营能力、经营业绩具有成长性。

同曦铝业所处的铝工业虽然遭遇了行业困境，产能过剩，利润率较低，造成公司连续亏损。但是，公司从各个角度论证公司正积极转型，未来可持续经营能力不断增强，这种解释得到了股转公司的认可。另外，同曦铝业之所以在这种情况下还能顺利挂牌，跟其营收规模有一定关系。2015年营收4 500万元，在中小企业中收入规模处于中等水平。加上同曦铝业的挂牌中介机构预判到公司的可持续经营能力是反馈重点，前期也做好了充足的论述准备，反馈非常翔实，在当时的审核环境下，股转最终还是让同曦铝业成功挂牌。

案例二 芯能科技（833677），报告期前两期净资产为负

浙江芯能光伏科技股份有限公司（简称"芯能科技"）成立于2008年8月，注册资金36 772.4万元，2015年9月30日登陆新三板。公司主要产品为硅片、电池片及电池组件。报告期前两期期末净资产为负数，报告期各期期末净资产如下：

单位：元

项目	2015年4月30日	2014年12月31日	2013年12月31日
净资产	105 146 681.09	−12 693 910.34	−30 364 614.63

公司最近一期净资产由负转正的主要原因：

首先，新老股东在2015年4月有两次增资，导致净资产增加1.05亿元；其次， 2015年1—4月实现盈利，因利润导致净资产增加2 929.35万元。具体情况如下：

（1）公司增资情况：2015年4月，公司两次增资共计增加股本1 500万股，每股价格为7元，共计增加净资产10 500万元。

（2）公司盈利情况：2015年1—4月，公司光伏组件和光伏电站配件两项业务毛利率略有下降但占主营业务收入比重在2014年基础上继续提高，分别达到47.09%、5.72%，晶体硅片业务毛利率由2014年的4.44%提高至2015年的6.38%，因此2015年1—4月在2014年基础上连续盈利，当期实现净利润2 929.35万元。

持续经营的条件与关键因素

1. 全国光伏产业整体呈现稳中向好发展局面

2012年，欧洲市场趋于饱和，新能源补贴的削减加剧了欧盟市场的需求萎缩，国内光伏企业业绩情况开始大幅恶化。2013年美国和欧盟对中国光伏产品征收巨额反倾销税和反补贴税，由于美国和欧盟占中国光伏出口市场的80%，此举对中国光伏企业形成进一步打击。国内光伏行业从2011年下半年起到2013年年中，出现了几乎全行业亏损的情况。

2014年以来，全国光伏产业整体呈现稳中向好和有序发展局面，中央政府对光伏产业高度重视，政府频频出台光伏产业利好政策，其中包括规范光伏开发秩序、开展光伏扶贫工程、推进分布式示范区建设等一系列政策措施，在规范市场的前提下，大力拓展了国内光伏市场，树立了一大批示范性项目，对整个行业的健康发展起到了极为重要的作用。2014 年光伏发电累计并网装机容量 28GW，同比增长 60%，其中，光伏电站 23GW，分布式 4.67GW。光伏年发电量约 250 亿千瓦时，同比增长超过 200%。 2015 年，国家能源局计划当年新增光伏电站建设规模 17.8GW，没有限定地面光伏电站和分布式光伏电站的分配比例。国家能源局对发展分布式光伏的开放态度将极大地促进我国中东部地区建设屋顶分布式光伏发电项目的热情，加速屋顶分布式光伏产业进一步的成熟。并据有关资料统计，现有建筑面积达 614 亿平方米，其中住宅 430 亿平方米，公共建筑 89 亿平方米，工业建筑 95 亿平方米，屋顶分布式光伏安装潜力达 4 000GW 以上，分布式屋顶资源巨大，发展前景广阔。

2. 国家对太阳能光伏行业给予政策支持

近年来国家推出多项政策，极大地推动了国内光伏产业发展，为行业的恢复营造了宽松有利的发展环境，对于行业未来发展方向、引导市场资源倾斜起到了重要作用。为推动光伏产业发展，中国效仿国外光伏激励政策的成功经验，从 2009 年开始推出"金太阳"和"光电建筑应用示范项目"等光伏应用示范项目。之后，国家在光伏政策上逐年加大力度，国家能源局下达 2015 年光伏发电建设实施方案的通知。经过综合考虑全国光伏发电发展规划、各地区 2014 年度建设情况、电力市场条件以及各方面意见，国家能源局组织编制了 2015 年光伏发电建设实施方案。2015 年下达全国新增光伏电站规模为 1 780 万千瓦，超出了市场的预期。同时鼓励结合生态治理、设施农业、渔业养殖、扶贫开发等合理配置项目。鼓励各地区优先建设 35 千伏及以下电压等级（东北地区 66 千伏及以下）接入电网、单个项目容量不超过 2 万千瓦且所发电量主要在并网点变电台区消纳的分布式光伏发电项目，电网企业对分布式光伏发电项目按简化程序办理电网接入手续。

3. 公司盈利能力获得改善

2014 年公司实现产业链延伸，新增光伏组件业务，这项业务毛利率为 18.3%，高于作为公司原有晶体硅片业务 4.64% 的毛利率。2014 年度公司光伏组件业务实现销售收入 20 758.50 万元并贡献毛利 5 046.70 万元，占当年营业收入和毛利的比例分别为 31.73% 和 54.07%。结合该类业务已签合同情况，预计 2015 年组件业务收入将大幅增加。并且公司还通过改进技术、提高管理能力提高了原有晶体硅片业务的毛利率，2013 年度、2014 年度和 2015 年 1—4 月，公司晶体硅片业务毛利率分别为 2.96%、4.44%、6.38%。

4. 公司拥有一定的现金获取能力

报告期内，公司经营活动产生的净现金流量分别是 2 598.22 万元、7 149.25 万元和 –3 905.30 万元。2013 年和 2014 年经营活动产生的净现金流量为正，2015 年 1—4 月为负数，主要原因：首先，公司 2015 年客户多为分布式光伏电站公司，公司为了抓住分布式电站发展良机，满足电站客户的组件需求，采取了较宽松的收款方式，允许收取银行承兑汇票，截至 2015 年 4 月 30 日应收票据余额有 15 164.74 万元。随着票据到期回款，未来经营性现金流将会发生有利变化。其次，一般情况下，12 月为应收账款结算高峰期，分布式光伏电站公司一般在当年年底或电站建成后一月内收回相应货款，账期相对晶体硅片客户业务较长。同时，公司管理层编制的现金预测信息，在现有条件下，2015 年 7—12 月公司将收到 89 882.95 万元货款，支付 69 000 万元采购款，支付 17 780 万元银行贷款，预计 2015 年 12 月 31 日的货币资金余额为 3 102.95 万元，公司具备一定的现金获取能力。

5. 营销策略

目前，公司立足于太阳能光伏行业，研发生产晶体硅片、太阳能电池片和相关电池组件，通过提供屋顶资源、快速并网等增值服务，提高产品竞争力，通过光伏组件的生产销售实现盈利。2014 年 8 月，芯能科技与北京京运通科技股份有限公司签署海宁市 50MW 分布式光伏组件销售协议，并在建设施工协议中约定芯能科技负责屋顶资源开发。通过 4 个月的工作，芯能科技开发了 36 家屋顶资源，提供了 50MW 的分布式光伏组件，并于 2014 年 12 月全部实现并网。同年，芯能科技和海宁科茂亦采取同样商业模式，开发了 28 家屋顶资源，提供了 22.8MW 的分布式光伏组件及配件，并于 2014 年 12 月全部实现并网。2015 年，芯能科技又和北京京运通公司在嘉兴地区继续沿用 2014 年模式开展 200MW 分布式光伏电站项目，合同含税金额达 9 亿元。

6. 资金保障

根据公司资金预算计划，在进行全国股份转让系统挂牌同时，公司将更多地借助于资本市场直接融资方式来解决经营过程中可能出现的资金短缺问题，比如原股东增资或引进外部创业投资基金等。同时，实际控制人张利忠针对未来可能出现的现金流问题做出承诺："若本公司出现财务困难以致影响正常运作或持续经营情况时，本人将提供财务支持确保本公司持续经营。"

7. 公司业务明确

自成立以来，公司一直从事太阳能硅片和电池片研究、开发、生产和销售。在 2014 年实现了产业升级，增加了光伏组件的生产销售。根据业务发展规划，公司未来期间仍将硅片、电池片及电池组件作为其发展主营业务。

8. 较强研发能力

自成立以来，公司始终将太阳能硅片生产及应用研发作为业务发展首要任务，有意识地将更多的公司资源配置到产品研发方面。截至本公开转让说明书签署之日，公司拥有3项授权的发明专利，3项实用新型专利。根据业务发展规划，公司未来期间将更加注重研发团队建设、进一步优化流程体系、探索更优的激励机制、新技术的研发经费投入，尽可能保证先进的、强大的研发能力。

9. 成熟的治理机制

自成立以来，公司治理层、管理层始终重视健全公司治理机制和规范运作。公司制定了一系列严格的内控制度，涵盖研发、采购、生产、销售、财务、人力资源、档案、保密管理等各个环节，在实践中能被普通员工所理解，并自上而下有效实施。

10. 拥有经验丰富的管理团队

公司重要管理层在成立时就已进入公司任职，其管理及运营经验丰富，足以应对各项经营风险。强有力的管理团队可以保证管理制度、业务流程能够得到切实有效地执行，并最大限度地降低或减少经营过程中可能出现的经营管理风险。

公司认为，在光伏产业环境逐渐变好的大背景下，公司抓住发展契机，业务从传统硅片生产制造，转变成一家以服务促进产品销售的光伏产品制造商，产品品种也从晶体硅片扩展到电池片和组件，公司盈利能力正在加强。又根据已签订的销售合同情况，若当年全部执行完毕，公司销售规模、利润规模将上一个新的台阶。同时受其他重要表外因素影响，公司实际偿债能力有一定的保证，公司可实现持续经营。

综上所述，主办券商认为，公司行业环境整体稳中向好，且已将业务重心逐渐转移到利润率较高的光伏组件上，公司盈利能力正在加强。同时，公司还积极拓宽融资渠道、改善资本结构。因此，满足《全国中小企业股份转让系统挂牌条件适用基本标准指引（试行）》中关于持续经营能力的要求。

本节小结

通过案例分析，解决前两期资不抵债、报告期最后一期净资产为正数的一般思路如下：

1. 如实披露前两期资不抵债、报告期最后一期净资产为正数的情况。

2. 从公司的特殊性进行解释说明公司前两期资不抵债、报告期最后一期净资产为正数的原因及合理性，合理性解释一般要结合行业现状和公司本身的特殊性，以下几个角度可以考虑：①公司增资情况，如报告期最后一期内新增注册资本，使公司净资产为正；②报告期最后一期公司盈利情况；③公司前期材料、人工、技术研发投入情况。

3. 降低资不抵债风险的措施，如公司将不断开拓销售渠道，完善营销策略，保持营业收入的增长。

4. 如实披露公司的行业现状、市场前景、核心资源要素及核心竞争力、业务发展规划、市场开发能力、新业务拓展情况、资金筹措能力、盈利能力、管理经验等方面，解析说明公司可持续经营能力。

第二章 收入与成本

第一节　收入确认

　　收入确认是指收入入账的时间，收入确认应该解决两个问题：一是定时，二是计量。定时是指收入在什么时候记入账册，比如商品销售（或长期工程）是在售前、售中，还是在售后确认收入；计量则指以什么金额登记，是按总额法，还是按净额法，劳务收入按完工百分比法，还是按完成合同法。根据会计准则第14号收入第二章第四条，销售商品收入同时满足下列条件的，才能予以确认：

　　（一）企业已将商品所有权上的主要风险和报酬转移给购货方；

　　（二）企业既没有保留通常与所有权相联系的继续管理权，也没有对已售出的商品实施有效控制；

　　（三）收入的金额能够可靠地计量；

　　（四）相关的经济利益很可能流入企业；

　　（五）相关的已发生或将发生的成本能够可靠地计量。

　　通俗地说，会计准则确认收入的原则是权责发生制，也就是以风险转移作为重要标准的确认原则，只要商品的风险和报酬转移了（只要风险和报酬转移了，其他四个条件一般都会满足），企业就应该确认收入。不过，实践中，大部分企业采取的是收付实现制，也就是只有企业收到钱了或者开出发票了才确认收入。收付实现制和权责发生制的时间点往往会有差异，这会造成企业收入确认的延迟或者提前。

收入确认时点和计量方法，是整个审计工作的重点，也是股转系统审查新三板财务问题的关注重点。因此，收入确认问题应该引起企业足够的重视。

案例一　广信担保（832228），收入确认方法和时点不明确

广元市广信农业融资担保股份有限公司成立于 2007 年 2 月，注册资本金 2.06 亿元。主要从事融资行担保业务，包括贷款担保、农民工工资担保、银行承兑担保及其他融资性担保业务。

由于 2015 年中国金融市场持续动荡，导致整体监管趋严。2016 年 5 月，股转系统公布了《关于金融类企业挂牌融资有关事项的通知》，严管金融类企业挂牌。《通知》对不同类型金融企业的挂牌准入和信息披露需要遵守差异化的信息披露安排，对于"一行三会"监管的企业，持有相应监管部门颁发的《金融许可证》等证牌的，其挂牌准入按现有条件继续推进，但需要遵守差异化的信息披露安排。其他具有金融属性企业，如小贷、担保、融资租赁、商业保理、典当等，暂停中报。幸运的是，广信担保在 2016 年 3 月获得了挂牌函，成功挂牌新三板。不过，由于是金融企业，广信担保的挂牌审核也是相当严格的，前后经历了四次反馈，比一般企业的两次反馈要多出整整一倍。其中，财务问题是反馈的重点。在第一轮反馈中，股转就重点问到了收入确认的问题。

股转在反馈中要求主办券商、会计师核查公司财务报表相关科目的会计政策及会计处理、列报是否与实际业务相匹配。并重点要求中介机构核查公司收入，股转在反馈中提到"列表披露业务收入构成，说明收入分类与业务部分的产品及服务分类的匹配性；结合产品及服务类别、销售模式等实际生产经营特点披露具体收入确认时点及计量方法；如存在同类业务采用不同经营模式在不同时点确认收入的，请分别披露。如公司按完工百分比法确认收入，披露确定合同完工进度的依据和方法"。

中介机构首先解释了公司的商业模式：广信担保接受客户担保申请后，通过以下流程为客户提供服务：①公司业务人员对客户进行尽职调查，包括信用情况、还款能力、反担保能力等，出具尽调报告以及是否提供担保的初步意见；②对业务人员提供的资料，由公司内部风险管理部门进行审核；③风险部门审

核通过后，确认承保，由业务人员协助贷款机构、借款人、反担保人和广信担保签订相关协议，办理反担保手续；④完成相关手续办理后，贷款机构发放贷款，公司正式承保，对受保人进行保后监测。简单来说，公司接到担保申请后，先尽调、内部审核、签协议，贷款机构放款后，公司正式承保。

广信担保收入确认的具体时点是：在客户办理好贷款相关手续、贷款机构确认发放贷款后，公司向客户一次性收取一定比例的担保费和评审费。

对于期限一年以内（含一年）的担保合同，公司于放款时一次性收取合同期限内的全部担保费；对于期限一年以上的担保合同，公司于放款时收取一年的担保费，此后每年收取下一年度的担保费。对于担保费收入，公司均按照《融资性担保公司管理暂行办法》相关规定提取未到期责任准备金，提取比例为当年担保费收入的50%。委贷利息收入按公司提供货币资金的时间和实际利率确认。

广信担保收入确认相对简单，但由于属于金融行业，其收入确认具有一定的代表性。广信担保是贷款机构放款后，公司正式承保后，正式确认担保收入。这符合《会计准则》中权责发生制的规定，因为一旦金融机构放款给企业，广信担保的担保风险就正式开始承担，这符合风险转移的特点。在审计实践中，往往会要求企业提供金融机构放款的凭证加以佐证广信担保本身收入确认的时点是否正确。

案例二　佳缘科技（837884），收入波动较大引起的收入确认问题

佳缘科技前身四川佳缘电子科技有限公司成立于1994年8月30日。2016年2月6日，有限公司整体变更为股份公司即四川佳缘科技股份有限公司。其主营业务为建筑、交通、公共安全、医疗等领域的建筑智能化信息系统工程的研发、设计、制造和服务，是一家综合建筑智能化信息系统服务提供商。

项　目	2015 年 1—11 月	2014 年度	2013 年度
营业收入（万元）	1 363.52	2 606.74	1 482.65
营业成本（万元）	883.30	1 951.11 1	114.24
毛利率（%）	35.22	25.15	24.85

从公开的信息来看，佳缘科技 2014 年度收入比 2013 年度上升了75.8%，而 2015 年 1—11 月收入比 2014 年度又下降了47.7%。公司收入的波动性较大，这引起了股转的关注。股转在反馈意见中要求"（1）核查收入

确认是否符合公司经营实际情况以及会计准则的规定；（2）核查收入波动较大原因是否合理，是否存在虚增收入以及隐藏收入的情形，并针对公司收入的真实性、完整性、准确性发表核查意见"。

中介机构在反馈回复中提到，报告期内，公司主营收入主要来自智能化信息系统工程业务及相关软硬件销售，按照《企业会计准则第14号——收入》规定的原则进行收入确认，具体方法为：智能化信息系统工程业务在项目实施完毕并取得客户验收确认资料后一次性确认收入，如因客户原因未办理验收的，则由客户出具书面资料确认"项目已完成建设并交付本公司使用，相关的验收、结算手续尚未办理，未办理原因系审批程序所引起，与项目质量无关"；软硬件销售在按合同向客户交货后确认收入。

2013年度、2014年度和2015年1—11月，公司的营业收入为14 826 459.86元、26 067 412.05元和13 635 154.21元，净利润分别为1 575 807.13元、2 466 555.23元和908 793.57元，公司最近两年一期的经营业绩有一定波动，主要原因为：① 2014年公司大力拓展智能化信息系统工程业务，取得突破性的销售业绩；②公司收入以智能化信息系统工程业务为主，此类业务本身具有单笔规模大、收入高的特点，而合同签订、项目进度又存在个体性的差异，受项目进度影响，2014年收入确认较多，2015年确认较少；③公司的主要客户为政府机构、学校、部队和医院等，此类客户通常实行预算管理制度和集中采购制度，合同签订与实施受政府预算和集中采购制度执行情况影响较大；④公司在项目实施完毕并取得客户验收确认后方一次性确认收入，而客户办理验收确认手续存在不及时或审批流程较长的情况。

中介机构在反馈中解释了公司收入波动的原因，也对收入确认方法进行了充分论述。一般情况下，只要收入确认的方法合理，且有相关证据支撑，股转最后还是会认可的。

案例三 ## 芙蓉药业（837665），经销模式引起的收入确认问题

芙蓉药业前身江西金芙蓉药业有限公司成立于2005年8月6日，公司主要产品为中成药制剂药和中药提取物，中成药制剂药主要有藿香正气合剂、健儿清解液、治咳枇杷合剂、强力枇杷露和蛇胆川贝液等，中药提取物主要有甘草流浸膏、颠茄流浸膏、益母草流浸膏等。

公司经销为买断销售模式，经销收入确认的具体时点及原则与直销模式一

致。公司采用赊销方式销售，收入确认具体方法如下：①发货：业务员根据客户订单向销售部门提交发货申请单，由销售部门出具发货通知单给仓库，仓库再进行发货，委托快递将货物送达客户指定地点；②销售部门负责跟踪商品运送情况，客户确认收货后，通知业务员向客户索取结算确认单，计算项目订单总价；③由业务员与客户进行核对，确认无误后通知销售部门开具发票并确认收入。会计师核查后，判断报告期内企业确认收入的条件和方法符合《企业会计准则》，不存在利用经销模式提前确认收入的情形。抽查账簿记录中的入库明细，显示仓库原材料入库统计表与原材料入账情况相符。核查企业成本结转的条件、方法，符合企业生产经营特点，符合会计准则规定。

实践中，对于生产型企业来说，基本的确认原则就是对方的收货确认单。不过，日常生活中，由于相互信任关系，大部分企业的送货收货方式比较随意，往往只有一个内部登记文件。如果需要挂牌新三板，就需要中介机构对企业收入确认问题进行重新规范，要求企业必须跟客户签订收货确认单，以此作为会计上确认收入的依据。

案例四 吉林农信（837744），业务多样化导致收入确认方式混乱

公司前身吉林省农村经济信息中心有限公司成立于 2000 年 12 月 8 日。2016 年 1 月 29 日，有限公司整体变更为股份公司，公司名称变更为吉林省农业综合信息服务股份有限公司。公司主营业务为向政府、各大电信运营商提供涉农信息系统平台建设与第三方运营服务，以及向广大农户与农业企业提供农业综合信息服务与农村电子商务平台服务。公司在报告期内收入如下：

项目	2015 年 1—10 月（万元）	2014 年度（万元）	2013 年度（万元）
信息服务业务	1 491.27	857.66	793.52
广告业务	—	472.08	203.91
电子商务业务	90.77	101.33	33.9
合计	1 582.04	1 431.07	1 031.33

由于公司收入及利润规模均较小，股转在反馈中要求"结合行业周期、业务发展情况、销售价格与变动成本变化情况、收入确认与成本费用归集结转方法、期间费用变动情况等分析说明并披露报告期公司毛利率与经营业绩大幅增长的原因及合理性"。

中介机构在回复中详细解释了公司主营业务和具体收入确认方法：① 信息服务业务：主要客户为政府、各大电信运营商以及涉农企业与事业单位，按照约定合同为客户提供相应的信息服务，客户验收且已经收取了销售款项或索取了销售款项凭据时，确认收入实现，收入确认时点为服务已提供完成，收入确认依据为客户出具的验收单；② 广告业务：按照约定合同为客户提供相应的广告服务，客户验收且已经收取了销售款项或索取了销售款项凭据时，确认收入实现，收入确认时点为广告宣传已提供完成，收入确认依据为客户出具的验收单；③电子商务业务：依托于公司自主开发的"开犁网"农村电商平台，为农民及农业企业提供电商下乡以及农副产品上网销售服务，买卖双方已经钱货两清且服务提供完成，相关成本计量完成，确认收入实现，收入确认的时点为买卖双方已经钱货两清，收入确认依据为农资单位与公司结算第三方服务费或取得索取第三方服务费用凭据。公司按照要求在公转书中进行收入确认的进一步补充披露。

　　一般情况下，收入确认提供客户验收单即可。吉林农信的信息服务和广告服务都采取这种方式，这也是大部分企业最保险的收入确认方式。由于电子商务业务是平台服务，服务完成需要农户收到其客户的货款时，平台服务才算完成，因此吉林农信收入确认的时点为农资单位收到第三方的款项时才能确认收入。

本节小结

　　营业收入反映了企业的盈利能力，是重要的报表项目之一。相应地，收入确认的时点和计量方法，也是股转系统的关注重点。收入确认是一个比较复杂的议题，不同行业、不同业务模式下，适用不同的收入确认方法。在案例分析中，审查部门的关注重点集中在收入确认的时点和依据、收入计量方法，一些常见问题如收入确认方法是否与公司业务模式相匹配，是否符合会计准则的要求，是否存在提前或者滞后确认收入的情况，收入确认原则是否稳健等。对于此类问题，需要结合公司实际情况，合理解释原因，进行补充披露，做到收入确认的真实、完整、准确。

　　附新商业模式收入的确认方法：

　　1. 采用买一赠一方式进行销售。赠送的商品或劳务不做捐赠处理，而是视同降价销售。例如，预存1 000元现金可消费价目表上2 000元的商品或劳务，则应视作降价50%销售，一次消费价目表上1 000元，应确认的销售收入为 1 000×（1 000/2 000）=500（元）。

2. 以货易货的情况。针对此类业务只有在所交换服务项目不相同或相似，而且符合收入确认条件时，才能确认收入，该收入一般应采用所提供产品的公允价值进行计量。

3. 奖励积分的情况。应将销售取得的货款或应收货款在本次商品销售或劳务产生的收入与奖励积分的公允价值之间进行分配，将取得的货款或应收货款扣除奖励积分公允价值的部分确认为收入，奖励积分的公允价值确认为递延收益，在积分兑换时转为收入。兑现奖励积分的时候可能会采用奖品的形式，则递延收益确认收入的同时要确认奖品的成本。

4. 系统集成的收入确认，一般参照《企业会计准则——建造合同》确认。也有的公司在项目实施完成并经验收方出具验收合格证明后才确认收入，如新世纪。

5. 远期销售合同，不应按合同签订日期，应该按准则的五条件，根据合同条款判断风险报酬转移的时点。

6. 同时销售商品和提供劳务的情形。如果可以区分且能够单独计量，应分别核算销售商品和提供劳务的收入和成本；不能单独区分或能区分但不能单独计量的，全部作为销售商品处理。在区分销售商品和提供劳务时，还需要考虑提供的劳务是一次性的还是持续的，如果是持续性的则需要考虑在相关受益区间分摊。

7. 预售充值卡。如移动运营商出售话费充值卡、美容院促销出售消费充值卡、健身中心预售消费卡等。在预售发卡时，销售方既未完成服务也未发生提供服务的费用，并且购买方在全额消费之前具有对销售方的债权，在诉讼时效内具有要求退款的权利，因此根据收入费用配比原则和收入确认原则，不能确认收入。即使销售方在售卡时规定的不得退款、有效期一年条款，因与有关法律相冲突，仍不具有免责权利。销售方应建立完善的内部控制体系和信息数据系统，有效控制和记录预售卡的销售及消费情况，根据客户实际消费量确认销售收入。如果预售卡在有效期内一直没有消费完，则可根据合理的会计估计在有效期（或诉讼期）末确认销售收入。

如果预售充值卡收入金额较小、所占比重较小，也可根据实质重于形式原则在预售时确认收入。但是，在预售时即确认收入必须做出严格限定，如果因大规模促销活动等原因导致预售收入大幅波动的情况下，从谨慎性原则出发则不应确认收入。

8. 电子商务服务商收入的确认。以淘宝网为例，公司主要从事 C2C 业务（个人对个人销售）和 B2C 业务（公司对个人销售），收入来源有两种，一是搜索竞价排名，包括：C2C 业务、B2C 业务、P4P 业务（pay for performance 按效果付费）；二是品牌商城，主要是 B2C 模式，收取佣金。淘宝网主要根据关键词搜索竞价排名的出价及关键词被点击的次数，交易额及规定的费率，通过支付宝实时向卖家收费。这种盈利模式体现在网络这个虚拟的世界中，面对的客户数量是巨大的，服务次数是巨量的，单笔交易的金额则是相对微小的，总的交易单数是海量的。这种商业模式收入的确认完全依赖于庞大计算机数据库系统，须经计算机专业审计人员对数据库系统进行测试后才能进行收入确认。

9. 公益性质文化类企业收入的确认。以剧院经营类企业为例，按《企业会计准则——政府补助》相关规定，补贴收入应计入营业外收入进行核算，但这样导致企业主营业务增长幅度偏小，贡献的利润远小于政府提供的补贴收入。因此，也有人提议，像剧院等带有社会公益性质的文化类企业，在执行企业会计准则的前提下，可以要求将政府补贴视同主营业务进行确认，待探讨。目前，应按准则要求计入营业外收入。

10. 动漫企业收入确认及与成本配比。从动漫企业的经营方式来看，可分自创形式和合作形式两大类。自创形式（又称原创），自己创意，自己加工，独享收益。特点是生产周期长，前期投入大。在取得许可后，通过出售（发行）或其他（如合作、授予、转让等）方式获取收入，获取收益的时间较长。对动漫影视作品发行收入，主要是发行动漫影视作品的收入，可以在将碟片实物交付给客户验收合格并取得其确认的证据后在合同约定的发行期间内分期确认收入。

11. 网游公司收入的确认。网游公司的收入主要来自网络游戏本身和相关的收费，网络游戏包括收费游戏和免费游戏两种，对于收费游戏网游公司主要依据游戏玩家的游戏时间收取点卡费，收入与玩家的人数和游戏时间成正比，道具收费是其另一收入来源；近年来发展起来的免费游戏正在成为网络游戏的主流，玩家可以不买点卡免费玩游戏，收入来源包括：虚拟道具收费和增值服务收费，比如，服务性短信收费和其他增值短信服务收费。许多商家青睐于其数量巨大的玩家，纷纷将广告投入其中，网游企业的广告收入原则上在相关的广告开始出现于公众面前时才能确认。

第二节 收入的真实性

营业收入是指在企业从事其销售业务，提供劳动服务以及让渡资产使用权等日常经营业务过程中所得到的经济利益的总流入。营业收入是企业经营的主要成果，也是企业是否取得利润的保障和衡量指标。营业收入的真实性是指企业是否存在变相虚增收入以及是否存在调整收入。因此，企业营业收入真实性是确保企业合法经营的重要指标。在实践过程中，主营业务收入记账不规范有三种主要情形：

一、虚增销售收入

有些企业为了让报表看起来"漂亮"，会人为地通过"应收票据"、"应收账款"等账户虚增销售收入，这样的企业往往会在应收项目上的金额特别大，而且有些账期比较长或者单一客户金额特别大。

二、故意隐匿收入

有些企业为了避税，人为地将企业正常的销售收入反映在"应付账款"内，作为其他企业的暂存款处理，将记账联单独存放，造成当期收入减少，利润减少，从而达到少交税的目的。更严重的是，有些企业为了避税，干脆将收入直接汇入个人账户，不在公司账上反映，这样的舞弊行为会构成挂牌的实质性障碍。

三、人为调节收入入账时间

有些企业为达到某种目的，如减少或扩大承包期的经济效益、逃税、偷税、推迟纳税等，人为改变销售入账时间。比如，将应反映在下一期间的收入反映在本期，或将应在本期反映的收入反映在以后各期，其结果造成当期利润虚增或减少，影响利润的真实，同时造成当期计税基数不实。又如采用分期收款方式发出商品时，应按合同约定的收款日期分期反映收入，但有些企业在发出商品当期或第一个收款日即反映全部收入，造成当期利润虚增，违反了权责发生制原则。再如，采用预收货款方式销售商品时，企业应在发出商品时反映销售，但有些企业自觉或不自觉地在收到货款时反映收入增加，造成当期收入不实、利润不实，违反了权责发生制和配比原则。

案例一 **贝融股份（837463），应收账款金额较大且不断上涨，而收入呈下降趋势**

其前身鹰潭市贝融实业发展有限公司成立于 2009 年 1 月，公司主要产品包括新型商品混凝土、干粉砂浆、以工业废弃物为主的加气砖及板材等新型建筑材料。公司以 2013 年、2014 年、2015 年 1—9 月为报告期，申请挂牌新三板，其营业收入情况如下：

项目	2015 年 1—9 月	2014 年度	2013 年度
应收账款（元）	161 205 999.58	143 361 714	73 235 254
主营业务收入（元）	150 646 016.49	210 138 278.22	200 454 532.41

从报表上看，公司的主营业务收入在报告期内基本保持平稳，但应收账款却大幅增加，2014 年期末余额比 2013 年上升了 95.76%，而 2015 年 9 月底也比 2014 年末上升了 12.45%。收入保持平稳，而应收账款大幅增加，这种匹配失调的状况引发股转的关注。在其后的反馈中，股转重点提到了收入的真实性问题，要求主办券商说明收入和应收账款的情况：（1）结合结算模式和业务特点补充披露合理性，根据下游主要销售客户实际经营情况具体测算对公司生产经营造成的影响，及是否符合公司结算政策和行业特点；结合客户还款能力分析坏账计提是否充分谨慎；（2）说明是否存在提前确认收入或变相虚增收入、调整收入的情形。请主办券商和会计师核查并发表明确意见。

中介机构在回复中，首先解释了收入不变而应收账款增加的问题。回复解释了公司的经营模式和业务特点。公司的产品主要系砂石、绿色高性能混凝土和装配式墙体整体解决方案，其中绿色高性能混凝土、包括预拌混凝土和加气砖块。报告期内，公司主要通过直销模式向客户销售产品，主要客户群体有房地产开发商、建筑施工单位和市政施工单位等。其中，砂石销售在出库时，双方确认数量以后账面确认销售收入；预拌混凝土产品对运输和使用有较高要求，公司直接将产品运送至施工地点，然后双方确认数量等，验收合格时，客户在公司开具的发货单上签字以后确认销售收入；加气砖块销售系产品运抵客户，客户确认并在发货单上签字以后确认销售收入。

而公司的应收账款增加是受到整个宏观经济的影响，尤其是房地产下行的影响。回复称，报告期内，公司客户较为分散，不存在对单一客户的重大依赖。但由于国家对房地产行业的调控政策，导致房地产行业不景气。从而在一定程度上影响公司货款的回收情况，导致应收账款金额较大且有上涨趋势，该趋势与目前公司下游房地产行业的经营状况，以及国内同行业公司的经济形势趋同。公司的客户群体主要为房地产开发企业或建筑施工企业，受房地产宏观调控与去库存政策的双重影响，公司客户群体的经营状况在报告期内存在下降趋势，其应收账款期末余额呈逐年上升趋势。公司的应收账款余额的上涨与下游房地产企业的应收账款余额的上涨情况相匹配。

主办券商及会计师通过核查公司前五大客户的工商登记信息以及与公司相关人员的访谈，报告期内公司的前五大客户为当地品牌知名度及声誉度较高的企业或者当地规模相对较大的建筑施工单位、房地产开发商，公司主要客户经营状况与同行业企业相比运营较为良好，且为了保持与其的长期合作，公司对其实施的信用账期相对较长。并且公司已开始主动放弃与经营情况不好或账期过长的客户的进一步合作，以降低应收账款继续上涨的趋势。此外，由于公司在报告期内推出新增的产品与服务，为尽快拓展相关细分产品市场与树立品牌知名度，公司对采购新增的产品与服务的客户采取了相对较长的信用账期。

在应收账款异常增加的问题上，中介机构的回复逻辑是：公司的客户主要是房地产商，房地产商受整体环境影响经营下滑，导致公司的应收账款增加。其次，公司还在报告期内推出了新产品，也是用了较长的信用账期。这两种因素导致了应收账款增加比收入增长较快。最后，主办券商及会计师认为公司应收账款金额在报告期内较大且不断上涨存在合理性，也符合公司的结算政策及所处行业特点。

中介机构还对收入的真实性进行核查，主要包括截止测试和销售收款循环核查。公司主要销售商品混凝土、预拌砂浆、加气砖等产品。内销产品收入确认需满足以下条件：公司已根据合同约定将产品交付给购货方，经购货方验收合格时确认收入。

① 提前确认收入的核查

根据公司收入确认条件，主办券商及会计师对公司 2015 年 1—9 月、2014 年度、2013 年度主营业务收入进行跨期检查。以公司资产负债表日为截止线，对公司前后一定数量的发货单以及运输单进行截止测试，并检查对应的销售收入记账凭证。经检查，未发现提前或延迟确认收入的现象。

② 变相虚增收入、调整收入的核查

销售与收款循环的内控检查。主办券商及会计师与公司管理层进行访谈，了解公司销售与收款环节的内部控制，同时选取样本对收入进行符合性测试，检查销售合同、发货单、发票、对账单及收款凭证，未发现异常情况。公司销售与收款循环内控设计合理并得到有效执行。结合应收账款函证检查收入的真实性，主办券商及会计师选取主要客户进行应收账款函证，并取得部分回函确认，函证结果未见异常。结合应交税费增值税销项税的测算，主办券商及会计师对企业所得税纳税申报表中收入的核对，检查销售收入的真实性与完整性，未见异常。查阅公司销售明细账及记账凭证，主办券商及会计师检查原始单据是否完整、合法，同时关注是否存在收入冲回等调整现象，未见异常。主办券商及会计师结合收入变动进行了分析性复核，检查收入的确认是否存在异常。公司主营业务收入 2015 年度（取平均值）较 2014 年度下降 2.90%，2014 年较 2013 年增长 2.50%，主营业务收入基本保持稳定。2015 年度，公司主营业务收入略有下降主要受房地产调控政策的影响。

案例二　全通枸杞（837909），营业收入大幅度增加

公司前身宁夏乐杞生物科技发展有限公司成立于 2007 年 4 月 4 日。报告期前期，公司的主营业务是枸杞鲜果和干果的初加工及销售、出口。

2015 年公司做出重大战略调整，致力于打造成一个服务于整个枸杞产业的深度垂直化供应链管理平台。公司通过整合枸杞产业链上下游的资源，充分利用公司现有的采购渠道、技术和管理优势与多层次销售网络，为产业链上下游企业及从业者提供市场信息及产业资源对接服务，提升枸杞产业链中资金、资源的运转效率，增加产品附加值，优化收益在供应要素中的分配模式，最终形成一个集种植、采购、加工、销售于一体的枸杞产业深度垂直供应链管理平台。简单来说，公司在报告期前主要是生产销售枸杞，而在未来要打造一个枸杞的产销平台，整合枸杞的产业链。

报告期内公司的营业收入如下表所示。

单位：万元

项目	2015 年 1—11 月	2014 年	2013 年
主营业务	9 039.77	2 231.62	2 319.75
其他业务	2.49	1.47	0.38
合计	9 042.26	2 233.09	2 320.13

报告期内，公司的主营业务收入大幅度上涨。2013 年度，2014 年度以及 2015 年 1—11 月的主营业务收入分别为 2 319.75 万元、2 231.62 万元、9 039.77 万元，其中 2015 年 1—11 月的收入呈现爆发式的增长趋势，较前两年收入增长 304.92%。

这种爆发式增长的合理性引发股转关注。股转在第一次反馈的第一个问题中，就重点提到了公司最近一期报告中应收账款、营业收入大幅增加的合理性问题：（1）请公司补充披露最近一期业绩大幅增长的合理性分析。（2）请主办券商及会计师核查收入的真实性、完整性；说明针对收入真实性、完整性、准确性履行的尽调及审计程序。

主办券商首先解释了大幅增长原因：一方面，公司 2015 年销售区域重点由国外转移至国内，在维持国外市场稳定增长的基础上重点开发国内市场的枸杞消费潜力。2013 年、2014 年公司的销售主要面向海外客户，满足其对中国特色产品的需求，公司主要交易为与国外进口商进行大宗枸杞干果货物贸易。2015 年在充分进行市场调研的基础上，公司调整经营思路，重点开发国内尚未饱和的枸杞消费需求，开拓了医药公司、大宗的批发贸易、电商平台等多元的国内销售模式，国内收入增加显著，导致整体营业收入的年度对比增长显著。

另一方面，2015 年公司创新销售思路，重点发掘枸杞的药用价值、美容价值，针对枸杞多元价值针对性开发产业链下游需求，开发一批国内医药公司。2015 年前五大客户中医药企业达到三家，三家总计销售额占当期收入的 28.60%，可见重要客户中医药企业销售额的显著增加对于公司业绩大幅增长的贡献。经主办券商及会计师核查分析，公司收入波动与公司实际经营情况一致，具有较大合理性。

而针对国内销售业务的收入真实性问题，主办券商及会计师履行了如下核查程序：

（1）查看公司枸杞产品的销售合同，将销售合同记录与财务账面核对，出库单、合同、发票进行核对。

（2）函证公司大额国内销售客户销售金额，核对公司账面确认的销售金额是否与客户的记录一致。

（3）访谈公司财务负责人和销售部门负责人，调查公司枸杞产品收入确认时点及计量方法。

（4）对于公司已经收到货款的销售情况，通过核对收款时间、金额和公司确认销售的时间、金额，确认枸杞销售的货款是否收到；对于公司确认销售但尚未收到货款的情况，经向债务人发函，取得债务人回函。

（5）通过检查期后回款情况和相关纳税资料，核查公司收入的真实性、准确性和完整性。

（6）实地盘点期末库存商品的数量，与公司仓储出库销售台账记录进行核对。

（7）抽查公司重要客户的销售合同、签收单、出库单和销售发票。

（8）进行收入截止性测试。

对于出口业务，除上述审计程序外，同时调阅公司出口业务报关及退税信息，将出口海关信息、合同、出库单记录进行核对。

最后的结论是，中介机构认为公司收入真实、完整、准确。

案例三　捷视飞通（837860），营业收入大幅度增加

公司前身深圳市捷视飞通科技股份有限公司成立于 2008 年 12 月 19 日，注册资本为 3 600 万元。捷视飞通的主要业务包括多媒体通信领域的产品开发和技术研究、高清晰图像语音交互传输等，其产品主要应用于高清视频会议、宽带无线通信、多媒体指挥调度等领域。

2014 年度和 2015 年度的营业收入分别为 3 915.84 万元以及 6 862.75 万元，2015 年度营业收入较 2014 年度大幅度增长。

股转系统在反馈中也对收入的这种大幅增长提出了质疑。要求请主办券商及会计师：（1）对公司收入确认是否符合企业会计准则的规定发表核查意见；（2）结合采购、产能、人员等情况核查公司收入大幅增长的合理性，是否存在虚增收入的情形，并对公司收入的真实性、完整性、准确性发表核查意见。

中介机构在回复中，通过人员、采购、产能增加等方面，对收入增长进行解释。回复称，2015 年较 2014 年收入大幅增长，公司采购、产能、人员均出现相应增长。为满足生产需求，生产人员由 2014 年的 13 人增加到 2015 年的 20 人，销售人员由 2014 年的 65 人增加到 2015 年的 75 人，公司总员工人数由 2014 年的 152 人增加到 2015 年的 173 人。

随着销售额的增长，2015 年的采购金额也出现了相应的增长，2014 年采购额占销售额的 37.94%，2015 年采购额占销售额的 35.94%，全年采购额占

销售额比例相对稳定。

公司核心产品主要为视频会议终端、多媒体服务平台及移动终端等，产品功能复杂、数据接口繁多，组装和测试水平对产品可靠性的影响较大，因此公司一直坚持自主进行设备组装和测试工序，便于质量管控。而作为信息技术产品，PCBA 板（即已完成元器件贴装的 PCB 板）是产品的核心部件，是功能实现的关键，其贴装过程包括印刷、贴片、回流焊和波峰焊等多个工序，制造工艺较为复杂，需要借助专业的设备和专业的技术能力，因此公司将 PCB 板的贴装工作交由专业的、合格的外协单位完成。报告年度内公司主要合作的委外贴片厂商是深圳市奥普迪科技有限公司，该厂家拥有 4 条生产贴片线，能满足公司的生产需求。2015 年公司的产能尚未达到饱和状态，由于公司产品的技术含量高，安装测试对工人的技能和经验要求较高，所以在产能未达到饱和状态的情况下，公司必须要保持生产队伍的稳定。随着 2016 年销售量的增加，公司将进一步提高产能，并视实际情况及时增加工人。

此外，中介结构还照例对公司申报期间的营业收入执行了规定的核查程序，包括但不限于：了解公司的主要经营模式和业务收入确认规则并测试了公司与收入相关的业务循环内部控制制度；对比较报表期间的收入明细账、总账和财务报表核对，确认是否一致；按销售收入的大小确定各期重要的销售客户并对销售收入按照客户、品种对销售进行分类归集，查看各期按客户、种类等划分的销售收入和毛利率各期重大波动情况，公司 2014 年毛利率 55.18%，2015 年毛利率 62.40%，确认其波动合理；对公司重要的销售客户直接寄发申报期的往来款函证，对于回函存在差异的查阅回函差异分析表并对相关的会计凭证和销售凭证进行详细测试以确认是否存在重大收入确认问题。

经核查，主办券商认为，收入确认原则符合公司经营实际情况，公司收入不存在虚增情形，通过相关测试程序，公司收入真实性、完整性、准确性未见异常。

本节小结

总体来说，核查企业的营业收入主要目的在于确保企业收入或者应收账款的真实性。当企业的收入出现明显大幅度波动时，券商以及会计师事务所应当通过各种测试手段核查企业的账务真实性。营业收入波动大只是客观因素和必然发展趋势的结果，并非人为导致，都不会对挂牌新三板构成实质性障碍。

不过，需要强调的是，企业收入的真实性是至关重要的，也就是说，在保证真实性的前提下，哪怕企业收入存在较大波动，也是可以解释的。企业在运作资本市场的过程中，一定要有一根弦，那就是"真实性"，不要听信一些建议，把企业的收入增长人为地调节到"很漂亮"，严重违反真实性，到时候券商想要帮你解释都很难。

营业收入真实性是保证企业正常运营的前提，如果企业营业收入不真实，会因为造假而付出代价，下面看看"新三板造假第一股"的案例：

2016年7月21日，参仙源参业股份有限公司（831399）发布公告称，公司接受证监会的处罚决定并进行整改。证监会从2015年7月至2016年7月，长达一年的调查终于尘埃落定，参仙源的财务造假也终成定局。最终查实，参仙源在2013年虚增收入7 372.93万元，虚增利润1.29亿元。为此，该公司的一批高管被证监会处罚并责令整改，合计罚款145万元。这是新三板第一例查实的财务造假案例，参仙源也因此被封为"新三板造假第一股"。

参仙源2014年12月9日挂牌新三板，当时被称为是"野生参第一股"。挂牌才7个月，即被证监会于2015年7月20日开始立案调查。

公司挂牌后不久就被监管层盯上，而且是并不高明的财务造假手法，即通过关联交易虚增利润来达到粉饰报表的目的，进而提高公司估值。巨幅虚增利润，关联交易是收入重要来源。

成立于2006年的参仙源，在2012年尚处亏损状态，2013年起却终于找到生财之道，开始大量销售人参。也正是从2013年开始，参仙源的大客户只有一个，其采购额占公司总营收的七至八成，该客户就是和参仙源受控于同一大股东的"兄弟"单位，参仙源酒业。在2013年的业绩构成中，其所谓"野山参"销售收入为1.42亿元，占总营收的71.62%，唯一的买家便是参仙源酒业。据悉，2012年12月，参仙源与辽宁参仙源酒业有限公司签下销售协议，每年销售不超过100万颗，销售单价为800元/颗，且碎参销售单价为2 000元/斤。协议有效期为三年。这意味着，如果一年销售总数量达协议的上限100万颗，公司对参仙源酒业一年的销售收入将达8亿元。参仙源2013年对参仙源酒业的销售额为1.42亿元，占参仙源全年的收入超过七成。依靠向关联方大笔的销售，2013年参仙源收入大增至近2亿元，利润也由此大幅增长。

而更令人惊奇的是参仙源与其大客户参仙源酒业，竟在同一个大院内办公，这或许更为公司的关联交易提供了方便。

据了解，参仙源的董事长为于成波，其控股了参仙源的控股股东为碧水投资集团有限公司（简称碧水投资），该公司持有参仙源酒业49%的股权。

且于成波一直就职于参仙源酒业，于 2012 年 12 月至 2013 年 6 月任参仙源酒业董事长兼总经理，2013 年 7 月至今任参仙源酒业总经理，2014 年 10 月至今任参仙源酒业董事长。看来，铺好了关联之路的参仙源，接下来的交易也就水到渠成了。

2013 年，参仙源将外购野山参作为自挖野山参销售，少计成本 5 538.22 万元，导致虚增利润 5 538.22 万元；同时，参仙源 2013 年将野山参销售给关联方辽宁参仙源酒业有限公司，该关联交易虚增收入 7 372.93 万元，导致虚增利润 7 372.93 万元。两次交易合计虚增利润 1.29 亿元。

上述造假案例告诉企业，不能因为上新三板而去逾越新三板的红线，营业收入必须真实、可靠，不然会因为挂牌新三板而砸了自己的脚。

第三节　毛利率

对于一个企业来说，衡量其是否经营获利的一个重要的评判指标就是该企业的毛利水平。那什么是毛利率，我们先看毛利率的计算公式：毛利率＝（主营业务收入－主营业务成本）/主营业务收入。主营业务收入较为简单，关键是主营业务成本，其是指公司生产和销售与主营业务有关的产品或服务所必须投入的直接成本，主要包括原材料、人工成本（工资）和固定资产折旧等。主营业务成本用于核算企业因销售商品、提供劳务或让渡资产使用权等日常活动而发生的实际成本。主营业务成本账户下应按照主营业务的种类设置明细账，进行明细核算。期末，应将本账户的余额转入"本年利润"账户，结转后本账户应无余额。在实践过程中，企业往往会人为地对主营业务成本进行调节，比如把原本属于费用的计入主营业务成本，降低毛利率，或者把属于成本的调入费用，来调高毛利率。

毛利率是企业盈利能力的重要指标，从毛利率上可以看出一个企业销售状况、市场竞争激烈程度、成本投入多少、成本控制如何、产品美誉度（品牌效应）、行业门槛（工艺复杂程度）等方面的信息。

毛利率是毛利与销售收入的百分比，反映的是一个商品经过生产转换内部系统以后增值的那一部分。毛利率的波动水平总体来说取决于行业的市场竞争，企业自身的营销策略，产品的研发成本，其自身的品牌效应，以及一些技术工艺。

那究竟毛利率多少才合适呢，是不是越高越好？对毛利率的分析，一般有两个维度，第一是公司历年毛利率的对比，不过，只是在公司内部毛利率进行比较是不科学的，在分析毛利率时，要关注同行业可比公司的毛利率情况。所以，另外一种常用的方法就是从行业内横向比较。对行业间可比公司的毛利率进行分析，可以看到自己企业核心竞争力的高低，也能看到竞争对手的现状。

一般来说，毛利率较高的原因有以下几点：企业经营垄断、产品竞争力强、行业周期性作用、产大于销、存货积压等。而毛利率较低的原因，又有以下几点：行业处于衰退期、自身缺乏竞争力、特殊的会计处理等。

所以，对于公司的毛利率，在保持真实性的前提下，一定要尽量地提高其数值水平，尽量接近或者超过同行业公司。

案例一 金芙蓉（837665），毛利率低且波动大

江西金芙蓉药业前身为彭泽制药厂，始建于 1969 年，2005 年更名为江西金芙蓉药业有限公司。2015 年 12 月 10 日改制为金芙蓉股份公司。金芙蓉主要从事现代中药的研发、生产和销售。目前，公司共有 15 个品种，其中，医保目录品种 7 个，国家基本药物目录品种 3 个，OTC 品种 9 个。主要产品有藿香正气合剂、健儿清解液、治咳枇杷合剂、生脉饮（党参方）、强力枇杷露、益母草流浸膏等。

公司报告期内的毛利率情况如下：

项目	2015 年 1—10 月	2014 年度	2013 年度
毛利率	17.22%	14.09%	7.24%

2013 年度和 2014 年度公司的毛利率分别为 7.24% 和 14.09%，较同行业的福康药业（2013 年度和 2014 年度毛利率分别为 20.99% 和 14.43%）和天强制药（2013 年度和 2014 年度毛利率分别为 21.43% 和 23.86%）处于偏低的水平。公司的主要产品为中药原料药和中成药两部分，中药提取物行业受行业利润影响普遍毛利率偏低，而中成药行业的毛利率水平在 20% ~ 60%。此外，由于公司前期在制药类产品上的开拓力度较小且产品销量较低，导致其占单位成本的比重较高。另外，近年来藿香、金银花等中药材价格呈现上涨趋势，

导致公司的利润一直在盈亏平衡点上下波动。此外石药集团投资帮助提高产量，公司加大控制成本节降的力度。制药类产品的毛利率会逐步提高，并且成为日后公司的主营产品。

案例二　泰康翔（837855），毛利率持续上升

解决方法：结合实际情况说明毛利率持续上升是否合理

公司近年来收入持续上升是由于合同管理项目收入大幅增加，其项目毛利率以每年 4.00％的比率持续上升。由于公司较为注重市场开拓及长远发展，因此对于存在长期合作以及深度合作可能性的客户，公司采取在合作初期适当降低收益分享的占比，将增强客户黏性以及稳定客户关系放在首要位置。公司2012 年度所承接的武汉天马微电子有限公司的两个照明灯具节能项目收益占比均处于较低水平，其中一期灯具节能项目前两年收益分享占比为 60％，最后一年收益分享占比为 50％，二期灯具节能项目收益分享比例为 70％。由于照明灯具节能项目毛利率水平相较于其他项目处于较低水平，因此上述两个项目进入分享期后导致毛利率降低至 36.48％。而后 2014 年公司与武汉天马微电子有限公司合作增加了电机变频节能项目和空压机余热回收项目，收益分享占比上升至 75％，对整体毛利率水平有明显提升作用。进入 2015 年度，公司与荆州市成丰磁材科技有限公司和武汉市海鸣快克传播有限公司合作的两个综合节能改造项目的收益分享占比达到了 80％，以及前期毛利率较高的项目维持良好水平，因此公司整体毛利率水平在进一步持续提升中。因此，由于公司所处行业的特殊性以及公司的营销策略，公司的毛利率水平波动合理。

案例三　时光一百（836142），报告期内，毛利率呈下降趋势

解决方法：结合实际情况说明毛利率下降的原因

报告期内，公司 2013—2015 年度主营业务毛利率以及综合毛利率如下表所示。

产品名称	2013 年	2014 年	2015 年 1—7 月
手表	46.49％	45.32％	40.66％
时钟	37.04％	49.72％	67.16％
饰品及包	—	46.71％	48.43％
综合毛利率	45.46％	45.72％	42.21％

由上表数据可知,报告期内,公司2015年度主营业务综合毛利率略有降低。其中时钟产品的毛利率在持续上升且上升幅度较大,而手表产品的毛利率有略微下降。毛利率发生波动且各项毛利率存在不同波动趋势的原因在于公司产品销售渠道以及产品销售结构的调整。

其中,报告期内时钟产品的毛利率呈逐年上升趋势。主要由于2013年度,公司在初期发展阶段,销售业务在不断摸索中,产品外观在不断地优化设计,产品销售尚未规模化,而采购的打版产品的打版费分摊较高成本,因此导致时钟产品的毛利率较低。2014年度,公司的时钟业务以对外采购为主,且时钟产品的种类增加,因此毛利率逐步升高。而2015年1—7月,时钟的主要授权已经基本结束,公司开始逐渐收缩时钟业务。为了快速消化库存,公司与迪士尼签订了两年授权合同,因此期内时钟销售主要为高毛利率的迪士尼产品,造成时钟的毛利率继续升高。因此报告期内时钟产品的毛利率逐步升高。

而报告期内主要产品手表的毛利率在2015年1—7月有轻微的下降趋势,其原因主要在于原材料的采购价格上涨导致成本上涨。此外公司通过唯品会平台销售的收入占比逐渐增加,2015年1—7月唯品会销售收入份额已经达到71.40%,远超2013年度与2014年度唯品会的份额占比。公司与唯品会的合作跟与其他平台的合作(支付推广费)不同,公司与唯品会采用价格折扣的方式进行结算,以折扣扣除后价格作为收入确认金额,而其他平台的收入确认金额还包含佣金,因此通过唯品会销售的产品价格较低,导致毛利率有所降低。

而自2014年公司销售饰品及包类产品以来,毛利率水平一直保持平稳并逐步上升。其原因在于饰品及包的产品销售规模增加,但由于规模效应处于初显状态,因此2015年度增长幅度不明显。

综上所述,公司2015年度主营业务的毛利率较前两年有所下降,但下降幅度处于可控范围。由于公司尚处于发展以及市场开拓阶段,需要提高其产品设计及性价比的优势以赢取市场,有利于公司的长远发展。

本节小结

一般来说,毛利率在公司的正常营销和收入下会在一定的范围内波动,其原因大体来说一方面是由于企业所处的行业自身特殊性,例如上述的药业,其公司所处的中药提取物行业自身毛利低。另一方面,企业自身对市场的规划,如拓展海外市场,也会影响到其毛利率的波动。再者,毛利率的波动水平也会受企业自身的营销策略影响,一些企业为了发展长线客户会选择在合作初期压低自身的毛利以及毛利率,又或者一些企业改变其主营销产品的比重也会导致毛利率的波动。因此，毛利率的波动就企业自身在收入正常的情况下都是合理的，只要能说明毛利率波动的原因即可。

第四节　收入与成本的配比

收入与成本在这里我们谈的主要是企业的营业收入与营业成本。营业收入是指企业在从事销售商品、提供劳务以及让渡资产使用权等日常经营业务过程中所形成的经济利益的总流入，而营业成本是指企业所销售商品或者提供劳务的成本，营业成本应当与其对应的业务经营获得的收入相匹配，称之为收入与成本的配比。企业的营业收入与营业成本直接影响营业利润以及对应的毛利水平。因此当毛利波动异常时，我们应当首先核查其营业收入与营业成本的配比关系是否合理。

收入与费用之间存在以下两方面的密切关系：经济性质上的因果关系；时间上的一致性。根据两者的内在联系，配比原则包含确定费用的三条规则：（1）联系因果关系确认费用。凡是为取得某一时期的收入而发生的耗费，在该收入按实现原则确认的当期，必须将这些耗费确认为费用，如销货成本、销售费用等。（2）合理地分配费用。有些资产的消耗与同一时期的收入并无直接关系，但却是取得收入所必需，并且几个期间均受益，这就需要将发生的这类费用在不同的受益期之间进行分配。（3）发生时立即确认为费用。有些耗费数额较小无须分配或虽数额较大但无法确定分配目标和标准，则可在其发生或支出的同时全部作为该期费用，如广告费等。某个会计期间或某个会计对象所取得的收入应与为取得该收入所发生的费用、成本相匹配，以正确计算在该会计期间该会计所获得的净损益。

配比原则作为会计要素确认要求，用于利润确定。会计主体的经济活动会带来一定的收入，也必然要发生相应的费用。有利得必有所费，所费是为了所得，两者是对立的统一，利润正是所得比较所费的结果。配比原则的依据是受益原则，即谁受益，费用归谁负担。受益原则承认得失之间存在因果关系，但并非所有费用与收入之间存在因果关系。必须按照配比原则区分有因果联系的直接成本费用和没有直接联系的间接成本费用。直接费用与收入进行直接配比来确定本期损益；间接费用则通过判断而采用适当合理的标准，先在各个产品和各期收入之间进行分摊，然后用收入配比来确定损益。因此，收入与费用之间的配比方式主要有两种，一是根据收入与费用之间因果关系进行直接配比；二是根据收入与费用项目之间存在的时间上的一致关系进行期间配比。据此，配比原则有三个方面的含义：（1）某产品的收入必须与该产品的耗费相匹配；（2）某会计期间的收入必须与该期间的耗费相匹配；（3）某部门的收入必须与该部门的耗费相匹配。

配比原则以权责发生制为基础，并与权责发生制共同作用来确定本期损益，最终受持续经营与会计分期两个前提的制约。收入在发生时而不是在收账时确定，与之相配比的费用成本就是为取得该项收入而实际发生的费用，不必考虑费用是否已经以现金付出。即会计主体必须按照权责发生制的原则对各期的收入费用进行核算，而按照权责发生制算出的费用并非全部都是期间费用或产品成本，只有按照配比原则确定的与本期收入或产品收入相对应的费用才是期间费用或产品成本。

对于拟挂牌企业来说，收入费用配比也是股转审核的重点，而往往"暴露"收入成本不配比的数据就是毛利率，如果企业在某一个会计期间毛利率畸高或者畸低，就会被提到收入成本配比的问题。

案例一　中电科安（830840），营业收入的增幅远高于营业成本

公司前身中电科安（北京）系统集成有限公司成立于 2010 年 9 月 6 日，于 2015 年 12 月 7 日完成股改，中电科安主要产品包括安全与应急大数据云平台、安全与应急管理平台（SECMAX）、安全与应急装备，依托产品与服务为水利、公交、环保、安监、校园、石化、城市安全等行业提供全面的解决方案。报告期内公司的营业收入和营业成本的对比如下：

项目	2015 年度	2014 年度
营业收入（元）	80 180 372.99	42 092 448.88
营业成本（元）	56 737 807.68	28 802 827.63

报告期内，公司 2014 年度的营业收入为 42 092 448.88 元，2015 年度的营业收入为 80 180 372.99 元，同比 2014 年度增长了 90.49%。公

司 2014 年度的营业成本为 16 775 328.74 元，2015 年度的营业成本为 39 899 577.06 元，同比 2014 年度增长了 137.85％。公司的营业成本主要在项目发生的开发成本、技术成本、硬件成本以及劳务成本上。2015 年度在保证公司主要项目（南水北调安防项目）的收入持续增长的状况下，拓展环保业务，即环保监测平台的软件开发业务。该环保项目的研发导致收入和支出均呈现大幅度增长的趋势。由于该项业务的部分软件开发存在委托外部开发的情况，因此导致营业成本的增长幅度大于营业收入的增长幅度。

案例二　人和商务（837560），收入与成本的配比不具有很强可追溯性

解决方法：对收入与成本的关系出具合理性分析

公司所属行业为商业服务业，具体为航空旅客运输业下游的航空客运销售代理业。公司的主营业务为航空客运销售代理业务、国内航线（除港澳台）的航空货运销售代理业务（除危险品外）以及商务信息咨询服务，因此公司的主要收入来源为其代理佣金，分为基础佣金以及后返奖励佣金两部分。公司的营业成本均为其主营业务成本，具体构成为配置费、超流量费、网费、服务费等。公司成本的归集是根据实际受益期原则直接计入主营业务成本。由于公司属于非生产制造型企业，公司的收入与成本的配比关系不具很强的对应关系，无法精确地计算与核查每一张机票的收入与成本。从公司的毛利率来看，其毛利率变化不大，处于较平稳的状态，因此公司的营业收入与营业成本的配比关系合理。

案例三　多科莫（837830），营业成本高于营业收入

解决方法：对收入与成本配比失调出具合理性分析

公司 2014 年度营业收入为 10 862 250.53 元，营业成本为 15 396 573.14 元。2015 年度营业收入为 17 356 445.00 元，营业成本为 10 623 766.25 元。公司报告期内营业收入与营业成本存在异常情况，其主要原因在于 2014 年公司与厦门市集美区教育局签订《厦门集美多科校园光伏发电项目合同》，并且承办了厦门市集美区教育局"阳光校园金工程太阳"示范项目建设。在该合同中，政府补贴款项 840.00 万元均计入营业外收入，并且合同成本均转入了营业成本，

导致公司 2014 年度出现营业成本高于营业收入的现象。将该项目涉及的政府补贴（即营业外收入）以及合同成本（即营业成本）排除影响后，公司的毛利率为 20.07%。同行业的正常毛利率区间为 20.00% ~ 35.00%，因此公司的毛利率处于正常水平，公司的收入与成本配比正常。

案例四 宙斯宇宙（837519），营业成本增幅与营业收入增幅不匹配

解决方法：对收入与成本配比失调出具合理性分析

公司 2013 年度、2014 年度以及 2015 年 1—9 月的营业收入与营业成本如下表所示。

时间	主营业务	销售收入（元）	销售成本（元）
2013 年度	驾校计时培训系统	7 174 252.49	2 887 392.60
	技术服务	1 135 056.93	—
	其他产品	1 545 552.28	705 918.17
	合计	9 854 861.70	3 593 310.77
2014 年度	驾校计时培训系统	9 919 931.27	4 386 521.22
	技术服务	1 388 993.54	—
	其他产品	939 574.91	396 699.85
	合计	12 248 499.72	4 783 221.07
2015 年 1—9 月	驾校计时培训系统	18 786 435.65	7 823 596.73
	技术服务	1 710 765.33	—
	其他产品	1 001 882.04	455 689.15
	合计	21 499 083.02	8 279 285.88

公司的主营业务销售收入呈明显上升趋势，而销售成本的增长幅度缓慢，其中 2013 年度、2014 年度以及 2015 年 1—9 月的技术服务销售成本均为 0。目前公司的主营业务是向驾校及相关驾驶培训行业参与者销售软件产品、硬件产品以及相关服务。公司除向客户销售硬件外，还收取公司建立的驾培智能化管理与服务平台系统的使用费用。公司的技术服务收入主要是提供的驾培 GPS 系统平台使用费收入。根据公司的销售合同规定，客户的平台使用费按照每辆教练车每年一次性收取固定费用。而公司的驾培 GPS 系统平台是结合公司生产销售的硬件产品所使用的，在使用过程中没有产生其他费用，并且平台维护不需要专职人员，运行稳定，因此公司没有配备专职技术人员进行维护。平台运行的过程中也没有物料消耗，因此技术服务的营业成本为零。

本节小结

　　公司的营业收入与营业成本的配比关系发生异常，主要是由于公司的运营策略发生改变、大力开发了新项目或者企业自身的主营项目的特殊性引起的。上述案例由于公司发展了新项目或者开拓了新市场，导致营业收入与营业成本的配比失调。此类问题导致营业收入与营业成本引起的失调均为短暂现象，待到新业务或者新项目发展平稳，收入与成本的配比关系将恢复到正常水平。此外，行业运营模式也会影响到企业的成本与收入。总之，在收入和成本真实的情况下，只要能对其配比异常做出合理解释，均可以视作收入与成本的配比关系正常。

第三章 资产负债质量

资产负债表主要构成为资产与负债，企业的资产与负债质量决定一个企业的好坏，也决定了其投资价值的高低，因此现代企业资产负债质量在经营中尤为重要。本章将从在建工程与固定资产产证是否齐全、应收账款余额与账龄时长、无形资产的产权是否存在瑕疵与作价依据是否充分等多个角度，通过案例分析的方式解析新三板挂牌企业在资产质量方面出现的问题，同时提出解决的方案。

第一节　资产产证不齐全

资产产证不齐全问题会影响到报表中资产的入账价值，同时会通过折旧摊销影响利润表，进而进一步影响到未分配利润，引发一系列问题，因此，资产是否取得产证并及时入账是股转系统关注的热点。这一节我们将从现有房产未办理权属证书、在建工程产证不齐全、租赁厂房没有得到房屋所有权证和土地使用证、公司主要生产经营场所均通过租赁方式取得且出租人未取得产权证书等多个问题分案例解析其解决思路。

案例一 **胜达科技（430626）**

潍坊胜达科技股份有限公司（胜达科技430626）于2014年1月挂牌，公司主营业务为可剥离性保护膜的研发、生产与销售以及环保型压敏胶、基膜的研发、生产与销售。

从披露信息中可以发现（公转书P42–P43），公司及子公司的现有房产因各种原因均未办理房产证，主要房产分为三处、位于公司拥有的五块土地之上，其中：

1. 公司位于眉村（"潍国用（2013）第D072号"、"潍国用(2013)第D071号"）土地上的房屋因建成时间较长，上述房产未办理规划及建设手续，公司正在补办房产等权属证书；

2. 位于潍坊高新区健康东街以南、高新二路以西土地（潍国用(2010)第E011号）上的房屋，虽然公司已依法办理了规划及建设手续，但因潍坊高新区管委会通知该园区计划建设智慧产业园要求拆迁，公司已与潍坊高新区拆迁办签订拆迁协议，公司已收到了部分拆迁补偿款1 230万元，目前该处房产按要求已停止办理房产证；

3. 位于潍坊高新区胶济铁路以南、潍安路以东（"潍国用(2012)第E065号"、"潍国用(2012)第E066号"）土地上建设的新厂房，目前厂房建设基本完工，尚未达到可使用状态，规划建设手续齐全，正在按要求办理房产手续。

胜达科技的上述房产均未办理房产证，但情况各有不同，因此其处理方法也各异。

1. 首先是公司位于潍坊市坊子区眉村工业园的（"潍国用(2013)第D072号"、"潍国用(2013)第D071号"土地上的房屋因建成时间较长，上述房产未办理规划及建设手续，未取得房产证。但是该房产位于潍坊市坊子区规划的工业园区内，符合该区的工业规划，不属于相关法规规定的"严重影响规划的违章建筑，限期拆除或没收该建筑物、构筑物"的情况。根据《物权法》、《中华人民共和国城乡规划法》的相关规定，以及相关政府部门的证明，公司办理房产手续的负责人访谈笔录、公司出具的书面说明与承诺，公司拥有（潍国用（2013）第D072号、潍国用（2013）第D071号）两宗土地的使用权及其地上建筑物的所有权。同时公司上述两地块的房产手续正在补办过程中，相关政府部门并未将上述建筑物认定为非法建筑而拆除。

2. 公司位于潍坊高新区健康东街以南、高新二路以西土地（潍国用（2010）第E011号）上的房屋，即当前位于潍坊高新开发区胜达街99号的房产。上述房产公司均依法办理了规划及建设手续，因潍坊高新区管委会通知该园区计划建设智慧产业园要求拆迁，公司与潍坊高新区拆迁办已签订拆迁协议，公司已收到了部分拆迁补偿款 1 230 万元，目前该处房产已停止办理房产证。

3. 公司位于潍坊高新区胶济铁路以南、潍安路以东（"潍国用（2012）第 E065 号"、"潍国用（2012）第 E066 号"）土地上建设的新厂房。公司产房建设已基本完工，尚未达到可使用状态，规划建设手续齐全，正在按要求办理房产手续。公司控股股东、实际控制人及公司已承诺除列入上述拆迁范围的房产外，公司已安排专人办理上述房产证，公司将根据潍坊高新区规划要求及拆迁进度安排，妥善安排拆迁工作，不会因搬迁而影响生产经营。

上述建筑物虽然未取得房产证，但系历史原因造成，上述两地块的房产手续正在抓紧补办过程中，公司有专人办理房产手续、计划清晰，公司未就上述建筑物取得房产证的事实，对公司股票在全国股转系统挂牌并公开转让不构成实质性法律障碍。

对于待拆迁物业，公司与政府相关单位已签订拆迁协议并收到了拆迁补偿款，不会因为产权问题对公司固定资产造成损失，对公司股票在全国股转系统挂牌并公开转让不构成实质性法律障碍。

而对于正在办房产证的房产，公司报建手续齐全且目前正在按要求办理房产证，虽然仍存在潜在的不能及时办理房产证的风险，但公司已经充分披露，对挂牌不构成影响。

总的来说，对于未办理房产证的房产，一定要披露真实状况及原因，如果能够合理解释，一般来说不会构成挂牌的重大障碍。

案例二 万特电气（430391）

郑州万特电气股份有限公司（万特电气 430391）于 2014 年 1 月挂牌，公司主营业务为电力模拟仿真装置和电能计量检定装置的研发、生产与销售。

从披露信息中可以发现（公转书 P46-P47），公司的在建工程证件不齐全。2013 年 1 月 29 日，公司取得郑州市人民政府郑国用 (2013) 第 0013 号国有土地使用权证。2011 年 6 月，公司取得郑州高新技术开发区管理委员会郑高开建环表 [2012]38 号关于《郑州万特电气有限公司智能电网产业园建设项目环境影响评价报告表》的批复；2011 年 10 月 9 日郑州市城乡规划局向郑州高新技术产业开发区管理委员会下发了郑规件字第 410100201112254 号《建设用地规划设计条件通知书》；2012 年 5 月 2 日，公司取得郑州高新技术产业开发区管理委员会规划局郑高规地字第 4101000201200004 号《建设用地规划许可证》，核定用地项目名称为智能电网产业园建设项目。公司现在拥有的上述国有土地上，于 2011 年 10 月开工建设一号厂房，至 2012 年 3 月完工，2013 年 1 月达到可使用状态。2013 年 4 月，公司开工建设智能电网产业园三号综合厂房，目前工程仍在建设中。公司已建一号厂房、在建三号厂房在建设过程中未办理建设工程规划、施工许可证件，一号厂房目前尚未办理房屋所有权登记。

公司对未办理建设工程规划、施工许可证件及目前尚未办理房屋所有权登记的原因进行了解释：

（1）公司所处的郑州高新区电子电器产业园作为郑州市十大产业园区之一和促进电子电器企业快速发展及产业迅速集聚的重要平台，目前尚处于开发建设阶段，园区及其周边区域整体规划尚待办理和完善，道路及其路名路号、水电管网、城市配套设备设施等尚待进一步建设和完善，形成了园区企业建设迅速，建设工程规划、施工许可、城市配套等管理和服务滞后的局面，影响了包括公司在内的园区企业的建设工程规划、施工许可手续的办理；

（2）根据郑州高新技术开发区管理委员会和郑州高新区电子电器产业园管理办公室的意见，为加快推进园内企业的建设并早日实现生产经营，保障入园企业生产经营不受影响，实行边建边补办手续的政策；

（3）按照相关规定，公司已缴纳了 400 万元左右的（应纳）城市配套费，相关材料已交付郑州高新技术开发区管理委员会财政局审核，目前尚在审核中，有待签发审核证之后才具备办理消防证、建设工程规划许可证、施工许可证和房屋产权登记的条件。

应对措施点评：公司正在积极向郑州市政府、郑州高新技术开发区管理委员会及消防、城乡规划、住建等部门申请补办消防、建设工程规划、施工许可证件和已建房屋所有权登记手续，目前正处办理中。公司已建房屋和在建工程未办理建设工程规划、施工许可手续及房屋产权登记虽不符合相关法律法规的规定，但不存在无法取得相关许可证和房屋所有权证的风险。

案例三　五龙制动（430540）

石家庄五龙制动器股份有限公司（五龙制动 430540）于 2014 年 1 月挂牌，公司主营业务为电力模拟仿真装置和电能计量检定装置的研发、生产与销售。

从披露信息中可以发现（公转书 P107-P108），公司目前的生产厂房均系租赁，该生产厂房尚未取得土地使用权证和房屋所有权证。若厂房搬迁，则在一定时间内可能会影响公司经营状况。公司的经营场所存在搬迁的风险。公司多年来生产经营场地比较拥挤，且分散在石家庄高新技术园区 4 栋楼的每栋楼的底层，对公司的经营和管理都极为不便。2012 年 6 月 13 日，公司与石家庄运通挂车制造有限公司签订《房屋租赁合同》，承租位于鹿泉市山尹村乡绿岛产业园区南边厂房及办公楼，年租金 80.00 万元，租赁期限自 2012 年 8 月 1 日至 2014 年 8 月 1 日，上述厂房及办公楼未取得房屋所有权证及土地使用权证，租赁合同亦未办理房屋租赁登记备案。石家庄运通挂车制造有限公司在没有取得土地使用证和房屋所有权证的情况下出租厂房，存在权属瑕疵。根据《商品房屋租赁管理办法》的相关规定，对于违反规定的房屋租赁，其行政处罚主要针对出租人，公司作为承租人主要面临无法继续使用租赁房屋的风险。在此情况下，若公司租赁行为因出租方被行政处罚等原因致使无法继续使用租赁房屋，且公司未能在新购置土地招拍挂程序中合法取得土地使用权，则公司面临重新租赁厂房、寻求替代措施，将对公司的经营产生一定的风险。目前，租赁房屋无第三方主张无效或被有权机关认定无效的情形发生，也无被行政机关予以行政处罚的情形出现。

公司对该问题也进行了解释：

首先该生产厂房为公司租赁，因此其最终权属并不会对公司固定资产权益造成实质性影响。其次公司租赁厂房所占用的土地使用权性质属于集体所有的土地，规划中土地用途为建设用地，2013 年 11 月 7 日，鹿泉市国土资源局出具了《关于石家庄运通挂车制造有限公司用地情况说明》，"石家庄运通挂车制造有限公司，选址位于鹿泉市绿岛火炬开发区内，用地面积 72 亩，现状为建设用地，属《鹿泉市土地利用总体规划》(2010—2020 年)确定的允许建设区，符合鹿泉市土地利用总体规划"。目前，出租方正在积极通过合法、规范的程序办理土地使用权证和房屋所有权证，同时公司正在准备购置土地并建造厂房，以解决固定的生产经营场所，该项工作已取得积极的进展。因此，公司目前租赁厂房的状况不会直接影响公司的持续经营。同时，公司积极敦促租赁方尽快通过规范程序取得房屋所有权证及土地使用权证，并积极寻求新的土地按照法律规定受让土地使用权建造公司厂房。

公司的经营场所存在搬迁的风险，对公司未来经营造成一定程度的不确定性，但公司正在积极敦促租赁方尽快通过规范程序取得房屋所有权证及土地使用权证，并积极寻求新的土地按照法律规定受让土地使用权建造公司厂房。因此公司目前租赁厂房的状况不会直接影响公司的持续经营。

案例四　北鼎晶辉（430532）

深圳市北鼎晶辉科技股份有限公司（北鼎晶辉430532）于2014年1月挂牌，公司主营业务为研发、生产和销售多士炉、水煲、电炉、电蒸锅等家用小电器产品。

公司主要生产经营场所均通过租赁方式取得，且出租人未取得产权证书。具体情况如下表所示。

序号	承租人	出租人	用途	坐落位置	租赁面积（平方米）	租赁期限	备案号
1	北鼎科技	深圳市西丽投资发展有限公司	办公	深圳市南山区留仙大道同富裕工业城2号厂房3楼A	105	2011-11-01至2014-02-28	南KJ001028（备）
2	北鼎晶辉	深圳市西丽投资发展有限公司	厂房	深圳市南山区留仙大道同富裕工业城2号厂房3楼B	1603	2011-11-01至2014-02-28	南KJ001227（备）
3	北鼎晶辉	深圳市沙井步涌股份合作公司	厂房	沙井步涌工业区第7、第8栋	31076	2009-06-01至2019-05-31	宝DB027000（备）
4	北翰林	深圳市沙井步涌股份合作公司	厂房	沙井街道步涌工业D区第五栋	6950	2012-08-08至2019-08-02	宝DB027862（备）

从披露信息中可以发现（公转书P84-P85），公司主要生产经营场所均通过租赁方式取得。由于历史原因，公司承租的沙井步涌工业区第7、第8栋厂房和沙井街道步涌工业D区第五栋厂房的出租人未取得产权证书，可能使公司存在该厂房中途被迫搬迁、到期无法续租而导致经营受影响乃至中断的风险。

为了解决出租人没有产权证书的问题，公司采取了如下措施：

（1）深圳市宝安区城中村（旧村）改造办公室于2013年11月5日出具了证明文件，证明北鼎晶辉承租的上述房屋未纳入城市更新改造范围，也没有规划在未来五年内对其进行改造，但如果有关单位按照深圳市城市更新政策向相关部门提出改造申请，或因城市发展需要等原因，该地块仍然可能在未来五年内被纳入更新改造范围进行改造。

（2）公司控股股东晶辉电器集团有限公司、实际控制人 GEORGE MOHAN ZHANG 签署《承诺及保证函》："若北鼎晶辉及其分、子公司因租赁房产存在权属瑕疵而导致该等租赁房产发生被拆除或拆迁等情形，或者该房产租赁合同被认定为无效或者出现任何因该等租赁房产引发的纠纷，因此而给北鼎晶辉及其分、子公司造成经济损失，包括（但不限于）被拆除、被处罚等直接或间接损失，或者因拆迁可能产生的搬迁费用、固定配套设施损失、停工损失，或者被有权部门处以罚款或者被有关利害关系人追索而支付的赔偿等，本公司/本人将就北鼎晶辉及其分、子公司遭受的任何损失，向北鼎晶辉及其分、子公司承担连带赔偿责任，以保证北鼎晶辉及其分、子公司不因此遭受任何损失，包括（但不限于）经济损失。"

让主管部门出具近期不拆迁的证明文件，同时公司大股东承诺对拆迁风险兜底是惯常的处理手法。不过，尽管公司已经取得由深圳市宝安区城中村（旧村）改造办公室出具的上述房产不拆迁证明，控股股东、实际控制人出具承诺等方式减少上述风险，但仍存在由于上述租赁房产产权瑕疵导致的风险。因此，在实践过程中，企业应该尽量租赁有产权的房产，以减少挂牌风险。

第二节　无形资产瑕疵

无形资产，是指企业拥有或者控制的没有实物形态的可辨认非货币性资产，通常包括专利权、非专利技术、商标权、著作权、特许权、土地使用权等。虽然都叫无形资产，但并非所有的无形资产都能在报表上体现。在实践过程中，企业往往会提出把企业相关技术或者品牌等作为无形资产评估入账，这就混淆了会计上的资产和实际中资产的区别。通常，无形资产只有同时满足下列条件，才能在报表中予以确认：

1. 与该无形资产有关的经济利益很可能流入企业

作为无形资产确认的项目，必须具备其生产的经济利益很可能流入企业这一条件。因为资产最基本的特征是产生的经济利益预期很可能流入企业，如果某一项目产生的经济利益预期不能流入企业，就不能确认为企业的资产。在会计实务中，要确定无形资产所创造的经济利益是否很可能流入企业，需要对无形资产在预计使用寿命内可能存在的各种经济因素做出合理估计，并且应当有明确的证据支持。

2. 该无形资产的成本能够可靠地计量

企业自创商誉以及内部产生的品牌、报刊名等，因其成本无法可靠计量，不应确认为无形资产。

由于无形资产的非实物性特点，对其价值的评估以及产权的认定就容易产生偏差，进而会形成无形资产产权瑕疵，作价依据不充分等问题，这是会计计量的难点，也是股转系统关注的热点问题。在这一节，我们将从无形资产超比例出资、无形资产重复出资瑕疵、有限公司实物及生产技术出资未经评估存在瑕疵但系历史原因造成、无形资产及相关资质并未变更完成、非专利技术无法排除出资人职务成果的嫌疑等多个角度解析其解决思路。

案例一 速升装备（430514）

江苏速升自动化装备股份有限公司（速升装备430514）于2014年1月挂牌，公司主营业务为智能自动化系统集成装备研发、设计、制造、安装、维修及技术咨询。

从披露信息中可以发现（公转书P20-P21），公司前身速升物流成立时，王树生和郑卫星用实用新型专利双轨腔过渡转换装置（专利号：ZL01263582.0)、十字形过渡转换装置（专利号：ZL01263583.9)、多功能小车（专利号：ZL01272713.X) 作价出资金额合计为300万元（低于江苏华泰资产评估有限公司的《资产评估报告书》（苏华泰资评报字 [2003] 003 号）评定的评估价值 357.73 万元），占注册资本的30%，超过了20%，未经省级科技主管部门认定存在一定瑕疵。

根据速升物流设立当时适用的《公司法》及《关于以高新技术成果出资入股若干问题的规定》（国科发政字 1997[326] 号）和《科学技术部、国家工商行政管理局关于以高新技术成果作价入股有关问题的通知》（国科发政字 [1999]351 号）的规定，以高新技术成果出资入股，作价总金额超过公司注册资本的 20%，但未超过 35% 的，由企业所在省、自治区、直辖市和计划单列市科技管理部门负责审查认定；作价金额在人民币 500 万元以上，且超过公司或企业注册资本 35% 的，由科学技术部审查认定。速升物流设立当时的无形资产是否为高新技术成果未按照该等规定取得江苏省省级科技主管部门的认定。

实际上，公司虽然未得到省级部门认定，但其他认定仍然依照规定办理。2003 年 6 月 16 日，速升物流股东王树生、郑卫星、王辉、张学东、无锡速升共同签署《申请》就成立"江苏速升物流涂装工程有限公司"事宜（包括经营范围、注册资本及出资比例、出资方式等）向无锡市科技局申请批复。同日，无锡市科学技术局在该《申请》署名处落款"上述技术属于高新技术"并加盖"无锡市科学技术局"公章，据此可以认定王树生、郑卫星用于出资的专利权被无锡市科学技术局认定为高新技术成果，符合《无锡市人民政府办公室关于进一步改进工商行政管理工作促进地方经济发展的若干意见的通知》（锡政办发 [2002]149 号）关于"以高新技术成果作价出资的，可占到企业注册资本的35%，比例超过 35% 且作价金额在 100 万元以上的，须经省级科技主管部门认定，投资各方约定"的规定。

在得到无锡市科学技术局的批准后，速升物流及其股东依法履行了验资程序并办理了设立登记手续，用于出资的专利权属亦于后办理了转移手续，速升物流的设立行为真实、有效。速升物流设立之后，依法存续并持续经营至今。截至目前，公司没有因当时的出资行为受到相关部门的处罚或影响公司的主体资格，设立时的股东业已书面确认不会对本次出资行为产生争议或纠纷，也未因此而受到工商或科技主管部门的调查或处分。另经核查，上述用于出资的专利已分别于 2011 年 11 月 5 日、2011 年 12 月 10 日因有效期届满而终止专利权，所出资金额已于 2011 年底摊销完毕。

2006 年新《公司法》实施后取消了以工业产权、非专利技术作价出资比例不超过 20% 的规定，修订为"全体股东的货币出资金额不得低于有限责任公司注册资本的百分之三十"，据此，本次出资行为已符合现行有效的《公司法》之要求，当时的出资瑕疵已随着法律环境的变化得到了自行修正，不会对公司本次股票挂牌构成实质性障碍。

王树生、郑卫星用于出资的专利系个人研究成果，不属于在无锡速升工作期间的职务发明创造，其权属清晰、权能完整，不存在争议或纠纷。

本次无形资产出资占注册资本的 30%，超过了 20%，虽然未经省级科技主管部门认定存在一定瑕疵，但当时已得到无锡市科学技术局的认定并符合当时无锡市的相关规定，且随着法律环境的变化上述出资瑕疵已得到了自行修正，不会对公司本次股票挂牌构成实质性障碍。

案例二　工大科雅（836391）

河北工大科雅能源科技股份有限公司（工大科雅 836391）于 2015 年 2 月挂牌，公司主营业务为面向城镇供热企业及终端热用户的供热节能技术及配套产品，是集设计、研发、安装、计量、监测、维保于一体的供热系统节能领域综合解决方案供应商。

问题：无形资产重复出资瑕疵

从披露信息中可以发现（公转书 P27-P28），2005 年 4 月 15 日，河北金桥华益德资产评估有限公司出具冀金华评报字（2005）第 025 号《评估报告》，以 2005 年 4 月 13 日为评估基准日测算，河北工业大学出资的实用新型专利"可自动控制室温 IC 卡智能热量表"（专利号 ZL02237727.1) 评估值为 412 000.00 元。河北工业大学以有限公司拥有的实用新型专利"可自动控制室温 IC 卡智能热量表"对有限公司进行了增资，系重复出资，导致河北工业大学未履行出资义务。

为了解决河北工业大学未履行出资义务问题，2015 年 8 月 18 日，公司股东齐承英与天津河北工业大学资产经营有限责任公司签署《协议》，齐承英自愿代替天津河北工业大学资产经营有限责任公司履行上述出资的补缴义务，由其将 41.2 万元缴付至工大科雅；齐承英承诺不因补缴前述出资而向天津河北工业大学资产经营有限责任公司主张任何权利；双方确认，对于天津河北工业大学资产经营有限责任公司持有有限公司的股权，双方不存在股权代持的情形，也不存在纠纷。

2015 年 8 月 22 日，有限公司召开临时股东会并作出决议：（1）河北工业大学无偿划给工大资产公司股权对应的未履行的 41.2 万元的出资义务由股东齐承英补缴。（2）其他股东确认，在齐承英补齐完毕上述 41.2 万元后，河北工业大学 2005 年 3 月 26 日向石家庄工大科雅应缴纳的 41.2 万元出资义务依法履行完毕，各股东承诺不再因该出资义务向工大资产公司主张任何权利。（3）齐承英自愿代替工大资产公司履行河北工业大学上述出资 41.2 万元的补缴义务后，各股东的出资比例保持不变。

2015 年 8 月 25 日，当时石家庄工大科雅股东李军、石家庄金正房地产开发有限公司分别出具《承诺书》，在齐承英补齐完毕 41.2 万元后，河北工业大学 2005 年 3 月 26 日对石家庄工大科雅的 41.2 万元出资义务依法履行完毕，李军、石家庄金正房地产开发有限公司均不再因该出资义务向天津河北工业大学资产经营有限责任公司主张任何权利。

根据银行汇款单，截至 2015 年 8 月 26 日，齐承英已将货币资金 41.2 万元缴至有限公司账户。

河北工业大学存在出资瑕疵，但是该瑕疵已于 2015 年 8 月 26 日由齐承英以等额货币资金补齐的方式予以弥补，该出资瑕疵已不存在；同时有限公司现各股东及当时原股东均作出承诺不再因该出资义务向河北工业大学主张任何权利；对于天津河北工业大学资产经营有限责任公司持有有限公司的股权，齐承英、天津河北工业大学资产经营有限责任公司双方确认不存在股权代持的情形，也不存在纠纷。因此有限公司本次增资涉及的增资款项已全部缴足，公司股权明晰，不存在股权代持及股权纠纷情形。

案例三 **蓬莱海洋**（834752）

蓬莱海洋（山东）股份有限公司（蓬莱海洋 834752）于 2015 年 11 月挂牌，公司主营业务为保健品添加剂及保健品的研发及销售。

从披露信息中可以发现（公转书 P13–P19），有限公司成立及前四次股权转让、增资过程中，未经上级主管单位批准，实物资产增资及转移违反了相关法律法规，其事实行为存在一定瑕疵。股份公司现有股东是在 2011 年 4 月通过烟台联合产权交易中心公开购得有限公司全部股权，履行了相关法律程序，支付了股权转让的对价，有限公司原股东已经全部退出。

2010 年 8 月 23 日，蓬莱市国有资产监督管理局出具《关于蓬莱市蓬莱海洋有限公司股权转让的批复》（蓬国监字 [2010]11 号），同意蓬莱市供电公司将持有的公司股权全部有偿转让。

根据烟台浩正资产评估有限公司于 2010 年 10 月 12 日出具的《蓬莱市供电公司拟转让所持有的蓬莱市蓬莱海洋有限公司股权项目资产评估报告书》（烟浩正评报字 [2010]11 号），以 2010 年 7 月 31 日为评估基准日，公司的净资产评估值为 4 841.45 万元。2011 年 2 月 23 日，蓬莱市国有资产监督管理局出具的《关于对蓬莱市蓬莱海洋有限公司资产评估项目予以核准的批复》（蓬国监字 [2011]2 号）对该评估项目予以核准。

2011 年 2 月 24 日，蓬莱市国有资产监督管理局出具《关于蓬莱市蓬莱海洋有限公司以评估后净资产为底价进行产权转让的通知》（蓬国监字 [2011]3 号），该通知规定：将蓬莱市供电公司持有的蓬莱海洋有限公司 97% 的国有股权以净资产 4 800 万元作为底价在烟台联合产权交易中心进行公开挂牌转让。

蓬莱市供电公司将其持有的公司股权在烟台联合产权交易中心挂牌出售，该项目挂牌公告时间为 2011 年 2 月 28 日至 2011 年 3 月 25 日。

2011 年 4 月 15 日，公司召开股东会，一致同意供电公司将其在有限公司 2 376.5 万元股权转让给金桥集团，兴源投资将其在有限公司 73.5 万元股权转让给万城置业，其他股东放弃优先购买权。

2011 年 4 月 15 日，兴源投资公司（转让方）与万城置业签订《股权转让协议》，约定：兴源投资同意将其持有的有限公司 73.5 万元股权以 148.45 万元的价款转让给万城置业。

2011 年 4 月 15 日，供电公司（出让方）与金桥集团（受让方）签订了《产权交易合同》，约定：出让方将持有的有限公司 97% 的国有股权有偿转让给受让方，出让方将上述产权以人民币 4 800 万元的价格有偿转让给受让方。本合同项下产权通过烟台联合产权交易中心公开挂牌后，因只产生一个受让方，出让方决定以协议方式实施转让。

2011 年 5 月 31 日，经蓬莱市工商行政管理局核准，办理上述事项的变更手续。变更后公司注册资本结构为

序号	股东名称	出资额（万元）	出资比例（%）	出资方式
1	金桥集团	2 376.50	97.00	货币
2	万城置业	73.50	3.00	货币
	合计	2 450.00	100.00	—

2015 年 8 月 1 日，股份公司全体股东已作出承诺"本人对有限公司设立及历次增资过程中以实物及无形资产出资瑕疵问题予以确认，并对历史出资及增资瑕疵问题无异议。若因该实物及无形资产出资造成股份公司损失的，由本人承担赔偿责任"。

有限公司实物及生产技术出资未经评估存在瑕疵，但系历史原因造成，原股东已经全部退出有限公司，新股东系通过烟台联合产权交易中心公开且合法程序受让股权。同时，新股东对原股东的历史出资瑕疵予以认可并自愿承担相关损失。因此，上述瑕疵不会对本次挂牌构成实质性的影响。

案例四　文达通（430516）

青岛文达通科技股份有限公司（文达通 430516）于 2014 年 1 月挂牌，公司主营业务为生物识别、智能化系统 S-HOME、楼宇对讲系统的研发及销售。

从披露信息中可以发现（公转书 P40），2011 年 12 月 20 日，青岛文达通科技股份有限公司取得了青岛市工商行政管理局颁发的注册号为 370211018021280 的《企业法人营业执照》，股份公司正式成立。原有限公司所有的知识产权正在变更，尚未全部变更完毕（两项计算机软件著作权、一项商标权）。

如实披露，并作出承诺。原有限公司拥有的全部有形资产、无形资产、相关证书等均由股份公司依法全部继承，公司积极变更程序，将原有限公司所有财产、相关证书等依法变更至股份公司名下，公司承诺所有资产、相关证书不存在纠纷或潜在纠纷。

案例五　风格信息（430216）

上海风格信息技术股份有限公司（风格信息 430216）于 2013 年 4 月挂牌，公司主营业务为广播电视行业视音频播出安全、监测整体解决方案的设计、开发与实施。

从披露信息中可以发现（公转书 P15–P16），公司设立时有效的《公司法》(1999 年修正) 第二十四条第二款规定，"以工业产权、非专利技术作价出资的金额不得超过有限责任公司注册资本的百分之二十，国家对采用高新技术成果有特别规定的除外"。2004 年 8 月 6 日，公司召开股东会并做出决议，同意股东惠新标以高新技术成果——嵌入式数字电视 ASI 码流监测设备作价 70.00 万元出资，占注册资本的 35.00%。

2004 年 8 月 11 日，上海市张江高科技园区领导小组办公室出具《关于批准嵌入式数字电视 ASI 码流监测设备项目评估合格的函》(沪张江园区办项评字 [2004]012 号) 认定为上海市高科技园区高新技术成果转化项目，所有者为惠新标。

2004 年 8 月 11 日，上海申洲会计师事务所有限公司出具《验资报告》(沪申洲 [2004] 验字第 552 号) 验证，截至 2004 年 8 月 10 日，有限公司以高新技术成果——嵌入式数字电视 ASI 码流监测设备出资的 70.00 万元已完成转移手续。

2005 年 3 月 18 日，张江高科技园区领导小组办公室评估认定"嵌入式数字电视 ASI 码流监测设备"评估价值为 210.00 万元。2005 年 4 月 20 日，上海市高新技术成果转化项目认定办公室颁发证书认定"嵌入式数字电视 ASI 码流监测设备为上海市高新技术成果转化项目，权属单位为上海风格信息技术有限公司"，该项目可享受《上海市促进高新技术成果转化的若干规定》有关优惠政策。

2012 年 11 月 9 日，上海众华资产评估有限公司出具《惠新标个人所拥有的部分资产追溯性评估报告》(沪众评报字 [2012] 357 号)，确认"嵌入式数字电视 ASI 码流监测设备于评估基准日 2004 年 8 月 11 日的市场价值为71.6059 万元"。

2012 年 11 月 15 日，股份公司召开 2012 年第三次临时股东大会通过《关于上海风格信息技术股份有限公司设立时以高新技术成果、人力资源出资的议案》，确认有限公司设立时股东出资真实到位，不存在虚假出资、出资不实等情况，有限公司或股份公司的出资或股权不存在纠纷或潜在纠纷。

上海市工商行政管理局为鼓励软件企业发展设置了宽松的企业出资和注册登记政策。有限公司设立时以高新技术成果出资的比例和程序虽不符合当时《公司法》的相关规定，但符合国务院关于印发《鼓励软件产业和集成电路产业发展的若干政策》的通知 (国发 [2000] 18 号) 的精神和上海市工商行政管理局 2001 年出台的《关于鼓励软件产业和集成电路产业发展促进高新技术成果转化的若干实施意见》(沪工商注 [2001] 第 97 号) 的规定，同时也符合现行《公司法》关于无形资产出资比例的要求。

另外，上述高新技术成果出资经上海众华资产评估有限公司追溯评估，其价值并未被高估，并已全部转移至公司。因此，该部分出资真实到位，不存在虚假出资、出资不实等情况。

第三节　存　　货

存货，是指企业在日常活动中持有以备出售的产成品或商品、处在生产过程中的在产品、在生产过程或提供劳务过程中耗用的材料和物料等。

在实践过程中，关注较多的是存货采购业务的真实性、合法性和正确性。存货是否分类列示、存货采购成本及余额与公司业务模式是否匹配，存货周转率是否存在异常波动。企业的采购、运输、验收、出库、储存、付款、入账各项数据是否匹配。关注存货增减变动及结存情况的真实性、前五大供应商情况、现金流量情况是否匹配。关注公司所处行业或客户需求是否面临重大不利变化，是否导致公司存货出现减值迹象。

在挂牌新三板的过程中，对于大部分生产型企业来说，存货问题是一个最大的拦路虎。实践中，最大的问题就是存货管理的随意性，具体表现在几个方面：第一就是账实不符，实际存货管理是一套账，实际做账是一个数，导致两者差异很大，为了把两者的差距缩小，往往会导致挂牌时间的推迟，以时间换空间。第二就是存货的出库入库内部控制较差，发出商品在对方接收后，没有确认单，发出和接收都比较随意，企业往往通过企业对总账的方式确认数据，这会导致既有存货和结转的存货与真实数据有差异。第三就是存货的跌价测试往往形同虚设，大部分企业都没有这个做法，到时很多已经没有价值或者丢失的存货往往还以原值挂在账上，这也会导致账实不符。

案例一　和合玉器（834905）

新疆和合玉器股份有限公司（和合玉器 834905）主营业务为和田玉产品的设计、研发和销售，报告期内主营业务收入占营业收入比例达到 99% 以上。截至报告期末，公司在全国 16 个省市已拥有 52 家门店。截至 2015 年 12 月 31 日，公司在新疆地区营业收入占总营业收入的比例为 51.13%，新疆以外地区营业收入占总营业收入的比例为 48.87%。

分析其财务数据可以发现：

单位：元，%

项　目	2015/12/31	2014/12/31	2013/12/31
存货	217 775 682.56	278 671 425.74	242 174 968.84
存货周转率	0.20	0.19	0.23
资产总计	313 271 635.55	375 427 270.89	352 583 939.41
存货占总资产比重	69.52	74.23	68.69

公司存货余额占总资产比重过大，同时存货周转率过低。珠宝行业有单品价格较高，存货周转率较慢，需要投入大量资金进行存货储备等特殊原因。但公司库存过大会占用过多流动资金同时库存不易变现，影响公司的可持续经营。公司并未对和田玉潜在的价格下跌计提大额存货跌价准备，因此公司未来有资产减值的风险存在。

案例二　　**绿洲园林（833049）**

大连绿洲园林绿化工程股份有限公司（绿洲园林 833049）主营业为园林绿化设计、施工及苗木培育及销售的企业，包括大型公园、广场、园林景观品、路街绿化和绿化养护工程。截至 2015 年 12 月 31 日园林工程营业收入占其总营业收入比例达 100%。公司在通辽市科尔沁区销售收入占其 2015 年度销售收入的 95.66%。

分析其财务数据可以发现：

单位：元，%

项目	2015/12/31	2014/12/31	2013/12/31
存货	231 390 723.09	230 056 905.52	190 263 326.72
存货周转率	0.08	0.13	0.34
资产总计	276 058 297.86	281 665 430.33	246 072 797.64
存货占总资产比重	83.82	81.68	77.32

公司存货余额占总资产比重过大，2013—2015 年，营业收入为 7 711.89 万元、6 745.69 万元、2 660.95 万元，存货为 19 026.33 万元、23 005.69 万元、23 139.07 万元，存货占比为 246.71%、341.04%、869.58%。报告期内 211 家新三板建筑业公司的存货占比值为 37.11%、40.35%、42.38%（读懂新三板数据）。公司存货由实物出资形成的消耗性生物资产，与已完工但未结算的资产组成。苗木为生物资产，自然灾害等潜在不可抗力因素可能会损毁苗木资产；此外，客户的财务状况恶化等潜在因素，可能导致存货中工程施工余额出现存货跌价损失的风险。

案例三　　**雪阳坯衫（833889）**

河南雪阳坯衫股份有限公司（雪阳坯衫 833889）主营业务为研发、设计、生产、加工、销售。"坯衫"泛指规范的空白服装成品，属基础服装，具备印制、绣花、贴牌定制等再造功能。报告期内，2013—2015 年公司主营业务收入分别占总收入比例为 93.48%、87.85%、93.57%。

分析其财务数据可以发现：

单位：元，%

项　目	2015/12/31	2014/12/31	2013/12/31
存货	98 168 881.81	101 006 801.50	132 367 105.87
存货周转率	0.80	0.92	1.05
资产总计	180 290 706.43	199 674 545.15	235 621 263.34
存货占总资产比重	54.45	50.59	56.18

公司存货余额占总资产比重较大，报告期内存货占总资产比重分别为 56.18%、50.59%、54.45%，占同期末流动资产的比重分别为 89.62%、86.81%、93.87%。就服装行业而言，公司存货周转率较低。存货占公司流动资金比例较大，降低了公司资金使用效率，公司存在短期偿债能力不足的风险。报告期内，公司存货跌价损失为 6 438 457.52 元、5 001 165.27 元、1 225 551.02 元，呈下降趋势，但仍影响公司的可持续经营。

案例四　酒仙网（833919）

酒仙网电子商务股份有限公司（酒仙网 833919）主营业务为酒类垂直电子商务综合服务商，专业从事酒类商品的线上零售——酒仙网 (B2C)、线上特卖——中酿酒团购 (B2B)、即时服务——酒快到 (O2O) 及品牌运营综合服务。报告期内，2013—2015 年公司主营业务收入分别占总收入比例为 96.98%、85.42%、93.69%。

分析其财务数据可以发现：

单位：元，%

项　目	2015/12/31	2014/12/31	2013/12/31
存货	450 992 797.34	422 748 103.26	396 183 292.66
存货周转率	4.08	2.86	2.52
资产总计	1 201 812 500.66	1 119 271 818.73	912 873 852.24
存货占总资产比重	37.53	37.77	43.40

公司存货余额占总资产比重，相比白酒行业而言较高。公司存货周转率相比而言较高，且有上升的趋势，同时公司 2014 年、2015 年存货跌价损失分别为 498 008.33 元、486 703.70 元，占存货比值为 0.12%、0.11%，说明公司库存管理能力较强。公司近两年营业收入快速增长，毛利率稳中有升，但公司销售费用、管理费用也快速增加，导致公司报告期内一直未能盈利，在此模式下未能盈利，不能保证公司可持续发展。

本节小结

从以上案例可以发现，存货余额较大，周转率较低，大多都是日常消费品行业，其行业更新迭代速度较快，导致当期无法销售出去的产品，只能计入库存或减值处理。同时存货余额较大的公司，大部分处于门槛较低的行业，行业竞争较为激烈，客户换供应商的成本较低，在销售过程中公司往往处于被动的位置，存在大量赊销，客户在结算时又往往用减值后的价格进行结款。因此在存货余额较大的公司中，除了个别营业收入增长速度快的公司，大部分公司的可持续经营能力存在风险。

同时以上案例均已成功挂牌，说明存货余额与存货占总资产比重并不会直接影响公司挂牌的审核结果。从上述企业与其他存货余额较大企业的股转系统意见反馈可以发现，股转系统更关注企业是否具备可持续发展的能力：

1. 对比同行业情况分析并披露存货构成的合理性以及存货余额较大的合理性；公司存货各项目的发生、计价、分配与结转情况是否履行监盘程序。

2. 报告期内公司存货的变现力度，公司现金流和净利润是否存在大幅下降的风险，从而对公司经营业绩带来不利影响。

3. 报告期内公司是否面临存货积压及存货减值的风险。针对公司存货较大产生的经营风险，公司是否制定了相应的应对措施。

总体上，企业的存货余额、周转率等数据在真实的前提下，不会对企业挂牌新三板造成影响。

第四节　占用股东或关联方款项

企业在发展初期，治理理念不够完善，当运营资金缺乏，就会向股东或者关联方伸手借钱，用于企业的生产经营，这是股东与法人财产权没有明确区分的明显标志。挂牌企业违规占用股东或关联方款项，会导致挂牌企业的资产不独立，从而构成挂牌的实质性障碍。

从审核实践上看，股转系统一般关注的问题点有：1. 资金拆借的背景和原因。2. 是否履行了相关的决策程序，是否签署借款协议。3. 是否约定了借款利息，利息标准是否公允，对发行人经营业绩的影响。4.挂牌企业是否对股东或关联方借款存在重大依赖。5.挂牌企业对于向股东或关联方借款问题的内部控制措施以及有效性，审计基准日之后是否还有向股东或关联方借款的问题。

不过，在实践过程中，大部分的借款都是实际控制人或者大股东借给公司使用，尤其是在企业创立早期更是如此。为了避免大股东和挂牌企业之间的纠纷，同时为了减少挂牌企业和大股东之间资金往来和关联交易，中介机构往往会要求企业将欠股东的款项清理干净。因此，拟挂牌企业在日常的经营中，一定要将企业资金和股东资金区分清楚，企业需要资金，股东或者关联方可以增资的方式投入企业，扩大企业的资本金。或者可以通过向非关联第三方借款，减少或杜绝与关联方的资金往来。

案例一　浦江股份（833821），向关联方借入资金

公司前身南京浦江合金材料有限公司成立于 1995 年，主要从事于球化剂和孕育剂产品的生产、加工及销售。

从公开资料中可以看到，报告期内，公司与股东及关联方拆借金额平均在 2 000 万元左右，且借入借出频繁。公司在公转书中解释称，公司与关联方之间发生的资金拆借，系股东和关联方为缓解公司流动资金压力而出借的暂借款项，资金来往真实。另外，报告期内，公司存在向股份公司董事、副总经理于建人、吴永纯拆借资金的行为，而于建人、吴永纯在报告期内是有限公司员工。为缓解公司流动资金压力，两人临时出借资金给公司，约定不支付利息。2013 年公司向于建人拆借资金 50 万元，2013 年归还 10 万元，2014 年归还 40 万元，截至 2014 年末已还清。2014 年公司向吴永纯借款 791 503.73 元并于当年还清。

公司也解释，随着公司业务规模的扩大，公司从股东等关联方处拆借资金主要为满足公司营运资金的需求。截至报告期末，公司尚存在借关联方款项 1 722.62 万元。报告期内公司与关联方的往来借款均约定不支付利息，对公司经营损益不产生影响。

公司与股东及关联方频繁的资金往来，引起股转的关注，在反馈意见中特别就关联方资金拆借让企业及中介机构做出说明。（1）请公司补充披露报告期内与关联方频繁拆借资金的原因，合同订立，利率和期限约定(签订补充协议约定期限至 2017 年 12 月 31 日)等情况。（2）请主办券商补充核查公司是

否对关联方资金存在依赖，是否具有独立性，就其对公司持续经营的影响发表明确意见。

在反馈回复中，中介机构首先解释了频繁拆借资金的原因及利率和期限约定情况。回复称，随着公司业务规模的扩大，公司从股东等关联方处拆借资金主要为满足公司营运资金的需求。上述资金主要用于下述方面：

采购方面：公司采购镍镁等有色金属时，需要先预付货款，并以有色金属交易网当天收盘价结算。除采购硅铁废钢外，原材料采购零账期。另外供应商根据不同结算方式，产品报价不一样，以现金结算方式采购原材料单价更低。因此公司大多数采取以现金结算的方式采购原材料。这些都占用了公司较大的流动资金。

销售方面：公司与销售客户的合作时间较久，关系也相对稳定，公司一般给客户 3 个月左右的信用账期。另外，2014 年国内经济形势较差，客户资金紧张，公司给客户的账期略有放宽。

综上所述，采购资金的提前付出，销售资金的滞后回笼，导致公司日常流动资金紧张，故频繁从关联方处拆借资金，以供公司正常运营使用。以上关联方资金拆借均约定不支付利息，偿还期限为 2017 年 12 月 31 日。

同时，公司在回复中也对关联方资金依赖性及独立性做出说明。经核查，公司 2013 年、2014 年及 2015 年 3 月末资产负债率（以合并报表为基础）分别为 43.10%、40.40%、40.67%。可比公司龙钇科技（831879）2013 年末、2014 年末的资产负债率（以合并报表为基础）分别为 49.96%、50.02%，图南股份（832729）2013 年末、2014 年末的资产负债率（以合并报表为基础）分别为 65.06%、63.74%。公司的资产负债率较同行业可比公司偏低。主要系公司财务政策较稳健，银行贷款金额低。2013 年末、2014 年末、2015 年 3 月末公司短期借款余额分别为 0，10 008 000.00 元和 10 008 000.00 元。截至 2015 年 8 月 15 日，公司尚有 1 000 万元的银行授信额度未使用。另外，报告期内，公司从未开具过承兑汇票，收到的承兑汇票也从未贴现，大部分票据是等待到期托收。

综上所述，公司财务政策稳健，资产负债率较低，公司融资方式主要为向股东借款，截至 2015 年 3 月末公司向关联方拆借资金的余额为 1 722.62 万元。实际上，公司也可通过银行借款、开具汇票、票据贴现等方式获得融资，但由于关联方借款约定不支付利息，公司向关联方拆借资金可减少财务费用，体现了股东及其他关联方对公司发展的支持。

经核查，主办券商认为公司对关联方资金不存在依赖，公司具有独立性，关联方资金拆借对公司持续经营不构成重大影响。

在借款的问题上，企业不能含糊，首先要做到承认事实充分披露，然后需要解释向股东及关联方借款的必要性，同时强调向股东及关联方借款没有损害公司利益。一般情况下，只要清理干净解释清楚，不会构成挂牌障碍。

案例二　奥凯立 430226

公司前身北京奥凯立科技发展有限责任公司成立于 2001 年 3 月 22 日。主要从事泥浆助剂、水泥浆助剂、采油助剂、酸化压裂助剂、水处理剂等产品的研发和销售。

公开资料显示，报告期内公司发生的关联交易事项主要为：2012 年 8 月，公司因受该年度铁路部门资金短缺的影响，回款速度较慢，从而影响了公司正常的资金周转，公司股东冯献华、张宪锋、刘永杰遂采取无息借款的方式对公司予以资金支持，每位股东借款金额 100.00 万元，合计 300.00 万元。截至本公开转让说明书出具日，公司已归还了上述关联方借款。

由于有限公司未制定关联交易的具体决策程序，该关联方借款事项的决策是由有限公司执行董事拟订方案，提交股东审议并一致同意后执行。

除上述事项外，报告期内公司未发生其他对外担保、对外投资、委托理财、关联交易等重要事项。

综上所述，因有限公司未制定对外担保、对外投资、委托理财、关联交易等重大事项的决策程序，故有限公司重大事项的决策是由执行董事拟订方案，提交股东审议并一致同意后执行。有限公司所发生的关联方借款体现了股东对公司发展的支持，没有损害公司和债权人的利益，有利于公司的生产经营，且已执行完毕。

股份公司成立后，在《公司章程》、三会议事规则、《对外担保管理制度》、《对外投资融资管理制度》、《关联交易管理制度》中都明确了对外担保、对外投资、关联交易等重大事项的审批及决策程序，在未来运营过程中，公司将严格按照《公司章程》等公司内部治理规则的相关规定，对公司重大事项尤其是关联交易的审批和决策进行规范。

由于企业向股东借款金额较小且公司有能力清理，因此，为了不给挂牌造成不必要的障碍，公司在挂牌前归还了借款，而股东也未要求收取资金占用费，从而未损害公司和债权人的利益；另外，说明公司也强调将完善治理结构，避免以后的关联方借款符合公司的决策程序。

解决挂牌企业向股东或关联方借款问题大致思路如下：

1. 如实披露资金拆借的背景和原因。

2. 挂牌企业向股东或关联方借款未要求收取资金占用费，解释未损害公司和债权人的利益。

3. 说明公司完善治理结构的情况。

4. 如实披露，匡算财务影响，说明对本公司当期业绩的影响。

总之，在实践中，企业占用关联方资金，挂牌前有能力清理的，一定要清理干净，避免后续反馈的麻烦，也避免给外界留下一个资产不独立和内控失效的不好的印象。如果企业资金紧张，也并不一定需要在申报之前全部清理，但是，基本原则是这种借款不要损害挂牌主体的利益，尤其是不能通过借款利息的形式变相对关联方利益输送。无论如何都要承诺，在挂牌之后的资金管理中，要建立严格的内部控制制度，避免随意的资金往来损害挂牌主体利益。

第五节 资金占用

资金占用是红线，绝对不能触碰。

通俗地讲，资金占用就是企业的股东及关联方通过一定的方式将公司的资产占为己有。资金占用对公司法人财产造成严重损害，也是股东财产与法人财产不区分的严重表现，从而影响公司财产的独立性。无论是挂牌企业还是未挂牌企业，其资金占用问题都需要进行清理，并制定相应的内部控制制度，防止再次发生。

股转公司2015年11月27日下发的《关于开展挂牌公司资金占用情况专项自查的通知》第二部分涉及资金占用的界定："资金占用"指的是挂牌公司为控股股东、实际控制人及其附属企业垫付的工资、福利、保险、广告等费用和其他支出；代控股股东及其关联方偿还债务而支付的资金；有偿或无偿直接或间接拆借给控股股东及其关联方的资金；为控股股东及其关联方承担担保责任而形成的债权；其他在没有商品和劳务对价情况下提供给控股股东及其关联方使用的资金（包括虚拟关联交易转让资金、通过非关联方的交易转供资金、逾期未收回应收款项等）。

股转公司业务部在 2016 年 5 月下发的《关于资金占用调查表的填写注意事项》的第四部分和第五部分又对资金占用进行了详细界定，并增加了几种情形：

（1）挂牌公司为控股股东、实际控制人及其附属企业（挂牌公司同一控制下的企业）垫付工资、福利、保险、广告等费用和其他支出；（2）挂牌公司代控股股东、实际控制人及其附属企业（挂牌公司同一控制下的企业）偿还债务，为控股股东、实际控制人及其附属企业（挂牌公司同一控制下的企业）承担担保而形成的债权；（3）挂牌公司有偿或者无偿、直接或者间接拆借给控股股东、实际控制人及其附属企业（挂牌公司同一控制下的企业）的资金；（4）董事、监事、高级管理人员有偿或者无偿、直接或者间接从挂牌公司拆借资金。

不过，股转也特别强调了几种情形不属于资金占用：

（1）关于"备用金"，公司董事、监事、高级管理人员以及其他人员可能会存在备用金，此种情形一般不认定为资金占用。

（2）关于"与控股子公司、参股子公司的借款以及经营性往来"，不认定为资金占用；与"联营企业的经营性往来"不认定为资金占用，此种为关联交易。

（3）与控股股东、实际控制人及其附属企业（挂牌公司同一控制下的企业）的经营性往来不认定为资金占用。

（4）发生时间为挂牌前的资金占用，且已经根据挂牌条件进行清理的，不必填写，不认定为资金占用。

针对资金占用问题，股转系统在《全国中小企业股份转让系统挂牌业务问答——关于挂牌条件适用若干问题的解答（二）》中还特别将其列入负面清单，具体如下：

占用公司资金、资产或其他资源的具体情形包括：向公司拆借资金；由公司代垫费用，代偿债务；由公司承担担保责任而形成债权；无偿使用公司的土地房产、设备动产等资产；无偿使用公司的劳务等人力资源；在没有商品和劳务对价情况下使用公司的资金、资产或其他资源。

占用公司资金、资产或其他资源的行为应在申请挂牌相关文件签署前予以归还或规范。资金或其他动产应当予以归还（完成交付或变更登记）；人力资源等或其他形式的占用，应当予以规范。

除了频繁发布资金占用的规范性文件，股转还就资金占用问题进行严查，对数家企业和中介机构进行了处罚，可见监管之严。因此，资金占用是企业挂牌的红线，绝对不能触碰。

下面通过控股股东占用资金、实际控制人占用资金、关联方占用资金、主要股东向公司借款等情况来进行案例分析。

案例一　华宿电气（430259）

公司控股股东、实际控制人余龙山，截至 2012 年 12 月 31 日，向公司的借款总额为 985 821.68 元。截至本公开转让说明书签署日，余龙山已经全部偿还以上欠款。

公司控股股东、实际控制人余龙山控制的上海研科，截至 2012 年 12 月 31 日，公司其他应收上海研科款余额为 499 877.83 元，截至本公开转让说明书签署日，上海研科已经全部偿还以上欠款。

公司控股股东、实际控制人余龙山控制的上海攻之成，截至 2012 年 12 月 31 日，公司的其他应收上海攻之成款项余额为 453 079.80 元。截至本公开转让说明书签署日，已经全部偿还以上欠款。

公司控股股东、实际控制人余龙山控制的上海之立，截至 2012 年 12 月 31 日，公司应收上海之立款项余额为 450 174.10 元。截至本公开转让说明书签署日，已经全部偿还以上欠款。

此外，公司在关联交易部分将以上事项作为关联交易进行披露，详细披露关联交易情况、关联交易的决策程序、合法性和公允性、对财务状况和经营成果的影响；未减少关联交易的安排。

案例二　中斗科技（833594），关联方资金占用

1. 请公司披露报告期内关联方资金占用产生的原因、还款方式、是否签订协议并约定利息、对关联方资金占用的规范情况。

项目组查阅了中斗科技的《章程》、中斗科技相关董事会及股东大会的会议资料，近两年《审计报告》等文件资料，表明报告期内中斗科技未制定关联交易的决策权限及审议程序，也未履行相应的关联交易决策程序，仅履行了公司内部合同审批程序。

中斗科技就此事进行自查和整改，归还了关联方占款，并在 2015 年 5 月 7 日召开临时股东大会，审议通过了《公司章程》、《股东大会议事规则》、《董事会议事规则》、《监事会议事规则》等具体规定，制定了《关联交易管理制度》、《防止控股股东、实际控制人及其关联方占用公司资金制度》等，审议通过了《关于〈确认北京中斗科技股份有限公司相关关联交易〉的议案》，对报告期内发生的关联交易进行确认，并对相关管理人员进行相应的培训，加强学习，确保以后的经营管理中严格按照相关管理制度中的规定履行决策程序。

① 上述关联方借款是否收取利息，是否存在损害公司及股东利益的情形

上述关联方借款已经归还，但未收取利息，公司确保以后在经营管理中严格按照相关管理制度中的规定履行决策程序，避免再次发生此类损害公司及股东利益的事情。

② 针对关联方占用资金事项，公司采取了何种规范措施

公司为防止股东及其关联方占用或者转移公司资金、资产及其他资源的行为发生所采取的具体措施如下：

a. 公司为了防止控股股东及其关联方占用或者转移公司资金、资产以及其他资源的行为发生，在《公司章程》第三十九条、第四十一条规定了具体的防范措施。

b. 公司制定了《关联交易实施细则》，对公司的关联交易及决策程序做出规定。公司与关联人之间资产购买或者出售，对外投资（含共同投资、委托理财、委托贷款等），提供财务资助，提供担保，租入或者租出资产，签订管理方面的合同（含委托理财、委托贷款、对子公司投资等），赠予或者受赠财产，债权、债务重组，签订许可使用协议，研究与开发项目的转移，购买原材料、燃料、动力，销售产品、商品；提供或者接受劳务，委托或者受托销售，关联双方共同投资，其他通过约定可能引致资源或者义务转移的事项等行为均需按照《公司章程》及《关联交易实施细则》的规定履行相应的决策程序，并规定了关联交易决策时，相关关联方的回避制度。《关联交易实施细则》同时明确规定对关联交易合同或协议的订立、变更、终止及履行情况等事项应当及时予以披露。

c. 公司制定了《对外担保管理制度》，规定对股东、实际控制人及其他关联方提供的担保须经股东大会审批，股东大会审议该等议案时，该股东或受该

实际控制人支配的股东，不得参与该项表决，该项表决须经出席股东大会的其他股东所持表决权的半数以上通过。

d. 公司股东均签署了《规范关联交易的承诺函》，承诺如下："本人今后将尽可能减少与公司之间的直接或间接的关联交易。对于无法避免的关联交易，将依法签订协议，并按照《公司法》、《公司章程》、《关联交易实施细则》及其他相关法律法规的规定，履行相应的决策程序。"

2. 请公司披露针对关联方占款的内控制度。

3. 请主办券商及会计师核查关联方资金占用的规范措施是否有效，期后是否仍发生关联方占款，并对公司与关联方资金独立性发表专业意见。

成立初期缺乏完善的三会议事规则及对外投资、对外担保、关联交易等内控制度，关联方之间的资金拆借审批决策程序不够规范，在主办券商、律师等中介机构的帮助下，公司已根据《非上市公众公司监督管理办法》等相关要求修订了《公司章程》，制定了股东大会、董事会、监事会议事规则与《总经理工作细则》、《关联交易实施细则》、《对外投资管理制度》等，为公司法人治理的规范化运行提供了进一步的制度保证。

经核查，期后公司未发生关联方占款情况，经核查，主办券商认为，公司与关联方的资金是独立的。

案例三　速升装备（430514），主要股东向公司借款

郑卫星、王树生向公司借款主要用于资金周转，未支付利息。公司于2013 年开始逐步清理关联方的资金往来，截至 2013 年 9 月 16 日，王树生、郑卫星已结清所有与公司往来款项，并出具了不占用公司资金的《承诺函》，承诺："本人、与本人关系密切的家庭成员以及本人、与本人关系密切的家庭成员控制的除江苏速升自动化装备股份有限公司（以下简称"股份公司"）外的其他企业已全部清理并归还此前以借款等各种形式占用的股份公司资金。自本承诺出具之日起，本人保证本人、与本人关系密切的家庭成员、本人及本人关系密切的家庭成员控制的其他企业将不以任何形式、任何理由占用股份公司及其控股子公司资金。若本人、与本人关系密切的家庭成员或本人、本人关系密切的家庭成员控制的其他企业违反上述陈述、承诺或保证，本人将赔偿由此给股份公司造成的一切损失。"

为规范公司上述行为，防范控股股东及关联方占用公司资金，公司制定了《防范控股股东及关联方资金占用管理制度》，对防止公司资金占用措施做出

了具体规定。

本节小结

在企业新三板挂牌过程中，股东和关联方的资金占用是非常重要的问题，公司在报告期可以存在资金占用问题，但是在挂牌前如果公司资金占用问题不能够得到解决，就不能够挂牌，股转给出的最迟解决时间点是申报材料前。资金占用在新三板审核中是重中之重，资金占用在审核中越来越严，"股转系统内部通知就直接表示：'重要问题说三遍，重大事项查三遍。资金占用报告期期末查一遍，报材料前查一遍，挂牌前查一遍，一经查实，一律不得挂牌'"。实践中，在申报期以后发现资金占用的一律撤销材料，未发现的侥幸挂牌的一律采取监管措施，情节严重的一律移交证监会。总之，资金占用问题一定要在申报材料之前得到解决，才能够挂牌新三板。

一般的解决思路如下：

1. 如实披露资金占用的情况；

2. 在申报材料前归还资金，对于股东占用资金，还需股东做出以后不再占用公司资金的承诺；

3. 制定关联交易事项，经非关联股东大会审议批准通过，并制定《防范控股股东及关联方资金占用管理制度》。

第六节　费用挂账

费用发生后，如果没有及时入账，直接影响利润表，进而影响资产负债表，造成财务失真。在实践中，费用挂账主要有以下两种形式：1. 费用已发生、因为发票未到或者发票遗失而挂账。2. 应入未入费用，因企业经营效益差、无法消化而挂账。在拟挂牌新三板企业中费用挂账是常见的问题，我们认为主要原因是公司在发展初期企业报表主要应对税务局，企业会根据税务筹划的需要开具发票，会存在企业已经购货但是不及时开具发票，而是挂账于预付账款或其他应收款等资产往来科目。费用挂账是股转系统审核中重点关注的问题，原因是上新三板的企业一般为中小型企业，一般利润并不大，费用挂账，可能导致公司利润表扭亏为盈。

案例一 天鹅家纺（832622），报告期期末公司存在较大金额备用金

安徽天鹅家纺股份有限公司产品主要为床上纺织用品，包括件套、被子等产品的生产和销售。

问题：报告期期末公司存在较大金额备用金。

反馈意见：（1）请公司披露报告期各期末预支的备用金总额、占其他应收款比例以及备用金的具体用途、期末存在大额备用金的必要性及合理性、报告期内是否发生过备用金未能偿还的坏账情形。（2）请公司披露备用金的提取和报销流程。（3）请主办券商和申报会计师核查公司的备用金管理制度，说明公司大额、跨期预支备用金的合理性，结合备用金期后收回情况核查公司是否存在费用挂账的情形，并对公司是否具备规范的资金管理和内控制度发表意见。

反馈意见回复：（1）公司日常备用金的借支，除部分人员及总经理预借备用金以外，其他人员一般是实报实销，不留备用金余额。报告期备用金情况如下表所示。

款项性质	2014/12/31		2013/12/31	
	金额（元）	占其他应收款比例（%）	金额（元）	占其他应收款比例（%）
备用金	1 042 900.00	91.06	875 848.11	98.98

截至 2014 年 12 月 31 日，公司其他应收款账面金额共 1 145 231.61 元，其中备用金共计 1 042 900.00 元。

由于公司业务需要部分人员借支备用金以备零星支付使用。2014 年 12 月 31 日主要人员借支备用金情况如下表所示。

姓名	与本公司关系	金额（万元）	年限	占比（%）
吴传华	股东	27.84	1 年以内	25.60
汪向东	员工	23.00	1 年以内	21.15
王业胜	员工	22.00	1 年以内	20.23
崔志坚	员工	17.00	1 年以内	15.64
郑磊	员工	13.00	1 年以内	11.96
合计		102.84		94.58

吴传华为子公司合肥华丽纺织制品有限公司总经理，负责公司所有日常事务的管理，包括市场开发和管理工作，需经常来往于各地区拓展业务、项目现

场指导工作以及学习培训等，所需差旅费、招待费、培训费等金额较大，根据实际支出情况，于相关费用发生时冲抵预借备用金；汪向东为子公司合肥华丽纺织制品有限公司财务经理，期末借备用金以备支付临时性费用；王业胜为子公司合肥华丽纺织制品有限公司采购负责人，期末借款为预备支付零星采购业务；崔志坚为子公司合肥华丽纺织制品有限公司技术开发负责人，期末借支备用金为预备支付技术开发费用；郑磊为子公司合肥华丽纺织制品有限公司主要业务人员，期末借支备用金为预支的差旅费及招待费等。

报告期内未发生过备用金未能偿还产生坏账情形。

（2）备用金的提取和报销流程。

备用金的提取：公司员工因工作需要事前预借款的，必须填写借款单或支票使用申请单，写清借款原因、预计的金额和还款日期，财务人员严格控制现金的使用。借款单要由部门负责人、副总或财务主管签字后，出纳人员才能付款。在预定还款日期到期后不能还款或报销的从有关人员的工资中扣除。

报销流程：费用报销人报销申请（填制费用报销单）→报销人部门负责人（或上级主管）确认签字→财务审核（单据、数据等方面要求）→公司总经理（或委托授权人）审批（侧重真实、合理性等方面负全责）→出纳复核并履行付款。未按上述流程执行的，财务部有关人员有权拒绝付款。

（3）报告期内，公司大额备用金使用情况如下：

吴传华为子公司合肥华丽纺织制品有限公司总经理，负责公司所有日常事务的管理，包括市场开发和管理工作，需经常来往于各地区拓展业务、项目现场指导工作以及学习培训等，所需差旅费、招待费、培训费等金额较大，根据实际支出情况，于相关费用发生时冲抵预借备用金。2014年末备用金余额278 400.00元。2015年1月9日将未使用的备用金归还。

汪向东为子公司合肥华丽纺织制品有限公司财务经理，期末借备用金以备支付临时性费用。鉴于规范要求期后已归还该借款。

王业胜为子公司合肥华丽纺织制品有限公司采购负责人，期末借款为预备支付零星采购业务。鉴于规范要求期后已归还该借款。

崔志坚为子公司合肥华丽纺织制品有限公司技术开发负责人，期末借支备用金为预备支付技术开发费用，鉴于规范要求期后已归还该借款。

郑磊为子公司合肥华丽纺织制品有限公司主要业务人员，期末借支备用金为预支的差旅费及招待费等，鉴于规范要求期后已归还该借款。

经检查备用金的期后归还和使用情况，不存在大额费用挂账的情形。

经核查，主办券商和会计师认为：公司资金审批制度、支付制度较为完善，存在的借支金额较大情况与公司所处发展阶段及客观经营情况相符合，2014年公司重新制定相关制度后，规范了资金的管理和监督制度，报告期内将其他应收款中的大额借款陆续收回，预借备用金通过期后发生的费用报销已基本抵销或收回，未再发生新的借款，公司将进一步完善资金管理制度，以进一步规范大额资金支出现象。

案例二   显鸿科技（836619）

内蒙古显鸿科技股份有限公司是专业化商品信息安全解决方案供应商，主要从事抗擦油墨的研发、生产、销售和喷码机及其配件的经销业务。

问题：报告期末公司存在较大金额备用金。

反馈意见：请公司结合业务特点以及备用金管理制度补充说明存在大额备用金的必要性及合理性。请主办券商及会计师补充核查是否存在费用挂账的情形。

反馈意见回复：（1）公司子公司深圳显鸿于2014年9月成立，为迅速扩展业务，快速服务客户，深圳显鸿在深圳之外成立了5个办事处，同时公司在香港及内地招聘了多名业务主管及骨干，分派到各办事处，为了保证办事处的正常经营，为每个办事处拨付一定的营运资金（根据各地区的消费程度拨付），各办事处根据《办事处费用支出及报销管理规定》，日常费用按月归集，月末一次报销。深圳显鸿报告期末存在的大额备用金为正常公司拨付的办事处营运资金余额，符合公司业务特点和相关制度的规定。

（2）项目组采取的核查程序包括与公司管理层进行访谈，了解公司营运资金构成情况；与公司财务人员进行访谈，了解公司资金运营情况；检查企业备用金管理制度；检查期后费用报销的凭证及发票等附件，核查报告期末是否存在跨期未报销的情况等。项目组经核查，了解到深圳显鸿为了扩大销售范围在深圳之外成立了5个办事处，同时为了保证办事处的正常经营为每个办事处拨付了一定的运营资金（根据各地区的消费程度拨付），公司办事处营运资金主要用于办事处日常费用支出，各办事处的日常费用按月归集，月末一次报销，符合公司《办事处费用支出及报销管理规定》，报告期末不存在跨期未报销的费用挂账情形。

主办券商与会计师经核查后认为，公司对办事处拨付的营运资金在备用金科目核算，存在大额备用金是必要且合理的，不存在费用挂账的情形。

针对报告期末各公司存在较大金额备用金问题，基本解决思路如下：

1. 如实披露报告期各期末预支的备用金总额、占其他应收款比例以及备用金的具体用途、期末存在大额备用金的必要性及合理性。

2. 如实披露备用金的提取和报销流程、备用金的期后归还和使用情况、存在的借支金额较大情况与公司所处发展阶段及客观经营情况相符合。

3. 提出应对措施，例如：公司将进一步完善资金管理制度，以进一步规范大额资金支出现象。

案例三　东篱环境 (836565)，预付账款金额大涉及费用挂账情形

广东东篱环境股份有限公司是一家集立体生态环境策划、设计、建造、生态修复等实力于一身的生态环境定制商。公司的业务主要分三项：园林景观设计、园林工程施工和苗木种植。

问题：预付账款金额大涉及费用挂账。

反馈意见：关于预付款项。（1）请公司结合付款政策补充披露预付款项金额较高的原因，并说明预付款项结转的时点及依据、期后结转存货情况。（2）请主办券商及会计师补充核查预付款项是否真实存在、是否存在成本费用挂账、是否存在未结转存货的情况，并发表专业意见。

反馈意见回复：

截至 2015 年 7 月 31 日预付账款余额为 14 785 161.12 元，预付账款期末余额较高主要是由于预付的苗木和石材款余额较高。公司根据合同条款对苗木和石材供应商支付材料采购款，并在验收合格后进行相关结转存货的确认。截至本公开说明书签署之日，预付账款结转存货合计 9 253 143.21 元。

主办券商回复：主办券商和会计师通过管理层和相关工作人员的询问，了解采购流程和对采购流程执行控制测试和实质性测试，如对大额的发生凭证，核查相关交易的合同、银行付款单、发票等，并且抽取供应商对公司的采购金额、结算金额和余额进行函证，核查工程进度表、竣工报告和结算书等资料和调查主要供应商背景资料，结果并无异常，因此确保了预付账款的真实性和准确性。

经核查，主办券商认为公司预付款项真实，不存在成本费用挂账和报告期末或年末不存在未结存存货的情况。

案例四　德威企业（835989）

上海德威企业发展股份有限公司是一家以建材销售、装饰装修、房产中介、房屋托管和物业管理为主营业务的综合性房地产服务商。

问题：预付账款金额大涉及费用挂账。

反馈意见：关于预付款项。（1）请公司结合付款政策补充披露预付款项金额较高的原因，并说明预付款项转销的时点及依据、期后结转存货情况。（2）请主办券商及会计师补充核查预付款项是否真实存在、是否存在成本费用挂账、是否存在未结转存货或在建工程的情况，并发表专业意见。

反馈意见回复：

公司回复：（1）请公司结合付款政策补充披露预付款项金额较高的原因，并说明预付款项转销的时点及依据、期后结转存货情况。

公司主要经销日系建材品牌，主要供应商有大金（中国）投资有限公司、骊住通世泰建材（大连）有限公司、美标（中国）投资有限公司、松下电工（中国）有限公司、上海奥的斯电梯有限公司、上海伊藤忠商事有限公司等日资企业。根据采购合同的约定，公司必须先付款，供应商收到全款后安排发货，公司验收入库后财务根据入库单做商品入库处理，同时转销预付账款并结转存货。

各期末的预付账款金额较高，是因为公司已付款，供应商尚未发货，次月供应商安排发货，公司验收入库后即转销相关预付账款并结转存货。

主办券商回复：（2）请主办券商及会计师补充核查预付款项是否真实存在、是否存在成本费用挂账、是否存在未结转存货或在建工程的情况，并发表专业意见。

尽调过程：获取并查阅采购合同相关付款要求；查验预付账款付款凭证及附件；查验并核对预付账款转销及存货结转凭证及入库单；核对公司仓储入库记录情况与财务账面入账信息。

事实依据：主要供应商的采购合同、付款及划款记录、采购商品验收入款单、转销预付账款并结转存货凭证等。

分析过程：获取并查阅采购合同相关付款要求，与实际预付账款付款情况对比一致；查验期后预付账款转销及存货结转凭证及入库单，与公司仓储入库记录和财务账面入账信息核对一致。

结论意见：公司预付款项真实存在、不存在成本费用挂账、不存在未结转存货的情况。

针对预付账款金额大涉及费用挂账，基本解决思路如下：

1. 结合企业自身情况如实披露预付款项金额较高的原因，并说明预付款项结转的时点及依据、期后结转存货情况。

2. 主办券商从尽调过程、事实依据、分析过程等方面如实披露。

第七节　生物资产核算

对于涉农企业来说，生物资产是会计核算的难点和重点，如何跨过生物资产核算这个门槛，是挂牌的关键所在。生物资产顾名思义指的是有生命的植物、动物等，生物资产变化快、数量众多、易损坏易丢失等特点，导致对生物资产的计量存在诸多难题。实践中，农林绿化公司苗圃场的树苗，要对存货进行精确计量往往难度很大，尤其是要将成本分摊到每一棵树难度更大。生物资产分为消耗性生物资产、生产性生物资产和公益性生物资产。

（1）消耗性生物资产指的是为出售而持有的，或者是在将来收获为农产品的生物资产。一次性消耗并停止其他服务能力或者是未来经济利益指的就是消耗性生物资产，因此具有一定的存货的特征。

（2）生产性生物资产是指具备自我生长性，能够为产出农产品、提供劳务等目的而所拥有的生物资产。生产性生物资产能够在生产经营中反复长期使用。

（3）公益性生物资产是指以防护、环境保护为主要目的的生物资产，尽管不能直接给企业带来经济的增长，但是有潜力能为企业带来经济利益。

对于企业来说，一般企业所拥有的是那种长期反复使用的生产性生物资产和消耗性生物资产。

在新三板的审核案例中，关于生物资产关注的要点主要有以下几个方面：

（1）请说明消耗性生物资产与生产性生物资产如何划分，这个标准并不难确定，只是在实践中如何执行时需要重点关注的问题。关注针对生物资产的盘点方法、程序和分类结果等，请主办券商及申报会计师说明监盘方法。

（2）生产性生物资产的规模、分布构成及储备情况，是否符合公司的行业特点，与公司的经营规模相适应；与公司实际产能和产量相匹配。

（3）补充说明并披露生产性生物资产分类成新率和平均成新率，说明生产性生物资产规模与成新率对公司业务经营、创新能力和成长性的影响。

（4）请补充披露报告期生产性生物资产的具体情况，包括项目内容、养殖时间、投资规模、累计投资成本、转固金额与时间、相关会计核算等，说明在生产性生物资产的初始计量的依据、标准及合规性。

案例一 **赛诺生物（836907），报告期末存在生产性生物资产**

公司前身成立于 2008 年 3 月 31 日，赛诺生物的主要服务为提供异种移植治疗糖尿病医疗技术服务，赛诺生物的"异种一号"DPF 供体猪为提取猪胰岛细胞制剂所用，猪胰岛细胞生物制剂为公司在糖尿病治疗医疗技术服务过程中所使用的生物制剂。

股转在反馈意见中提到，截至 2015 年 8 月 31 日，公司拥有生产性生物资产的账面价值共计 1 433 565.91 元。（1）请公司补充披露生产性生物资产较高规模是否符合申请挂牌公司的行业特点，是否与申请挂牌公司的经营规模相适应，补充分析目前的生产性生物资产规模、分布构成及储备情况是否能与申请挂牌公司近两年一期实际产能和产量相匹配。（2）请补充分析并披露生产性生物资产分类成新率和平均成新率，说明生产性生物资产规模与成新率对申请挂牌公司业务经营、创新能力和成长性的影响。（3）请补充披露报告期生产性生物资产的具体情况，包括项目内容、养殖时间、投资规模、累计投资成本、转固金额与时间、相关会计核算等，说明在生产性生物资产的初始计量的依据、标准及合规性。（4）请主办券商、申报会计师核查上述情况，并明确发表意见。

中介机构在回复中首先对生产性生物资产情况进行说明。截至 2015 年 8 月 31 日，公司生物资产情况如下表所示。

项目	2015 年 8 月 31 日
种猪数量（个）	355.00
种猪成本（元）	1 433 565.92
占非流动资产比例（%）	7.04
占净资产比例（%）	4.69
占总资产比例（%）	4.62

公司生产性生物资产为种猪，公司主营业务为异种移植（猪胰岛细胞移植）治疗糖尿病医疗技术的研发。公司的研发方向、临床试验研究措施，以及未来

发展计划均为异种移植（猪胰岛细胞移植）治疗糖尿病医疗技术产业化。报告期内，公司尚处于研发阶段，未有产生与主要研发方向相关的营业收入，因此，公司的生物资产主要为研发所用。

公司在糖尿病治疗医疗技术服务过程中所使用的生物制剂为猪胰岛细胞生物制剂，猪胰岛细胞生物制剂从公司自主培育的"异种一号"DPF 供体猪中提取，公司的生物资产为种猪，包括公司作为独立种系保存繁衍的适用于胰岛细胞移植的种猪，以及根据研发和试验进度需要随时培育出的 SPF 猪（无特定病原体猪）和 DPF 供体猪（无指定病原体猪）。

截至 2015 年 8 月 31 日，公司具有生产性生物资产种猪 355 头，账面价值 1 433 565.92 元，公司的生物资产均为自主繁育取得，根据企业会计准则，自行繁殖的种猪的初始成本为其出生至达到成熟期（一般为出生后 8 个月内）发生的饲料及药物支出、人工费用和应分摊的水电费、折旧费等间接费用。公司对种猪按历史成本计量，累计折旧按直线法在其繁育期 4 年内平均摊销。

由于保存种系的原因和提取猪胰岛细胞生物制剂的需求，公司需要对猪种进行一定数量的保存，截至 2015 年 8 月 31 日，公司具有生产性生物资产种猪 355 头，基本能够满足公司保存种系和提取猪胰岛细胞生物制剂的需求，与报告期内公司处于研发阶段的特点相匹配。

然后，中介机构对生产性生物资产分类成新率和平均成新率及对公司的影响进行了说明。截至 2015 年 8 月 31 日，公司生物资产种猪的成新率为 70.87%，公司在糖尿病治疗医疗技术服务过程中所使用的生物制剂为猪胰岛细胞生物制剂，猪胰岛细胞生物制剂从公司自主培育的"异种一号"DPF 供体猪中提取，公司的生物资产为种猪，包括公司作为独立种系保存繁衍的适用于胰岛细胞移植的种猪，以及根据研发和试验进度需要随时培育出的 SPF 猪（无特定病原体猪）和 DPF 供体猪（无指定病原体猪）。由于保存种系的原因和提取猪胰岛细胞生物制剂的需求，公司需要对猪种进行一定数量的保存。

公司的猪胰岛细胞生物制剂为从"异种一号"DPF 供体猪的新生猪中提取，距离出生的日期较短，因此公司生物资产整体上的成新率对公司的研发并无影响。中介机构还对报告期生产性生物资产的具体情况进行了披露，包括项目内容、养殖时间、投资规模、累计投资成本、转固金额与时间、相关会计核算等，说明在生产性生物资产的初始计量的依据、标准及合规性。

回复称，报告期各期内，生产性生物资产的数量、投资成本、转固金额情况如下表所示。

单位：元

项目	2012 年 12 月 31 日	本期增加	本期计提转移值	本期死亡或淘汰	2013 年 12 月 31 日
种猪成本	399 600.00	1 042 146.11	202 600.76	100 456.15	1 138 689.20

单位：元

项目	2013 年 12 月 31 日	本期增加	本期计提转移值	本期死亡或淘汰	2014 年 12 月 31 日
种猪成本	1 138 689.20	1 043 706.89	258 847.08	814 058.57	1 109 490.45

单位：元

项目	2014 年 12 月 31 日	本期增加	本期计提转移值	本期死亡或淘汰	2015 年 12 月 31 日
种猪成本	1 109 49.45	1 175 349.99	279 622.43	571 652.09	1 433 565.92

公司生产性生物资产的会计核算流程：

① 生产性生物资产的初始计量

公司的生产性生物资产种猪除早期从云南等省份获取的原始猪外，目前所有生产性生物资产均为自行繁育而得。

根据企业会计准则，自行繁殖的种猪的初始成本为其出生至达到成熟期（一般为出生后 8 个月内）发生的饲料及药物支出、人工费用和应分摊的水电费、折旧费等间接费用。公司对种猪按历史成本计量。

② 生产性生物资产累计折旧的计提

生产性生物资产种猪的累计折旧按直线法在其繁育期 4 年内平均摊销。

③ 生产性生物资产种猪达到成熟期后发生的相关费用全部计入当期管理费用

④ 生产性生物资产减值准备的计提

资产负债表日，公司对生产性生物资产种猪按照其账面价值与可收回金额孰低计量，按可收回金额低于账面价值的差额计提生产性生物资产的减值准备。生产性生物资产的减值损失一经确认，在以后会计期间不得转回。

⑤ 生产性生物资产的处置

生产性生物资产种猪的死亡或淘汰造成的损失，一般在减去过失人或者保险公司等的赔款和残余价值之后计入管理费用；属于自然灾害等非常损失的，计入营业外支出。

生产性生物资产种猪的出售，公司按实际收到或应收的金额，借记"银行存款"、"应收账款"等科目，贷记"主营业务收入"等科目；按其账面余额，借记"主营业务成本"等科目，贷记"生产性生物资产"科目，已计提跌价或减值准备或折旧的，同时结转跌价或减值准备或累计折旧。

公司生产性生物资产的初始计量的依据、标准为种猪出生至达到成熟期（一般为出生后 8 个月内）发生的饲料及药物支出、人工费用和应分摊的水电费、折旧费等间接费用，种猪按历史成本计量，符合企业会计准则的相关规定。

案例二　徒河食品（837233），生产性生物资产大幅增长及公猪数据异常

山东徒河食品股份有限公司主营业务为徒河黑猪的保种、种猪繁育、生猪养殖、屠宰加工及肉类产品的销售。

反馈意见：关于生产性生物资产。请公司结合业务发展和存货增长等情况详细分析报告期生产性生物资产大幅增长的原因，并就转让说明书中 2014 年的统计表格的公猪数据异常做出解释说明。请主办券商、会计师核查公司的生产性生物资产，说明所采取的核查程序及方法，就生产性生物资产的真实性、准确性、完整性发表明确意见。

回复：

（1）尽调过程和事实依据

序号	尽调过程	事实依据
1	取得公司生产销售计划	公司生产销售计划
2	取得公司外购生物资产的合同、凭证	采购合同、凭证
3	取得公司生产性生物资产的明细及生产性生物资产的折旧明细表	生产性生物资产的明细及折旧测算表
4	取得公司生产性生物资产的盘点表	盘点表
5	取得审计报告	审计报告
6	取得会计师核查关联交易的专业意见	会计师的专业意见书

（2）分析过程

① 报告期内生产性生物资产大幅增长的原因

A. 2015 年 1—9 月、2014 年度和 2013 年度公司的销售收入分别为 7 402 948.10 元、81 954 912.17 元和 44 754 661.09 元。随着公司宣传力度

加大，公司产品知名度提升，加盟渠道商及加盟店逐年增加，报告期内销售收入增加。随着公司销售规模的增加，公司需要储备更多的库存商品，由此公司的生产性生物资产逐年增加。

B. 公司 2014 年初制定了"养殖扩量，销售扩张"的总体规划，公司预计在 2014 年下半年及 2015 年将公司的销售由省内（山东）销售为主转变为向全国销售。2016 年进一步确定了全国营销"双百"战略，即北京、上海、广州和深圳增加 100 家直营店和全国其他城市增加 100 家加盟店的营销战略。为满足公司的销售规划，公司需要储备大量的消耗性生物资产，消耗性生物资产需求的增加导致公司生产性生物资产的增加。

C. 由于公司产品的形成有一个自然成长的过程，公司种猪繁育、生猪养殖、屠宰加工、黑猪肉销售需要一定的繁殖、生产、加工周期。公司为应对未来销售的增长及市场的需求，需要提前进行种猪繁育、生猪繁殖，由此导致生产性生物资产增加。

② 公开转让说明书中 2014 年 12 月 31 日的统计表格中的公猪数据异常，系工作人员疏忽，笔误写为 500 头，实际应为 50 头。公开转让说明书中已做如下更正：

单位：头，元

项目	2014 年 12 月 31 日			
	头数	账面原值	累计折旧	账面价值
公猪	50	1 443 753.00	329 341.00	1 114 412.00
母猪	2 150	16 429 537.60	3 967 721.82	12 461 815.78
合计	2 200	17 873 290.60	4 297 062.82	13 576 227.78

③ 主办券商及申报会计师核查程序及方法：

A. 主办券商及会计师对生产性生物资产进行了监盘，其中对截至 2015 年 4 月 30 日的生产性生物资产进行了全部监盘；对截至 2015 年 9 月 30 日的生产性生物资产进行了抽盘。

B. 对于公司增加的生产性生物资产，取得了外购种猪的合同、入库单及其款项支付的流水以核实生产性生物资产的真实性、准确性、完整性。

C. 结合公司土地租赁面积和生物资产的密度等数据分析期末生物资产的合理性。公司实际使用三个养殖场，面积共计约 261 亩，截至 2015 年 9 月 30 日公司生物资产（含生产性生物资产和消耗性生物资产）共计 27 414 头，每头占空间约 6.35 平方米。该生物资产的密度为租赁土地的面积与生物资产数量的比，考虑到公司猪舍的建筑面积及生物资产的结构，每头生物资产的密度应小于 6.35 平方米。综合考虑，截至 2015 年 9 月 30 日，公司的消耗性生物资产和生产性生物资产的数量具有合理性。

D. 结合公司监盘，主办券商及会计师对公司生产性生物资产、消耗性生物资产遭受自然灾害、病虫害、动物疫病侵袭或市场需求变化等原因的情况下出现的减值迹象进行了观察、分析，并结合评估师专业意见，未发现生产性生物资产存在减值的迹象，未对生物资产计提减值。

E. 结合公司的具体情况，对公司生产性生物资产的折旧政策进行分析复核，并对其进行折旧测算。

（3）结论意见

经核查，主办券商及申报会计师认为公司的生产性生物资产真实、准确、完整。

本节小结

针对生物资产相关问题的解决思路如下：

1. 结合企业实际情况如实披露报告期生产性生物资产的具体情况，例如项目内容、养殖时间、投资规模、累计投资成本、转固金额与时间等。

2. 如实披露生产性生物资产规模与实际产能和产量匹配性以及生产性生物资产规模与成新率对申请挂牌公司业务经营、创新能力和成长性的影响。

3. 对生物资产大幅度增长，如实披露报告期生物资产的大幅增长的原因。

4. 对数据异常现象，如实披露数据异常的原因并进行更正。

5. 结合会计准则，如实披露生物资产的会计处理情况。

6. 主办券商及申报会计师采取核查程序及方法，对生产性生物资产的真实性、准确性、完整性发表明确意见。

附：《企业会计准则第 5 号——生物资产》

第一章 总 则

第一条 为了规范与农业生产相关的生物资产的确认、计量和相关信息的披露，根据《企业会计准则——基本准则》，制定本准则。

第二条 生物资产，是指有生命的动物和植物。

第三条 生物资产分为消耗性生物资产、生产性生物资产和公益性生物资产。

消耗性生物资产，是指为出售而持有的，或在将来收获为农产品的生物资产，包括生长中的大田作物、蔬菜、用材林以及存栏待售的牲畜等。

生产性生物资产，是指为产出农产品、提供劳务或出租等目的而持有的生物资产，包括经济林、薪炭林、产畜和役畜等。

公益性生物资产，是指以防护、环境保护为主要目的的生物资产，包括防风固沙林、水土保持林和水源涵养林等。

第四条 下列各项适用其他相关会计准则：

（一）收获后的农产品，适用《企业会计准则第 1 号——存货》。

（二）与生物资产相关的政府补助，适用《企业会计准则第 16 号——政府补助》。

第二章 确认和初始计量

第五条 生物资产同时满足下列条件的，才能予以确认：

（一）企业因过去的交易或者事项而拥有或者控制该生物资产；

（二）与该生物资产有关的经济利益或服务潜能很可能流入企业；

（三）该生物资产的成本能够可靠地计量。

第六条 生物资产应当按照成本进行初始计量。

第七条 外购生物资产的成本，包括购买价款、相关税费、运输费、保险费以及可直接归属于购买该资产的其他支出。

第八条 自行栽培、营造、繁殖或养殖的消耗性生物资产的成本，应当按照下列规定确定：

（一）自行栽培的大田作物和蔬菜的成本，包括在收获前耗用的种子、肥料、农药等材料费、人工费和应分摊的间接费用等必要支出。

（二）自行营造的林木类消耗性生物资产的成本，包括郁闭前发生的造林费、抚育费、营林设施费、良种试验费、调查设计费和应分摊的间接费用等必要支出。

（三）自行繁殖的育肥畜的成本，包括出售前发生的饲料费、人工费和应分摊的间接费用等必要支出。

（四）水产养殖的动物和植物的成本，包括在出售或入库前耗用的苗种、饲料、肥料等材料费、人工费和应分摊的间接费用等必要支出。

第九条 自行营造或繁殖的生产性生物资产的成本，应当按照下列规定确定：

（一）自行营造的林木类生产性生物资产的成本，包括达到预定生产经营目的前发生的造林费、抚育费、营林设施费、良种试验费、调查设计费和应分摊的间接费用等必要支出。

（二）自行繁殖的产畜和役畜的成本，包括达到预定生产经营目的（成龄）前发生的饲料费、人工费和应分摊的间接费用等必要支出。达到预定生产经营目的，是指生产性生物资产进入正常生产期，可以多年连续稳定产出农产品、提供劳务或出租。

第十条　自行营造的公益性生物资产的成本，应当按照郁闭前发生的造林费、抚育费、森林保护费、营林设施费、良种试验费、调查设计费和应分摊的间接费用等必要支出确定。

第十一条　应计入生物资产成本的借款费用，按照《企业会计准则第17号——借款费用》处理。消耗性林木类生物资产发生的借款费用，应当在郁闭时停止资本化。

第十二条　投资者投入生物资产的成本，应当按照投资合同或协议约定的价值确定，但合同或协议约定价值不公允的除外。

第十三条　天然起源的生物资产的成本，应当按照名义金额确定。

第十四条　非货币性资产交换、债务重组和企业合并取得的生物资产的成本，应当分别按照《企业会计准则第7号——非货币性资产交换》、《企业会计准则第12号——债务重组》和《企业会计准则第20号——企业合并》确定。

第十五条　因择伐、间伐或抚育更新性质采伐而补植林木类生物资产发生的后续支出，应当计入林木类生物资产的成本。生物资产在郁闭或达到预定生产经营目的后发生的管护、饲养费用等后续支出，应当计入当期损益。

第三章　后续计量

第十六条　企业应当按照本准则第十七条至第二十一条的规定对生物资产进行后续计量，但本准则第二十二条规定的除外。

第十七条　企业对达到预定生产经营目的的生产性生物资产，应当按期计提折旧，并根据用途分别计入相关资产的成本或当期损益。

第十八条　企业应当根据生产性生物资产的性质、使用情况和有关经济利益的预期实现方式，合理确定其使用寿命、预计净残值和折旧方法。可选用的折旧方法包括年限平均法、工作量法、产量法等。生产性生物资产的使用寿命、预计净残值和折旧方法一经确定，不得随意变更。但是，符合本准则第二十条规定的除外。

第十九条　企业确定生产性生物资产的使用寿命，应当考虑下列因素：

（一）该资产的预计产出能力或实物产量；

（二）该资产的预计有形损耗，如产畜和役畜衰老、经济林老化等；

（三）该资产的预计无形损耗，如因新品种的出现而使现有的生产性生物资产的产出能力和产出农产品的质量等方面相对下降、市场需求的变化使生产性生物资产产出的农产品相对过时等。

第二十条 企业至少应当于每年年度终了对生产性生物资产的使用寿命、预计净残值和折旧方法进行复核。使用寿命或预计净残值的预期数与原先估计数有差异的，或者有关经济利益预期实现方式有重大改变的，应当作为会计估计变更，按照《企业会计准则第 28 号——会计政策、会计估计变更和差错更正》处理，调整生产性生物资产的使用寿命或预计净残值或者改变折旧方法。

第二十一条 企业至少应当于每年年度终了对消耗性生物资产和生产性生物资产进行检查，有确凿证据表明由于遭受自然灾害、病虫害、动物疫病侵袭或市场需求变化等原因，使消耗性生物资产的可变现净值或生产性生物资产的可收回金额低于其账面价值的，应当按照可变现净值或可收回金额低于账面价值的差额，计提生物资产跌价准备或减值准备，并计入当期损益。上述可变现净值和可收回金额，应当分别按照《企业会计准则第 1 号——存货》和《企业会计准则第 8 号——资产减值》确定。消耗性生物资产减值的影响因素已经消失的，减记金额应当予以恢复，并在原已计提的跌价准备金额内转回，转回的金额计入当期损益。生产性生物资产减值准备一经计提，不得转回。公益性生物资产不计提减值准备。

第二十二条 有确凿证据表明生物资产的公允价值能够持续可靠取得的，应当对生物资产采用公允价值计量。采用公允价值计量的，应当同时满足下列条件：

（一）生物资产有活跃的交易市场；

（二）能够从交易市场上取得同类或类似生物资产的市场价格及其他相关信息，从而对生物资产的公允价值做出合理估计。

第四章 收获与处置

第二十三条 对于消耗性生物资产，应当在收获或出售时，按照其账面价值结转成本。结转成本的方法包括加权平均法、个别计价法、蓄积量比例法、轮伐期年限法等。

第二十四条 生产性生物资产收获的农产品成本，按照产出或采收过程中发生的材料费、人工费和应分摊的间接费用等必要支出计算确定，并采用加权平均法、个别计价法、蓄积量比例法、轮伐期年限法等方法，将其账面价值结转为农产品成本。收获之后的农产品，应当按照《企业会计准则第1号——存货》处理。

第二十五条　生物资产改变用途后的成本，应当按照改变用途时的账面价值确定。

第二十六条　生物资产出售、盘亏或死亡、毁损时，应当将处置收入扣除其账面价值和相关税费后的余额计入当期损益。

第五章　披　露

第二十七条　企业应当在附注中披露与生物资产有关的下列信息：

（一）生物资产的类别以及各类生物资产的实物数量和账面价值。

（二）各类消耗性生物资产的跌价准备累计金额，以及各类生产性生物资产的使用寿命、预计净残值、折旧方法、累计折旧和减值准备累计金额。

（三）天然起源生物资产的类别、取得方式和实物数量。

（四）用于担保的生物资产的账面价值。

（五）与生物资产相关的风险情况与管理措施。

第二十八条　企业应当在附注中披露与生物资产增减变动有关的下列信息：

（一）因购买而增加的生物资产；

（二）因自行培育而增加的生物资产；

（三）因出售而减少的生物资产；

（四）因盘亏或死亡、毁损而减少的生物资产；

（五）计提的折旧及计提的跌价准备或减值准备；

（六）其他变动。

第八节　利用在建工程调节利润

所谓的在建工程，是指企业固定资产的新建、改建、扩建，或技术改造、设备更新和大修理工程等尚未完工的工程支出。通俗地讲，就是企业建房建厂过程中的会计核算。比如企业扩大生产需要建造新的厂房，该厂房在建造过程中就属于会计上的在建工程，也需要依据会计准则进行核算。按照准则规定，在建工程在达到预定可使用或者可销售状态时转为固定资产，并进行计提折旧。不过,在实践中,很多企业往往有意或者无意地以工程竣工验收为标准来确定转入固定资产的时间,在建工程转入固定资产的时间与会计准则的规定存在差异。所谓利用在建工程调节利润,就是在建工程达到可使用状态时不进行完工决算,将利息计入在建工程的成本,减少计提折旧,最终会导致虚增利润。

新三板挂牌实践中,出现该问题主要有两种情形:1. 公司将外购房屋装修款计入在建工程;2. 报告期内公司在建工程金额较大。

根据股转公司给挂牌公司反馈的问题来看,关于上述两种在建工程调节利润情形,股转公司一般会要求主办券商及会计师核查并就公司上述会计处理是否符合《企业会计准则》、公司是否存在将费用资本化的情形、是否存在通过在建工程调节利润情形发表明确意见。

案例一 联创信安(837283)

公司前身北京联创信安科技有限公司成立于 2006 年 9 月 20 日,股份公司设立于 2015 年 12 月 14 日。联创信安主营业务为云存储、容灾备份相关产品及系统的研发、生产、销售和服务以及云架构数据中心的规划、开发、服务。

存在问题:公司将外购房屋装修款计入在建工程。

公转书披露,联创信安报告期内存在金额较大的在建工程,主要指装修的办公楼。2013 年 9—12 月,公司累计向北京万顺达房地产开发有限公司支付购房款 27 428 060.00 元;2015 年 6 月,由于房屋实测面积与合同面积的差异,公司向北京万顺达房地产开发有限公司补缴房款差额及契税共 1 015 209.15元;截至 2015 年 9 月底,公司共计支付购房款 28 443 269.15 元。2015 年 7 月,公司取得房产,并于 9 月开始装修;截至 9 月底,公司发生装修费 535 461.00 元。

截至 2015 年 9 月 30 日,公司的在建工程明细如下表所示。

单位:元

项目	账面余额	减值准备	账面价值
房屋建筑物	28 443 269.15	—	28 443 269.15
装修费	535 461.00	—	535 461.00
合计	28 978 730.15	—	28 978 730.15

2015 年 9 月 30 日,公司在建工程账面价值为 28 978 730.15 元,占公司资产总额的比重为 46.89%,是公司的主要资产。该房产于 2013 年购买时,

向银行抵押借款，并已向北京市住房和城乡建设委员会办理了预告抵押登记。由于房产金额较大且装修期间是否可以计入在建工程，股转提出了反馈意见，要求主办券商及会计师核查并就公司上述会计处理是否符合《企业会计准则》、公司是否存在将费用资本化的情形、是否存在通过在建工程调节利润情形发表明确意见。

联创信安在反馈回复中称，公司外购的房屋为博雅 CC 办公楼 701 室、702 室，位于北京市昌平区中关村国际生命医疗园；该房产为公司向北京万顺达房地产开发有限公司购买的办公楼，公司于 2015 年 7 月取得房屋，并于 9 月开始装修。2015 年 7 月，公司取得房屋时，该房屋是毛坯房，在装修前尚不能满足办公使用需求；房屋装修款为使该房屋达到预定可使用状态前所发生的合理的、必要的支出，应计入在建工程，符合《企业会计准则》的相关规定。

经查，主办券商及会计师认为，公司将外购房屋装修款计入在建工程的会计处理符合《企业会计准则》的相关规定，公司不存在将费用资本化或通过在建工程调节利润的情形。

解决思路总结：1. 介绍跟装修款有关的在建工程的基本情况，包括在建工程名称、地点、修建时间等。2. 然后说明装修期间尚不满足资本化条件的原因，例如：公司取得房屋时，该房屋是毛坯房，在装修前尚不能满足办公使用需求；房屋装修款为使该房屋达到预定可使用状态前所发生的合理的、必要的支出，应计入在建工程。

案例二　四星玻璃（837502）

公司前身沧州四星玻璃有限公司成立于 2006 年 3 月 9 日。2014 年 7 月 21 日，四星玻璃改制为股份公司。公司主营业务是自主生产、销售中性硼硅玻璃管，利用公司生产的中性硼硅玻璃管生产药用管制玻璃瓶系列产品，同时对外采购低硼硅及钠钙玻璃管，生产药用管制玻璃瓶系列产品。

问题：报告期内公司在建工程金额较大。

反馈意见：请主办券商及会计师补充核查公司在建工程归集与结转是否合理，并请会计师对公司在建工程的确认是否符合企业会计准则的要求，是否存在通过在建工程调节利润发表专业意见。

反馈回复：为提高产能满足市场需求及开拓新的业务空间，公司启动了"年产 10 万吨一级耐水 5.0 中性硼硅玻璃项目"以及"槽式太阳能光热发电关键部件及成套设备产业化项目"的建设，预算总投资金额分别为 3.8 亿元及 2.4 亿元，其中"年产 10 吨一级耐水药用中性硼硅玻璃项目"部分子项目以及"槽式太阳能光热发电关键部件及成套设备产业化项目"整体尚处于建设过程中，尚未达到预定可使用状态，故报告期内在建工程金额较大。主办券商及会计师核查了公司的项目可行性研究报告、河北省固定资产投资项目备案证、工程施工合同、设备采购合同、借款合同、工程建设进度报告及验收报告等相关文件资料；对工程项目建安投资、设备投资及待摊投资的确认进行了复核，并重点对利息资本化金额及达到预定可使用状态并已投入使用的建设项目是否及时暂估转入固定资产进行了重点核查；未见重大异常事项。主办券商及会计师经过核查认为，公司在建工程的确认符合《企业会计准则》的要求，不存在通过在建工程调节利润的情况。

案例三　金源电气（835429）

西安金源电气股份有限公司主营业务为输电线路在线监测、变电设备在线监测产品的研发、设计、生产、销售和服务。

问题：报告期内公司在建工程余额较大。

反馈意见：（1）请公司补充披露在建工程的具体内容、用途、对公司生产经营未来的影响、预计完工时间等；（2）请主办券商及申报会计师补充说明针对在建工程采取的必要核查程序，并对公司在建工程是否真实存在、归集是否合理、是否存在通过在建工程调节利润的情形发表意见；（3）请申报会计师就利息资本化金额、相关会计处理是否符合《企业会计准则》的规定发表意见。

披露信息：截至 2015 年 6 月 30 日，公司在建工程为"智能电网高精度在线监测系统集成生产基地"，账面价值为 82 482 922.34 元，已设定抵押。

公司通过对未来行业发展的研判，为争取在未来市场竞争中拥有较强的核心竞争力，于 2013 年开始建设"中国智能电网高精度在线监测系统集成生产基地项目"。

公司预计该项目一期达产后，年产数据类在线监测产品 3 575 台，视频类在线监测产品 1 375 台，综合类在线监测产品 330 台。根据项目的业务范围与生产规模，预计项目达产年销售收入为 25 282 万元，利润为 2 022 万元，为社会提供近 500 个就业岗位。

公司在建工程项目符合国家发展智能电网系统的需要，项目的实施建设将有利于公司掌握前沿的智能电网在线监测相关技术，扩大市场规模，加速企业的发展壮大和核心竞争力的提升。该项目目前处于验收阶段，预计2016年投产。

主办券商及申报会计师通过查阅公司《在建工程明细表》、《在建工程总包合同》、抽查在建工程记账凭证、访谈公司总经理、实地考察在建工程现场并咨询现场负责人等方式对在建工程进行核查。

经核查，主办券商及申报会计师认为公司在建工程真实存在、报告期各期在建工程的归集合理、不存在通过在建工程调节利润的情形。

《企业会计准则》规定同时满足资产支出已经发生、借款费用已经发生、为使资产达到预定可使用或者可销售状态所必要的购建或者生产活动已经开始三个条件时，借款费用可直接归属于符合资本化条件的资产购建或生产的，应当予以资本化，计入相关资产成本。

1. 资产支出已经发生、为使资产达到预定可使用或者可销售状态所必要的购建或者生产活动已经开始

西安金源电气股份有限公司2012年开始智能电网高精度在线监测系统集成生产基地建设。截至2015年6月30日，该项工程已经累计投入8 248.29万元，已经累计完成项目进度的90.00%。

2. 借款费用已经发生

2015年4月24日，西安金源电气股份有限公司与中国银行股份有限公司西安高新技术开发区支行签署《固定资产借款合同》（编号：2015年陕中银高新固借字第003号），合同约定借款用途为智能电网高精度在线监测系统集成生产基地项目一期建设。经测算，西安金源电气股份有限公司从收到贷款日至2015年6月30日应支付借款利息为59.91万元。

综上所述，西安金源电气股份有限公司利息资本化金额、相关会计处理符合《企业会计准则》的规定。

本节小结

1. 结合企业自身情况披露报告期内公司在建工程余额较大的原因。

2. 披露在建工程的具体内容、用途、对公司生产经营未来的影响、预计完工时间。

3. 主办券商及申报会计师针对在建工程执行的必要核查程序，程序包括查阅项目可行性研究报告、在建工程合同、在建工程建设进度报告及验收报告等文件资料、抽查在建工程记账凭证、访谈公司总经理、实地考察在建工程现场等。

4. 如果存在借款，借款费用到底能不能计入在建工程进行资本化，需要披露借款费用资本化的三个条件已经满足，包括资产支出已经发生、借款费用已经发生、为使资产达到预定可使用或者可销售状态所必要的购建或者生产活动已经开始。

第九节　现金交易

现金交易问题，包括个人卡用于公司结算、入账不及时等问题，在农业企业、餐饮、零售等行业中比较常见。此类行业往往因为拥有大量的个体客户和供应商，或出于支付习惯，或出于地区金融设施限制，存在不同程度的现金交易问题。在新三板挂牌企业中，有为数不少的企业出现过现金交易问题，从这些企业成功挂牌的结果来看，现金交易并不会构成挂牌的实质性障碍。虽然如此，但现金交易问题依然会受到股转公司的重视，主要有以下三个原因。第一，可能存在坐收坐支和资金体外循环的问题，导致资产流失。第二，大量现金交易可能让企业收入的真实性和完整性受到质疑。第三，现金交易可能引发不开发票而少缴税款的情形。所以，如果企业存在现金交易的情况，一定要保证收入的真实性以及税款缴纳合法合规，并建立健全严格的内部控制制度将此问题予以规范。

根据挂牌公司反馈答复，股转公司在审核时对现金交易会重点关注以下几个问题：（1）挂牌公司现金交易的具体情况、交易金额及其占总收入（采购）金额的比重；（2）是否存在坐支现金及资金体外循环的情形；（3）合同签订、发票开具与取得、款项结算方式等销售流程、相关流转税及所得税的计提与缴纳情况等，如何保证收入（采购）的真实性和完整性，税收缴纳的合法合规性，以及内部控制措施的有效性，如何规范现金交易及其措施。

案例一　**奇智奇才 837499（现金收款）**

奇智奇才是一家专业从事现代化教育、教学产品研发与生产的高新技企业，于2016年5月挂牌新三板。奇智奇才销售的教育产品主要面对学生和家长，都属于个体客户，所以在收款的过程中很难避免现金结算的问题。并且，由于业务员需要在幼儿园与客户进行结算，过程中产生了个人卡结算，之后再由个人卡划款至公司账户的情形。

报告期内公司个人客户收入金额及占比情况如下：

单位：元，%

时间	个人客户收入金额	收入总额	占比
2015年1—9月	8 761 219.71	9 641 498.67	90.87
2014年	1 072 074.26	1 546 520.12	69.32
2013年	1 637.43	585 765.58	0.28

有限责任公司期间，公司规定的现金收款流程为：幼儿园学生和家长将现金交给公司业务员或者幼儿园老师，由公司业务员或者幼儿园老师将所收的现金直接存入公司的银行账户。但是在实际操作过程中，公司业务人员在代收客户现金款项后，大多数情况下并没有遵从公司、与现金收款相关的内控制度的相关规定，没有及时将所收现金存入公司的银行账户。后来又从自己的个人银行卡上将对应金额的款项转账至公司账户。除此之外，公司实际控制人施信福先生的配偶张金芹，在报告期内也曾协助公司销售人员收款，其拥有的两个个人银行账户也存在上述情况。

改善内控措施：

公司改制为股份公司后，加强了现金管理的内部控制，逐步减少了现金收款和业务员个人卡转账。具体通过以下三个方面规范现金收款：第一，积极开拓经销商，逐渐过渡到主要采用经销商模式来进行业务经营。第二，私立幼儿园向公司采购产品的，通过开户银行进行转账结算。第三，公立幼儿园的幼儿家长客户购买公司产品的，直接汇款到公司账户，包括公司银行账户及以公司名义开立的微信和支付宝账户，不再通过业务员或幼儿园老师收取现金后再存入公司账户的方式。

现金交易对税务的影响：

公司已在《公开转让说明书》之"重大事项提示七、现金收款导致财务核算不规范风险"一节中，对上述内容进行了披露。

经核查，主办券商认为，有限公司期间，公司内控制度薄弱，存在收款人员代收客户现金款项后，没有及时将所收现金存入公司的银行账户的情况。但股份公司成立以后，公司制定了相应的销售与收款环节的内控制度，并得以有效执行，现金收入占比下降，销售收入真实、准确、完整，不存在资金体外循环的情形，不存在坐收坐支行为，税收缴纳合法合规，收款入账及时、完整。

案例二　**安信种苗 831492（现金交易）**

山东安信种苗股份有限公司是集蔬菜种苗培育、批发，高端进口水溶肥销售为一体的综合型农业科技公司，公司于 2014 年 12 月挂牌成功。公司销售主要面向个人，采购渠道主要来自公司，具体情况如下表所示。

单位：万元，%

项目	期间	总金额	单位		个人	
			金额	占比	金额	占比
销售收入	2012 年度	1 880.67	196.31	10.44	1 684.36	89.56
	2013 年度	2 247.01	234.8	10.79	2 012.27	89.21
	2014 年 1—4 月	1 067.41	16.37	1.55	1 051.04	98.45
采购金额	2012 年度	1 025.42	953.75	93.01	71.67	6.99
	2013 年度	1 248.65	1 057.81	84.72	109.84	15.28
	2014 年 1—4 月	284.06	242.49	85.37	41.57	14.63

公司向单位及个人客户（供应商）的采购、销售现金结算情况如下表所示。

单位：万元，%

项目	期间	单位			个人		
		总金额	现金	占比	总金额	现金	占比
销售	2012 年度	196.31	61.74	31.45	1 684.36	864.19	31.31
	2013 年度	234.8	89.01	37.91	2 012.27	1 057.66	52.56
	2014 年 1—4 月	16.37	0.87	5.31	1 051.04	516.18	49.11
采购	2012 年度	953.75	203.44	21.33	71.67	32.01	44.66
	2013 年度	1 057.81	3.40	0.32	190.84	59.68	31.27
	2014 年 1—4 月	242.49	—	0	41.57	12.47	29.99

公司采购原料的供应者和面向的客户大多为个体户或农业生产者个人，由于其交易习惯以使用现金为主且一般单次采购金额较低，因此存在使用现金的情况。公司产品发货、结算大都发生在农村，农村金融网点较少，客户前往银行或信用社转账不便利；此外由于公司产品为活体植物，存放时间越久成活率越低，一般客户收货后会立即开始农业种植生产，前往银行缴款对于农业生产的时间性要求无法满足；此外，由于农业生产者较少使用手机支付、网上转账等现代化金融工具的特点，以及银行对公支付需要交纳手续费、周末办理对公支付不方便等多种因素，导致报告期内公司通过现金和个人卡结算金额较多。

改善内控措施：

针对经销商等单体交易金额较大的客户，公司要求其结算资金必须存入公司银行账户，并将视信誉情况允许部分客户可以采用后付款的结算模式；针对公司直接销售的单体交易金额较小的农业生产者个体，公司正在与银行协商签署移动 POS 机使用协议，采取刷卡收款的方式、降低刷卡收费金额以减少现金结算金额；针对通过个人卡结算的客户，公司要求其结算资金必须存入公司银行账户，对于客户转账产生的手续费，将由公司承担，采取销售折让方式给予客户补偿。

现金交易对税务的影响：

公司从事的蔬菜种苗培育业务是国家重点支持的产业，享受增值税、所得税免缴的税收优惠政策；肥料销售免缴增值税，仅缴纳所得税，部分肥料销售未开具销售发票，但相关收入已全部入账。公司采购、销售未取得或开具发票的行为不影响相关纳税事宜。

案例三　**民正农牧 832132（现金收支、个人卡结算）**

河南民正农牧股份有限公司是以种猪销售为主，兼商品猪养殖、销售的有限责任公司。公司处在农村偏远山区，周边金融体系极不完善，公司报告期内的主要客户为个人客户，个人客户自行到公司养殖场进行采购，多采用"钱货两清"的结算制度，且部分客户采购的种猪数量不多，金额不高，习惯使用现金结算。因此，公司报告期内存在一定数量的现金收款。

公司报告期内与个人客户及供应商的交易金额及占销售和采购的比例情况如下表所示。

项目	2014 年 1—7 月		2013 年度		2012 年度	
	金额（元）	占比（%）	金额（元）	占比（%）	金额（元）	占比（%）
客户	37 829 789.15	76.37	71 444 288.26	96.66	82 730 782.85	100.00
供应商	12 634 929.70	74.34	33 278 094.43	70.01	43 711 277.56	72.23

公司报告期内现金收款情况如下表所示。

单位：元，%

项目	2014 年 1—7 月	2013 年度	2012 年度
现金收款金额	8 366 180.00	574 881.88	6 331 900.00
销售收入	49 535 805.15	73 912 567.26	82 730 782.85
占比	16.89	0.78	7.65

公司主要客户中存在数量较多的个人客户，这是公司所处行业的特点决定

的。个人客户的采购一般不具有持续性，客户黏性不高，不利于公司形成长期稳定客户，但由于生猪养殖规模较大，生猪养殖户众多，报告期公司产品销售良好，已经形成一定的市场口碑和信誉度，下游销售良好。公司为降低个人客户带来的经营风险，报告期内开始逐步开拓公司客户并取得了一定成效。

改善内控措施：

报告期内，公司建立了现金收款的相关资金管理制度，主要内容如下：

（1）公司针对现金收款主要采取以下内控措施：

对于个人携带大额现金到猪场交易的处理：银行营业时间，由养殖场出纳和客户一起存入银行账户；非银行营业时间，由公司财务部出纳会同公司司机和保卫人员将现金拿回公司财务室保管，次日存入银行账户。

股份公司成立后，针对现金收款，公司采取以下流程和内控措施：A. 一般情况下，由客户转账预付或者销售现场刷 POS 机的方式支付至公司账户。B. 收款人员将零星客户现金款项当天存入公司指定的银行账户，非特殊情况并经过批准，财务部派驻各养殖场出纳的库存现金一般不超过 5 000 元。

股份公司成立后，公司加强现金收款的管理，陆续在养殖场安装 POS 机用于客户结算，减少现金结算。

（2）公司针对现金付款主要采取以下内控措施：

公司对现金采购的内部控制具体情况如下：①公司根据采购需求，将部分公司账户资金转账至个人账户，转账由财务部门专门人员操作，转账时经财务负责人及公司负责人同意或通知。②采购原材料时，供应商将原粮运输至公司或仓库处，由采购人员与供应商进行现场称重过磅，并由采购部门人员进行质量检验。购买完成后，采购人员将原始凭证流转至财务部，财务部人员以经过采购人员、采购负责人、财务负责人及公司负责人签字的单据支付货款。③采购高峰季节对农户（零星交易者）的现金支付流程：公司财务部和采购部每天会预估下一工作日的现金需求量，然后通知公司开户银行次日提现需求量，次日上午，公司出纳和公司保卫人员以及司机共同前去银行提现，提现后由公司出纳和一名复核的财务人员共同管理现金，用于支付当日采购款，交易日结束后，公司出纳和公司保卫人员以及司机将剩余资金收回并存入银行，如果资金不足，剩余未付款项次日支付。

股份公司成立后，公司对原材料采购环节加强管理，严格以公司账户支付供应商款项，禁止使用个人银行卡转账支付货款。

报告期内，公司在现金收款时，均为通过不同岗位人员同时监督存在公司用于收款的个人或公司账户，在使用时再进行转账或提取现金，不存在坐支现金的情况。

现金交易对税务的影响：公司属于主营业务免税企业，不存在重大税务风险。

本节小结

出于一些行业的特性和部分中小型企业的内部特征，现金交易问题，伴随个人卡结算问题，是很多新三板挂牌企业都面临的问题。总结先前的挂牌案例，我们能够看出股转公司对现金交易的态度，比较单纯的现金交易问题并不会成为新三板挂牌的主要原因。但一定要注意的是，不能让股转公司因为现金交易问题的出现而怀疑公司收入的真实性，或是利用现金交易逃避税收。

在上述案例中，我们看到企业都如实披露存在的现金结算问题，如有需要则可做出重大风险提示，案例一奇智奇才就对"现金收款导致财务核算不规范风险"做出了提示。

在披露的信息中需要结合行业的特点和自身企业的特殊性，说明现金交易难以避免的原因。三个案例都属于农牧业和零售业，个体客户和供应商占很大的比例，很难完全避免现金销售问题。

另外，企业需要披露现金结算对会计核算规范的影响，确保现金结算不产生税务方面问题。上述挂牌企业经过核查，都没有发现坐收坐支，以及资金体外循环的问题。案例二安信种苗和案例三民正农牧都属于国家扶持的免税企业范畴，所以现金收款不会对税务问题产生重大影响。案例一奇智奇才也经过主办券商核查，税收缴纳合法合规。所以上述三个案例都没有出现现金交易导致重大税务问题的影响，没有让现金交易对挂牌产生实质性障碍。但是案例一奇智奇才不同于其他两个免税案例，其现金交易确实可能导致其出现税务问题的，所以需要做出重大风险提示。

虽然现金交易并不会对企业挂牌造成实质性障碍，但企业也必须重视现金交易问题，积极完善内控制度，避免现金交易，最好能详细披露具体的内控制度细节，并在报告期内体现一定的成效。案例一奇智奇才采用以幼儿园为单位进行结算以减少个人客户比例，配合公司微信、支付宝结算来减少现金结算和个人卡结算问题。案例二安信种苗也都积极按照推行POS机，并以承担手续费的方式鼓励个人客户采取银行转账结算。案例三民正农牧也同样积极推行POS机结算减少现金交易，并制定了更加严格的现金首付款管理制度，避免个人卡结算问题。

第十节　关联交易

《全国中小企业股份转让系统挂牌公司信息披露细则（试行）》第三十一条规定：挂牌公司的关联交易，是指挂牌公司与关联方之间发生的转移资源或者义务的事项。只要是两个关联方之间的交易，就构成关联交易。《企业会计准则》规定，关联交易是指关联方之间发生的转移资源或者义务的事项，且不论是否收取对价。

所以，判断是否构成关联交易的重点在于对关联方和关联关系的判定。《企业会计准则》中指出，一方控制、共同控制另一方或对另一方施加重大影响，以及两方或者两方以上同受一方控制，共同控制或重大影响的，构成关联方。《公司法》规定：关联关系，是指公司控股股东、实际控制人、董事、监事、高级管理人员与其直接或者间接控制的企业之间的关系，以及可能导致公司利益转移的其他关系。可以看出，只要存在一方对另一方的控制或重大影响，造成潜在的利益转移风险，就可以构成关联交易。

下列各方构成企业的关联方：

1. 企业的母公司、子公司或与企业受同一母公司控制的其他企业；

2. 对企业实施共同控制或施加重大影响的投资方；

3. 企业的合营、联营企业；

4. 该企业主要投资者个人、企业或母公司关键管理人员或与其关系密切的家庭成员，以及上述人员所控制、共同控制或施加重大影响的其他企业。

但若仅与企业存在下列关系的各方，不构成企业的关联方：

1. 与该企业发生日常往来的资金提供者、公用事业部门、政府部门和机构；

2. 与该企业发生大量交易而存在经济依存关系的单个客户、供应商、特许商、经销商或代理商；

3. 与该企业共同控制合营企业的合营者。

关联交易的具体形式非常多样，难以尽述，比较常见的形式包括：

1. 关联方采购原材料、产品或资产；

2. 关联方销售产品或资产；

3. 提供或接受劳务；

4. 委托或者受托销售；

5. 与关联人共同投资；

6. 提供贷款或股权投资等资金；

7. 提供担保；

8. 提供租赁；

9. 转让或者受让研究与开发项目；

10. 签订许可使用协议；

11. 债务结算；

12. 关键人员薪酬；

13. 其他通过约定可能引致资源或者义务转移的事项。

关联交易对于拟挂牌企业来说是不容忽视的问题，目前股转的审核态度是关联交易要确保公允性。

对于出现关联交易的情形，股转公司会请主办券商对公司的关联方情况补充尽调，并重点核查以下几点：（1）关联交易披露范围是否符合《公司法》及《企业会计准则》的规定；（2）关联交易定价是否公允，是否存在利益输送；（3）关联交易是否影响挂牌企业独立性；（4）是否存在资金占用问题。

案例一 百年巧匠（831461）

公司在报告期内曾出现过关联担保、关联租赁问题，并曾存在关联方资金占用及股东代收代垫款项等情形，对此问题公司已经做出重大风险提示。

（1）关联担保

2012 年 4 月 24 日，公司与建设银行石家庄中山西路支行签订借款协议，借款金额 400 万元，股东郭漫笳、裴艳丽以其名下专利著作权为公司提供担保。2012 年 8 月 13 日，公司与建设银行石家庄中山西路支行签订借款协议，借款金额 260 万元，股东郭漫笳以其名下生产设备为公司提供担保。2013 年 8 月 9 日，公司与建设银行石家庄中山西路支行签订借款协议，借款金额 300 万元，股东郭漫笳、裴艳丽以其名下专利著作权为公司提供担保。2013 年 12 月 17 日，公司与建设银行石家庄中山西路支行签订借款协议，借款金额 500 万元，由河北华控担保有限公司提供担保，股东郭漫笳、裴艳丽向华控担保提供保证反担保。

（2）关联租赁

2012年以来，为了支持公司发展、缓解公司资金压力，股东郭漫筎出资购置了公司生产所需的机器设备，并以租赁的形式供公司使用。租金参照市场价格按实际生产花板、地板的面积计算支付，具体系采取向生产加工同类产品的企业询价方式确定。公司向当地较有影响的木地板基材以及木地板公司——廊坊中北木业有限公司询价，确定价格为23元／平方米；向北京大优木业有限公司询价，不同产品价格在20～25元／平方米。公司在确定租金价格时取市场平均值，按23元／平方米计算租金。项目小组经过电话及发函形式进行核实。

2012年度、2013年度、2014年1—4月公司支付给股东郭漫筎的租赁费用分别为8 890.88元、197 046.75元、113 336.41元。租金参照市场价格按实际生产花板、地板的面积计算支付，经过市场询价确定价格为23元／平方米。

2013年度、2014年1—4月公司生产能力明显提高，导致两期的租赁费大幅上升。虽然各期测算租金与实际支付租金稍有差异，但合计来看差异率仅为2%，差异金额很小，报告期内公司支付给股东的租赁费总体上是公允合理的。

（3）关联方资金往来

报告期内，公司与股东的关联往来主要是关联借款、出资不足欠款及业务备用金。关联借款主要包括股东代收代垫款、相互之间借款等；出资不足欠款系2012年股东郭漫筎以专利权作价133.76万元出资，因出资专利权涉嫌职务发明，所以2014年3月19日股东郭漫筎以货币133.76万元进行置换，置换之前将此部分计入其他应收款，形成"出资不足欠款"。截至本公开转让说明书签署之日，除正常业务需要的备用金外的往来款均已清理。

减少或规范关联交易的安排

有限公司阶段公司治理不够规范，存在公司与控股股东、实际控制人往来借款、代收代垫款、关联租赁等情形。对此，一方面公司对这些往来款进行了清理，截至公开转让说明书签署之日，股东占款已及时全额收回，公司欠款业已归还。另一方面，2014年5月4日与股东郭漫筎签订设备采购合同，按评估值购入其租给本公司的机器设备，从而保证了公司资产的独立性。

股份公司成立以来，公司逐步制定了与关联交易有关的内部控制：2014年7月28日公司通过新的《公司章程》，规定严格限制占用公司资金。2014年7月28日公司通过《关联交易决策管理制度》，对关联交易需遵循的原则、关联交易类型、关联交易控制程序等均做了规定。

另外，公司控股股东、实际控制人专门做出书面承诺："未来将尽量避免与公司之间产生关联交易事项，对于不可避免发生的关联交易或关联资金往来，将在平等、自愿的基础上，按照公平、公允和等价有偿的原则进行，交易价格将按照市场公允的合理价格确定。本人将严格遵守公司章程等规范性文件中关于关联交易事项的回避规定，所涉及的关联交易均将按照规定的决策程序进行，并将履行合法程序，及时对关联交易事项进行信息披露。本人承诺不会利用关联交易转移、输送利润，不会通过公司的经营决策权损害公司及其他股东的合法权益。承诺杜绝关联方往来款项拆借、杜绝发生与公司主营业务无关的其他投资活动。"

案例二 赛诺达（430231）

公司在报告期内出现向关联方出售产品、接受关联方劳务、关联租赁和关联方资金往来问题。

（1）关联销售

报告期内，公司向关联方北京同济易德科技发展有限公司参考市场定价销售公司产品，交易情况如下表所示。

2012 年发生额		2011 年发生额	
金额（元）	占同类交易金额的比例（%）	金额（元）	占同类交易金额的比例（%）
27 363.25	0.18	18 209.40	0.13

（2）接受劳务

报告期内，公司参考市场定价接受关联方北京同济易德科技发展有限公司技术开发服务，关联交易情况如下表所示。

2012 年发生额		2011 年发生额	
金额（元）	占同类交易金额的比例（%）	金额（元）	占同类交易金额的比例（%）
50 000.00	3.29	58 333.33	3.43

公司监事会也已审议通过了《关于近两年一期公司发生关联交易的专项审核意见》，认为上述关联交易符合法律法规的规定，符合公平、公开、公正的原则，关联采购、关联销售均属本公司的正常业务范围，不存在损害公司利益的情况，上述关联交易对公司本期以及未来财务状况、经营成果无实质性重大影响。

（3）关联租赁

公司控股股东刘春义将其名下一套 163 平方米的房屋提供给公司作为办公场所。双方签订了《房屋无偿使用协议》，约定公司有权自 2010 年 8 月起无偿使用该房屋 10 年，该房产位于天津市河北区金纬路鸿基公寓 1 号楼 1 单元

8 楼 805 室，公司从 2012 年开始实际使用此处办公场所。鉴于控股股东刘春义与公司签订了长达 10 年的免费租赁协议，公司自 2012 年开始才实际使用此处办公场所。

公司监事会已审议通过了《关于近两年一期公司发生关联交易的专项审核意见》，认为上述关联租赁行为符合法律法规的规定，符合公平、公开、公正的原则，不存在损害公司利益的情况，上述关联租赁对公司近两年一期以及未来 10 年的财务状况、经营成果无实质性的重大影响。

（4）关联方资金往来情况

单位：元

项目—关联方	2012.12.31		2011.12.31	
	账面余额	款项性质	账面余额	款项性质
其他应收款（刘嘉祥）			225 000.00	股东备用金借款
其他应付款（刘春义）	162 085.00	股东垫付款	162 085.00	股东垫付款

最近两年内，与关联方之间的资金往来系股东兼高管（控股股东、总经理刘春义，股东、董事长刘嘉祥）的经营性备用金借款及垫款，用于公司业务开展的需要，没有签订资金借用协议，不支付利息。

公司监事会也已审议通过了《关于近两年一期公司发生关联交易的专项审核意见》，认为上述关联方资金往来不存在损害公司利益的情况，对公司本期以及未来财务状况、经营成果无实质性的重大影响。

减少和规范关联交易的措施

北京同济易德科技发展有限公司原属于大股东刘春义控制的公司。为了规范公司治理，杜绝关联交易及同业竞争，原股东刘春义于 2012 年 11 月 5 日转让所持股权与刘春霞，刘嘉祥于 2012 年 10 月 5 日将股权转让与武玉艳，武玉艳和刘春霞于 11 月 23 日将股权转让给王家新和寇彬，王家新、寇彬与刘春义、刘嘉祥不存在亲属或其他关联关系，公司与北京同济易德科技发展有限公司已不存在关联关系。

案例三　绿岸网络（430229）

上海云蟾网络科技有限公司是公司原股东火玉兰直系亲属持股 40% 的企业，公司业务对其产生重大依赖。公司已在公开转让说明书中对此问题做出重大风险提示。

报告期内，公司先后向云蟾网取得《蜀门》、《醉逍遥》两款网络游戏在中国大陆地区的永久独家授权代理运营权，向其支付授权使用费及运营分成，并因此而构成关联交易。2011 年向云蟾网络支付运营分成费 96 266 836.21 元，在同类交易中占比为 89.30%。2012 年向云蟾网络支付运营分成费 106 541 076.00 元，在同类交易中占比为 99.68%，向云蟾网络支付特许权使用费 28 960 000.00 元，在同类交易中占比为 100.00%。

鉴于公司与云蟾网络的交易具有唯一性，公司未与无关联第三方发生同类交易，因此无法通过与第三方价格的比对来核查关联交易的公允性。但从公司业务毛利率来看，与同行业上市公司（如中青宝）相比并无明显偏离，公司关联交易价格基本公允。

公司的收入绝大部分来自于网络游戏《蜀门》、《醉逍遥》的运营收入。而《蜀门》、《醉逍遥》两款网络游戏属于公司原关联方云蟾网络独家授权运营的，故报告期内，公司与云蟾网络的关联交易对公司和云蟾网络的财务状况及经营成果影响甚大。

减少和规范关联交易的措施

公司原股东火玉兰之子持有上海云蟾网络科技有限公司 40% 的股权。2011 年 3 月及 2012 年 9 月，火玉兰先后将其持有绿岸网络股权转让。在两次股权转让前，火玉兰分别持有绿岸网络 25%、12.5% 的股权，为绿岸网络主要投资人。根据企业会计准则，云蟾网络作为火玉兰之子施以重大影响的公司，报告期内属于公司关联方。但 2012 年 9 月，火玉兰将其持有的绿岸网络全部股权转让后，火玉兰与云蟾网络均不再为公司关联方。

有限公司阶段，公司未制定规范关联交易相关制度，故相关关联交易亦未履行相应决策程序；股份公司设立后，公司制定了《公司章程》、《关联交易管理办法》等相关规章制度，明确了关联交易的决策程序。此外，2012 年 9 月，随着火玉兰的退出，火玉兰与云蟾网络不再为公司关联方，公司与云蟾网络不再存在关联交易的情形。

本节小结

虽然关联交易的形式众多，但是最终涉及的还是企业的独立性以及财务的真实性。如果关联交易的占比过大，可能对关联方存在依赖。如果关联交易的价格严重偏离公允，企业的业绩和财务真实性可能会受到质疑。

关联交易是大多数申请挂牌企业都无法完全避免的问题，在案例一百年巧匠和案例二赛诺达中都出现了超过一种的关联交易形式，包括关联采购、关联销售、关联租赁、关联担保、关联方资金往来等。在大多数案例中，都根据股转公司要求对关联交易的内容做了披露。若是发生相关的资金占用等情况，还需要做出重大风险提示。

对于是否对关联方存在依赖，是股转公司审核的重点问题之一。企业需要详细披露关联交易在同类交易中的占比，但究竟多高的比例会影响到挂牌的成功性，股转公司没有给出明确的要求，仍需视公司的实际情况而定。例如在赛诺达的案例中，2012 年和 2011 年，企业向关联方的销售、采购占比分别为 0.13%、0.18% 和 3.29%、3.43%，都处于比较低的水平，不对关联企业构成依赖。与其截然不同的是案例三绿岸网络，绿岸网络所运营的网络游戏授权全部来自关联企业，对关联方支付的费用占同类费用的 80% 以上，对关联企业构成严重依赖，但此问题并未成为绿岸网络挂牌的实质性障碍，之后依然成功挂牌。

通过上述案例，特别是案例一百年巧匠中，我们还可以发现，申请挂牌企业都尽可能说明关联交易的公允性，以不同方式求取市场价格与关联交易的价格进行比较。但股转对公允价格和关联交易的价差并没有明确的规定。

此外，股转对关联交易的另一个审核重点是解决关联交易的具体措施。如果情况允许，企业应尽早对关联交易进行清理。例如在案例二和案例三中，关联方都通过股权转让的方式消除关联关系，对关联交易问题做了一定程度上的处理。如果存在资金占用问题，如案例一百年巧匠中，应当在申请挂牌前及时清理，以免影响挂牌成功率。

虽然股转公司并未强行规定挂牌企业必须完全清理关联交易，也存在一些关联交易短时间内无法清理但成功挂牌的案例，但企业仍应向股转公司说明解决管理交易的具体措施以及有效性，并且实际控制人需要对解决和避免关联交易做出承诺。

第四章

挂牌企业涉税问题

第一节　税收优惠不符合法律法规

中国税务制度完善，企业经营中涉及的税种包括流转税、附加税、所得税，再到房产税、印花税、车船税、土地使用税等。为了减轻企业负担，国家针对某些特殊地域、特殊行业、特殊企业、特殊股东，设定了很多的优惠条件，比如：高新技术企业所得税减按 15% 征收，小型微利企业所得税减按 10% 征收，外商投资企业自获利年度起企业所得税两免三减半，环保、节能节水及国家重点扶持的公共基础设施项目的三免三减半等。

但是，所有的税收优惠，都是设定条件的，符合条件，可以理直气壮地享受税收优惠，不符合条件却仍要少交税或不交税，迟早有一天，是要接受补税、补交滞纳金甚至罚款的处置的。

在实践中，存在拟挂牌企业因财务人员的认知错误或是企业某些条件的变化等原因，导致享受了不该享受的税收优惠政策而补交税款的案例。

案例一　　**华进科技 832951（不符合小微企业的认定标准）**

湘潭华进科技股份有限公司设立于 2001 年 7 月 19 日，2014 年 12 月 11

日变更为股份公司，所属行业为专用设备制造业。经营范围：从事冶金、环保、机电方面的技术开发、转让、咨询、服务；铸造机械及电炉设备的制造、销售、安装、维修；机械零部件加工、销售；政策允许经营的进出口业务。

报告期为 2013 年 1 月 1 日至 2014 年 12 月 31 日，公司 2013 年度享受小微企业税收优惠，优惠金额为 4 133.60 元，文件依据"潭地税韶减备（2014）4 号"。

不符合小微企业的认定标准情形：

《审计报告》显示，华进有限 2013 年应缴所得税额已超过 30 万元，不符合小微企业标准。《国家税务总局关于扩大小型微利企业减半征收企业所得税范围有关问题的公告》(2014 年第 23 号) 规定："小型微利企业在预缴时享受了优惠政策，但年度汇算清缴时超过规定标准的，应按规定补缴税款"，根据该规定，公司存在补缴相应税款的可能。

解决办法：

公司实际控制人已于 2015 年 6 月 1 日做出承诺："本人将促使公司依法纳税，如有关部门因公司违规享受税收优惠原因追究公司责任，本人将对因此给公司造成的经济损失予以全额补偿。"

会计师意见：

湘潭华进科技股份有限公司及其子公司可能存在需要补缴税款的情形，但鉴于其涉及金额较小，且其作为小微企业享受税收优惠已经税务部门备案，公司实际控制人已做出相关承诺，因此，上述情形对本次发行不构成实质性障碍，公司在报告期内存在税务违规情况。

主办券商认为：

除 2013 年度享受小微企业税收优惠不符合规定外，华进科技及其子公司在报告期的税收缴纳是合法合规的。

案例二　宜达胜 430384（不符合小微企业的认定标准）

上海宜达胜科贸股份有限公司设立于 2001 年 11 月 6 日，2013 年 9 月 5 日变更为股份公司；

所属行业为文教、工美、体育和娱乐用品制造业、其他文化办公用机械制造业；

经营范围：打印机色带、墨盒、硒鼓生产加工（均限分支经营）；计算机及配件，办公用品的销售，打印机色带产品的研发，从事货物进出口及技术进出口业务（涉及行政许可的，凭许可证经营）。

报告期为 2011 年 1 月 1 日至 2013 年 6 月 30 日，2012 年度享受小微企业税收优惠，优惠金额为 107 748.13 元。

不符合小微企业的认定标准的情形：

公开转让说明书披露："2012 年上海宜达胜电脑用品有限公司未审前利润总额为 270 489.61 元，未超过 30 万元，经审计调整后利润总额为 645 421.50 元，超过 30 万元。调整事项主要为：将管理费用中的装修费 314 092.81 元调整至长期待摊费用。2012 年利润总额调整前，按 20% 计算的所得税为 56 060.62 元，利润总额调整后，按 25% 计算的所得税为 163 808.75 元，应补缴企业所得税 107 748.13 元。2013 年利润总额调整前，按 20% 计算的所得税为 57 735.86 元，利润总额调整后，按 25% 计算的所得税为 64 761.73 元，应补缴企业所得税 7 025.86 元。"

解决办法：

经与公司高管沟通，企业承诺于 2013 年所得税汇算清缴时，补缴企业所得税 7 025.86 元。2013 年 11 月 29 日，公司向上海市徐汇区国家税务局第十九税务所、上海市地方税务局徐汇区分局第十九税务所补缴企业所得税 107 748.13 元、滞纳金及罚款 9 805.08 元。2013 年应补缴的 7 025.86 元将于 2013 年所得税汇算清缴时予以补缴。

律师认为：

"公司 2012 年度享受的小型微利企业税收优惠不符合相关法律法规的规定，但公司不存在偷税、漏税之主观故意，且公司已依法缴纳所涉企业所得税、滞纳金和罚款，该等情形不会对公司生产经营造成重大不利影响，不属于重大违法行为，不会对本次公开转让构成法律障碍。"

小型微利企业的优惠政策：

我国关于小型微利企业的企业所得税优惠政策出台已经好多年了，所设定的条款也一直都有变化。

2008 年《企业所得税法》第二十八条："符合条件的小型微利企业，减按 20% 的税率征收企业所得税。"

财政部、国家税务总局《关于小型微利企业所得税优惠政策有关问题的通知》（财税 [2011]117 号）："自 2012 年 1 月 1 日至 2015 年 12 月 31 日，对年应纳税所得额低于 6 万元（含 6 万元）的小型微利企业，其所得减按 50% 计入应纳税所得额，按 20% 的税率缴纳企业所得税。"

国家税务总局公告 2015 年第 17 号《关于贯彻落实扩大小型微利企业减

半征收企业所得税范围有关问题的公告》：自2015年1月1日至2017年12月31日，对年应纳税所得额低于20万元（含20万元）的小型微利企业，其所得减按50%计入应纳税所得额，按20%的税率缴纳企业所得税。

《国家税务总局关于进一步扩大小型微利企业所得税优惠政策范围的通知》（财税[2015]99号）：自2015年10月1日起至2017年12月31日，对年应纳税所得额在20万元到30万元（含30万元）的小型微利企业，其所得减按50%计入应纳税所得额，按20%的税率缴纳企业所得税（2015年10月1日至12月31日间的所得，按照2015年10月1日后的经营月份数占其2015年度经营月份数的比例计算）。

小型微利企业的限定条款：

《企业所得税法实施条例》第九十二条规定：

企业所得税法第二十八条第一款所称符合条件的小型微利企业，是指从事国家非限制和禁止行业，并符合下列条件的企业："（一）工业企业，年度应纳税所得额不超过30万元，从业人数不超过100人，资产总额不超过3 000万元；（二）其他企业，年度应纳税所得税不超过30万元，从业人数不超过80人，资产总额不超过1 000万元。"

财政部、国家税务总局《关于执行企业所得税优惠政策若干问题的通知》（财税[2009]69号）：

"七、实施条例第九十二条第（一）项和第（二）项所称从业人数，是指与企业建立劳动关系的职工人数和企业接受的劳务派遣用工人数之和；从业人数和资产总额指标，按企业全年月平均值确定，具体计算公式如下：

月平均值=（月初值+月末值）÷2

全年月平均值=全年各月平均值之和 ÷12

年度中间开业或者终止经营活动的，以其实际经营期作为一个纳税年度确定上述相关指标。"

综上案例可知，针对报告期内存在享受小微企业税收优惠情形的，股转系统主要关注：

（1）请公司补充披露税收优惠的具体情况。

（2）请公司结合小微企业的认定标准补充说明按照小微企业缴纳所得税的合理性，是否存在被税务局追缴税款的可能。

（3）请主办券商及律师补充核查该事项是否存在潜在被处罚的风险。

小型微利企业的税收优惠，算下来，差不多是10%的所得税税率。但是，企业挂牌时，经审计的利润总会与企业原本申报的利润通常会存在差异，这一点差异，便会让企业与小型微利失之交臂。那么，经审计的会计利润不符合小型微利企业的优惠条件，最好的方法，无外乎主动补税，并缴纳滞纳金。华进科技没有补税，而只是由实际控制人出具承诺函，依然顺利挂牌成功，这是一种方法，但未必是最好的。

案例三　新马精密831845（外商投资企业变更为境内企业）

马鞍山市新马精密铝业股份有限公司设立于2005年11月28日，2014年7月14日变更为股份公司；

所属行业为制造业——有色金属冶炼和压延加工业；

经营范围：新型电子元器件（光电子器件、敏感元器件及传感器）的制造与销售；新型精密仪表、仪器的制造与销售；汽车精密零配件的制造与销售。

报告期为2012年1月1日至2014年6月30日，报告期内由外商投资企业变更为境内企业存在需补税的情形。

外商投资企业变更为境内企业需补税的情形：

2005年11月28日设立时为香港独资，2013年12月27日由外商投资企业变更为自然人投资或控股企业。公司自2008年起盈利，享受外商投资企业"两免三减半"的企业所得税优惠政策，2008年至2012年共计减免所得税额1 567 266.55元。

解决办法：

2014年2月8日中兴财光华会计师事务所（特殊普通合伙），对公司外商投资企业期间享受的税收优惠出具纳税事项咨询意见书，公司自2008年起盈利，享受外商投资企业"两免三减半"的企业所得税优惠政策，2008年至2012年共计减免所得税额1 567 266.55元，重新调整后，公司各年度应缴企业所得税合计1 895 455.76元，已预缴企业所得税907 011.26元，应补缴企业所得税988 444.50元。2014年3月26日，新马铝业全额缴纳了上述由于外商投资企业变更为境内企业所涉应补缴的企业所得税税款。

税务机关证明：

2014年7月，马鞍山市国税局及马鞍山市地税局至新马铝业进行了税务核查，并为公司出具了《证明》，证明公司不存在偷税、漏税或其他应当补缴税款的情形，不存在因违反税务法律、法规而受到国家税务机关的行政处罚，不存在因税务违法行为需要补缴的税款。

主办券商认为：

新马铝业由外商投资企业变更为境内企业涉及税收优惠补缴事项，公司已经全额补缴了涉及税款，不存在偷税、漏税、欠税等税务违规行为，外商投资企业变更为境内企业所涉税务事项合法合规。

外商投资企业的政策

外商投资企业的优惠政策：

《中华人民共和国外商投资企业和外国企业所得税法》第八条："对生产性外商投资企业，经营期在十年以上的，从开始获利的年度起，第一年和第二年免征企业所得税，第三年至第五年减半征收企业所得税，但是属于石油、天然气、稀有金属、贵重金属等资源开采项目的，由国务院另行规定。"

财政部、国家税务总局《外商投资企业和外国企业购买国产设备投资抵免企业所得税有关问题的通知》（财税字 [2000]49 号）："一、凡在我国境内设立的外商投资企业，在投资总额内购买的国产设备，对符合《国务院关于调整进口设备税收政策的通知》（国发 [1997]37 号）中规定的《外商投资产业指导目录》鼓励类、限制乙类的投资项目，除国发 [1997]37 号规定的《外商投资项目不予免税的进口商品目录》外，其购买国产设备投资的 40% 可从购置设备当年比前一年新增的企业所得税中抵免。"（自 2008 年 1 月 1 日起，停止执行企业购买国产设备投资抵免企业所得税的政策）

（外商投资企业的税收优惠政策较多，此处不一一列举。凡外商投资企业转为内资企业的，均需对外商投资企业期间所享受的税收优惠进行检查，不符合相关政策的，及时补税）

外商投资企业的限定条款：

《中华人民共和国外商投资企业和外国企业所得税法》第八条："外商投资企业实际经营期不满十年的，应当补缴已免征、减征的企业所得税税款。"

《国家税务总局关于外国投资者出资比例低于 25% 的外商投资企业税务处理问题的通知》（国税函 [2003]422 号）："外资比例低于 25% 的外商投资企业，除国务院另有规定，税务登记、适用税制一律按内资企业处理，不享受外商投资企业税收待遇。"

另外：

《关于外商投资企业合并、分立、股权重组、资产转让等重组业务所得税处理的暂行规定》（国税发 [1997]71 号）："第五条（一）8. 外商投资企业外资比例因增资或首发上市导致股权比例"被动稀释"至低于 25% 的水平，即便不符合有关外商投资企业法律规定外资比例的要求，实际经营期不满十年的，也不需要补缴已经免征或减征的税款。"

《关于加强外商投资企业审批、登记、外汇及税收有关问题的通知》（外经贸法发 [2002]57 号）："第三条（二）9. 对于外商投资股份有限公司因增资扩股，导致外资比例低于 25% 的，仍享受外商投资企业待遇。"

针对挂牌公司存在外商投资企业变更为内资企业情形的，股转系统主要关注以下几个方面：

（1）外商投资公司股权变更程序的合法合规性；

（2）外商投资公司股权转让或变更是否符合税收、外资管理等法律法规；

（3）外商投资公司通过股权转让转为内资的情况下是否涉及税收优惠补缴问题。

挂牌企业如实回答即可，但前提当然是合法合规，关于补税，这个可不是大股东出具承诺就可以解决问题的，因为外商投资企业变更为内资企业时，主管税务机关是要对补税情况进行检查的，直接要求企业补缴税款。

案例四　中生方政 837093（不当取得高新技术企业资格）

中生方政生物技术股份有限公司设立于 2009 年 9 月 22 日，2015 年 10 月 20 日变更为股份公司；

所属行业为零售业；

主营业务：HPV 体外诊断试剂的研发、生产及销售；经销实验室仪器、设备。

报告期为 2013 年 1 月 1 日至 2015 年 8 月 31 日，报告期内存在不当取得高新技术企业资格的情形。

公开转让说明书披露：

公司于 2013 年 12 月 3 日取得编号为 GR201332000925 的高新技术企业证书，有效期三年；原平皓（天津）于 2012 年 11 月 8 日取得编号为 GR201212000141 的高新技术企业证书，有效期三年；2015 年 8 月 7 日，原平皓（天津）通过高新技术企业复审，取得编号为 GR201512000036 的高新技术企业证书，有效期三年。

报告期内，公司及原平皓（天津）持有高新技术企业资格，但报告期内公司收入主要来自销售实验室仪器、设备，且内部无技术人员，收入结构及技术人员比例不符合取得高新技术企业资格要求，公司及子公司原平皓（天津）存在不当取得高新技术企业资质的情形及被税务等主管部门认定为重大违法违规行为，并处以撤销高新技术企业资格、追缴税款等处罚的风险。

主办券商、律师核查：

主办券商、律师核查了公司及原平皓（天津）的高新技术企业申请材料、高新技术企业证书及财务报表，员工花名册等，经核查，报告期内公司、原平皓（天津）收入主要来自销售实验室仪器、设备，且原平皓（天津）在职员工中无研发人员。主办券商、律师认为，公司及原平皓（天津）的收入结构以及原平皓（天津）的技术人员比例不符合《高新技术企业认定管理办法》规定的"企业主要产品（服务）发挥核心支持作用的技术属于《国家重点支持的高新技术领域》规定的范围"、"近一年高新技术产品（服务）收入占企业同期总收入的比例不低于60%"、"企业从事研发和相关技术创新活动的科技人员占企业当年职工总数的比例不低于10%"等取得高新技术企业资格的条件，公司及原平皓（天津）存在不当取得高新技术企业资格问题。

主办券商、律师认为：

鉴于中生方政2013年度未享受高新技术企业税收优惠，2014年及2015年1—8月处于亏损状态，原平皓（天津）2013年、2014年及2015年1—8月处于亏损状态，公司税务主管部门泰州医药高新技术产业开发区国家税务局、江苏省泰州市地方税务局分别于2015年10月10日、2015年10月12日出具证明，确认公司自2013年1月1日至证明出具日期间，不存在违反税收法律、法规行为，未受到行政处罚；原平皓（天津）税务主管部门天津市经济技术开发区国家税务局2015年10月22日出具《纳税证明》[津经国税税证明字证（2015）第374号]，确认原平皓（天津）自2013年1月1日至证明出具日期间不存在欠缴税款事项，且除取消高新技术企业资格及追缴税款外，《高新技术企业认定管理办法》并未就不当取得高新技术企业资格规定其他处罚及追究责任事项；因此主办券商、律师认为公司及公司子公司原平皓（天津）不当取得高新技术企业的情形不构成重大违法、违规，不会导致公司不符合"合法规范经营"的挂牌条件。

对于已取得高新技术企业资格的挂牌公司，即使报告期内存在某些指标不符合《高新技术企业认定管理办法》中相关规定的情形，挂牌公司均会采取相应措施，消除该情形。目前，尚未发现新三板挂牌公司、拟挂牌公司中，存在因不符合高新技术企业资格而被补税的情况，但中小板上市的贝因美因不符合高新技术企业资格而被要求补税一事，曾轰动一时。

案例五 贝因美 002570（IPO：不符合高新技术企业资格）

浙江贝因美科工贸股份有限公司设立于 1999 年 4 月 27 日；

上市时间：2011 年 4 月 12 日

招股时间：2011 年 3 月 30 日

所属行业为食品制造业；

主要经营范围：开发、生产、销售婴幼儿产品、儿童食品、营养食品、服装、玩具、日用百货，并提供相关咨询等服务，定型包装食品的销售。

因不符合高新技术企业而补税详情：

2011 年 9 月 29 日，公司发布"关于收到补缴税款通知的公告"，公告称：

"公司于近日收到杭州市滨江区国家税务局的通知：根据《审计署关于浙江省国家税务局 2009 年至 2010 年税收征管情况的审计决定》（审财决[2011]193 号），审计署认定，我单位存在：2008 年申报高新技术企业资格时，前三年实际投入的研发费用占销售收入的比重仅为 0.65%；且申报的发明专利与其主要产品的核心技术不直接相关。减免的 2008 年度和 2009 年度高新技术企业所得税，需补缴税款 58 927 096.40 元。本事项，将减少公司的净资产及公司资金 58 927 096.40 元，将影响 2008 年度及 2009 年度净利润分别为10 822 485.57 元、48 104 610.83 元。公司将于 2011 年 9 月 29 日补缴上述税款。

依据《企业会计准则》第 28 号的相关规定，本事项应为会计前期差错，公司拟采用追溯重述法调整更正相应年度财务报表，具体需经审计机构审核确定，并提交公司董事会审议批准。如果本事项经董事会审议批准，公司将采用追溯重述法调整更正相应年度财务报表，本事项将不影响公司 2011 年度的净利润。"

2012 年 5 月 23 日，贝因美公告称，收到浙科发文件《关于浙江贝因美科工贸股份有限公司不具备高新技术企业资格的通知》，鉴于公司认定前三年研发费用归集不合理，经省高新技术企业认定管理领导小组研究决定，公司不具备高新技术企业资格。根据该通知，公司将于 5 月 30 日前补缴税款 2 785 万元。

高新技术企业的政策

高新技术企业的优惠政策：

《企业所得税法》第二十八条规定"国家需要重点扶持的高新技术企业，减按 15% 的税率征收企业所得税。"

高新技术企业的设定条款：

《企业所得税法实施条例》第九十三条规定：

"企业所得税法第二十八条第二款所称国家需要重点扶持的高新技术企

业，是指拥有核心自主知识产权，并同时符合下列条件的企业：（一）产品（服务）属于《国家重点支持的高新技术领域》规定的范围；（二）研究开发费用占销售收入的比例不低于规定比例；（三）高新技术产品（服务）收入占企业总收入的比例不低于规定比例；（四）科技人员占企业职工总数的比例不低于规定比例；（五）高新技术企业认定管理办法规定的其他条件。"

2008 年 4 月 14 日通过的科技部、财政部、国家税务总局联合下发的《高新技术企业认定管理办法》（国科发火 [2008]172 号）：

"第十条　高新技术企业认定须同时满足以下条件：（一）在中国境内（不含港、澳、台地区）注册的企业，近三年内通过自主研发、受让、受赠、并购等方式，或通过 5 年以上的独占许可方式，对其主要产品（服务）的核心技术拥有自主知识产权；（二）产品（服务）属于《国家重点支持的高新技术领域》规定的范围；（三）具有大学专科以上学历的科技人员占企业当年职工总数的 30% 以上，其中研发人员占企业当年职工总数的 10% 以上；（四）企业为获得科学技术（不包括人文、社会科学）新知识，创造性运用科学技术新知识，或实质性改进技术、产品（服务）而持续进行了研究开发，且近三个会计年度的研究开发费用总额占销售收入总额的比例符合如下要求：1. 最近一年销售收入少于 5 000 万元的企业，比例不低于 6%。2. 最近一年销售收入在 5 000 万元至 20 000 万元的企业，比例不低于 4%。3. 最近一年销售收入在 20 000 万元以上的企业，比例不低于 3%。其中，企业在中国境内发生的研究开发费用总额占全部研究开发费用总额的比例不低于 60%。企业注册成立时间不足三年的，按实际经营年限计算；（五）高新技术产品（服务）收入占企业当年总收入的 60% 以上；（六）企业研究开发组织管理水平、科技成果转化能力、自主知识产权数量、销售与总资产成长性等指标符合《高新技术企业认定管理工作指引》（另行制定）的要求。"

"第九条　企业取得高新技术企业资格后，应依照本办法第四条的规定到主管税务机关办理减税、免税手续。享受减税、免税优惠的高新技术企业，减税、免税条件发生变化的，应当自发生变化之日起 15 日内向主管税务机关报告；不再符合减税、免税条件的，应当依法履行纳税义务；未依法纳税的，主管税务机关应当予以追缴。同时，主管税务机关在执行税收优惠政策过程中，发现企业不具备高新技术企业资格的，应提请认定机构复核。复核期间，可暂停企业享受减免税优惠。"

2016 年 1 月 29 日科技部、财政部、国家税务总局联合修订的《高新技术企业认定管理办法》（国科发火 [2016]32 号），对相关条款做了更改：

"第十一条　认定为高新技术企业须同时满足以下条件：（一）企业申请认定时须注册成立一年以上；（二）企业通过自主研发、受让、受赠、并购等方式，获得对其主要产品（服务）在技术上发挥核心支持作用的知识产权的所有权；（三）对企业主要产品（服务）发挥核心支持作用的技术属于《国家重点支持的高新技术领域》规定的范围；（四）企业从事研发和相关技术创新活动的科技人员占企业当年职工总数的比例不低于10%；（五）企业近三个会计年度（实际经营期不满三年的按实际经营时间计算，下同）的研究开发费用总额占同期销售收入总额的比例符合如下要求：1. 最近一年销售收入少于5 000万元（含）的企业，比例不低于5%；2. 最近一年销售收入在5 000万元至2亿元（含）的企业，比例不低于4%；3. 最近一年销售收入在2亿元以上的企业，比例不低于3%；其中，企业在中国境内发生的研究开发费用总额占全部研究开发费用总额的比例不低于60%；（六）近一年高新技术产品（服务）收入占企业同期总收入的比例不低于60%；（七）企业创新能力评价应达到相应要求；（八）企业申请认定前一年内未发生重大安全、重大质量事故或严重环境违法行为。"

"第十九条　对被取消高新技术企业资格的企业，由认定机构通知税务机关按《税收征管法》及有关规定，追缴其自发生上述行为之日所属年度起已享受的高新技术企业税收优惠。"

我们知道，高新技术企业证书有效期为三年，那么，是不是申请到高新技术企业证书后，企业就可以安享三个年度的企业所得税优惠政策呢？让我们看一下精艺股份2010年6月8日的一则"关于控股子公司所得税变动情况的公告"：

"本公司持有控股子公司佛山市顺德区精艺万希铜业有限公司（以下简称'精艺万希'）75%的股权。根据广东省科学技术厅、广东省财政厅、广东省国家税务局和广东省地方税务局联合下发的《关于公布广东省2008年第一批高新技术企业名单的通知》（粤科高字[2009]28号），精艺万希被认定为高新技术企业，自2008年1月1日至2010年12月31日享受15%的企业所得税优惠税率。精艺万希在2009年第一季度至第四季度按15%的所得税税率向佛山市顺德区国家税务局北滘税务分局预缴了企业所得税。

由于精艺万希2009年末人员变动，导致其研发人员占公司员工比例未达高新技术企业认定标准规定的'研发人员占企业当年职工总数的10%以上'，在2010年6月4日完成的2009年度所得税汇算清缴工作中，佛山市顺德区国家税务局北滘税务分局要求精艺万希2009年企业所得税年度申报需按25%税率计缴企业所得税，精艺万希因税率差应补缴所得税5 790 208.55元，将减少上市公司归属于母公司所有者权益4 342 656.41元。补缴税款将计入

2010 年当期费用，会对公司 2010 年经营业绩造成一定影响。"

2009 年 5 月，国家税务总局下发《关于实施高新技术企业所得税优惠有关问题的通知》（国税函 [2009]203 号），要求高新企业在通过认定后的三年内，每年均须保持认定的所有条件，否则也无法享受优惠税率。

与贝因美不同的是，贝因美补税的原因是高新技术企业申报资料的数据不符合高新技术企业标准，其高新技术企业证书存疑。而精艺股份的高新技术企业证书是合法取得的，但取得高新技术企业证书的第二年（尚在理论税收优惠期内），相关数据不符合高新技术企业标准而被税务局要求补税。

新三板也好，IPO 也好，高新技术企业都不在少数，但是，在获取高新技术企业证书后的三年内，均保持认定的所有条件的企业恐怕不多，精艺股份成为首个因未达资格标准而被要求补税的案例，而其他高新技术企业无疑都可能会存在着补税风险。

本节小结

针对挂牌公司为高新技术企业的，股转系统主要关注：

（1）若为高新技术企业，结合研发投入、研发人员情况等分析公司是否存在无法通过高新技术企业资格复审的风险。

（2）公司高新技术企业资质有效期三年，已经过期。请公司补充披露是否重新申请并取得高新技术企业认证，如已申请，请披露申请进展，并就相关事项做重大风险提示。

挂牌公司应针对《高新技术企业认定管理办法》中的相关规定对公司报告期内的各项指标进行分析，是否存在无法通过高新技术企业资格复审的风险，如存在，则说明采取何种措施消除此风险。

总体来说，已取得高新技术企业资格的挂牌公司，即使存在无法通过高新技术企业资格复审的风险，也不会构成挂牌障碍。

新三板与现行首发上市条件（IPO）在不规范税收优惠方面的处理差异

项目	新三板	IPO
补提税款	由股东承诺承担补税风险	列入非经常性损益，不要求补税
税务机关证明	需要	需要
股东承诺	需要	需要
招股说明书中"重大事项提示"	需要	需要

第二节　经营成果对税收优惠存在重大依赖

无论是新三板公司还是 IPO 挂牌企业，都存在因行业或公司性质等原因而享受国家税收优惠政策的情况，比如免征增值税、增值税即征即退、免征企业所得税、减半征收企业所得税、企业所得税三免两减半、五免三减半等。但是，如果企业享受的税收优惠过高，在财务报表中就会出现营业外收入比例过大的问题。那么，税收优惠是否会成为企业的挂牌障碍呢？

案例一　曲辰种业 834751（享受多项税收优惠政策）

云南曲辰种业股份有限公司设立于 2007 年 7 月 30 日，2015 年 7 月 3 日变更为股份公司；

所属行业为农产品生产销售业企业；

经营范围：粮食作物杂交种、常规种、蔬菜、玉米、花卉种子销售；农业技术咨询、培训、生物资源开发利用，房屋、场地、机械设备租赁；有毒农药的批零。

报告期为 2013 年 1 月 1 日至 2015 年 5 月 31 日，2015 年 11 月 30 日挂牌成功。报告期内，公司享受多项税收优惠政策。

公开转让说明书披露：

"重大事项提示"第十三项、税收优惠风险一节中描述：

"公司为增值税一般纳税人，销售收入中属销售种子、种苗、化肥农药、农机等农业生产资料，根据财政部、国家税务总局《关于若干农业生产资料免征增值税政策的通知》（财税 [2001]113 号），批发和零售的种子、种苗、化肥、农药、农机免征增值税。

公司营业范围符合《中华人民共和国企业所得税法》第二十七条规定的从事农、林、牧、渔项目的所得免征、减征企业所得税，曲靖市地方税务局直属分局准予企业蔬菜、谷物、薯类、豆类等所得和农作物新品种的选育所得免征所得税，花卉所得减半征收所得税。

《财政部　海关总署　国家税务总局关于深入实施西部大开发战略有关政策问题的通知》（财税 [2011]58 号），本公司属于西部大开发税收优惠范围，公司的其他所得享受西部大开发优惠税率 15%。

税收减、免征对公司发展起到了积极的推动作用，如果国家的有关税收政策发生变化，将对公司的经营业绩产生一定的影响。"

税收优惠对公司净利润的影响：

曲辰种业公开转让说明书中，财务数据如下表所示，其主营业务收入全部来源于玉米种子的销售：

单位：元

项目	2015 年 1—5 月	2014 年度	2013 年度
营业收入	7 131 021.57	22 778 777.46	12 754 081.99
其中：主营业务收入	6 736 861.00	21 693 924.22	11 860 063.74
其他业务收入	394 160.57	1 084 853.24	894 018.25
营业成本	3 120 608.17	11 331 583.32	7 528 928.49
其中：主营业务成本	2 967 000.51	11 009 109.56	7 480 282.77
其他业务成本	153 607.66	322 473.76	48 645.72
利润总额	10 282 212.49	8 100 124.14	3 594 701.77
所得税费用	1 188 417.75	80 380.39	149 171.72
净利润	9 093 794.74	8 019 743.75	3 445 530.05

审计报告中，审计期内的所得税费用均为当期所得税费用，会计利润与所得税调整过程如下表所示。

单位：元

项目	2015 年 1—5 月	2014 年度	2013 年度
本期利润总额	10 282 212.49	8 100 124.14	3 594 701.77
按法定 / 适用税率计算的所得税费用	1 542 331.87	1 215 018.62	539 205.27
调整以前期间所得税的影响	—	227.37	405.51
非应税收入的影响	−353 914.12	− 1 138 342.54	397 212.59
不可抵扣的成本、费用和损失的影响	—	2 476.94	6 773.53
所得税费用	1 188 417.75	80 380.39	149 171.72

公司会计利润与所得税调整过程中"按法定 / 适用税率计算的所得税费用"是用 15% 的企业所得税税率进行计算的，我们假设公司没有企业所得税优惠政策，其税率应该恢复至 25%，同时，不考虑非应税收入的影响，调整后的利润情况如下表所示。

单位：元，%

项目	2015 年 1—5 月	2014 年度	2013 年度
调整前净利润	9 093 794.74	8 019 743.75	3 445 530.05
调整税收优惠补记的企业所得税	1 382 135.37	1 948 354.95	−37 742.41
其中：补记 10% 企业所得税	1 028 221.25	810 012.41	359 470.18
补记非应税收入的影响	353 914.12	1 138 342.54	−397 212.59
调整后净利润	7 711 659.37	6 071 388.80	3 483 272.46
补记的企业所得税占原净利润的百分比	15.20	24.29	−1.10

从上表我们可以看出，因企业所得税的优惠政策，报告期内合计增加利润
3 292 747.91 元，占报告期内净利润的 16.02%，如果取消税收优惠，对公司
净利润会产生较大的影响。

公司对税收优惠风险的解决措施：

公开转让说明书中提及：公司将加强自身经营能力，不断提高收入和利润，
降低税收优惠对公司净利润的影响。即使税收政策发生变化，公司正常纳税也
不会影响公司的正常经营。另外，税收优惠是国家调控宏观经济的一种财政政
策，公司在经营中会紧跟国家宏观经济调整方向，这样可以延长税收优惠推动
公司发展的时间。

案例二　科脉技术 834873（所得税优惠与增值税退税优惠）

深圳市科脉技术股份有限公司设立于 1999 年 11 月 11 日，2015 年 8 月
13 日变更为股份公司；

所属行业为软件和信息技术服务业；

经营范围：一般经营项目：计算机软硬件、智能化及自动化设备的技术开
发与销售及其他国内贸易；计算机系统集成及相关技术信息咨询服务；经营进
出口业务（法律、行政法规、国务院决定禁止的项目除外，限制的项目须取得
许可后方可经营）。许可经营项目：信息服务业务（仅限互联网信息服务和移
动网信息服务业务；不含新闻、出版、教育、医疗保健、药品、医疗器械、电
子公告以及其他按法律、法规规定需前置审批或专项审批的服务项目）。

公司报告期为 2013 年 1 月 1 日至 2015 年 5 月 31 日，公司享受软件产品
增值税退税优惠与高新技术企业所得税优惠政策。

公开转让说明书披露：

"二、公司对政府补助和软件退税税收优惠依赖的风险

公司于 2012 年 9 月 12 日被深圳市科技创新委员会评为国家高新技术企
业并颁发国家高新技术企业证书，根据《深圳市蛇口地方税务局税务事项通知
书》（深地税蛇备 [2013]108 号），公司自 2012 年 1 月 1 日起至 2014 年 12
月 31 日享受 15% 的企业所得税优惠税率，若政策不发生变化，公司还将继续
享有这一优惠税率。同时，由于公司主要收入来源于软件销售，因此还享受国
家给予的'软件产品增值税退税'优惠政策。此外，公司通过了一系列资格认
定及参加政府课题项目，获得了一定的政府补助。2013 年、2014 年和 2015
年 1—5 月，公司取得政府补助及退税收入等营业外收入分别为 4 023 651.89

元、7 027 391.63 元和 2 349 704.03 元，占利润总额的 62.10%、98.10% 和 91.98%，由于营业外收入对公司利润总额影响巨大，如果出现政府税收优惠政策及对软件行业扶持政策的不利变动，或公司未能被税务部门认定为符合税收优惠企业，将直接影响到公司营业外收入，进而影响到利润总额的稳定，故公司面临较大的对政府补助和软件退税税收优惠依赖的风险。"

所得税优惠与增值税退税优惠的具体数据如下表所示。

单位：元，%

项目	2015 年 1—5 月	2014 年度	2013 年度
利润总额	2 554 454.66	7 163 859.40	6 478 876.12
所得税费用	389 600.35	384 802.72	470 970.07
其中：当期所得税费用			
净利润	2 164 854.31	6 779 056.68	6 007 906.05
营业外收入	2 349 704.03	7 027 391.63	4 023 651.89
其中：退税收入	2 319 682.03	4 017 002.60	3 157 719.56
退税收入占净利润比例	107.15	59.26	52.56

公司所采取的措施：

为减少对政府补助和软件退税税收优惠依赖的风险，公司密切把握政府的政策动向，并及时与政府相关部门做好沟通协调，积极根据政策变动调整业务发展方向；另外，公司也积极参与各项政府课题项目，在提高公司产品技术水平、市场知名度和占有率的同时，追求政府补贴收入。

案例三　龙软科技 834391（IPO：税收优惠依赖未过会）

北京龙软科技股份有限公司设立于 2002 年 2 月 22 日，2011 年 12 月 1 日完成股份改制；

所属行业为软件与服务；

主要经范围：技术开发；基础软件服务；应用软件服务；计算机系统服务；数据处理；销售计算机、软件及辅助设备、通信设备（依法须经批准的项目，经相关部门批准后依批准的内容开展经营活动）。

公司 2014 年 6 月 11 日以 2011 年 1 月 1 日至 2013 年 12 月 31 日为报告期申报创业板，2015 年 4 月 7 日以 2012 年 1 月 1 日至 2014 年 12 月 31 日为报告期再度申报创业板，仍未过会。2015 年以 2013 年 1 月 1 日至 2015 年 6 月 30 日为报告期，顺利挂牌新三板。

公司 2015 年二次无缘创业板的主要原因为：报告期内公司享受高新技术企业所得税优惠、软件企业增值税退税优惠。

招股说明书披露：

"5. 税收政策的变化及对发行人的影响

（1）增值税退税

本公司根据《财政部、国家税务总局、海关总署关于鼓励软件产业和集成电路产业发展有关税收政策问题的通知》（财税 [2000]25 号），《国务院关于印发进一步鼓励软件产业和集成电路产业发展若干政策的通知》（国发 [2011]4 号）、财政部和国家税务总局《关于软件产品增值税政策的通知》（财税 [2011]100 号）、《财政部、国家税务总局关于进一步鼓励软件产业和集成电路产业发展企业所得税政策的通知》（财税 [2012]27 号），报告期内本公司销售自行开发生产的计算机软件产品，经主管部门审核后，实际税负超过3%的部分实行即征即退的税收政策。

（2）所得税优惠

公司 2009 年 5 月 27 日经北京市科学技术委员会、北京市财政局、北京市国家税务局、北京市地方税务局共同认定为高新技术企业，自 2009 年起连续三个年度执行 15% 的所得税优惠税率。本公司已通过高新技术企业复审，并于 2012 年 10 月 30 日获得了北京市科学技术委员会、北京市财政局、北京市国家税务局、北京市地方税务局联合颁发的高新技术企业证书（编号：GF201211001744），自 2012 年 1 月 1 日至 2014 年 12 月 31 日按 15% 的税率享受企业所得税优惠。"

报告期内，公司各项税收优惠占利润总额的比例如下表所示。

单位：万元，%

项　　目	2014 年度	2013 年度	2012 年度
税收优惠金额	919.36	1 183.80	1 523.78
其中：增值税退税	775.69	835.46	1 097.93
所得税优惠	143.67	348.34	425.85
利润总额	1 036.11	3 269.10	4 605.96
税收优惠占比	88.73	36.21	33.08

未过会原因：

证监会于 2015 年 7 月 31 日出具的"关于不予批准北京龙软科技股份有限公司首次公开发行股票申请的决定"中述及：

"发审委在审核中关注到，你公司存在以下情形：……2012—2014 年度，你公司净利润逐年下滑，分别为 4 018.47 万元、2 888.26 万元和 871.47 万元，你公司来源于软件产品增值税退税、所得税税收优惠政策的金额占利润总额的比例逐年提高，分别为 33.08%、36.21% 和 88.73%。你公司未在招股说明书中完整披露对持续盈利能力产生重大不利影响的所有因素。

发审委认为，上述情形与《首次公开发行股票并在创业板上市管理办法》（证监会令第 99 号）第十八条、第十九条、第三十三条、第三十五条的规定不符。"

相关政策法规：

《首次公开发行股票并在创业板上市管理办法》（证监会令第 99 号）的相关条款：

第十八条　发行人会计基础工作规范，财务报表的编制和披露符合企业会计准则和相关信息披露规则的规定，在所有重大方面公允地反映了发行人的财务状况、经营成果和现金流量，并由注册会计师出具无保留意见的审计报告。

第十九条　发行人内部控制制度健全且被有效执行，能够合理保证公司运行效率、合法合规和财务报告的可靠性，并由注册会计师出具无保留结论的内部控制鉴证报告。

第三十三条　中国证监会制定的创业板招股说明书内容与格式准则是信息披露的最低要求。不论准则是否有明确规定，凡是对投资者做出投资决策有重大影响的信息，均应当予以披露。

第三十五条　发行人应当在招股说明书中分析并完整披露对其持续盈利能力产生重大不利影响的所有因素，充分提示相关风险，并披露保荐人对发行人是否具备持续盈利能力的核查结论意见。

新三板申报：

在 2013 年、2014 年两个会计年度的基础上，公司于 2015 年增加 1—6 月数据再度申报新三板，在公开转让说明书中，针对税收优惠问题，公司披露如下：

"报告期内，公司享受来自增值税退税和所得税优惠的税收优惠金额分别为 1 183.80 万元、919.36 万元、347.84 万元，占公司净利润的比例分别为 40.99%、105.50%、-39.47%，占比逐年上升，主要是受到公司净利润持续下降的影响。若公司未来不能持续享受来自增值税退税和所得税优惠的税收优惠，将对公司净利润产生重大影响。

报告期内，公司的增值税退税额分别为 835.46 万元、775.69 万元、347.84 万元，若增值税退税政策发生调整，将对公司业绩造成较大影响。

公司享受的税收优惠均是由国家法律、法规或规范性文件明确规定的，不存在面临即将实施的重大税收政策调整情形。其次，公司每年的研发投入、高新技术产品（服务）收入占比、研发人员及大专以上学历的科技人员占比等相关指标均符合《高新技术企业认定管理办法》的规定，2015 年高新技术企业的重新认定正在办理中，查询高新技术企业认定管理工作网，截至 2015 年 8 月 6 日，已通过了北京市认定机构办公室认定。"

案例四　银泰科技（IPO：税收优惠依赖未过会）

武汉银泰科技电源股份有限公司设立于 2005 年 8 月 29 日，2008 年 3 月 27 日变更为股份公司；

经营范围：电源及电源智能化产品的生产与销售；新能源系统的研发、制造、销售（国家有专项规定的经审批后方可经营）；货物进出口（不含国家禁止或限制进出口的货物或技术）。

公司报告期为 2006 年 1 月 1 日至 2009 年 6 月 30 日，报告期内存在享受不符合政策的税收优惠依赖情形，存在被追缴的风险。

招股说明书披露：

"2. 关于 2006 年、2007 年享受高新技术企业免征企业所得税优惠的说明

根据国务院《国家高新技术产业开发区税收政策的规定》（国发〔1991〕12 号）第六条、《关于企业所得税若干优惠政策的通知》（财税 [1994]001 号）第一条以及《新办企业减免税执行期限问题的通知》（国税发 [1996]23 号）的相关规定，国务院批准的高新技术产业开发区内新办的高新技术企业，自投产年度起免征所得税两年，如果该企业在年度中间开业，当年实际生产经营期不足 6 个月的，可向主管税务机关申请选择就当年所得缴纳企业所得税，其减征、免征企业所得税的执行期限，可推延至下一年度起计算。根据 2009 年 1 月 19 日武汉市东湖新技术开发区国家税务局出具的《证明》，经武汉市东湖新技术开发区国家税务局备案，公司于 2006 年 1 月 1 日至 2007 年 12 月 31 日享受免征企业所得税税收优惠。

由于公司的主要生产经营场地位于国家级高新区外——武汉市经济技术开发区沌口小区，因此，公司享受的上述税收优惠与《国家税务总局关于注册地与经营管理地不一致的高新技术企业缴纳所得税问题的批复》（国税函 [2001]684 号）的相关规定不一致，公司享受前述所得税优惠存在不确定性。2009 年 9 月 3 日，湖北省国家税务局出具证明，武汉银泰科技电源股份有限公司及其前身武汉银泰科技电源有限公司自 2006 年 1 月 1 日以来，按照国家

法律法规的有关规定按时申报纳税,截至证明出具之日,无税收违法、违规行为。

六、企业所得税追缴的风险

按照高新技术企业所得税税收优惠的相关规定,2006年、2007年,公司享受企业所得税免征待遇,享受的企业所得税税收优惠金额分别为497.17万元、683.18万元,分别占当期净利润的61.95%、46.78%。

公司主要生产经营场所位于武汉市经济技术开发区沌口小区特2号,公司享受的上述企业所得税税收优惠待遇与国家税务总局《国家税务总局关于注册地与经营管理地不一致的高新技术企业缴纳所得税问题的批复》(国税函[2001]684号)的相关精神不一致,虽然湖北省国家税务总局已出具证明认定公司2007年12月31日前可享受高新技术企业所得税优惠,但公司享受上述所得税优惠存在被追缴的风险。

为此,公司控股股东与实际控制人分别做出声明并承诺:若税务主管部门对发行人前身从2005年8月29日至2007年12月31日享受的税收优惠部分进行追缴,愿全额承担需补缴的税款及相关费用。"

中介机构意见:

发行人2006年、2007年享受国家有关高新技术开发区所得税优惠政策与国家税务总局的相关规定不一致,存在被追缴的风险。但是基于湖北省国家税务局已出具证明认定发行人纳税合法以及发行人控股股东银泰控股承诺承担税款追缴的风险,发行人在2006年、2007年享受高新技术企业所得税优惠政策与国家税务总局的规定不一致不构成本次发行上市的实质性法律障碍。2008年、2009年上半年,发行人享受的所得税优惠待遇符合国家法律、法规的规定。

律师认为:发行人2008年1月1日前享受国家有关高新技术开发区所得税优惠政策与国家税务总局的相关规定不一致,但是基于湖北省国家税务局已出具证明予以确认以及发行人控股股东银泰控股承诺承担税款追缴的风险,发行人在2008年1月1日前不当享受高新技术企业所得税优惠事宜不会对本次发行上市构成实质性法律障碍;2008年1月1日以后发行人享受所得税优惠政策是合法、有效的。

申报会计师认为:发行人2006年、2007年享受国家有关高新技术开发区所得税优惠政策与国家税务总局的相关规定不一致。湖北省国家税务局已出具证明,确认发行人自2006年1月1日以来,按照国家法律法规的有关规定按时申报纳税,截至证明出具之日,无税收违法、违规行为。同时,会计师已将其享受的税收优惠金额全额计入非经常性损益。2008年1月1日以后发行人享受所得税优惠政策符合国家法律法规的规定。

本节小结

综上案例可知，针对报告期内可能存在税收优惠依赖情形的，股转系统主要关注以下几个方面：

（1）公司对税收优惠的依赖较大，需要从公司业务、合同订单、税收优惠政策及持续性、行业发展趋势等方面对公司是否存在持续经营能力发表明确意见并提供客观依据。

（2）主办券商和律师需要补充核查公司风险解决措施。

（3）如实反馈税收优惠依赖的情形，及公司对税收优惠依赖风险的解决措施。

新三板与现行首发上市条件（IPO）在税收优惠是否存大重大依赖方面的差异

项目	新三板	IPO
税收优惠的重大依赖	公开转让说明书对税收优惠的风险进行提示。到目前为止，尚不会因为税收优惠的依赖而构成挂牌障碍	《首次公开发行股票并上市管理办法》明确规定："发行人的经营成果对税收优惠不存在严重依赖。"（实务中，如果税收优惠占各期利润平均达到20%以上，被认为构成严重的税收依赖）

第三节 核定征收

企业所得税的征收方式有两种：查账征收与核定征收。

大多数公司采用查账征收的方式，而采用核定征收的企业，似乎总给人一种不太正规的感觉，这感觉主要来自税务机关对核定征收的认定，如《税收征管法》第三十五条规定：

"纳税人有下列情形之一的，税务机关有权核定其应纳税额：

1. 依照法律、行政法规的规定可以不设置账簿的；

2. 依照法律、行政法规的规定应当设置但未设置账簿的；

3. 擅自销毁账簿或者拒不提供纳税资料的；

4. 虽设置账簿，但账目混乱或者成本资料、收入凭证、费用凭证残缺不全，难以查账的；

5. 发生纳税义务，未按照规定的期限办理纳税申报，经税务机关责令限期申报，逾期仍不申报的；

6. 纳税人申报的计税依据明显偏低，又无正当理由的。"

那么，是不是核定征收的企业，就一定是会计核算不健全、难以查账或难以准确地核算收入成本的企业，而不能挂牌新三板呢？其实并不尽然，已挂牌新三板的公司，在报告期内仍是核定征收的，比比皆是。

案例一　正源装修 837799（挂牌主体查账征收）

大连正源装饰装修工程股份有限公司设立于 2000 年 10 月 26 日，2015 年 11 月 10 日变更为股份公司；

所属行业为特殊消费者服务；

经营范围：室内装饰设计、施工（依法须经批准的项目经相关部门批准后方可开展经营活动）。

报告期为 2014 年 1 月 1 日至 2015 年 12 月 31 日，公司自 2009 年至 2014 年采取核定征收的方式缴纳企业所得税。

核定征收的原因：

2008 年，国家税务总局颁布了新的《企业所得税核定征收办法（试行）》，为加强和规范建筑业企业所得税征收工作，大连市地方税务局进一步发布了《关于明确建筑业所得税征收管理有关问题的通知》（大地税函 [2008]252 号）、《关于明确建筑业所得税征收管理有关问题的补充通知》（大地税函 [2009]36 号），根据上述文件规定，总分支机构均在大连市辖区范围内的建筑安装企业，其企业所得税收入不涉及跨地区利益，原则上采用核定应税所得率的方法征收企业所得税。

变更为查账征收的时间：

2015 年，公司在全国各地设立了多家分公司，按照所得税征收管理办法的有关规定，居民企业在中国境内设立不具有法人资格的营业机构的，应当汇总计算并缴纳企业所得税，且不得采取核定征收的方式缴纳企业所得税。因此公司改为查账征收的方式缴纳企业所得税。

两种征收方式的差异：

公司 2014 年度所得税采用核定征收方式与按照查账征收方式测算结果差

异为 95 247.16 元，不会对公司经营业绩和财务状况产生较大影响。

税务机关意见：

2016 年 1 月，公司取得大连市沙河口区地方税务局出具的《纳税证明》，"经过对辽宁省地方税务局税收业务管理系统的数据查询，大连正源装饰装修工程股份有限公司自 2014 年 1 月 1 日起至今，已按期进行纳税申报，按期缴纳所申报税款，未发现违章处罚记录"；

2016 年 1 月，公司取得大连市沙河口区国家税务局出具的《涉税证明》，"经过对辽宁省大连市沙河口区国家税务局税收业务管理系统的数据查询，大连正源装饰装修工程股份有限公司在 2014 年 1 月至 2015 年 12 月，未发现税务违法违章行为及欠税行为"。

控股股东、实际控制人的承诺：

公司实际控制人富彦斌、张伟娟出具了有效的书面承诺，承诺若公司因所得税征缴方式变化而被税务机关要求补缴税款或处罚款、滞纳金的，本人将无条件承担公司因此而遭受的全部损失，从而有效控制公司所得税征缴方式变化可能面临的税款补缴或被处罚款、滞纳金等潜在风险。

案例二 美润股份 836267（子公司查账征收）

厦门美润无纺布股份有限公司设立于 2005 年 9 月 6 日，2015 年 10 月 19 日变更为股份有限公司；

所属行业为纺织业；

主营业务：无纺布及无纺布制品的开发、生产和销售。

报告期为 2013 年 1 月 1 日至 2015 年 7 月 31 日，报告期内，公司之子公司格林特维的企业所得税为核定征收。

核定征收的原因：

格林特维于 2015 年 4 月成立，生产经营规模较小，当地主管税务机关为方便征收及管理，暂认定格林特维为小规模纳税人，并采用核定征收方式征收企业所得税。

变更为查账征收的时间：

2015 年 9 月，瑞金市国家税务局批准格林特维变更为一般纳税人，于 2015 年 10 月 1 日生效。自 2016 年 1 月 1 日起，格林特维已变更为查账征收方式缴纳企业所得税。截至 2016 年 1 月 8 日，格林特维企业所得税已变更为查账征收。

两种征收方式的差异：

若报告期内格林特维采用查账征收征缴方式，将导致公司所得税费用增加 5 639.42 元，净利润减少 5 639.42 元。

税务机关意见：

瑞金市地方税务局已于 2015 年 10 月 27 日出具《纳税情况证明》，确认：格林特维系我二分局正常纳税管理单位，该单位能够及时办理纳税申报，2015 年 4 月至 10 月缴纳地方各税费累计 12 339.73 元；

江西省瑞金市国家税务局于 2015 年 10 月 29 日出具《证明》，确认：经系统查询，格林特维自成立以来，依法履行纳税义务，未发现因违反税收法律、法规和规范性文件而受到国家税务机关行政处罚的情形。

控股股东、实际控制人的承诺：

公司所有股东已于 2015 年 1 月 4 日出具书面承诺，承诺：公司及下属子公司均按照国家法律、法规、税收征管规定缴纳税收。若今后发生税收征管机关要求公司／下属子公司需按照国家法律、法规、税收征管规定补缴报告期内税款和滞纳金的情形，本人承诺以自有资金代公司履行补缴税款义务并承担由此产生的任何费用（包括但不限于税款、滞纳金、罚款等）；如因此导致公司遭受其他损失，本人将赔偿公司与此有关的所有损失和费用，保证公司不因此遭受任何经济损失。

案例三　中锐教育 836622（子公司查账征收，差异金额较大，税务机关明确补缴）

上海中锐教育投资股份有限公司设立于 2006 年 12 月 13 日，2015 年 11 月 13 日变更为股份公司；

所属行业为职业技能培训业；

经营范围：对教育、实业的投资，教育信息咨询（不得从事教育培训、中介、家教）、企业管理咨询、投资咨询、商务咨询、会务咨询（以上均不含中介），教学研究及计算机、教学仪器设备领域内的技术开发、技术转让、技术咨询、技术服务，教育软件的开发、销售（依法须经批准的项目，经相关部门批准后方可开展经营活动）。

报告期为 2013 年 1 月 1 日至 2015 年 7 月 31 日，报告期内，部分子公司（含其他经济实体）为核定征收。

核定征收的原因：

中锐教育部分子公司（含其他经济实体）业务类型单一，收入规模较小，因此被税务部门认定为核定征收。

变更为查账征收的时间：

上海元策教学设备有限公司已于 2015 年 12 月 21 日完成变更；西安市阎良区华汽职业培训学校、成都华汽汽车职业技能培训学校自 2016 年 1 月 1 日起变更企业所得税征收方式为查账征收；南京市华汽职业培训学校、沈阳华汽职业技术培训学校将在 2015 年所得税汇算清缴完成后完成所得税征收方式的变更；随州华汽职业技术培训学校、清远市华汽教育职业培训中心正在注销中。

两种征收方式的差异：

比照查账征收的标准测算报告期税收差额调整后，对公司经营业绩影响为：减少 2015 年 1—7 月净利润 216 448.88 元，减少 2014 年度净利润 379 179.56 元，减少 2013 年度净利润 1 155 450.67 元，合计 1 751 079.11 元。

税务机关意见：

经公司与各地主管税务机关沟通后得知：因所得税征缴方式变化不会产生处罚款、滞纳金，但需要补缴，待 2015 年第四季度后按查账征收方式核算后进行多退少补。

控股股东、实际控制人的承诺：

为确保公司及全体股东的利益不受损害，实际控制人钱建蓉先生不可撤销地向公司承诺"公司及其他经济实体因企业所得税征缴方式的变化而导致需要向相关税务主管部门补缴或罚款、滞纳金等款项，本人承诺将全额弥补公司及其他经济实体由此引起的一切经济损失"。

案例四　春泉园林 836113（税务机关明确不会追溯征缴）

春泉园林股份有限公司设立于 2003 年 6 月 24 日，2015 年 10 月 13 日变更为股份公司；

所属行业为土木工程建筑业；

主要业务：绿化工程、绿化养护和苗木销售。

报告期为 2013 年 1 月 1 日至 2015 年 8 月 31 日，公司 2015 年度以前采取核定征收的方式缴纳企业所得税。

核定征收的原因：

潢川县地方税务局也已做出证明：根据建筑施工企业的行业特点，出于税收征管的要求对春泉园林股份有限公司 2015 年度以前企业所得税征收方式为核定征收。

变更为查账征收的时间：

2015 年企业所得税征收方式为查账征收。

两种征收方式的差异：

单位：元

年度	查账征收所得税税额	核定征收所得税税额	差异
2013	2 231 281.85	2 007 099.78	224 182.07
2014	2 830 697.43	2 552 435.40	278 262.03

根据测算，不同税收核算方法差异额占公司当期利润总额的 2.89% 和 2.37%，占当期所有者权益的 1.10% 和 0.94%，对公司经营业绩和财务状况影响不会产生重要影响。

税务机关意见：

潢川县地方税务局也已做出证明：根据建筑施工企业的行业特点，出于税收征管的要求对春泉园林股份有限公司 2015 年度以前企业所得税征收方式为核定征收，2015 年 1 月企业申请查账征收申报企业所得税，经审查，潢川县地方税务局审批同意 2015 年企业所得税征收方式为查账征收，对以前年度核定征收期间已缴纳的所得税不会以查账征收追溯征缴。

控股股东、实际控制人的承诺：

公司实际控制人已出具承诺，若公司所得税征缴方式变化导致需要追缴税款或缴纳滞纳金、罚款，将由本人代为缴纳；且自愿放弃向公司追偿的权利。

案例五 **上海奇想青晨化工科技股份有限公司（IPO：核定征收未予纠正）**

上海奇想青晨化工科技股份有限公司于 2007 年 12 月 27 日变更为股份公司；

发行人系国内水性复膜胶行业领先企业，主要从事水性复膜胶产品的研发、生产和销售。

公司报告期为 2006 年 1 月 1 日至 2009 年 6 月 30 日，报告期内享受核定征收企业所得税及高新技术企业税收优惠。

招股说明书披露：

"三、发行人经上海市金山区地方税务局批准，2006 年采用核定征收方式缴纳所得税，即根据当年营业收入的 1% 征收所得税，上海市地方税务局于 2009 年 9 月 11 日出具的《证明》对发行人 2006 年度企业所得税以核定征收

第四节　大额补交税款

企业申报新三板，或是 IPO 上市，税务成本是其主要障碍。申请挂牌公司通常处于企业发展阶段，规模较小，内控不完善，财务管理不规范，导致企业收入确认、成本费用的列支不符合税法规定，申报报表与企业原始报表存在差异，而需补缴流转税或企业所得税。

对于企业经自查而主动申报补缴的税款，除收取滞纳金外，税务机关一般不会进行处罚。而补税行为是否会成为挂牌障碍，主要是看补税的性质和补税的金额，一般来说，会计差错导致的补税，金额不超过当期税额的 50%，是不会构成挂牌障碍的。

案例一　蓝宇数码 836764（收入补税）

浙江蓝宇数码科技股份有限公司设立于 2010 年 12 月 30 日，2015 年 10 月 10 日变更为股份公司；

所属行业为化学原料和化学制品制造业；

主营业务：提供环保型数码印花耗材、设备及整体解决方案，并经销毛毯助剂。

报告期为 2013 年 1 月 1 日至 2015 年 8 月 31 日，报告期内公司自查并主动补缴税款 6 262 300.42 元。

公开转让说明书披露：

公司对 2013 年度、2014 年度及 2015 年 1—10 月的纳税申报情况进行自查，根据自查结果向主管税务局进行补充申报并主动补缴税款 6 262 300.42 元。补税原因主要因报告期内部分客户将收入汇入以公司员工名义开立的个人卡内，且未就该等收入及时履行纳税义务。为了更好地规范经营，公司经自查后向主管税务局进行补充申报并主动补缴了上述税款。

税务主管机关意见：

义乌市国税局及义乌市地税局分别于 2015 年 9 月 8 日、2016 年 1 月 20 日、2016 年 1 月 21 日出具《税收证明》，蓝宇数码、智印纺织、蓝宇纺织自税务登记之日起至证明出具之日无税务偷税、漏税等稽查案件信息，无欠税记录。内容如下表所示。

公司	出具时间	主管单位	内容
蓝宇数码	2015 年 9 月 8 日	义乌市国家税务局	浙江蓝宇数码科技有限公司是我局管辖范围内的纳税人，根据国税征管系统（CTAIS2.0）查询，该企业税务登记之日（2011 年 1 月 4 日）至本证明出具之日无税务偷税、漏税等稽查备案信息，无欠税记录
蓝宇数码	2015 年 9 月 9 日	义乌市地方税务局	经我局征管系统查询，浙江蓝宇数码科技有限公司自 2010 年 12 月 30 日至今无税务稽查处理处罚记录、无欠税
智印纺织	2015 年 9 月 8 日	义乌市国家税务局	义乌智印纺织科技有限公司是我局管辖范围内的纳税人，根据国税征管系统（CTAIS2.0）查询，该企业自税务登记之日（2013 年 10 月 29 日）至本证明出具之日无税务偷税、漏税等稽查备案信息，无欠税记录
智印纺织	2015 年 9 月 8 日	义乌市地方税务局	经我局征管系统查询，义乌智印纺织科技有限公司自 2013 年 10 月 22 日至今无税务稽查处理处罚记录、无欠税
蓝宇纺织	2015 年 9 月 8 日	义乌市国家税务局	浙江蓝宇纺织科技有限公司是我局管辖范围内的纳税人，根据国税征管系统（CTAIS2.0）查询，该企业自税务登记之日（2014 年 9 月 22 日）至本证明出具之日无税务偷税、漏税等稽查备案信息，无欠税记录
蓝宇纺织	2015 年 9 月 8 日	义乌市地方税务局	经我局征管系统查询，浙江蓝宇纺织科技有限公司自 2014 年 9 月 19 日至今无税务稽查处理处罚记录、无欠税
蓝宇数码	2016 年 1 月 20 日	义乌市国家税务局	浙江蓝宇数码科技有限公司是我局管辖范围内的纳税人，根据国税征管系统（CTAIS2.0）查询，该企业自税务登记之日（2011 年 1 月 4 日）至本证明出具之日无税务偷税、漏税等稽查备案信息，无欠税记录
蓝宇数码	2016 年 1 月 21 日	义乌市地方税务局	经我局征管系统查询，浙江蓝宇数码科技有限公司自 2010 年 12 月 30 日至今无税务稽查处理处罚记录、无欠税
智印纺织	2016 年 1 月 20 日	义乌市国家税务局	义乌智印纺织科技有限公司是我局管辖范围内的纳税人，根据国税征管系统（CTAIS2.0）查询，该企业自税务登记之日（2013 年 10 月 29 日）至本证明出具之日无税务偷税、漏税等稽查备案信息，无欠税记录
智印纺织	2016 年 1 月 21 日	义乌市地方税务局	经我局征管系统查询，义乌智印纺织科技有限公司自 2013 年 10 月 22 日至今无欠税、无税务稽查处理记录

续表

公司	出具时间	主管单位	内容
蓝宇纺织	2016 年 1 月 20 日	义乌市国家税务局	浙江蓝宇纺织科技有限公司是我局管辖范围内的纳税人，根据国税征管系统（CTAIS2.0）查询，该企业自税务登记之日（2014 年 9 月 22 日）至本证明出具之日无税务偷税、漏税等稽查备案信息，无欠税记录
蓝宇纺织	2016 年 1 月 21 日	义乌市地方税务局	经查询，浙江蓝宇纺织科技有限公司自 2014 年 9 月 19 日至今无欠税，无税务稽查处理处罚记录

主办券商于 2016 年 1 月 19 日分别走访了义乌市国家税务局佛堂税务所和义乌市地方税务局，该等税务主管部门均认为：蓝宇数码公司自主申报、补缴税款行为未发现违法违规情形。

券商意见：

公司因该等事项受行政处罚的风险较小，且即使未来受到相关行政处罚，也不属于重大违法违规行为。

会计师意见：

会计师出具的《关于浙江蓝宇数码科技股份有限公司挂牌申请文件反馈意见中有关财务事项的说明》认为：经检查，我们认为公司符合《全国中小企业股份转让系统挂牌业务问答——关于挂牌条件适用若干问题的解答（一）》的财务规范要求。

实际控制人承诺：

实际控制人郭振荣承诺：若蓝宇数码因自查补税事项被有关主管部门处罚的，本人将全额承担因此而需支付的罚款及 / 或需要补缴的费用，保证蓝宇数码不因此遭受任何损失。

与补缴税款相关的法律法规：

《行政处罚法》：

第二十七条　当事人有下列情形之一的，应当依法从轻或者减轻行政处罚：（一）主动消除或者减轻违法行为危害后果的；……违法行为轻微并及时纠正，没有造成危害后果的，不予行政处罚。

浙江省国家税务局 2000 年制定的《纳税人自查和税务机关重点稽查相结合办法》（浙国税稽 [2000]27 号）：

第四条　稽查的政策和原则。依据"自查从宽、被查从严、实事求是、宽严适度"的政策，对纳税人自查发现的问题，可由纳税人自报，由国税局稽查部门从轻处理。

湖南省地税局 2014 年制定的《湖南省地方税务稽查部门组织税收自查管

理办法》（湖南省地方税务局公告 2014 年第 5 号）：

第十七条　对按本办法自查补缴的税款，可以按《中华人民共和国行政处罚法》第二十七条和《湖南省地方税务局规范税务行政自由裁量权实施办法》第六条的规定，不予行政处罚。

安徽省国税局 2009 年制定的《安徽省国税稽查系统税务检查查前告知及纳税人自查自纠办法（试行）》（皖国税发 [2009]53 号）：

第十条　对纳税人自查自纠问题的处理原则：（一）对纳税人在规定的自查自纠期间主动查找并积极补救的涉税问题，可按规定从轻或者免除处罚。

厦门市国税局 2013 年制定的《厦门市国家税务局稽查组织纳税人自查管理暂行办法》（厦国税函 [2013]68 号）：

第十六条　对自查对象《自查报告》反映的税收违法行为，区分以下情形，分别依法从轻或减轻税务行政处罚：（一）自查对象主动足额补缴税款、缴纳滞纳金的；（二）配合税务机关查处税收违法行为有立功表现的；自查对象税收违法行为轻微并及时纠正，且主动足额补缴税款、缴纳滞纳金，没有造成危害后果的，不予进行税务行政处罚。

案例二　**上海麦杰科技股份有限公司（IPO：收入补税未过会）**

上海麦杰科技股份有限公司设立于 2000 年 10 月 8 日，2008 年 5 月 15 日变更为股份公司；

经营范围：计算机软件开发，系统集成，并提供相关技术咨询服务。

公司报告期为 2009 年 1 月 1 日至 2011 年 12 月 31 日，2009 年补缴 2008 年增值税 309.25 万元，存在被税务机关追罚的风险。

招股说明书披露：

"十五、补缴增值税被追加处罚的风险

公司 2009 年补缴 2008 年增值税 3 092 464.19 元，主要是因为根据《增值税暂行条例》规定，增值税纳税义务发生时间为：'销售货物或者应税劳务，为收讫销售款项或者取得索取销售款项凭据的当天；先开具发票的，为开具发票的当天'，《增值税暂行条例实施细则》规定增值税的纳税义务发生时间为：'销售应税劳务，为提供劳务同时收讫销售款或者取得索取销售款的凭据的当天'。公司对此的理解为：以开具发票或收到货款的时点作为增值税纳税义务发生时点。同时，根据《所得税法》的规定，公司以根据完工百分比确认的销售收入申报所得税。因此，根据公司的理解，在符合收入确认条件，按完工百分比确认销售收入时，如未开具增值税发票并且未按合同的约定收到销售款，则不需申报增值税。由此即使公司 2008 年末存在未缴纳增值税但已按完工百分比确认销售收入 18 190 965.80 元，相应增值税为 3 092 464.19 元。但根据主管税务机关的要求，在按完工百分比法确认销售收入的同时应申报销项税金和缴纳增值税，为此公司于 2009 年 5 月所得税汇算清缴时主动补充申报并缴纳了增值税。

虽然上海市浦东新区国家税务局、上海市浦东地方税务局对公司报告期内增值税缴纳符合相关法律法规的规定出具了证明，但公司 2009 年补缴 2008 年度增值税的行为仍存在着因对税法的理解不同，而在将来被主管税务部门追加处罚的风险。"

控股股东、实际控制人承诺：

针对上述风险，公司控股股东、实际控制人卢学东、詹翔、杨永军共同承诺："如果公司的增值税补缴行为将来被主管税务部门处罚或因该补缴行为遭受其他损失的，本人愿在无须公司支付对价的情况下，全额承担任何罚款或损失赔偿责任。"

保荐机构和发行人律师意见：

保荐机构和发行人律师认为，发行人补缴增值税的行为不属于重大违法行为，不构成本次发行上市的实质性障碍。

案例三　通宇通讯 002792（IPO：补缴以前年度企业所得税）

广东通宇通讯股份有限公司设立于 1996 年 12 月 16 日，2010 年 10 月 28 日变更为股份有限公司；

上市时间：2016 年 3 月 28 日

招股时间：2016 年 3 月 17 日

所属行业为计算机、通信和其他电子设备制造业；

经营范围：研发、生产、销售：天线、射频器件、微波设备、信号放大设备、信号测试设备、信号发射接收及处理设备、电子产品、馈线及电器配件（上述产品不含卫星接收设备）；通信工程的设计、施工，通信设备安装及维护；通信网络系统集成；软件开发；技术转让及技术服务；货物进出口、技术进出口（国家限定公司经营和国家禁止进出口商品除外）。

2012 年首次申报的报告期为 2009 年 1 月 1 日至 2011 年 12 月 31 日，公司于 2010 年 5 月补缴 2007 年度、2008 年度企业所得税。

广东通宇通讯股份有限公司于 2012 年、2014 年、2015 年三次冲关 IPO，终于在 2016 年 3 月 1 日收到证监会核发的《关于核准广东通宇通讯股份有限公司首次公开发行股票的批复》，成功过会。我们先来看看通宇通讯 2012 年未获通过的原因：

证监会不予核准决定：

2012 年 5 月 28 日《关于不予核准广东通宇通讯股份有限公司首次公开发行股票申请的决定》："根据申报材料，你公司实际控制人报告期内存在通过 11 家单位占用你公司资金的行为，且实际控制人未向你公司支付资金占用费；你公司于 2010 年 5 月分别补缴 2007 年度企业所得税 20 732 407.42 元、2008 年度企业所得税 5 028 086.99 元，并缴纳滞纳金共 8 364 314.30 元。你公司未在申报材料和现场聆讯中对内部控制制度是否健全且被有效执行做出充分合理的说明。"

招股说明书披露：

"2009 年应缴税费余额较大，为 4 968.00 万元，主要原因是公司补提 2008 年度应缴企业所得税 502.81 万元，该税款于 2010 年 5 月 31 日缴纳，并缴纳企业所得税滞纳金 87.99 万元。

2011 年 3 月 28 日，中山市地方税务局火炬高新技术产业开发区税务分局出具《涉税事项证明》（中山地税开发区证字 [2011]S0019 号）：'广东通宇通讯股份有限公司属我分局管辖业户，税务登记号：442000617978068。经查询征管系统，该公司于 2010 年 5 月分别补缴 2007 年度企业所得税 20 732 407.42 元、2008 年度企业所得税 5 028 086.99 元，缴纳滞纳金共 8 364 314.30 元，以上行为不存在违反地方税收法规的情况。'"

上市（挂牌）过程中，企业补税的案例比较多，主要由于我国会计法与税法某些方面的不一致，企业前期财务处理不规范，很多企业都是按开票进行报告，实际收入与开票收入存在较大差异，导致上市（挂牌）前存在少缴税款的情况。公司主动去税务机关补缴税款，缴纳税收滞纳金，税务机关通常不会认定为违法违规行为，不会违背"合法合规经营"的条件。但是，如果补缴的税款金额较大，会被认定为内部控制存在缺陷，财务核算基础薄弱，对 IPO 是有影响的。

本节小结

综上案例可知，报告期内存在大额补缴税款的，股转系统主要关注以下几个方面：

（1）请公司补充披露补税原因、公司规范情况。

（2）请主办券商就公司是否符合合法规范经营的挂牌条件发表意见。

申请挂牌公司应对上述问题做出合理解释，并规范公司的相关内控制度，主办券商对是否符合合法规范经营的挂牌条件发表意见，同时可由控股股东、实际控制人出具承诺。

新三板与现行首发上市条件（IPO）在报告期内补缴税款的处理差异

项目	新三板	IPO
报告期内补缴税款	披露补税原因，券商就公司是否符合合法规范经营的挂牌条件发表意见。只要合理解释，不会构成挂牌障碍	源于舞弊的补税，不符合首发办法中依法纳税的规定；金额过大的补税，通常被认为内控存在重大缺陷，而无法通过审核

第五章 现金流量表与可持续经营能力

　　一套完整的财务报表，包括资产负债表、利润表、现金流量表、所有者权益变动表和财务报表附注。现金流量表（Cash Flow Statement），反映企业在一定会计期间现金和现金等价物流入与流出的报表，按照收付实现制的原则编制，将权责发生制下的盈利信息调整为收付实现制下的现金流量信息，便于信息使用者了解企业净利润的质量。通过现金流量表，报表使用者能够了解现金流量的影响因素，评价企业的支付能力、偿债能力和周转能力，预测企业未来现金流量，为其决策提供有力依据。

　　无论是新三板还是IPO，审核过程中对现金流量的关注都很多。综观新三板若干项目的反馈意见中，差不多每家都有提到现金流量的问题，尤其是现金流量与净利润的匹配关系。

案例一　浩丰股份 833659（经营活动现金流量净额与净利润不匹配）

　　深圳市浩丰科技股份有限公司设立于 2003 年 8 月 12 日，2015 年 3 月 25 日变更为股份公司；

　　公司所处行业为计算机、通信和其他电子设备制造业；

　　经营范围：电子产品、通信设备的技术开发及销售；国内贸易；货物及技术进出口。许可经营项目：五金配件的生产加工及销售；普通货运。

　　报告期为 2013 年 1 月 1 日至 2015 年 3 月 31 日，报告期内经营活动现金流量净额与净利润不匹配，主要数据如下表所示。

单位：元

项目	2015 年 1—3 月	2014 年度	2013 年度
经营活动产生的现金流量净额	2 057 996.27	−8 029 864.44	−5 139 534.97
投资活动产生的现金流量净额	−92 200.00	−901 255.56	−50 990.42
筹资活动产生的现金流量净额	−1 786 833.16	8 418 749.64	4 927 373.91
汇率变动对现金及现金等价物的影响	814.60	—	—
现金及现金等价物净增加额	179 777.71	−512 370.36	−263 151.48
公司净利润	−21 409.51	5 173 820.89	1 883 562.13

针对股转系统的反馈意见，公司回复如下：

1. 经营活动现金流量净额与净利润的匹配性

2015 年 1—3 月、2014 年、2013 年公司经营活动现金流量净额为 2 057 996.27、−8 029 864.44 元、−5 139 534.97 元；2013 年公司经营活动现金流量净额为负，主要是 2013 年采购原材料较上年增加 898.05 万元，应付账款较上年增加 358.77 万元，应收账款与应收票据较上年增加 493.55 万元；2014 年公司经营活动现金流量净额为负，主要是 2014 年采购原材料较上年增加 1 867.36 万元，应付账款较上年增加 299.85 万元，预收账款较上年增加 16.77 万元，预付账款较上年增加 73.67 万元，应收账款与应收票据较上年增加 1 156.92 万元。

公司净利润与经营性现金流量净额之间的差异分析：

单位：元

项目	2015 年 1—3 月	2014 年度	2013 年度
净利润	−21 409.51	5 173 820.89	1 883 562.13
计提的资产减值准备	−8 358.18	677 094.57	633 122.94
固定资产折旧	340 408.77	575 416.90	378 052.91
无形资产摊销	1 852.26	1 528.64	0
长期待摊费用及长期资产摊销	409.98	2 639.93	8 660.17
处置固定资产、无形资产和其他长期资产的损失（减：收益）	0	−5 399.31	3 500.00
财务费用	327 943.98	993 817.08	461 136.62
递延所得税资产减少（减：增加）	1 253.73	−39 675.90	−154 720.72
存货的减少（减：增加）	640 014.84	−7 703 400.25	−4 001 835.30
经营性应收项目的减少（减：增加）	−2 769 027.96	−14 889 328.77	−5 535 936.26
经营性应付项目的增加（减：减少）	4 115 020.26	7 974 128.03	4 368 520.11
其他	−570 111.90	−790 506.25	−3 183 597.57
经营活动产生的现金流量净额	2 057 996.27	−8 029 864.44	−5 139 534.97

如上表所述，公司净利润与经营性现金流量净额之间的差异主要受存货和往来款的影响。报告期内公司累计净利润为 703.60 万元，经营性现金流量净额累计为 –1 111.14 万元，后者累计低于前者 1 814.74 万元，主要由于报告期内公司营业收入快速增长同时公司对大客户执行了信用销售政策，导致公司的利润实现在经营活动现金流入实现方面产生一定滞后性，两者之间的关系反映了公司快速增长阶段的匹配关系，预计未来随着生产经营规模的继续扩大及行业客户的集中度降低，两者之间的匹配性将逐渐改善。

2. 报告期内大额现金流量情况

A. 经营活动产生的现金流量中大额项目如下表所示。

单位：元

项目	2015 年 1—3 月	2014 年度	2013 年度
销售商品、提供劳务收到的现金	15 646 507.24	50 138 201.84	25 612 066.38
收到其他与经营活动有关的现金	1 754 408.87	2 156.12	2 114 137.19
购买商品、接受劳务支付的现金	3 984 510.82	46 877 159.33	21 420 081.29
支付给职工以及为职工支付的现金	3 102 403.06	6 544 251.42	3 662 234.93
支付的各项税费	1 766 843.76	1 733 547.21	347 495.69
支付其他与经营活动有关的现金	6 489 162.20	3 015 264.44	7 435 926.63

"销售商品、提供劳务收到的现金"与营业收入、"应交税金——应交增值税（销项税）"、应收账款的减少数、预收账款的增加数、票据贴现利息支出数钩稽一致。

"收到其他与经营活动有关的现金"系公司存款利息收入和增加其他应付款部分。

"购买商品、接受劳务支付的现金"与主营业务成本、存货增加数、应付账款减少数、预付账款增加数、应交税金——应交增值税（进项税）、当期列入生产成本及制造费用的职工薪酬、折旧费等钩稽一致。

"支付的各项税费"与"应交税金"借方、营业税金及附加、当期所得税费用等钩稽一致。

"支付给职工以及为职工支付的现金"与"应付职工薪酬"借贷方、"生产成本、制造费用、管理费用、销售费用中职工薪酬"钩稽一致。

"支付其他与经营活动有关的现金"与付现费用和股东往来款钩稽一致。

B. 投资活动产生的现金流量中大额项目如下表所示。

单位：元

项目	2015 年 1—3 月	2014 年度	2013 年度
购建固定资产、无形资产和其他长期资产所支付的现金	92 200.00	922 655.56	50 990.42

"购建固定资产、无形资产和其他长期资产所支付的现金"与用现金购买的固定资产、无形资产金额钩稽一致。

C. 筹资活动产生的现金流量中大额项目如下表所示。

单位：元

项目	2015 年 1—3 月	2014 年度	2013 年度
吸收投资收到的现金	—	28 980 000.00	1 500 000.00
取得借款所收到的现金	827 526.84	34 273 697.58	17 880 906.00
偿还债务所支付的现金	1 740 260.45	49 508 509.37	13 383 854.76
分配股利、利润或偿付利息所支付的现金	113 548.75	1 334 872.31	175 227.33
支付其他与筹资活动有关的现金	760 550.80	3 991 566.26	894 450.00

"吸收投资收到的现金"系公司收到股东投资款。

"取得借款所收到的现金"系公司收到银行贷款和股东拆借款。

"偿还债务支付的现金"系公司偿还到期的银行贷款本金金额和股东拆借款。

"分配股利、利润或偿付利息所支付的现金"系公司支付的借款利息。

"支付其他与筹资活动有关的现金"系公司融资租入固定资产所支付的租赁费，与"长期应付款"借方金额钩稽一致。

主办券商意见：

经核查，主办券商认为，各报告期内所有大额现金流量变动项目的内容、发生额与实际业务的发生相符。

案例二　海航冷链 831900（经营活动现金流量净额为负）

北京海航华日飞天物流股份有限公司设立于 1997 年 8 月 13 日，2014 年 8 月 7 日变更为股份公司；

所属行业可归类为：交通运输、仓储和邮政业下的道路运输业；

主营业务：公司的主营业务为第三方冷链物流的仓储、运输、配送服务，并为客户提供物流解决方案等物流增值服务。

报告期为 2012 年 1 月 1 日至 2014 年 4 月 30 日，报告期内净利润及经营活动现金流量净额均为负。

单位：元

项目	2014 年 1—4 月	2013 年度	2012 年度
经营活动产生的现金流量净额	−18 728 216.69	−1 246 753.94	−5 147 411.36
投资活动产生的现金流量净额	−710 480.67	−395 385.35	1 100 658.09
筹资活动产生的现金流量净额	17 780 510.00	1 749 600.00	3 538 890.00
现金及现金等价物净增加额	−1 658 187.36	107 460.71	−507 863.27
净利润	−876 983.98	−1 367 949.68	−6 362 313.92

针对股转系统的反馈意见，公司回复如下：

（1）经营活动现金流与净利润差异较大的原因：

主要是公司应收账款信用期较长，平均为 3 个月，而公司与供应商货到结账，导致公司经营活动现金流为负。

（2）营运资金不足的管理措施：

公司 2012 年度、2013 年度、2014 年 1—4 月应收账款周转率分别为 5.07次、3.93 次、1.45 次，公司应收账款周转率不断降低主要是因为 2013 年末新增客户宜家家居收入规模较大，公司给予一定信用期，造成应收账款增加，同时公司客户 PPG 涂料（天津）有限公司的业务主要集中在 10 月至次年 4 月，以及和路雪中国有限公司销售规模增加，造成期末公司应收账款余额大幅增加，应收账款周转率下降。经营活动产生的现金流量净额分别为 −5 147 411.36元、−1 246 753.94 元、−18 728 216.69 元，作为亏损公司，目前尚无法向银行申请贷款，筹资主要依靠关联方借款和股东增资。针对公司营运资金紧张的情况，公司通过加强费用控制，及时与客户结算等方式，缓解营运资金不足的现状。

会计师认为：

申报会计师认为，虽然公司两年一期经营活动现金流均为负数，但公司持续正常经营。营运资金不足风险不影响公司持续经营能力。

案例三　西部超导 831628（大额筹、投资活动）

西部超导材料科技股份有限公司设立于 2003 年 2 月 28 日，2012 年 7 月6 日变更为股份公司；

所属行业为有色金属合金制；

主营业务：高端钛合金材料和低温超导材料的研发、生产和销售。

报告期为 2012 年 1 月 1 日至 2014 年 6 月 30 日，报告期内发生大额筹、投资活动，具体数据如下表所示。

单位：元

项目	2014 年 1—6 月	2013 年度	2012 年度
经营活动产生的现金流量净额	2 450 647.43	103 510 407.49	18 328 580.19
投资活动产生的现金流量净额	–71 687 459.41	–51 606 309.93	–83 677 655.59
筹资活动产生的现金流量净额	49 889 563.86	–149 502 926.11	172 380 365.17
汇率变动对现金及现金等价物的影响	–76 318.87	–239 513.96	240 904.49
现金及现金等价物净增加额	–19 423 566.99	–97 838 342.51	107 272 194.26
净利润	34 398 899.88	61 717 040.38	99 367 864.43

公开转让说明书披露：

（七）2. 投资活动产生的现金流量分析

报告期内，公司投资活动现金流出主要为购建固定资产、无形资产和其他长期资产所支付的现金。报告期内本公司投资活动收到的现金项目主要为处置固定资产、无形资产和其他长期资产收回的现金净额。

2012 年、2013 年和 2014 年 1—6 月公司投资活动产生的现金流量净额分别为 –7 168.75 万元、–5 160.63 万元和 –8 367.77 万元。报告期内，公司支付大量资金用于项目建设、研发活动及购置生产设备。

购建固定资产、无形资产和其他长期资产支付的现金情况如下表所示。

单位：元

项目	2014 年 1—6 月	2013 年度	2012 年度
购建固定资产、无形资产和其他长期资产支付的现金	70 687 459.41	51 800 758.32	83 931 330.59

3. 筹资活动产生的现金流量分析：资产支付的现金

报告期内，对筹资活动现金净流量影响较大的因素主要是吸收投资所收到的现金、取得借款所收到的现金、收到的其他与筹资活动有关的现金、偿还债务所支付的现金和分配股利、利润或偿付利息所支付的现金。

取得借款所收到的现金和偿还债务所支付的现金增加主要是随着公司生产经营需要及公司融资能力的增强，公司银行借款增加所致。2013 年较 2012 年现金流入减少 32 188.33 万元，主要由于以前年度银行借款集中到期、集中还款；2014 年 1—6 月较 2013 年度现金流入增加 19 939.25 元，主要是由于公司根据生产经营的需要，增加了银行借款。

报告期内，公司收到其他与筹资活动有关的现金主要为收到的投资补助和股东置换出资款。

收到其他与筹资活动有关的现金情况如下表所示。

单位：元

项目	2014 年 1—6 月	2013 年度	2012 年度
收投资补助			− 1 4 000 000.00
收西安工业置换出资款			29 715 000.00

报告期内，公司支付其他与筹资活动有关的现金主要为筹集资金而直接支付的担保费、顾问费、审计、咨询等费用。

支付其他与筹资活动有关的现金情况如下表所示。

单位：元

项目	2014 年 1—6 月	2013 年度	2012 年度
支付担保费	615 000.00	1 560 500.00	1 065 900.00
支付顾问费、托管费等	360 000.00	53 200.00	1 320 000.00
支付上市相关费用	0	4 159 700.00	1 561 100.00
合　计	975 000.00	5 773 400.00	3 947 000.00

券商意见：

主办券商经核查，现金流量表内容、性质和数额正确、合理、完整，现金流量表有关数据与其他报表及附注钩稽关系正确。

案例四　武桥重工集团股份有限公司（IPO：经营性活动产生的现金流量净额与净利润不匹配未过会）

武桥重工集团股份有限公司设立于 1953 年 12 月，2005 年 12 月 22 日原武汉桥机有限公司经中铁大桥局实施"主辅分离、辅业改制"后成立本公司。

经营范围：铁路工程施工总承包特级；公路工程施工总承包壹级；市政公用工程施工总承包壹级；桥梁工程专业承包壹级；港口与海岸工程专业承包贰级；公路路基工程专业承包壹级；城市轨道交通工程专业承包资质；桥梁钢结构专业承包壹级；工业与民用建筑工程、航务工程的勘测设计、科研、施工、监理与咨询；建筑工程机械、钻探机械、水泥混凝土制品、预制内件；大型桥梁钢结构制造及安装；船舶修造、运输、租赁；机械设备安装；承包境外建筑、桥梁工程和境外国际招标工程；上述境外工程所需的设备、材料出口；对外派遣实施上述工程的劳务人员。机械设备租赁、工程机械修理。机电设备及配件批发兼零售；住宿、餐饮、会务服务（分支机构经营）。

报告期为 2008 年 1 月 1 日至 2011 年 6 月 30 日，报告期内经营性活动产生的现金流量净额与净利润不匹配。

证监会不予核准决定：

2011 年 11 月 4 日《关于不予核准武桥重工集团股份有限公司首次公开发行股票并在创业板上市申请的决定》："创业板发审委在审核中关注到，你公司存在以下情形：报告期内，宏观经济政策调整以及基础工程建设投资趋缓，你公司应收账款持续增加，预收账款大幅减少，经营性活动产生的现金流量净额与净利润不匹配，对你公司持续盈利能力构成重大不利影响。"

报告期内现金流量的主要数据如下表所示。

单位：元

项目	2011 年上半年	2010 年度	2009 年度	2008 年度
经营活动产生的现金流量净额	−83 520 854.52	110 316 892.45	−30 516 735.27	12 351 690.38
投资活动产生的现金流量净额	−47 553 720.56	−70 008 628.19	−97 464 554.72	−96 295 703.28
筹资活动产生的现金流量净额	272 954 178.33	64 830 792.22	188 892 031.79	139 087 074.63
现金及现金等价物净增加额	141 879 603.25	105 139 056.48	60 910 741.8	55 143 061.73
净利润	36 017 542.60	71 812 229.35	88 280 713.27	60 842 091.57

招股说明书披露：

十二、年度经营活动现金流波动的风险

报告期内，公司的经营活动现金流量净额分别为 1 235.17 万元、−3 051.67 万元、11 031.69 万元、−8 352.09 万元，其中销售商品、提供劳务收到的现金分别为 84 051.19 万元、107 817.41 万元、155 885.06 万元、70 677.56 万元，与公司的收入基本保持一致。购买商品、接受劳务支付的现金分别为 68 192.98 万元、91 894.59 万元、95 722.49 万元、60 480.85 万元。2008 年、2009 年经营活动现金流量净额较低的主要原因是公司业务规模扩张迅速，采购规模增大，导致购买商品、接受劳务支付的现金流出增加。如果公司继续保持现有的业务扩张速度，未来仍然存在经营活动现金流波动的风险。

二十、现金流量分析

报告期内公司经营活动产生的现金流量净额波动的主要原因是公司从事订单生产业务，开工进度对现金流影响较大，如果当年完工项目较多就会导致现金流增加，如果当年开工项目较多，公司采购材料的前期投入会较大，相应地导致现金流减少；投资活动产生的现金流量净额均为负数且金额较大，主要原因是公司整体搬迁，新厂区建设和设备投资较大；筹资活动产生的现金流量净额较大并呈逐年上升趋势，主要原因是公司业务规模扩张同时固定资产投资加大，对现金流的需求较高，通过银行借款等方式融资额较大。

（一）经营活动产生的现金流量分析

项目	2011年上半年		2010年度		2009年度		2008年度	
	金额（万元）	比例（%）	金额（万元）	比例（%）	金额（万元）	比例（%）	金额（万元）	比例（%）
销售商品、提供劳务收到的现金	70 677.56	99.77	155 885.06	98.83	107 817.41	99.39	84 051.19	99.34
收到其他与经营活动有关的现金	166.41	0.23	1 843.21	1.17	664.62	0.61	557.11	0.66
经营活动现金流入小计	70 843.97	100	157 728.27	100	108 482.03	100	84 608.30	100
购买商品、接受劳务支付的现金	60 480.85	76.37	95 722.49	65.25	91 894.59	82.39	68 192.98	81.79
支付给职工以及为职工支付的现金	6 377.36	8.05	11 701.22	7.98	7 039.18	6.31	6 982.09	8.37
支付的各项税费	3 211.48	4.06	4 474.70	3.05	3 688.52	3.31	2 144.34	2.57
支付其他与经营活动有关的现金	9 126.37	11.52	34 798.18	23.72	8 911.42	7.99	6 053.72	7.26
经营活动现金流出小计	79 196.06	100	146 696.59	100	111 533.71	100	83 373.13	100
经营活动产生的现金流量净额	-8 352.09	—	11 031.68	—	-3 051.68	—	1 235.17	—

1. 经营活动现金流入分析

（1）销售商品、提供劳务收到的现金

2008年、2009年、2010年、2011年1—6月，销售商品、提供劳务收到的现金占经营活动现金流入总额的比例为99.34%、99.39%、98.83%、

99.77%，是公司经营活动现金流入的主要来源。

报告期内，销售商品、提供劳务收到的现金大幅增长，具体变动情况如下表所示。

单位：万元，%

项目	2011 年 1–6 月	2010 年度		2009 年度		2008 年度
	金额	金额	增长率	金额	增长率	金额
销售商品、提供劳务收到的现金	70 677.56	155 885.06	44.58	107 817.41	28.28	84 051.19
营业收入	72 964.34	151 258.92	40.40	107 731.82	50.64	71 516.91

可以看出，销售商品、提供劳务收到的现金基本与公司主营业务收入增长保持一致。

（2）收到其他与经营活动有关的现金

2010 年收到其他与经营活动有关的现金金额较大，主要包括国家财政补贴 1 250 万元（详见本节九、经注册会计师核验的非经常性损益和本节十五、资产负债分析之（四）负债构成分析之 10、其他非流动负债）、利息收入 255.48 万元和营业外收入 163 万元（详见本节九、经注册会计师核验的非经常性损益），占收到其他与经营活动有关现金的 90.52%。

2. 经营活动现金流出分析

（1）购买商品、接受劳务支付的现金

2008 年、2009 年、2010 年、2011 年 1—6 月购买商品、接受劳务支付的现金占经营活动现金流出总额的比例为 81.79%、82.39%、65.25%、76.37%，是构成经营活动现金流出的主要部分。公司从事大型设备和桥梁钢结构的生产，项目资金需求很大，同时项目的工程周期较长，公司前期购买原材料的垫资通常较大。报告期内，购买商品、接受劳务支付的现金直接与合同开工进度相关，新开工的项目越多会导致前期投入较大。而此时尚未达到合同约定的付款期，因此，导致经营活动产生的现金流波动。

（2）支付给职工以及为职工支付的现金

支付给职工以及为职工支付的现金逐年增加，主要是随着公司业务规模的扩大，公司员工人数逐年增加，同时薪金水平上升所致。

（3）支付其他与经营活动有关的现金

支付其他与经营活动有关的现金主要是差旅交通费、办公费、业务招待费、研究与开发费和票据保证金等，2008 年、2009 年、2010 年、2011 年 1—6 月分别为 3 900.24 万元、7 435.89 万元、32 343.09 万元、7 990.44 万元，占支付其他与经营活动有关的现金比重分别为64.43%、83.44%、93.96%、89.60%。

（二）投资活动产生的现金流量分析

单位：万元，%

项目	2011年上半年		2010年度		2009年度		2008年度	
	金额	比例	金额	比例	金额	比例	金额	比例
收回投资收到的现金	—	—	449.80	16.50	1 659.45	17.06	608.84	12.64
取得投资收益收到的现金	—	—	0.04	0.00	68.86	0.71	—	—
处置固定资产、无形资产和其他长期资产收回的现金净额	210.06	17.13	2 276.81	83.50	7 997.74	82.23	4 208.95	87.36
处置子公司及其他营业单位收到的现金净额	1 016.26	82.87	—	—	—	—	—	—
投资活动现金流入小计	1 226.32	100	2 726.65	100	9 726.05	100	4 817.79	100
购建固定资产、无形资产和其他长期资产支付的现金	5 981.69	100	8 328.51	85.62	17 967.10	92.27	13 360.21	92.48
投资支付的现金	—	—	1 399.00	14.38	1 505.39	7.73	1 087.15	7.52
投资活动现金流出小计	5 981.69	100	9 727.51	100	19 472.49	100	14 447.36	100
投资活动产生的现金流量净额	−4 755.37	—	−7 000.86	—	−9 746.44	—	−9 629.57	—

1. 投资活动现金流入分析

报告期内，处置固定资产、无形资产和其他长期资产收回的现金净额占投资活动现金流入小计的80%以上。主要是公司整体搬迁，对原厂区的土地使用权、房产和机器设备处置收到的现金。

2. 投资活动现金流出分析

2008年、2009年、2010年、2011年1—6月，购建固定资产、无形资产和其他长期资产支付的现金占投资活动现金流出总额的比例分别为92.48%、92.27%、85.62%、100%，是投资活动的主要现金流出。报告期内，公司武汉厂区整体搬迁，同时，为了适应业务的快速发展，公司陆续设立江西九江、海南珠海和武汉汉南生产基地，导致购建固定资产、无形资产和其他长期资产的现金支出较大，具体如下表所示。

单位：万元，%

项目	2011 年 1—6 月	2010 年度		2009 年度		2008 年度
	金额	金额	增长率	金额	增长率	金额
购建房屋建筑物	4 055.81	3 243.32	-67.91	10 105.98	-3.98	10 525.36
购置土地	0	2 823.37	3.42	2 730.00	204.76	895.79
购买运输设备	179.27	240.19	-10.83	269.37	1.42	265.59
购买生产用机器设备	1 614.01	1 661.02	-62.85	4 470.76	177.11	1 613.33
购买非生产设备	89.96	173.79	-38.85	284.18	625.87	39.15
其他	42.64	186.83	74.90	106.82	408.67	21.00
合 计	5 981.69	8 328.52	-53.65	17 967.11	34.48	13 360.22

由于新厂房、新设备的重置成本较高，固定资产、无形资产和其他长期资产处置收回的现金较相关资产购建支付的现金少，最终导致投资活动产生的现金流量净额为负数。

（三）筹资活动产生的现金流量分析

单位：万元，%

项目	2011 年上半年		2010 年度		2009 年度		2008 年度	
	金额	比例	金额	比例	金额	比例	金额	比例
吸收投资收到的现金	—	—	1 526.00	4.55	3 908.71	5.88	988.00	2.29
取得借款收到的现金	44 600.00	100	32 000.00	95.45	62 540.00	94.12	42 150.00	97.71
投资活动现金流入小计	44 600.00	100	33 526.00	100	66 448.71	100	43 138.00	100
偿还债务支付的现金	15 200.00	87.84	23 500.00	86.90	44 150.00	92.83	27 328.75	93.50
分配股利、利润或偿付利息支付的现金	2 104.58	12.16	3 542.92	13.10	3 409.51	7.17	1 900.55	6.50
投资活动现金流出小计	17 304.58	100	27 042.92	100	47 559.51	100	29 229.30	100
投资活动产生的现金流量净额	27 295.42	—	6 483.08	—	18 889.20	—	13 908.70	—

公司筹资活动主要是银行借款、还款和支付利息，报告期内公司业务规模扩张，经营活动对现金的需求较大，导致公司不断融资。2008 年、2009 年公司整体搬迁并设立了多个生产基地，投资活动对现金的需求较大，导致 2008 年和 2009 年的融资力度较大。2010 年公司完工的合同较多，经营活动产生的

现金流较大，公司的融资力度相应较小。2011年公司新开工的大项目较多，前期原材料投入较大，公司相应加大融资力度以应付运营支出。

本章小结

综上案例可知，股转系统针对报告期内现金流量所存在的问题，主要关注以下几个方面：

（1）请公司分析并说明经营活动现金流大幅变动的原因，经营活动现金流量净额与净利润不匹配的具体原因（或结合收款政策及付款政策补充分析经营活动产生的现金流量净额为负的具体原因，公司是否存在流动性风险）。

（2）请公司补充说明各报告期内所有大额现金流量变动项目的内容、发生额、是否与实际业务的发生相符，是否与相关科目的会计核算钩稽，特别是"销售商品、提供劳务收到的现金"、"购买商品、接受劳务支付的现金"、"收到的其他与经营活动有关的现金"、 "支付的其他与经营活动有关的现金"、"收到的其他与筹资活动有关的现金"、 "支付的其他与筹资活动有关的现金"、"构建固定资产、无形资产和其他长期资产支付的现金"等。

（3）结合现金流情况核查公司是否存在跨期确认收入、结转成本及费用的情形并请主办券商及申报会计师发表意见。

（4）请公司结合营运能力、筹资能力等补充分析公司获取现金流的能力，并说明针对营运资金不足的管理措施。

（5）请主办券商及申报会计师对经营活动产生的现金流量持续为负是否影响持续经营能力发表意见。

申请挂牌公司仅需如实答复股转系统所提出的问题，针对公司的情况阐述解决方案，即便报告期内现金流量较差，也不会成为挂牌障碍。

新三板与现行首发上市条件（IPO）对现金流量情况的处理差异

项目	新三板	IPO
现金流量（主要关注经营活动产生的现金流量）	公司对现金流量情况进行说明，主办券商对现金发表核查意见，不对持续经营能力产生影响的现金负流量，均不会成为挂牌障碍	现金流量较差会成为上市障碍

第六章

财务风险

第一节　偿债风险

偿债能力是指企业偿还各种到期债务的能力，包括短期内对到期债务的现实偿付能力和对未来债务预期的偿付能力。企业偿债能力是反映企业财务状况和经营状况的重要标志，企业有无偿还到期债务的承受能力是企业能否生存和发展的关键。

企业偿债能力分析是财务分析的重要组成部分，主要指标有流动比率、速动比率、现金比率、资本周转率等。在股转系统新三板挂牌审核和证监会 IPO 审核中，偿债能力是关注重点，比如说，企业资产负债率过高将被视为抗风险能力弱、偿债能力低，难以满足挂牌条件，但过低也可能会导致审批部门认为企业融资需求不大，挂牌的必要性不足。

案例一　华通线缆 837020（短期偿债风险较高）

河北华通线缆集团股份有限公司设立于 2002 年 6 月 21 日，2015 年 8 月 31 日变更为股份公司；

所属行业为电气机械及器材制造业，电线、电缆制造业；

主营业务是电线电缆产品的设计、研发、生产与销售。

报告期为 2013 年 1 月 1 日至 2015 年 10 月 31 日，报告期内资产负债率较高，存在一定的偿债风险。

公司负债过高风险和短期偿债风险：

公司所处行业属于资金密集型行业，日常生产经营过程中对运营资金的需求很大，公司于 2013 年末、2014 年末、2015 年 8 月末流动负债余额分别为 67 653.26 万元、69 091.33 万元、77 161.14 万元，流动比率分别为 1.20 倍、1.31 倍、1.42 倍。公司近几年业务快速发展，大部分经营性资金主要依靠银行贷款和商业信用贷款解决，导致公司资产负债率较高，2013 年末、2014 年末、2015 年 8 月末母公司资产负债率分别达到 59.58%、59.63%、55.02%。虽然公司通过多次股东增资、引进战略投资者等方式来降低资产负债率，但是仍然存在一定的偿债风险。

解决方案：

公司为确保其流动性，严格执行公司制定的《财务管理办法》，对于在一个月内需要偿还的贷款，提前与销售部门及采购部门沟通，以控制资金外流，用于控制公司的流动性风险。

案例二 会搜科技 837521（2013 年资产负债率高达 278%）

杭州会搜科技股份有限公司设立于 2010 年 11 月 8 日，2015 年 12 月 29 日变更为股份公司；

所属行业为互联网软件与服务；

主营业务：移动互联网应用的开发与销售。

报告期为 2013 年 1 月 1 日至 2015 年 10 月 31 日，报告期内资产负债率较高，2013 年高达 278%。

公司负债结构分析：

单位：元，%

科目名称	2015 年 10 月 31 日		2014 年 12 月 31 日		2013 年 12 月 31 日	
	金额	占比	金额	占比	金额	占比
应付账款	75 617.80	0.39		0	78 750.00	0.42
预收款项	4 046 465.66	20.82	2 614 543.86	13.78	1 583 627.14	8.42
应付职工薪酬	796 631.65	4.10	898 523.96	4.74	817 257.86	4.35
应交税费	867 593.50	4.46	619 121.77	3.26	134 421.18	0.71

续表

科目名称	2015 年 10 月 31 日		2014 年 12 月 31 日		2013 年 12 月 31 日	
	金额	占比	金额	占比	金额	占比
其他应付款	1 112 287.05	5.72	119 513.68	0.63	78 611.02	0.42
其他流动负债	4 291 980.50	22.09	4 521 168.68	23.84	4 799 204.98	25.52
流动负债合计	11 190 576.16	57.59	8 772 871.95	46.25	7 491 872.18	39.84
递延收益	8 240 452.19	42.41	10 194 228.42	53.75	11 310 751.21	60.16
非流动负债合计	8 240 452.19	42.41	10 194 228.42	53.75	11 310 751.21	60.16
负债合计	19 431 028.35	100.00	18 967 100.37	100.00	18 802 623.39	100.00
其中经营性负债	19 431 028.35	100.00	18 967 100.37	100.00	18 802 623.39	100.00

公司主要的负债由预收款项、其他流动负债和递延收益构成，三者占报告期的比例为 94.10%、91.37% 和 85.32%。以上科目占比较高主要和公司的经营模式相关，公司业务主要面向"互联网＋"转型的传统中小微企业，结算均采取预收款的形式进行，故年末存在较大的预收款项。根据收入确认原则，公司对客户提供的技术维护服务收入以及会搜固定排名服务按合同约定的服务期限分期确认收入，对尚未确认收入的款项 1 年以内的部分确认其他流动负债，1 年以上的部分确认递延收益，故期末存在较大的其他流动负债和递延收益。

公司资产负债率情况说明：

单位：元，%

类别	2015 年 10 月 31 日	2014 年 12 月 31 日	2013 年 12 月 31 日
负债合计	19 431 028.35	18 967 100.37	18 802 623.39
资产总计	34 063 029.60	19 654 118.11	6 758 658.45
资产负债率	57.04	96.50	278.20
分期确认收入负债（包含递延收益和非流动负债）	12 532 432.69	14 404 397.10	15 798 956.19
剔除后资产负债率	20.25	23.21	44.44

公司负债均为经营性负债，占负债总额的 100.00%。其中递延收益以及其他流动负债主要系尚未确认收入的部分，金额在服务期限内分期确认，由于产品销售主要的义务已经基本完成，未来偿付的可能性较低，剔除该部分影响后的资产负债率仅为 20.25%、23.21% 和 44.44%，资不抵债的风险较小。

2015 年 10 月末资产负债率大幅下滑的原因：

报告期内，公司合并口径资产负债率分别为 278.20%、96.50% 和57.04%，资产负债率呈现逐年下降的趋势。

2013 年及以前，公司主营 B2B 固定排名服务，提供一定期限的排名服务，因单项合同金额均较小，公司的收款方式均为合同签订开始提供服务时一次性收取相应服务费，公司按照服务期限分期确认收入，故在资产负债表日存在较大的预收账款，资产负债表日根据收入确认年限分别计入递延收益以及其他流动负债，导致资产负债率较高。

2014年、2015年度，公司充分利用自身技术优势，由原来的B2B固定排名服务逐渐过渡为移动互联网应用的开发与销售。凭借公司产品能够持续稳定提升产品功能以及提供优质的售后维护服务，得到了市场广泛的认可，相应技术开发收入和维护服务提升较大，公司该类移动互联网应用的开发与销售收入仍然采取预收款销售的方式，其中技术维护服务在订立服务协议后提供维护服务按服务期限分期确认收入，但金额占比较低，影响较小，而技术开发服务在产品开发完成交付客户验收合格后确认收入，相应预收款项至收入确认时点的间隔期限较短，即在相同金额预收货款确认资产的情况下，对应的负债会更快地下降并转化为所有者权益。公司业务的发展使公司的货币资金及营业收入持续增加，资产总额提升较大；同时负债规模总体波动不大，因此资产负债率下降较大。同时，2015年9月，公司股东增资400万元，进一步降低了2015年10月末资产负债率水平。

主办券商意见：

主办券商认为，公司有较强的偿债能力，不存在因拖欠供应商款项而存在经营不确定性的风险，不存在资金断裂风险，具有可持续经营能力。

案例三　汇星新材 837202（资产负债率过高，流动比率、速动比率偏低）

广东汇星新材料科技股份有限公司设立于2003年3月19日，2015年12月3日变更为股份公司；

所属行业为纺织品；

主营业务是泳衣面料和内衣面料等针织布面料的研发、生产和销售。

报告期为2013年1月1日至2015年9月30日，报告期内，公司资产负债率过高，流动比率、速动比率偏低。

公开转让说明书披露：

"三、偿债风险

公司所处行业为制造业，前期资金投入需求较大。报告期内，公司资产负债率过高，流动比率、速动比率偏低。截至2015年9月30日，公司借款余额为5 397.00万元，且均为短期借款。虽然报告期内公司银行资信良好，拥有较高的信用额度，融资能力较强，但未来如果公司的资产流动性下降，宏观经济下行幅度较大，或者国家实行紧缩的货币政策，公司将面临较大的偿债风险。

（2）偿债能力分析

财务指标	2015年1—9月	2014年度	2013年度
资产负债率（％）	76.18	94.88	97.03
流动比率（倍）	0.73	0.57	0.42
速动比率（倍）	0.42	0.34	0.19

报告期内，公司资产负债率分别为97.03％、94.88％和76.18％，流动比率分别为0.42倍、0.57倍和0.73倍，速动比率分别为0.19倍、0.34倍和0.42倍。公司负债率较高主要系公司目前短期借款数额较多。公司属于资本密集型行业，在经营前期需投入大量的机器设备，且公司在经编机等核心机器设备的选择上，主要为行业领先的卡尔迈耶经编机、迈耶西单面针织大圆机、拉幅定型机等德国的先进机器设备，该类机器设备的单位价值均较高，导致公司前期投入很大；此外，高档贴身针织品的生产需要一定的经验积累，相关机器产能的释放也需要一定的规模，导致公司在2013年前基本处于亏损状态，使得公司需要借助一定的负债维持生产经营。因此，2013年度和2014年度，公司资产负债率一直处于较高水平；但随着公司偿还部分贷款，且公司进入成长期实现扭亏为盈，报告期末公司的资产负债率已有明显下降。

报告期内，公司的流动比率和速动比率均相对较低，主要系公司目前融资渠道较为单一，短期借款占比较高所致。但是，随着公司进入成长期，公司的经营规模不断扩大，盈利能力不断提升，报告期末公司的流动比率和速动比率虽然仍较低但已明显好转。

公司流动资产增加主要系2014年度公司与部分供应商采用了银行承兑汇票的结算方式，使得公司因银行承兑汇票所存的保证金随之增加1 642.55万元，导致货币资金整体较上年增加1 620.84万元。"

公司资产负债率过高，流动比率、速动比率偏低的原因：

公开转让说明书已披露：

①内衣面料行业属于资本密集型的行业，公司作为内衣面料的生产型企业，资金需求较大。

②与同行业上市公司相比，公司规模较小，自有资金相对不足，经数次增资后股东投入的注册资本也仅为3 500.00万元，且公司发展初期盈利能力不强，因此公司的资金需求主要借助于银行借款等外部融资解决。

③公司主要产品包括涤纶面料、锦纶面料、氨纶面料与混合型面料，产品型号较多，客户对送货的及时性要求较高，为满足客户需求，公司存货金额较大。

④目前，公司处于迅速发展时期，经营性资产和长期资产对资金需求量大，使得公司需不断增加短期借款以补充公司日常生产运营所需的流动资金，公司流动负债规模相对较大。

⑤同行业公司中志向科研与公司业务类似，其公司股票于 2014 年 7 月 29 日在全国中小企业股份转让系统挂牌并公开转让，志向科研截至 2015 年 6 月 30 日合并报表资产负债率为 72.32%。截至 2015 年 9 月 30 日，公司合并报表资产负债率为 76.18%，与同行业公司资产负债率水平基本相当。

债务情况：

截至 2015 年 9 月 30 日，公司的主要负债为短期借款，约占公司负债总额的 55.19%；其余应付票据、应付账款、应交税费等负债项目均属于因正常经营活动发生，且处于滚动状态，一般不至于对公司造成现金压力。截至 2015 年 9 月 30 日，公司短期借款情况如下：

贷款银行	贷款日期	贷款金额（万元）	到期日期	利率（%）
工行洪梅支行	2014 年 12 月 5 日	500.00	2015 年 12 月 2 日	7.00
工行洪梅支行	2014 年 12 月 8 日	500.00	2015 年 12 月 2 日	7.00
工行洪梅支行	2014 年 12 月 8 日	500.00	2015 年 12 月 2 日	7.00
工行洪梅支行	2014 年 12 月 9 日	500.00	2015 年 12 月 2 日	7.00
工行洪梅支行	2014 年 12 月 9 日	500.00	2015 年 12 月 2 日	7.00
工行洪梅支行	2014 年 12 月 9 日	450.00	2015 年 12 月 2 日	7.00
招行石碣支行	2015 年 9 月 1 日	1 300.00	2016 年 3 月 1 日	7.75
兴业银行	2015 年 3 月 19 日	347.00	2016 年 3 月 19 日	6.50
兴业银行	2015 年 3 月 20 日	500.00	2016 年 3 月 20 日	6.50
兴业银行	2015 年 4 月 17 日	300.00	2016 年 4 月 17 日	6.50
合计		5 397.00	—	—

于 2015 年度内到期应归还的 2 950.00 万元已全部偿还完毕。

公司还款计划：

A. 生产经营活动产生现金流。随着业务步入正轨并不断快速增长，公司盈利能力不断增强，营业收入、营业利润及净利润均处于连续增长阶段。后续随着公司业务的进一步拓展及客户结构的不断完善，预计公司盈利能力将进一步增强，获取现金流的能力也将进一步提高，公司预计 2016 年度经营活动现金流量净额为 5 500.00 万元。

B. 债务融资。公司与银行之间已经建立了良好的合作关系，不存在到期未偿还银行借款的情形，公司银行资信良好，拥有较高的信誉度，融资能力较强，预期公司银行借款到期后将能通过续贷、再次授信取得银行借款。除银行借款外，公司还可通过信托融资、融资租赁等期限较长的方式融资，合理规划公司债务融资来源及结构。

C. 股权融资。目前，公司资本投入相对不足，预计会在挂牌之后积极引进投资者开展股权融资，届时公司将进一步拓展融资渠道，优化资金结构，降低债权融资比例，从而降低公司的整体资产负债率，进一步夯实公司债务偿还能力。

综上所述，虽然报告期内公司短期借款余额较高，但公司具备良好的还款能力，多渠道资金来源可到期归还短期借款，不会对公司持续经营能力产生重大不利影响。

案例四　兴海能源 837168（长期偿债风险较高）

浙江兴海能源科技股份有限公司设立于 2003 年 7 月 25 日，2015 年 12 月 16 日变更为股份公司；

所属行业为电气机械和器材制造业大类下的锂离子电池制造；

主营业务是锂离子电池研发、生产与销售。

报告期为 2013 年 1 月 1 日至 2015 年 9 月 30 日，报告期内长期偿债风险较高，短期偿债能力较弱。

公开转让说明书披露：

"十、偿债风险

公司 2013 年 12 月 31 日、2014 年 12 月 31 日和 2015 年 9 月 30 日资产负债率分别为 86.60%、84.53%、74.85%。虽然公司的资产负债率在报告期内有下降的趋势，但是绝对值仍然较高。公司通过合理安排流动资金、提高资产营运能力等途径，保持生产经营正常进行。同时，公司积极拓展融资渠道，利用股权融资降低资产负债率。尽管如此，如果公司的盈利能力持续下降、资产负债管理不当或融资环境恶化，公司可能面临偿债风险或流动性不足的风险。

偿债能力指标：

项目	2015 年 9 月 30 日	2014 年 12 月 31 日	2013 年 12 月 31 日
资产负债率（%）	74.85	84.53	86.60
流动比率（倍）	0.92	0.59	0.63
速动比率（倍）	0.53	0.34	0.34

长期偿债能力方面，2013 年末、2014 年末、2015 年 9 月末公司的资产负债率分别为 86.60%、84.53%、74.85%，指标逐渐降低，但 2015 年 9 月末仍处于较高水平。报告期内公司资金来源主要通过间接融资的方式，2015

年 9 月 30 日向长兴联合村镇银行煤山支行、上海浦东发展银行长兴支行、长兴农村合作银行雉城支行和中信银行湖州支行借款共计 1400.00 万元；其次，公司在报告期内向个人借款，2015 年 9 月 30 日个人借款余额为 1 005.03 万元，因此，现阶段长期偿债风险较高。

短期偿债能力方面，2013 年末、2014 年末、2015 年 9 月末流动比率（倍）分别为 0.63、0.59、0.92，速动比率（倍）分别为 0.34、0.34、0.54，财务指标在报告期内处于较低水平，表明公司短期偿债能力较弱。"

偿债能力：

2015 年 9 月 30 日公司负债规模和债务结构如下表所示。

项目	金额（元）	比例（%）
短期借款	14 000 000.00	23.05
应付票据	800 000.00	1.32
应付账款	21 813 773.72	35.91
预收款项	2 709 972.84	4.46
应付职工薪酬	1 430 978.40	2.36
应交税费	2 367 471.28	3.90
其他应付款	17 620 948.22	29.00
流动负债合计	60 743 144.46	100
非流动负债合计	—	—
负债合计	60 743 144.46	100

报告期内公司负债均为流动负债，主要由短期借款、应付账款及其他应付款构成，2013 年末、2014 年末以及 2015 年 9 月末短期借款、应付账款及其他应付款合计占各期末负债总额比重分别为 87.32%、92.63%、87.97%。

其中，短期借款主要系公司向银行的抵押借款及保证借款，截至 2016 年 3 月 6 日，2015 年 9 月 30 日短期借款中尚未到期的银行贷款共计 800 万元，具体情况如下表所示。

贷款银行	金额（元）	到期日
上海浦东发展银行长兴支行	2 000 000.00	2016 年 6 月 18 日
上海浦东发展银行长兴支行	3 000 000.00	2016 年 9 月 16 日
中信银行湖州支行	3 000 000.00	2016 年 9 月 22 日
合计	8 000 000.00	

公司短期借款到期均能清偿本息，未产生逾期等不良记录；应付账款主要系公司采购原材料形成的应付款项，账龄主要集中在 1 年以内；其他应付款主要系公司向个人借款以及与浙江汉维通信器材有限公司之间的往来款，截至

2016 年 3 月 6 日公司对个人及浙江汉维通信器材有限公司的借款均已经全部还清。

综上所述，公司在 2015 年末长期偿债风险较高，且公司短期偿债能力较弱，但公司期后如期偿还银行到期借款且归还个人及关联方公司借款，未对公司的持续经营能力产生重大影响。

券商意见：

主办券商认为公司存在偿债风险，公司在 2015 年末长期偿债风险较高，且公司短期偿债能力较弱，但公司期后如期偿还银行到期借款且归还个人及关联方公司借款，未对公司的持续经营能力产生重大影响。

案例五 金大地 837769（存在短期偿债风险）

浙江金大地生物科技股份有限公司设立于 2006 年 4 月 19 日，2016 年 1 月 22 日变更为股份公司；

所属行业为农副食品加工业中的水产饲料制造；

公司主营特种水产品饲料的研发、生产和销售。

报告期为 2013 年 1 月 1 日至 2015 年 10 月 31 日，存在未解除的关联担保与非关联方担保。

公开转让说明书披露：

"偿债能力指标分析

项目	2015 年 10 月 31 日	2014 年 12 月 31 日	2013 年 12 月 31 日
资产负债率（%）（母公司）	67.85	80.34	81.65
流动比率（倍）	0.95	0.89	1.05
速动比率（倍）	0.80	0.77	0.96

报告期内，公司资产负债率在 2013 年末与 2014 年末较高，2015 年末比 2014 年末降低 12.49%，公司的负债率降至 70% 以内，主要为公司在 2015 年 10 月股东投资 3 000 万元，流动负债中的应付票据和预收账款下降较大，公司的偿债能力有所提高。公司的流动比率和速动比率都低于 1，公司短期偿债能力较低，公司存在一定的短期偿债风险。

从公司的对外借款、现金活动和购销结算模式等因素进行分析，公司虽然流动比率和速动比率较低，资产负债率较高，但不存在较大的短期和长期偿债风险：

（1）短期偿债能力分析

①公司对外借款的偿还能力分析

截至 2015 年 10 月末公司短期借款 3 300 万元，占公司负债总额的 20.52%，公司短期借款在银行授予的信贷额度之内，该信贷额度在短期借款到期后可以续贷，公司在招商银行的应付票据余额 1 430 万元，其中风险敞口 1 000 万元已经银行批准转为短期借款，且该信贷额度在短期借款到期后可以续贷，以上 4 300 万元短期借款为长期可以周转使用的运营资金。公司短期借款的到期期间为：

单位：元

期间	2015 年 12 月	2016 年 1 月	2016 年 3 月	2016 年 5 月
金额	3 000 000.00	3 000 000.00	6 000 000.00	21 000 000.00

截至本公开转让说明书签署日，公司短期借款已经到期 1 200 万元，公司已经按时偿还银行。2015 年 1—10 月，公司销售商品收到的现金为 205 647 677.53 元，平均每月收到货款 20 564 767.75 元，虽然公司短期借款在 2016 年 5 月集中到期 2 100 万元，但公司 1 个月的回收货款足以偿还，公司短期借款的偿债风险较小。

通过查阅公司报告期的人民银行征信报告、银行贷款合同、银行借款及还款记录等，未发现公司不良信贷记录。

② 从公司现金活动分析公司的短期偿债能力

报告期内，公司现金流量主要流入为经营性现金流入，现金流量主要流出为投资活动现金流出，投资性现金流出主要为新厂房建设及购置新生产线。2013 年度、2014 年度、2015 年 1—10 月公司经营活动现金流量净额分别为 1 759.25 万元、3 062.10 万元、330.03 万元，报告期内公司经营活动现金流一直较好。随着固定资产投资形成新产能的释放和销售的开拓，公司营业收入规模进一步提高及盈利能力的进一步改善，公司的经营活动现金流量状况将会进一步改善，从而提高公司短期偿债能力。公司前两年进行的固定资产投资已经完工并投入生产，公司将根据资金状况及产能利用情况确定进一步的投资计划，公司将控制投资活动资金支出不使其影响到公司的短期偿债能力。由于公司短期借款根据银行授予的信贷额度，在到期归还后可以续贷，公司筹资活动不会导致公司有较大金额的资金流出。根据公司的现金活动，公司不存在影响短期偿债的因素。

③ 从购销结算模式分析公司的短期偿债能力

报告期内，公司销售采用现销与赊销相结合的结算方式，由于行业结算特点和下游养殖户较长的养殖周期，为保持和扩大市场销售量，公司通常授予经销商一定的授信期间和授信额度。报告期内，根据应收账款周转率计算的公司平均应收账款周转天数为 108 天，符合公司与客户的结算周期。报告期内，公司采购结算模式除了少部分付款收货外，大部分供应商会提供 2 ~ 6 个月的赊销期间。报告期内公司应付账款周转天数为 130 天左右，与公司和供应商的结算周期一致。公司在生产经营中，能够根据客户回款周期计划，合理安排与供应商的结算周期并安排付款计划，公司的购销结算方式保证了公司具有稳定的短期偿债能力。

（2）公司长期负债偿还能力分析

截至 2015 年 10 月末，公司长期负债为递延收益 614.32 万元，为收到的与资产相关的政府补助，根据会计准则的规定和该项资金的使用情况在以后期间分摊计入损益，不需要进行实际支付。

中介机构意见：

经核查，主办券商和会计师认为，虽然公司资产负债率较高，流动比率、速动比率较低，但随着公司产能的释放及销售的开拓，公司经营效益的进一步提高，公司能够通过经营活动获取充足的现金，及时偿还公司到期债务。"

案例六　新疆银隆农业国际合作股份有限公司（IPO：偿债压力较大未过会）

新疆银隆农业国际合作股份有限公司设立于 2008 年 6 月 10 日，经营范围为：五金交电产品、化工产品、机电产品、金属材料、农副产品、服装、机械设备、木材、钢材、日用百货、针纺织品、皮棉的销售；棉花进出口经营；一般货物及技术的进出口经营；房屋租赁；商业服务。

报告期为 2012 年 1 月 1 日至 2014 年 12 月 31 日，报告期内偿债压力较大。

招股说明书披露：

"（十四）资产负债率偏高的风险

报告期内，发行人 2012—2014 年各年末资产负债率（合并报表口径）分别为 83.53%、78.81% 和 78.86%，资产负债率虽然稳中有降，但一直处于较高水平。发行人的负债基本为流动负债，且大部分是短期借款。报告期内各期末资产负债率偏高与公司所处行业特性相关：皮棉进口主要通过信用证或者是信用证与预付款（现汇）相结合的方式进行支付；国产籽棉加工销售具有'季节收购、集中加工、全年销售'的特性，公司每年 9 月左右开始增加短期借款用于收购棉花，致使每年年末资产负债率偏高，在皮棉销售的过程中公司逐步归还贷款，至每个棉花年度末（8月底）资产负债率会有所下降。虽然发行人的净资产规模近年来稳步增长，且资产负债率与同行业可比公司相比仍处于合理水平，但偏高的资产负债率仍将会使得公司面临一定的财务风险。"

偿债能力分析：

1. 主要偿债能力指标

报告期内，公司偿债能力的主要财务指标如下表所示。

项目	2014年12月31日	2013年12月31日	2012年12月31日
流动比率（倍）	1.03	1.02	1.07
速动比率（倍）	0.33	0.24	0.38
资产负债率（合并）（%）	78.86	78.81	83.53
项目	2014年度	2013年度	2012年度
息税折旧摊销前利润（万元）	23 949.74	26 418.49	29 567.36
利息保障倍数（倍）	4.01	4.74	2.66

（1）流动比率与速动比率

截至2012年12月31日、2013年12月31日和2014年12月31日，公司流动比率分别为1.07倍、1.02倍和1.03倍，速动比率分别为0.38倍、0.24倍和0.33倍。报告期内，公司流动比率和速动比率较为稳定，公司经营平稳。

（2）资产负债率

截至2012年12月31日、2013年12月31日和2014年12月31日，公司资产负债率分别为83.53%、78.81%、78.86%，资产负债率处于较高水平。公司在进口皮棉及国内籽棉的采购过程中需要大量资金周转，但自有资金有限，因此资产负债率较高，符合行业特征。每年9月随着棉花采购的陆续开始，公司向银行贷款并开始棉花的采购工作，年末短期借款与应付账款较年中有一定的增长，从而导致各年末资产负债率较高。

随着第二年棉花销售工作的进展，公司逐步偿还借款与应付账款，公司资产负债率会有所下降。

2013年末公司资产负债率较2012年末出现一定程度的下降，主要是因为公司业务的发展，公司营业收入及滚存未分配利润增加，公司偿还部分借款，负债规模有所降低。

（3）息税折旧摊销前利润及利息保障倍数

2012 年度、2013 年度和 2014 年度，公司息税折旧摊销前利润为 29 567.36 万元、26 418.49 万元和 23 949.74 万元，利息保障倍数分别为 2.66 倍、4.74 倍和 4.01 倍。公司 2013 年度息税折旧摊销前利润较 2012 年度下降 10.65%，利息保障倍数大幅上升，变动的主要原因是 2013 年公司改变融资策略，短期借款与长期借款均有所下降，且公司通过境外相对低成本的融资取代境内相对高成本的融资，使 2013 年利息费用较大幅度下降、公司净利润有所上升。2014 年度息税折旧摊销前利润较 2013 年度下降 9.34%，利息保障倍数小幅下降，变动的主要原因是 2014 年净利润有所下降。

2. 与同行业可比上市公司比较

公司流动比率与可比公司差异较小，但速动比率显著小于可比公司平均水平，主要是由于公司存货占流动资产比例较高。速动比率与可比公司不同的原因主要是由于公司棉花业务中进口棉占比较高，而进口棉的密集进口期主要为每年的第一、第四季度，这就使公司年末存货较高。而可比公司主要经营国产棉，其中银丰棉花部分皮棉销售为合作购销模式，年末存货水平较低，冠农股份与新赛股份存在较大比例的非棉业务，存货占流动资产比例较低。

公司资产负债率偏高，但与可比公司相比仍处于合理水平。可比公司中银丰棉花经营业务绝大部分是棉花业务，与公司可比性较高，其资产负债率略高于公司；其他两家可比公司存在较大比例的非棉业务，资产负债率低于公司。

利息保障倍数方面，公司与可比公司存在一定的差异，主要是由于资本结构与经营业绩的差异导致。公司利息保障倍数优于可比公司，偿债能力较强。

3. 影响偿债能力的其他因素分析

公司银行资信状况良好，信用评级较高，在银行无任何不良记录，没有表外融资情况及或有负债等情况其他影响偿债能力的事项。截至 2014 年 12 月 31 日，公司共获得银行授信额度 42.00 亿元，其中未使用额度 25.50 亿元。

公司总体经营状况良好，负债结构合理，资产流动性较好，公司偿债能力较强。报告期内公司资产盈利能力及经营活动现金流量情况良好，为公司偿付债务提供了充分保障。

证监会审核意见：

证监会"终止审查通知书 [2016]254 号"中述及：

"经过审核，发现发行人存在以下事项：在 2012—2014 年各年末、2015 年 6 月末，发行人资产负债率分别为 80.15%、79.84%、77.80% 及 83.30%，且其负债基本为流动负债，大部分为短期借款，偿债压力较大。"

本节小结

综上案例可知，股转系统主要关注以下几个方面：

（1）报告期内资产负债率偏高的原因；

（2）报告期内资产负债率变化的原因；

（3）公司对短期借款和应付账款的偿还计划；

（4）控股股东或实际控制人对债务情况做出合理解释；

（5）会计师对报告期会计核算基础是否健全、规范，内控制度设计是否科学合理、执行是否有效进行核查并发表意见，同时在公开转让说明书中披露；

（6）律师就该行为是否符合"合法规范经营"挂牌条件发表核查意见，并在公开转让说明书中披露；

（7）主办券商核查上述事项。

针对偿债风险的问询，公司主要应对措施如下：

（1）合理解释资产负债率高的原因；

（2）分析并披露公司债务对公司持续经营的影响是否重大；

（3）在《公开转让说明书》"公司财务"部分进行补充披露；

（4）控股股东或实际控制人合理安排还款计划，控制风险；

（5）主办券商、律师、会计师对会计核算基础健全、规范，内控制度设计科学合理、执行有效，符合"合法规范经营"挂牌条件发表核查意见。

新三板与现行首发上市条件（IPO）对偿债风险的处理差异

资产负债率指标越低，企业举债越容易，反之越难。在 IPO 审核中，资产负债率的高低并没有硬性指标，但一般认为，企业的资产负债率适宜水平为 40% ~ 60%，高于 70% 或低于 20% 则被认为是两道警戒线。除特殊行业外，资产负债率超过 70% 的企业，需谨慎判断其财务出现风险的可能性，而资产负债率在 20% 以下的企业，其融资的必要性则不足。新三板挂牌审核中，股转系统对企业的资产负债率目前尚无明确高低限制，申请挂牌公司只需对资产负债率的异常情况做出合理解释。

第二节　担保关系

担保关系主要分为两种情况，一是单向对外担保，二是互相担保。单向对外担保是指公司单向为他人提供担保，而他人不提供反担保。新三板挂牌公司的单向对外担保大多是为其关联方提供的；互保关系则是企业借贷"对付"银行的一种方式，两家公司互相给对方担保，这两家公司不一定存在关联关系。

目前，如果新三板挂牌公司能够对担保金额、担保原因及被担保方的资产状况以及偿还能力进行充分的解释，那么担保关系并不会构成公司新三板挂牌的实质性障碍。

案例一 义博通信 837610（存在未解决的为实际控制人提供担保）

义博通信设备集团股份有限公司设于 2009 年 9 月 7 日，2016 年 1 月 12 日变更为股份公司；

所属行业为通信设备；

主营业务是光纤光缆总配线架、综合配线柜、光缆交接箱、光纤配线、数字配线、各类管材以及铁附件等通信工程配套产品的设计、研发、生产及销售等。

报告期为 2013 年 1 月 1 日至 2015 年 10 月 31 日。报告期内公司存在对外担保事项如下表所示。

被担保方	被担保方与公司关系	担保事项	担保方式	主合同期限	担保金额（万元）	被担保方是否提供反担保
闫字连	股东	贷款担保	连带责任保证	2013.11.1—2015.11.1	200.00	否
闫航飞	控股股东	贷款担保	连带责任保证	2014.9.2—2015.9.1	500.00	否
河北鸿宇通信器材有限公司	关联方	贷款担保	连带责任保证	2015.9.17—2016.9.16	500.00	否
河北鸿宇通信器材有限公司	关联方	贷款担保	连带责任保证	2015.9.17—2016.9.16	500.00	否
闫航飞	控股股东	贷款担保	连带责任保证	2015.9.15—2016.9.14	500.00	否

公开转让说明书披露：

"（十一）公司替关联方提供担保尚未解除的风险

截至公开转让说明书出具日，公司有如下替关联方提供担保尚未解除：公司为鸿宇通信两笔合计 1 000.00 万元银行借款提供担保，为公司实际控制人闫航飞 500.00 万元银行借款提供担保。其中公司实际控制人闫航飞将以公司为其提供担保的该笔借款借予公司使用用于原材料采购；公司为鸿宇提供担保的同时，鸿宇也为公司提供担保。虽然公司实际控制人出具承诺，若公司由于关联方鸿宇通信经营周转出现严重困难，到期不能偿还公司提供担保的银行借款而承担担保责任产生的损失，由公司实际控制人对公司的上述损失予以全额补偿。但若关联方未来经营周转出现严重困难，无法偿还到期银行借款，公司存在承担连带偿债风险。"

关联担保的解除情况：

公司为股东闫字连提供的关联担保 200.00 万元和为股东闫航飞提供的关联担保 500.00 万元已到期解除。目前，公司尚未解除的担保有：为关联方河北鸿宇通信器材有限公司提供的 1 000.00 万元贷款担保和为股东闫航飞提供的 500.00 万元贷款担保，主合同到期日均为 2016 年 9 月。

关联方担保是否构成对公司资金占用的核查：

公司为股东闫航飞、闫字连提供的关联担保，均系股东向银行申请个人经营贷款，由公司为其提供担保，但贷款用途均为补充义博通信的流动性资金，故公司为闫航飞、闫字连提供关联担保的行为不构成对公司的资金占用情况。

2015 年 9 月 17 日，公司为关联方河北鸿宇通信器材有限公司提供连带保证责任的对外担保贷款用途为补充鸿宇通信流动资金，虽然该关联担保系公司以自有资金为鸿宇通信贷款提供保障，但公司向关联方提供关联担保并不会导致公司实质承担连带清偿责任，主要原因如下：第一，依据关联方鸿宇通信 2015 年度的财务报表分析：鸿宇通信 2015 年 12 月 31 日的资产负债率为 47.36%、流动比率为 1.76、速动比率为 1.09，鸿宇通信的偿债能力指标良好，不存在明显丧失偿债能力的情形，能够依约还本付息；第二，该项借款鸿宇通信已以自有土地提供抵押［权属证书编号：河出国用（2015）第 052 号］，抵押土地价值为 1 200 万元，抵押物的价值高于借款金额，故公司不存在承担清偿责任的风险；第三，报告期内，鸿宇通信为公司提供连带保证责任的贷款金额合计为 1 500 万元，公司为鸿宇通信提供连带保证责任金额低于鸿宇通信为其提供连带保证责任的贷款金额；第四，公司实际控制人也出具了保证义博通信不受损失的承诺。综上所述，主办券商认为，该项关联担保不构成股东包括控股股东、实际控制人及其关联方占用公司资金、资产或其他资源的情形。

公司关联方担保规范措施的有效性：

报告期内，公司对外担保均为向关联方提供担保。有限公司阶段，公司未制定专门的对外担保管理相关制度，公司章程中对担保事项也未有明确规定。

公司报告期内发生的对外担保事项发生在有限公司时期，故公司对外担保事项发生时，是由各股东协商确定，并未形成书面决议，在决策程序上存在瑕疵。股份公司成立后，公司制定了《关联交易管理办法》、《对外担保管理办法》等内部控制制度和措施规范公司的对外担保行为。经核查，自报告期后至反馈意见回复出具之日，公司尚未发生新的对外关联担保行为；公司管理层及关联方针对上述制度均出具相关承诺函，承诺将按照上述相关制度予以贯彻执行。

《关联交易管理办法》、《对外担保管理办法》均经公司创立大会审议通过，且上述制度对关联担保的决策程序均做出了详细的规定，同时，公司管理层及关联方出具了《避免关联交易》的承诺函，上述规范措施均为公司有效制定，且目前公司尚未发生违反上述措施的情形。

综上所述，主办券商认为，公司关联方担保规范措施正在有效执行。

券商意见：

公司对外担保事项不会对公司持续经营能力产生重大的不利影响。

实际控制人承诺：

公司实际控制人闫航飞和闫字连承诺如公司由于关联方鸿宇通信经营周转出现严重困难，到期不能偿还公司提供担保的银行借款而承担担保责任产生的损失，由公司实际控制人对公司的上述损失予以全额补偿。

案例二　金穗生态 837221（为关联方提供大额担保）

广西金穗生态科技股份有限公司设立于 2009 年 5 月 13 日，2015 年 10 月 9 变更为股份公司；

所属行业："制造业"中的"化学原料和化学制品制造业"，"肥料制造"中的"有机肥料及微生物肥料制造"；

主营业务：公司致力于农林及食品加工业废弃资源的循环利用事业，主要从事生物有机肥的研究、生产及销售，即将农林及食品加工业中产生的有机废弃资源依靠现代生物技术支撑、通过一定工艺流程转化为适用于绿色生态瓜果蔬菜、热带高效经济作物生产所需要的生物有机肥。

报告期为 2013 年 1 月 1 日至 2015 年 10 月 31 日，公司报告期内存在为关联方提供担保的情形。

公开转让说明书披露：

"本公司 2015 年 5 月将面积为 91 933.55 平方米的土地使用权［隆安国用（2015）第 61 号］抵押给中国光大银行股份有限公司南宁分行，为广西金穗农业集团有限公司向中国光大银行股份有限公司南宁分行贷款 2 500.00 万元做抵押担保，抵押贷款期限为 2015 年 5 月 5 日至 2016 年 5 月 15 日，广西金穗农业集团有限公司已于 2015 年 8 月 17 日提前归还了向中国光大银行股份有限公司南宁分行的该笔借款 2 500.00 万元。截至 2015 年 8 月 20 日，中国光大银行股份有限公司南宁分行已终止在该宗地上的抵押权。

截至本公开转让说明书签署之日，公司不存在为其他方提供担保的情形。"

公司为关联方提供担保的原因及用途：

报告期内，公司为控股股东金穗集团向金融机构借款提供担保，担保的方式包括保证担保、抵押担保。2013 年度、2014 年度及 2015 年 1—9 月，公司为金穗集团向金融借款提供担保的金额分别为 6 900 万元、10 100 万元及 2 500 万元。根据公司及金穗集团出具的说明，公司为控股股东提供担保均系金融机构要求，以增强其贷款安全。金穗集团通过公司提供担保而取得的金融机构贷款，均用于补充日常经营所需的流动资金。

关联担保履行的内外部决议程序：

公司的关联担保均发生在股改前，经对公司管理层访谈及查阅有限公司阶段公司章程，在股份公司成立之前，公司未制定专门针对关联交易的管理制度。因此，公司未就上述关联交易进行内部决议程序。股份公司成立后，公司在《公司章程》、《股东大会议事规则》、《董事会议事规则》中就关联交易管理做出了规约，并制定了《关联交易管理办法》，从制度上防止关联方占用公司资金情况的发生。

公司报告期末情形：

经主办券商和会计师核查，公司在 2015 年 9 月末不存在其他应收控股股东、实际控制人及其关联方的款项，其他应收监事张积远的款项为员工个人借支；同时主办券商和会计师核查了公司自 2015 年 10 月 1 日至本反馈意见回复之日的往来明细及银行流水，未发现控股股东、实际控制人及其关联方占用公司资金、资产或其他资源的情形，截至本反馈意见回复之日，公司不存在其他应收控股股东、实际控制人及其关联方的款项。

因此，主办券商和会计师认为，公司报告期末不存在股东包括控股股东、实际控制人及其关联方占用公司资金、资产或其他资源的情形。

控股股东及实际控制人承诺：

公司控股股东及实际控制人出具相关承诺：不存在利用公司资源损害公司利益，若因关联交易侵害了公司利益和资源，将承担一切责任。

中介机构意见：

经主办券商和会计师核查，公司的关联担保真实、适当。公司报告期末不存在股东包括控股股东、实际控制人及其关联方占用公司资金、资产或其他资源的情形；控股股东及实际控制人报告期不存在利用公司资源损害公司和其他股东的合法权益的情形，公司治理和内控制度有效。

案例三　天石纳米 837392 （存在互保关系）

浙江天石纳米科技股份有限公司设立于 1997 年 8 月 29 日，2016 年 1 月 12 日变更为股份公司；

主营业务为碳酸钙系列产品、氢氧化钙、氧化钙产品的生产销售及纳米科技产品的研发。

报告期为 2013 年 1 月 1 日至 2015 年 10 月 31 日，报告期内存在互保关系。

公开转让说明书披露：

"四、对外担保风险

截至本报告签署日，公司累计对外担保项下的贷款余额为 3 300 万元，占公司 2015 年 9 月 30 日经审计合并净资产的 47.87%，比例较高，其中对建德市恒洋化工有限公司担保余额 1 300 万元，为格林生物科技股份有限公司担保余额 800 万元，为浙江大洋生物科技集团股份有限公司担保余额 1 200 万元。被担保企业中，建德市恒洋化工有限公司、格林生物科技股份有限公司、浙江大洋生物科技集团股份有限公司与公司不存在关联关系，且公司与其中格林生物科技股份有限公司、浙江大洋生物科技集团股份有限公司两家企业存在互保情况，其中建德市恒洋化工有限公司系浙江大洋生物科技集团股份有限公司全资子公司。

截至本说明书签署日，格林生物科技股份有限公司为公司担保的贷款余额 500 万元，浙江大洋生物科技集团股份有限公司为公司担保的贷款余额 2 500 万元。根据取得的被担保公司企业信用报告及现场访谈、取得经审计的 2013 年度和 2014 年度的审计报告及未经审计的 2015 年度财务报表、查看浙江大洋生物科技集团股份有限公司在全国中小企业股份转让系统网站上公开披露的信息，被担保人资信情况良好，财务状况和偿债能力均有一定的保障，到期无法偿还贷款的可能性较小。两份互保协议不存在其他附属债权和相关条款，公司不存在潜在的重大债务纠纷。"

担保履行的内外部决议程序：

公司对外担保均发生在有限公司阶段，有限公司股东会审议通过了《浙江天石纳米科技有限公司股东会同意担保决议书》，有限公司对外担保事项均由股东会审议通过。

股份公司成立后，公司已经对互相担保情况采取了一定的风险控制措施，公司已制定《对外担保决策制度》，并在《公司章程》中明确了对外担保决策权限和决策程序。

对外担保对挂牌的影响：

截至本说明书签署日，对外担保合同对应的主合同均在正常履行。虽然上述被担保人资信情况良好，财务状况和偿债能力均有一定的保障，到期无法偿还贷款的可能性较小，但由于公司对外担保对象较为集中，若被担保人未来出现无法偿还债务的情况，可能导致公司履行相应担保责任，从而导致自身偿债能力降低，并且可能对公司的持续经营能力造成不利影响。

控股股东实际控制人承诺：

同公司实际控制人、董事、监事及高级管理人员分别出具《关于规范公司对外担保的承诺》，承诺将严格控制公司对外担保金额，并严格按照《公司章程》、《对外担保决策制度》等公司内部治理制度规定履行公司对外担保的审批决策程序。公司未来可通过多种途径逐步解除全部或部分互保。待公司正式于全国股份转让系统挂牌后，可尝试用股权质押的方式取得银行贷款，或通过股权融资的方式进行筹资以减少银行贷款；浙江大洋生物科技集团股份有限公司、建德市恒洋化工有限公司、格林生物科技股份有限公司也承诺将逐步解除互保。

案例四　金大地 837769 （公司存在大额关联方和非关联方担保事项）

浙江金大地生物科技股份有限公司设立于 2006 年 4 月 19 日，2016 年 1 月 22 日变更为股份公司；

所属行业为农副食品加工业中的水产饲料制造；

公司主营特种水产品饲料的研发、生产和销售。

报告期为 2013 年 1 月 1 日至 2015 年 10 月 31 日，存在未解除的关联担保与非关联方担保。

公开转让说明书披露：

"一、对外担保风险

截至本转让说明书签署日，公司未解除的担保余额共计 3 295.00 万元。其中，未解除的关联担保余额为 1 075.00 万元，未解除的非关联方担保余额为 1 100.00 万元，未解除的为客户提供贷款担保余额为 1 120.00 万元。在未解除的关联担保方面，公司为浙江九牛的 850.00 万元借款提供 1 075.00 万元的最高额保证担保，目前上述借款付息正常，该担保不存在潜在风险。在未解除的非关联方担保方面，公司为雅格罗兰的 600.00 万元借款提供 600.00 万元的最高额保证担保，目前该借款正常付息，该担保不存在潜在的风险。公司为诸暨百利的 500.00 万元借款提供 500.00 万元的最高额保证担保，目前该借款已逾期，2016 年 1 月 27 日市帮扶办组织召开会议，要求以浙江九牛、金大地集团替代金大地股份提供担保，上述银行内部审批程序预计 4 月底完成，金大地集团出具了兜底承诺，该担保已无代偿风险。在未解除的为客户提供贷款担保方面，公司为其客户购买公司饲料向银行贷款提供担保，银行出具了书面的《情况说明》，截至 2016 年 4 月 5 日尚有 440.00 万元贷款未还，未还原因系贷款未到期，且有金大地集团提供的房产作抵押。子公司江苏金大地也为其客户购买子公司饲料提供担保，银行于 2016 年 4 月 6 日出具证明，截至 2016 年 3 月 31 日，担保余额为 680.00 万元，未还原因系贷款未到期。上述担保事项，对公司财务和日常经营不构成重大影响。综上所述，基于公司未解除的担保余额仍相对较大，若被担保的公司或客户的经营状况出现恶化，如到期不能还款等情形，则公司将会承担相应的担保责任，进而导致公司出现损失，影响到公司的正常经营。"

对于未解除的担保对公司自身财务和日常经营的影响：

① 浙江九牛农牧机械有限公司。目前，公司为浙江九牛提供未解除的担保共有 2 笔，分别是：A. 浙江九牛与绍兴银行股份有限公司诸暨支行之间 500.00 万元的借款，公司提供了 550.00 万元的最高额保证担保；B. 浙江九牛与中国农业银行诸暨支行之间的 350.00 万元的借款，公司提供了 525.00 万元的最高额保证担保。上述贷款正常付息。

经主办券商、律师、会计师核查，根据公司提供的浙江九牛截至 2016 年 2 月 29 日未经审计的资产负债表，该公司资产总计：133 515 519.43 元，负债合计：33 831 640.22 元，净资产：99 683 879.21 元。根据公司提供的浙江九牛的《企业信用报告》（截至 2016 年 4 月 8 日），该公司未结清贷款 5 笔计 3 090.00 万元，银行承兑汇票 4 笔计 1 314.00 万元，共计 4 404.00 万元；对外担保 8 笔，共计 6 050.00 万元。

综上所述，主办券商、律师、会计师认为，浙江九牛农牧机械有限公司目前经营稳定，其对自身的债务具有足够的偿付能力，该笔贷款正常付息，担保不存在潜在的风险。根据大信 2015 年 12 月 4 日出具的大信审字［2016］第 3-00642 号《审计报告》，截至 2015 年 10 月 31 日，公司的净资产额为

52 611 680.19 元。金大地股份具备履行担保的能力，该笔担保对公司自身财务和持续经营不构成重大影响。

② 王九兴等 45 人。王九兴等与中国银行股份有限公司诸暨支行公司签订《信用卡大额分期合同》，40.00 万元 / 人，共计 1 800.00 万元。据公司说明，实际办卡 39 人，共计 1 560.00 万元。公司与银行签订《信用卡大额分期保证合同》，担保金额为 500.00 万元，同时金大地集团以房产提供抵押。目前，银行出具了书面的《情况说明》，截至 2016 年 4 月 5 日，共有 28 人已偿还贷款，共计 1 120.00 万元。尚有 11 人，共计 440.00 万元贷款未还。

经主办券商、律师、会计师核查，上述贷款性质为供应链贷款，借款人为自然人，且均为公司的终端客户，其通过银行贷款购买公司饲料，公司为其提供担保。在具体操作过程中，上述自然人的银行贷款信用卡及密码统一由公司进行保管和控制，银行贷款发放到信用卡中后，公司便直接通过保管和控制的信用卡及密码直接以饲料款的形式向公司进行支付，上述自然人再从公司领走饲料。如此一来，便可有效防止上述自然人逾期支付饲料款情形的发生。

根据银行提供的书面《说明》，截至 2016 年 4 月 5 日，尚有 440.00 万元贷款未还。据公司财务总监钟伟霞女士介绍，贷款未还原因乃是贷款尚未到期。

上述自然人均是公司长期友好合作的终端客户，其自身财务状况很好，偿债能力较强，故公司才同意为其向银行办理信用卡贷款购买公司饲料提供担保。

综上所述，主办券商、律师及会计师认为，公司为上述自然人终端客户提供贷款担保且该贷款用于购买公司饲料，虽有可能导致公司发生或有债务的风险，但却有效防止了公司出现大量应收款的情形，且上述贷款还有金大地集团提供的房产作为抵押。根据大信 2015 年 12 月 4 日出具的大信审字〔2016〕第 3-00642 号《审计报告》，截至 2015 年 10 月 31 日，公司的净资产为 52 611 680.19 元，公司具备履行担保的能力。因此，上述担保事项对公司自身财务和持续经营不构成重大影响。

③ 石志会等 14 人。石志会等与中国银行金湖支行签订《信用卡福农分期付款合同》，共计 730.00 万元。公司与银行签订《信用卡福农分期保证合同》，担保金额为 730.00 万元，并以 104.00 万元定期存款进行质押，同时金大地集团以房产进行抵押。目前，银行出具了书面的《证明》，即江苏金大地饲料有限公司截至 2016 年 3 月 31 日在我行担保余额 680.00 万元。

经主办券商、律师、会计师核查，上述借款人为自然人，且均为公司的终端客户，其通过银行贷款购买公司饲料，公司为其提供担保。在具体操作过程中，上述自然人的银行贷款信用卡及密码统一由公司进行保管和控制，银行贷款发放到信用卡中后，公司便直接通过保管和控制的信用卡及密码直接以饲料款的形式向公司进行支付，上述自然人再从公司领走饲料。如此一来，便可有效防止上述自然人逾期支付饲料款情形的发生。

根据银行提供的书面《说明》，截至 2016 年 3 月 31 日，尚有 680.00 万元贷款未还。据公司财务总监钟伟霞女士介绍，贷款未还原因乃是贷款尚未到期。

上述自然人均是公司长期友好合作的终端客户，其自身财务状况很好，偿债能力较强，故公司才同意为其向银行办理信用卡贷款购买公司饲料提供担保。

综上所述，主办券商、律师及会计师认为，公司为上述自然人终端客户提供贷款担保且该贷款用于购买公司饲料，虽有可能导致公司发生或有债务的风险，但却有效防止了公司出现大量应收款的情形。根据大信 2015 年 12 月 4 日出具的大信审字［2016］第 3-00642 号《审计报告》，截至 2015 年 10 月 31 日，公司的净资产为 52 611 680.19 元，公司具备足够履行担保的能力。因此，上述担保对公司自身财务和持续经营不构成重大影响。

④ 金大地有限公司向招商银行诸暨支行申请开立 2 笔 715 万元的电子承兑汇票，江苏金大地分别提供 2 笔最高额保证担保，担保金额共计 1 000.00 万元。该票据已经到了兑付日，金额共计 1 430.00 万元，风险敞口 1 000.00 万元，汇票尚未解付。

汇票未解付的原因是在该票据到期后，公司向银行提出不再通过办理无真实交易背景的应付票据形式获得银行的该项风险敞口，要求银行将授予公司的应付票据风险敞口转为该银行的短期借款授信额度。截至 2016 年 3 月 15 日，银行已经经过内部审批，将该项应付票据的风险敞口 1 000.00 万元转为短期借款授信额度，银行借款的手续正在办理中。

综上所述，主办券商、律师、会计师认为，公司目前经营稳定，其对自身的债务具有足够的偿付能力。江苏金大地具备履行担保的能力，担保事项对公司自身财务和持续经营不构成重大影响。

⑤ 诸暨市雅格罗兰服饰有限公司。诸暨市雅格罗兰服饰有限公司与诸暨农村商业银行股份有限公司签署了《出口贸易融资合同》，公司提供了担保金额为 600.00 万元的最高额保证担保。目前，该贷款正常付息。

根据公司提供的雅格罗兰截至 2016 年 2 月资产负债表，该公司资产总计：152 615 583.28 元，负债合计：50 079 918.14 元，净资产：102 535 665.14 元。根据公司提供的雅格罗兰的《企业信用报告》（截至 2016 年 4 月 6 日），该公司未结清贷款共计 14 笔，合计数额：4 488.00 万元；对外担保共计 4 笔，合计数额：2 870.00 万元。

综上所述，主办券商、律师、会计师认为，雅格罗兰净资产额较高，且公司收入稳定，自身债务具备足够的偿付能力，该笔贷款目前正常付息。根据大信 2015 年 12 月 4 日出具的大信字［2016］第 3-00642 号《审计报告》，截至 2015 年 10 月 31 日，公司的净资产额为 52 611 680.19 元，公司具备足够履行担保的能力。因此，上述担保对公司自身财务和持续经营不构成重大影响。

⑥浙江诸暨百利服饰有限公司。浙江诸暨百利服饰有限公司与中国银行股份有限公司诸暨支行签订《流动资金借款合同》，借款 500.00 万元，借款期限自 2014 年 12 月 1 日至 2015 年 12 月 1 日，金大地有限公司和金大地集团提供了 500.00 万元的最高额保证。目前，该贷款已逾期。

经主办券商、律师、会计师核查，根据公司提供的诸暨市企业帮扶工作领导小组办公室《关于浙江诸暨百利服饰有限公司贷款担保问题的协调会议纪要》，2016 年 1 月 27 日市帮扶办组织召开会议，会议要求以浙江九牛替代金大地有限公司提供担保，2 月 29 日前银行完成内部审批事项。根据公司说明，上述银行内部审批程序预计 4 月底前完成。同日，金大地集团出具《承诺函》，承诺若因为金大地股份的担保责任不能被替换免除且浙江诸暨百利服饰有限公司不能按期还款付息而导致公司被起诉并判令承担担保责任，则由金大地集团履行连带清偿义务并承担债权人实现债权的相关费用。

综上所述，主办券商、律师、会计师认为，浙江九牛及金大地集团具备履行担保的能力，虽公司尚未解除本笔贷款的担保责任，但已无代偿风险，上述担保事项对公司自身财务和持续经营不构成重大影响。

对外担保履行的内、外部决议程序：

经主办券商、律师、会计师核查，公司对外担保均已履行内部决议程序。因公司属非国有企业，无上级主管部门，对外担保无外部决议程序。公司创立大会暨第一次临时股东大会审议通过了《关于确认公司最近两年及一期关联交易的议案》，发起人对报告期内包括关联担保在内的关联交易已进行了追认。

公司对担保的规范和风险隔离措施：

2016 年 1 月 8 日，公司创立大会暨第一次临时股东大会审议并通过了《对外担保管理制度》、《重大事项处置权限管理办法》的议案。公司对外担保实行统一管理，在对外担保对象的审查、对外担保的审批程序、对外担保的管理及持续风险控制、对外担保的信息披露方面进行了详细的规定。

案例五　　**泸天化 000912（IPO：违规担保的处罚与诉讼）**

四川泸天化股份有限公司设立于 1999 年 4 月 29 日；

上市时间：1999 年 6 月 3 日

招股时间：1999 年 4 月 5 日

所属行业为化学原料和化学制品制造业。

经营范围：生产氨、氢、二氧化碳、甲醇、硝酸、四氧化二氮、氧、氮、硝酸铵；氨溶液 [10% ＜含氨≤ 35%]（安全生产许可证有效期至 2017 年 10 月 8 日）。肥料制造；合成纤维单（聚合）体制造；空气污染治理材料制造；金属加工机械制造；通用零部件制造；金属制品、机械和设备修理业；进出口业；科技推广和应用服务业；仓储业（依法须经批准的项目，经相关部门批准后方可开展经营活动）。

因违规担保被处罚的公告：

2014 年 9 月 5 日，泸天化发布"关于收到《行政处罚决定书》的公告"，公告称：

"2014 年 6 月 25 日，公司收到中国证券监督管理委员会《调查通知书》（成稽调查通字 141010 号），依据《中华人民共和国证券法》（以下简称《证券法》）的有关规定，对公司信息披露违法行为进行了立案调查，详细情况请见公司发布的 2014-036 号公告。

2014 年 9 月 3 日，公司收到中国证券监督管理委员会四川监管局《行政处罚决定书》（[2014] 5 号），现公告如下：

一、证监会认定公司存在的违法事实

2013 年 12 月 27 日，泸天化控股子公司九禾股份有限公司（以下简称九禾股份）与云南国际信托有限公司（以下简称云南信托）签署《权利质押合同》，约定九禾股份以在兴业银行股份有限公司成都分行的 3.3 亿元定期存单为泸天化控股股东四川化工控股（集团）有限责任公司向云南信托借款 3.135 亿元提供质押担保。对于上述对外提供重大担保事项，泸天化未按照《证券法》第六十七条、《上市公司信息披露管理办法》第三十条、第三十一条、第三十三条的规定及时履行信息披露义务。直到 2014 年 4 月 30 日才在 2013 年年报中予以披露。

泸天化的行为违反了《证券法》第六十三条、第六十七条的规定，构成了《证券法》第一百九十三条的行为。

本公司及监事会全体成员保证公告内容的真实、准确和完整，没有虚假记载、误导性陈述或重大遗漏。

对泸天化的违法行为，时任泸天化董事长邹仲平，时任董事、总经理宁忠培，时任财务总监兼董事会秘书索隆敏是直接负责的主管人员，时任公司董事彭传勇，时任副总经理肖建清，时任副总经理袁忠是其他直接责任人员。

二、证监会做出的行政处罚决定

根据当事人违法行为的事实、性质、情节与社会危害程度，依据《证券法》第一百九十三条的规定，证监会决定：

（一）对泸天化给予警告，并处以 30 万元罚款。

（二）对邹仲平、宁忠培、索隆敏给予警告，并分别处以 5 万元罚款。

（三）对彭传勇、肖建清、袁忠给予警告。

三、公司的说明

公司已于 2014 年 6 月 3 日公告了针对该事项的整改报告，详细情况请见公司发布的 2014-026 号公告。公司及现任董事、监事、高级管理人员将以此为戒，今后不断提高规范运作意识，完善公司治理、强化内部控制体系建设，并按相关法规做好信息披露工作。

公司接受中国证监会的行政处罚，不申请行政复议和提起行政诉讼。"

"证券虚假陈述责任纠纷"引发的诉讼：

2015 年 6 月 1 日公司发布"关于诉讼事项的公告"，公告称：

"一、诉讼事项受理的基本情况

2015 年 5 月 28 日，本公司收到成都市中级人民法院（2015）成民初字第 1653 号《应诉案件通知书》等相关法律文书，成都市中级人民法院已立案受理原告 19 人（件）以'证券虚假陈述责任纠纷'为由对本公司提起的民事诉讼案。

二、有关本案的基本情况

原告共计 19 人以'证券虚假陈述责任纠纷'为由，分别向成都市中级人民法院提起诉讼，要求对本公司就前述信息披露违法行为承担民事赔偿责任。成都市中级人民法院已受理案件共计 19 件，索赔总标的额约为 355 万元。

目前，前述案件正在审理过程中，本公司将积极参加诉讼，并依法按照规定披露案件的进展情况。

本次公告的诉讼案对本公司本期利润的影响不大。"

对外担保的相关法规：

《公司法》：

新修订的《公司法》中关于公司对外担保的规定较原《公司法》详尽得多，

新《公司法》第十六条对公司和债权人提出了明确的要求：

第十六条　公司向其他企业投资或者为他人提供担保，依照公司章程的规定，由董事会或者股东会、股东大会决议；公司章程对投资或者担保的总额及单项投资或者担保的数额有限额规定的，不得超过规定的限额。

公司为公司股东或者实际控制人提供担保的，必须经股东会或者股东大会决议。

前款规定的股东或者受前款规定的实际控制人支配的股东，不得参加前款规定事项的表决。该项表决由出席会议的其他股东所持表决权的过半数通过。

《上市公司证券发行管理办法》：

第三十九条　上市公司存在下列情形之一的，不得非公开发行股票：（三）上市公司及其附属公司违规对外提供担保且尚未解除；

《上市公司证券发行管理办法》第三十九条"违规对外提供担保且尚未解除"的理解和适用——证券期货法律适用意见第5号：

经研究，我会认为：

三、《管理办法》所规定的"违规对外提供担保"（以下简称违规担保），是指上市公司及其附属公司违反相关法律、行政法规、规章、中国证监会发布的规范性文件、公司章程的规定（以下简称相关法律规定）对外提供担保。以下情形属于《管理办法》所规定的违规担保：

（一）未按照相关法律规定履行董事会或股东大会表决程序；

（二）董事会或股东大会做出对外担保事项决议时，关联董事或股东未按照相关法律规定回避表决；

（三）董事会或股东大会批准的公司对外担保总额或单项担保的数额超过中国证监会或者公司章程规定的限额；

（四）董事会或股东大会批准对外担保事项后，未按照中国证监会规定的内容在指定媒体及时披露信息；

（五）独立董事未按规定在年度报告中对对外担保事项进行专项说明，并发表独立意见；

（六）其他违反相关法律规定的对外担保行为。

本节小结

综上案例可知，股转系统主要关注以下几个方面：

（1）报告期内为关联方提供担保的原因、担保金额、用途；

（2）报告期内关联担保履行的内外部决议程序；

（3）已解除担保的手续是否合法有效；

（4）部分担保未解除的原因；

（5）主办券商及律师核查承诺人是否具有履行承诺的能力；

（6）对外担保可能带给公司的经营风险；

（7）会计师对报告期会计核算基础是否健全、规范，内控制度设计是否科学合理、执行是否有效进行核查并发表意见，同时在公开转让说明书中披露；

（8）律师就该行为是否符合"合法规范经营"挂牌条件发表核查意见，并在公开转让说明书中披露。

针对偿债风险的问询，公司主要应对措施如下：

（1）合理解释对外担保的原因；

（2）分析并披露对外担保对公司经营的影响是否重大；

（3）在《公开转让说明书》"公司财务"部分进行补充披露；

（4）完善公司内控制度和严格的对外担保管理制度；

（5）解除全部或部分担保；

（6）主办券商、律师、会计师对会计核算基础健全、规范，内控制度设计科学合理、执行有效，符合"合法规范经营"挂牌条件发表核查意见。

新三板与现行首发上市条件（IPO）对对外担保的处理差异

项目	新三板	IPO
对外担保	合理解释，不损害挂牌主体的利益，一般不会成为挂牌障碍	违规担保必须解除

第七章
会计核算基础

《全国中小企业股份转让系统业务规则（试行）》中规定：股份有限公司申请股票在全国股份转让系统挂牌，应当符合下列条件：（一）依法设立且存续满两年。有限责任公司按原账面净资产值折股整体变更为股份有限公司的，存续时间可以从有限责任公司成立之日起计算；（二）业务明确，具有持续经营能力；（三）公司治理机制健全，合法规范经营；（四）股权明晰，股票发行和转让行为合法合规；（五）主办券商推荐并持续督导；（六）全国股份转让系统公司要求的其他条件。

这看似不高的要求，就真的不高吗？其实未必，单纯从"合法规范经营"来讲，就成了很多公司的挂牌障碍。

合法规范经营，首先第一个"规范"，当然包括财务规范。《全国中小企业股份转让系统挂牌业务问答——关于挂牌条件适用若干问题的解答（一）》（三）：申请挂牌公司存在以下情形的应视为财务不规范，不符合挂牌条件：1.报告期内未按照《企业会计准则》的要求进行会计处理且需要修改申报报表；2.控股股东、实际控制人及其控制的其他企业占用公司款项未在申报前归还；3.因财务核算不规范情形被税务机关采取核定征收企业所得且未规范；4.其他财务不规范情形。

案例一 维信通 430067（财务基础管理薄弱）

北京维信通科技股份有限公司设立于 2005 年 1 月 24 日，2009 年 5 月 5 日变更为股份公司；

所属行业为计算机设备维护咨询业；

主营业务：公司提供包括三大主流 UNIX 主机厂商的小型机系统服务和系统软件的企业 IT 系统平台外包服务。

报告期为 2007 年 1 月 1 日至 2009 年 11 月 30 日，股份公司成立前，财务基础管理薄弱。

股份报价转让说明书披露：

"（二）风险因素及公司相应的对策或措施：

1. 财务管理的风险及对策

股份公司设立前，公司对财务管理不够重视，在应收款项、存货等资产管理和财务核算等方面较为薄弱，存在对账龄较长的应收款项催收不及时、未及时跟进回收，库存商品管理不规范，库存商品数量记录与财务账面记录没有及时进行核对，没有定期进行盘点等现象。此外，公司存在与其他无关联关系公司的资金拆借行为。股份公司成立前，公司共与三家公司发生过借款行为，共计 420 万元。截至 2009 年 11 月 30 日所有借款已全部归还。

股份公司设立后，公司为加强财务管理、资产管理以及规范财务核算，建立了《财务管理制度》、《会计核算制度》、《存货管理制度》、《客户管理制度》、《关联交易管理办法》和《重大投资决策管理办法》等相关制度。"

公司对策：

针对上述风险，公司为加强财务管理、资产管理以及规范财务核算，建立了《财务管理制度》、《会计核算制度》、《存货管理制度》、《客户管理制度》、《关联交易管理办法》和《重大投资决策管理办法》等相关制度。公司将严格执行上述各项制度，加强对固定资产、存货、应收账款和其他应收款的管理。

案例二 鼎普科技 430036（会计核算瑕疵）

北京鼎普科技股份有限公司设立于 2008 年 4 月 18 日，2008 年 4 月 18 日变更为股份公司；

经营范围：法律、行政法规、国务院决定禁止的，不得经营；法律、行政法规、国务院决定规定应经许可的，经审批机关批准并经工商行政管理机关登记注册后方可经营；法律、行政法规、国务院决定未规定许可的，自主选择经营项目开展经营活动。

报告期为 2006 年 1 月 1 日至 2008 年 2 月 29 日，报告期内存在成本核算错误。

股份报价转让说明书披露：

"八、公司 2006 年会计核算存在瑕疵

公司 2006 年会计核算未严格遵循配比原则，将该年 350 万元电子设备一次性记入科技开发成本。以电子设备 5 年折旧计算，致使此后 5 年每年固定资产折旧减少 70 万元，税前利润增加 70 万元；公司总股本为 2 000 万股，2008 年度执行的所得税税率为 7.5%，2009 年度及以后年度执行的所得税税率为 15%，上述情况导致公司 2008 年度每股收益增加 0.032 元，2009 年至2011 年每股收益增加 0.03 元，提请投资者注意。"

案例三　九恒星 430051（核算口径变化影响会计报表可比性）

北京九恒星科技股份有限公司设立于 2000 年 3 月 13 日，2008 年 4 月 7日变更为股份有限公司；

所属行业为软件行业，具体而言是资金管理软件领域；

经营范围：资金管理研究开发、技术支持及资金信息增值咨询服务。

报告期为 2006 年 1 月 1 日至 2008 年 9 月 30 日，报告期内核算口径变化影响会计报表可比性。

公开转让说明书披露：

"（四）核算口径变化影响会计报表可比性的风险

两年又一期，公司成本费用的核算口径上发生了较大的变化。2006 年度及2007 年度，除研发人员工资记入产品销售成本外，其他与项目实施有关的费用以及营业费用全部在管理费用中核算。2008 年度，公司将项目实施人员工资、福利费、社保公积金等人工成本以及项目实施过程中发生的差旅、食宿、培训、会务等一切开支全部记入产品销售成本，并单独核算了营业费用。核算口径的变化对会计报表的可比性会产生一定的影响。如果按照 2008 年度的核算口径，对 2006 年度及 2007 年度的会计报表进行追溯调整，2006 年度及 2007 年度的报表项目以及毛利率、主营业务利润率等重要财务指标会发生变化。

② 主营业务成本及毛利率

公司主要进行资金管理软件的开发及销售，其成本主要为人工成本及项目

差旅支出等。同时，对于项目实施中所需的各项中间件软件及硬件，公司也负责代理采购，其成本为商品采购成本。

近两年又一期，公司主营业务毛利率波动比较大。主要为成本核算口径变化所致。2006年度及2007年度，公司没有设置专门的项目实施部门，项目实施主要由研发人员及其他管理人员同时兼顾。其中研发人员的工资全部记入生产成本并结转至销售成本，而其他项目实施人员的工资以及项目实施中发生的差旅、交通、培训、会务等支出全部记入管理费用。2008年公司设置了项目实施部，与研发及其他管理部门职责严格区分，专门负责项目实施。在成本核算上，项目人员工资、福利费、社保公积金等人工成本以及项目实施过程中发生的差旅、食宿、培训、会务等支出全部记入生产成本。由于上述原因，2006年度及2007年度，除代理采购成本外，公司自有产品的成本主要为研发人员工资，金额相对比较固定，因此随着2007年度收入的大幅增长，毛利率较2006年也出现明显增长；2008年度，由于成本核算的内容更加完整，成本金额加大，相应的毛利率下降。"

案例四 江西3L医用制品集团股份有限公司（IPO：内控存在缺陷未过会）

江西3L医用制品集团股份有限公司设立于1990年3月1日，2011年5月25日完成股份变更；

经营范围：生产、销售一次性高分子基材及辅助材料、$PM_{2.5}$口罩、Ⅱ类6864医用卫生材料及敷料、Ⅱ类6866医用高分子材料及制品、Ⅲ类6865医用缝合材料及黏合剂、医用化工日用品及办公用品；经营消毒剂、消毒器械、卫生及消毒包装产品；经营Ⅱ类：基础外科手术器械；普通诊察器械；口腔科设备及器具；病房护理设备及器具；消毒和灭菌设备及器具；医用高频仪器设备；物理治疗及康复设备；临床检验分析仪器；手术室、急救室、诊疗室设备及器具；Ⅱ类、Ⅲ类；医用X射线设备；体外循环及血液处理设备；医用卫生材料及敷料；医用缝合材料及黏合剂；医用高分子材料及制品；Ⅲ类；注射穿刺器械；医用电子仪器设备；植入材料和人工器官；口腔科材料；介入器材。

报告期为2011年1月1日至2013年12月31日，报告期内存在虚假发票补交税款及滞纳金。

招股说明书披露：

"八、报告期内发行人存在的违法违规行为

发行人对报告期内主要销售人员的大额差旅费报销单据进行了自查，其中发现部分发票无法鉴别真伪，该等发票合计总金额 479.98 万元，发行人针对该等虚假发票补缴税款 72 万元及滞纳金 10.77 万元，合计 82.77 万元。

鉴于上述行为是发行人自查自纠的并主动申报缴纳税款，发行人所属主管税务机关认定该事项不属于重大违法违规行为，不会就该事项对发行人做出行政处罚。同时，发行人已经制定并开始实施了一套相对完善的内部控制系统，能有效避免未来出现类似情形。"

中介机构意见：

保荐机构、申报会计师、发行人律师认为，上述发票事项系发行人自查自纠行为，且该等无法鉴证的发票系销售人员个人行为，发行人在发现上述行为后，主动向税务机构说明情况并主动申报缴纳了税款及滞纳金，取得主管税务机构就该事项不属于重大违法违规行为的认定，同时发行人就销售费用所涉发票的相关规定进行了整改、完善。通过对照我国刑法相关规定中涉及发票的犯罪行为，发行人所涉虚假发票情形不涉及刑事犯罪，保荐机构、申报会计师、发行人律师认为，上述行为不属于重大违法违规行为，也不会对发行人本次公开发行股票并上市构成实质性障碍。

2015 年 7 月 20 日，中国证监会出具的《关于不予核准江西 3L 医用制品集团股份有限公司首次公开发行股票申请的决定》称：

"另外发现你公司在实际发生的费用报销中存在部分虚假发票，该等发票合计总金额 604.82 万元，你公司针对该等虚假发票补缴税款及滞纳金合计 105.90 万元。这些情况说明，你公司没有健全且被有效执行的内部控制制度以合理保证公司运行效率、合法合规和财务报告的可靠性。

鉴于上述情形，发审委认为你公司不符合《首次公开发行股票并在创业板上市管理办法》（证监会令第 99 号）第十九条的规定。"

案例五 **深圳市脉山龙信息技术股份有限公司（IPO：会计核算基础工作不规范未过会）**

深圳市脉山龙信息技术股份有限公司设立于 1997 年 2 月 26 日，2008 年 3 月 17 日变更为股份公司；

经营范围：计算机软件开发（不含限制项目）及系统集成；数据库及计算机网络服务；计算机网络设备的购销；建筑智能化工程专业承包叁级（按 B324044030430-3/3 号资质证书在有效期内经营）；兴办实业（具体项目另

行申报）；进出口业务。

报告期为 2007 年 1 月 1 日至 2009 年 12 月 31 日，报告期内发生重大会计差错更正，被认定为会计核算基础工作不规范，内部控制制度存在缺陷。

证监会不予核准决定：

2010 年 6 月 13 日证监会《关于不予核准深圳市脉山龙信息技术股份有限公司首次公开发行股票并在创业板上市申请的决定》：

"创业板发审委在审核中关注到，你公司存在以下情形：报告期内，申请人发生重大会计差错更正，调减 2007 年度并计入 2008 年度主营业务收入 1 182.6 万元，占当期主营业务收入的比例分别为 21.8%、13.12%；调减 2007 年度并计入 2008 年度净利润 517.7 万元，占当期净利润的比例分别为 42.49%、40.06%，且该调整事项发生在申请人变更为股份公司之后，说明申请人会计核算基础工作不规范，内部控制制度存在缺陷。上述情形不符合《首次公开发行股票并在创业板上市管理暂行办法》第二十条、第二十一条的有关规定。"

《首次公开发行股票并在创业板上市管理暂行办法》有关规定：

第二十条　发行人会计基础规范，财务报表的编制符合企业会计准则和相关会计制度的规定，在所有重大方面公允地反映了发行人的财务状况、经营成果和现金流量，并由注册会计师出具无保留意见的审计报告。

第二十一条　发行人内部控制制度健全且被有效执行，能够合理保证公司财务报告的可靠性、生产经营的合法性、营运的效率与效果，并由注册会计师出具无保留结论的内部控制鉴证报告。

IPO 项目审核中，因会计核算基础薄弱而被否决的案例很多，比如：2011 年 12 月 16 日北京合纵科技股份有限公司被拒的理由："你公司因 2008 年度及 2010 年 1—6 月原始财务报表存在不符合收入确认原则和关联交易统计不完整导致合并报表内部交易抵消不彻底的情况，对申报财务报表进行了重大会计差错更正，使申报财务报表与原始财务报表产生重大差异。其中最近一个会计年度中，2010 年 1—6 月因跨期收入调整主营业务收入 290 918.20 元，调整应收账款 16 707 788.74 元，因未实现内部销售利润抵消错误调整销售利润 −1 352 975.90 元。上述事项说明你公司会计核算基础工作不规范，内部控制制度存在缺陷。" 2010 年 11 月 4 日渤海轮渡股份有限公司被拒的理由："你公司招股说明书披露，报告期内存在将港口方收取的车代理费的 50% 直接在售票款中扣除而少计营业收入导致少缴营业税及其附加、将燃油价格补贴作为免税收入少缴纳企业所得税、关联方辽渔港务公司不足额结算代收票款收入而将资金交由控股股东辽渔集团使用等情况。由于上述情形，难以判断你公司是否能够规范运行。"

一般来说，企业会计政策制定后，不会轻易进行变更，但也并不是说，企业的会计政策绝对不能变更。比如说，收入确认方法的变更，如果是因为环境变化等因素，变更为更可控的方法，与重大差错导致的变更带来的结果是不同的，在 IPO 中也会被监管层所接受。

案例六　荣之联 002642（IPO：报告期内变更收入确认方法）

北京荣之联科技股份有限公司设立于 2001 年 3 月 12 日；

上市时间：2011 年 12 月 20 日

招股时间：2011 年 12 月 8 日

所属行业为软件和信息技术服务业；

公司作为 IT 系统集成商，主要围绕大中型企事业单位的数据中心提供系统集成及相关技术服务，客户涵盖能源、电信、生物、制造、政府、金融等行业。公司在"高性能计算"、"大容量高性能存储"、"统一身份认证与访问管理"等领域拥有成熟的解决方案。

公司报告期为 2008 年 1 月 1 日至 2011 年 6 月 30 日，报告期内变更收入确认方法。

首次公开发行股票招股说明书披露：

"4. 关于收入确认方法变更

2008 年度及以前，公司对于系统集成收入按完工进度确认收入。系统集成项目通常需要经过咨询、方案设计、采购、软件开发、到货点验、系统搭建、安装调试、试运行、系统验收等过程。由于在客户尚未对系统集成项目进行验收之前，项目并未最终实施完毕，风险与报酬尚未完全转移，理论上还存在客户要求退货或者追加成本的可能。

随着公司业务规模不断扩大，需要安装调试和系统验收的系统集成项目不断增加，公司根据系统集成业务的特点，并参考了行业内其他上市公司的做法，认为有必要以更为稳健的方式确认系统集成业务的收入。

2009 年 5 月 18 日，公司召开第一届第八次董事会并做出决议：对于公司系统集成收入，需要在完成系统安装调试并取得买方签署的验收报告时，确认系统集成收入的实现。

公司管理层认为，公司系统集成收入确认方法的变更，使公司的收入确认方法更加稳健、符合公司业务实质、符合行业内通行的做法。收入确认方法变更后，公司对之前的财务报表进行了追溯调整，以保证公司申报财务报表各期间会计政策的一致性和可比性。上述变更事项使公司2008年、2009年申报财务报表与原始财务报表产生一定差异，但该差异并不影响报告使用者对公司申报财务数据的理解。

公司管理层认为，公司申报财务报告中近三年及一期的财务数据真实、准确、完整地反映了近三年及一期公司的财务状况、经营成果和现金流量，上述变更是合理的、谨慎的。"

本章小结

综上案例可知，股转系统针对报告期内会计基础问题，主要关注以下几个方面：

（1）请公司披露与公司行业、业务特点相符的会计政策与估计。报告期发生的重要会计政策和会计估计变更，量化分析影响，包括但不限于重要性判断标准、内容、原因、审批程序、受影响的报表项目名称和金额，及会计估计变更开始适用的时点。

（2）请主办券商核查上述情况，分析公司选用会计政策和会计估计的适当性，会计政策和会计估计是否与同行业公司存在明显差异，报告期内会计政策的一致性，分析其是否利用会计政策和会计估计变更操纵利润，如改变收入确认方式、调整坏账计提比例、调整存货计价方式等。

（3）说明报告期内公司财务制度的制定及执行情况，并结合财务人员数量、执业能力、公司业务特点等情况补充说明公司的财务人员是否能满足财务核算的需要。

（4）公司会计核算基础是否符合现行会计基础工作规范要求，说明在尽职调查及审计过程中发现的与公司内控及会计核算相关的主要问题以及后续规范措施，并对报告期内公司财务管理制度是否健全、会计核算是否规范发表专业意见。

公司如实回复即可，如存在问题，补充对策。

新三板与现行首发上市条件（IPO）对现金流量情况的处理差异

项目	新三板	IPO
会计核算基础	要求较低，对于不规范处，企业股改后予以更正，一般不会成为挂牌障碍	调整收入金额、收入类别，申报报表与原始报表差异较大等均会被认定为会计核算基础薄弱，内控制定不健全，而成为上市障碍

第八章 不规范票据融资

企业在生产经营过程中，为缓解资金压力，通常会选择承兑汇票支付货款。承兑汇票，应用较广泛的是银行承兑汇票。相对于银行借款，银行承兑汇票具有办理门槛低、手续简单的优点，很多企业都会不可避免地用到银行承兑汇票。

《票据法》规定：票据的签发、取得和转让，应当遵循诚实信用的原则，具有真实的交易和债权债务关系。所以，银行明确规定，办理银行承兑汇票时，应提供注明以银行承兑汇票为结算方式的商品购销合同。

可见，银行承兑汇票是用来支付交易款的，而不是用来融资，解决公司的资金需求的。但是在实践中，有一些企业会把银行承兑汇票当成融资渠道，开具无贸易背景的承兑汇票，此举容易形成挂牌障碍。

案例一 景云祥 833851（开具无真实交易票据）

四川景云祥通信股份公司设立于 2003 年 8 月 19 日， 2015 年 2 月 13 日变更为股份公司；

所属行业为信息系统集成服务和通信技术服务；

主要业务：铁塔及基础、传输、室内分布、小区宽带等通信工程系统集成；通信铁塔、通信机房等通信设备生产销售；基站代维、传输代维等通信系统综合维护；通信设施投资租赁。

报告期为 2013 年 1 月 1 日至 2015 年 3 月 31 日，报告期内，公开转让说明书披露：

"十一、开具无真实交易背景票据的风险

报告期内，公司曾存在开具无真实交易背景票据进行融资的行为（以下简称'不规范票据融资'），不规范票据融资金额共计 2 200 万元。不规范票据融资行为虽不符合《中华人民共和国票据法》第十条：'票据的签发、取得和转让，应当遵循诚实信用的原则，具有真实的交易关系和债权债务关系。票据的取得，必须给付对价，即应当给付票据双方当事人认可的相对应的代价。'但公司不规范票据融资行为不属于《中华人民共和国票据法》所述可能被行政处罚的行为之一，所以公司不会因不规范票据融资行为受到行政处罚。"

无真实交易背景票据的发生原因、总额、明细、解付情况及未解付金额：

报告期内，公司仅在重庆银行武侯支行开具过三次无真实交易背景的承兑汇票，明细情况如下表所示。

出票人	收款单位	票据金额（万元）	票据起止时间	保证金（万元）	保证金比例（%）	报告期末是否到期解付
景云祥	四川华博通信科技有限公司	1 000.00	2014.4.10—2014.10.10	1 000.00	100.00	是
景云祥	四川华博通信科技有限公司	600.00	2014.4.11—2014.10.11	600.00	100.00	是
景云祥	四川华博通信科技有限公司	600.00	2014.7.15—2015.1.15	300.00	50.00	是
合　计		2 200.00		1 900.00		

上述无真实交易背景票据发生的原因如下：

① 2014 年 4 月开具银行承兑汇票 1 600 万元无真实交易，原因系公司于 2013 年 7 月在重庆银行武侯支行取得 800 万元应收账款质押借款，借款年利率为 7.2%，利率相对较低且无担保（公司在天津银行成都分行的同期质押担保借款利率为 6.9%、担保费率 3%）。为了顺利取得该借款，银行要求在该银行办理金额为借款金额 2 倍的全额保证金票据作为利息费用补偿。

② 2014 年 7 月景云祥为关联方四川华博通信科技有限公司融资，开具银行承兑汇票 600 万元，该票据无真实交易背景，开具后由四川华博通信科技有限公司进行贴现并使用，贴现利息由四川华博通信科技有限公司承担，截至 2015 年 1 月 15 日，该承兑汇票已按期解付。截至报告期末该拆借资金已收回。

截至报告期末，上述银行承兑汇票均已按期解付，不存在逾期支付款项、欠息的情形。

公司对于该等票据融资行为的规范措施及规范的有效性：

公司在日后生产经营中，对财务收支和经济活动将严格按照公司章程的相关规定进行规范化管理，不再进行不具有真实交易背景的票据结算行为。

公司现行章程明确规定"公司实行内部审计制度，配备专职审计人员，对公司财务收支和经济活动进行内部审计监督"；公司已经制定的《四川景云祥通信股份公司财务管理办法》规定，"承兑汇票的签发、取得和转让，应当遵循诚实信用的原则，具有真实的交易关系和债权债务关系，不得开具无真实交易背景的任何票据"。

公司及控股股东、实际控制人承诺：

公司已经于 2015 年 1 月 30 日出具承诺：公司自 2015 年 1 月起，不再开具无真实交易背景的银行承兑汇票。对公司出具的具有真实交易背景且尚未到期的银行承兑汇票，将按期解付，不会出现逾期或欠息的情形。

公司控股股东、实际控制人杨健已经于 2015 年 1 月 30 日做出承诺：若公司因部分票据结算不具有真实交易背景而被处罚，将以本人个人财产无条件承担公司因此遭受的任何损失。

采用该等票据融资与采用其他合法融资方式的融资成本的差异及对公司财务状况的影响：

前述 2014 年 4 月在重庆银行武侯支行开具 1 600 万元无真实交易背景的全额保证金票据是应银行要求，对 800 万元借款的利息补偿，银行借款利率为 7.2%，开具银行承兑汇票贴现息为 491 720 元，贴现率为 6.15%，则实际融资成本率为 13.35%。该等票据融资与其他融资方式的融资成本不存在差异且对公司财务状况并无影响。

2014 年 7 月在重庆银行武侯支行开具 600 万元无真实交易背景的票据，该等票据贴现利息由四川华博通信科技有限公司承担。该等票据融资对公司财务状况并无影响。

根据公司统计数据，公司报告期内在银行贷款融资总额共计 21 870 万元，前述票据融资占总融资的比例仅 3.66%，该等票据融资占当期总体融资比例较小，且已经到期解付。公司后续融资主要为常规的银行贷款融资，并且 2015 年公司以股权融资方式引入机构投资者，极大程度地缓解了公司的融资需求。该等票据融资对公司持续经营无重大不利影响。

不违背关于"合法规范经营"的挂牌条件的说明：

公司报告期内开具无真实交易背景票据融资，违反了《票据法》第十条关于票据签发、取得及转让应具有真实的交易关系和债权债务关系的规定，但不属于票据欺诈行为，也并非骗取资金或财物，不会构成犯罪或受行政处罚。具体理由如下：

公司开具的无真实交易背景票据均提供了真实担保，还款具有相应保障，主观上并非以骗取财物或非法占有为目的。公司开具的无真实交易背景票据系因公司为拓宽融资渠道，所得融通资金均用于正常生产经营且该等票据融资均是到期解付，未出现逾期或拖欠情况，客观上未造成银行任何损失，不存在骗取资金或财物。因此，公司开具无真实交易背景票据，主观及客观方面均不符合《票据法》第一百零二条、第一百零三条及《刑法》第一百九十四条规定的票据欺诈或票据诈骗行为，不会构成犯罪或受到行政处罚。

公司已就该等不规范使用票据的行为采取了积极的补救措施并制定了相关的制度，公司及公司控股股东、实际控制人均已出具相关承诺，确保该等情况不再发生。公司及公司董事、高级管理人员未因该等不规范使用票据的行为受到任何行政处罚。

律师事务所已经出具意见：虽然在报告期内部分票据结算不具有真实交易背景，但公司主观无恶意且未造成损害后果。公司及控股股东已做出承诺，不再进行不具有真实交易背景的票据结算行为。且公司现行章程中明确规定"公司实行内部审计制度，配备专职审计人员，对公司财务收支和经济活动进行内部审计监督"，为公司日后的财务规范化管理提供了制度性保障。公司开具无真实交易背景票据行为虽不符合《票据法》规定，但是不会受刑事或行政处罚，不构成重大违法违规，符合"合法规范经营"的挂牌条件。

中介机构意见：

主办券商、律师认为公司在报告期内虽存在不规范使用票据的行为，但该等行为不构成重大违法违规，符合全国股份转让系统关于公司挂牌条件要求。

案例二 天房科技 430228（开具无真实交易票据为控股股东融资）

天津市天房科技发展股份有限公司设立于 2002 年 7 月 15 日，2012 年 11 月 12 日变更为股份公司；

所属行业为软件与信息技术服务业；

主营业务：建筑智能化工程设计与施工、软件开发与技术服务、三网融合的建设与运营、钢材贸易。

公开转让说明书披露：

"最近两年，公司曾存在开具无真实交易背景票据进行融资的行为（以下简称'不规范票据融资'）。具体表现为以下两种形式：（1）以一份钢材采购业务合同向多家银行重复申请承兑汇票融资；（2）以未实际执行的采购合同向银行申请开具承兑汇票融资。公司开具无真实交易背景的银行承兑汇票，目的是为其控股股东天房集团提供融资。所融资金的使用方是天房集团，相应融资成本和费用也都由天房集团承担。

2012年12月起，公司逐步规范票据行为，强化内部控制，严格票据业务的审批程序，从2012年12月1日至本公开转让说明书出具日，没有新发生开具无真实交易背景票据的行为。所有票据均及时履行了相关票据义务，不存在逾期票据及欠息情况，不存在纠纷。截至2012年12月20日，开具的无真实交易背景的票据已经全部完成解付。"

不规范票据对公司的影响：

上述不规范票据融资行为虽然违反《中华人民共和国票据法》第十条："票据的签发、取得和转让，应当遵循诚实信用的原则，具有真实的交易关系和债权债务关系。票据的取得，必须给付对价，即应当给付票据双方当事人认可的相对应的代价"，但根据《中华人民共和国票据法》第一百零二条"有下列票据欺诈行为之一的，依法追究刑事责任"和第一百零三条"有前条所列行为之一，情节轻微，不构成犯罪的，依照国家有关规定给予行政处罚"判断，公司不规范票据融资行为不属于《中华人民共和国票据法》所述可能被行政处罚的行为之一，所以公司不会因不规范票据融资行为受到行政处罚。同时，公司的董事及高级管理人员未从中取得任何个人利益，不存在票据欺诈行为，也未因过往期间该等不规范票据融资行为受到过任何行政处罚。

由于不规范票据融资额度较大，导致公司相关财务信息发生较大变动。综合来看，不规范票据融资导致公司2011年末资产总额、负债总额虚增；导致2011年末货币资金和应付票据大量增加；导致2011年末资产负债率上升，公司偿债能力受到一定程度影响。但上述财务信息的重大变化不会导致投资者对于公司资产质量和投资价值的高估，不影响公司财务信息披露的真实、准确和完整性。

综上所述，公司不规范使用票据行为的风险已经消除或得到保障，不会造成或有的利益损失，也不会对公司股票进入全国中小企业股份转让系统挂牌构成实质性障碍。

公司及控股股东承诺：

公司就此事项出具了《关于规范票据管理的承诺函》："将严格按照《票据法》等有关法律、法规要求开具所有票据，规范票据管理，杜绝发生任何违反票据管理相关法律法规的票据行为。"

公司控股股东天房集团也就此事项出具了《关于规范公司票据使用的承诺函》:"(1)截至 2012 年 12 月 20 日,确保天房科技开具的不规范票据完成解付;(2)不允许再发生与天房科技进行不规范票据的融资行为;(3)如天房科技因上述不规范使用票据行为而受到任何处罚,或因该等行为而被任何第三方追究任何形式的法律责任,以及造成有关损失均由我集团承担相应责任。"

律师意见:

公司律师认为:报告期内,公司与控股股东及其控股子公司之间的部分银行承兑汇票往来没有真实的交易背景,存在不规范之处,但公司已清理完毕,实际控制人已承诺承担全部责任,该等票据融资行为不会对公司或公司其他股东的利益造成损害,对本次公司申请股票在全国中小企业股份转让系统挂牌并公开转让不构成实质性法律障碍。

案例三 玉龙股份 601028(IPO:开具没有真实交易背景的银行承兑汇票未过会)

江苏玉龙钢管股份有限公司设立于 1999 年 12 月 22 日,2007 年 7 月 13 日变更为股份公司;

上市时间:2011 年 11 月 7 日

招股时间:2011 年 10 月 27 日

所属行业为金属制品业;

经营范围:钢材轧制;石油钻杆及配套接头、回转支承的制造、加工、销售;金属材料、建筑用材料、五金交电、通用机械的销售;镀锌加工业务及各种管道和管件的防腐处理;自营和代理各类商品及技术的进出口业务(国家限定企业经营或禁止进出口的商品技术除外)。

报告期为 2008 年 1 月 1 日至 2011 年 6 月 30 日,报告期内存在开具没有真实交易背景的银行承兑汇票。

招股说明书披露:

"报告期初公司曾存在开具没有真实交易背景的银行承兑汇票的情况,具体方式包括:

1. 通过控股子公司玉龙精密向不同银行进行票据融资。即玉龙钢管与玉龙精密签订正常的购销合同后,由玉龙钢管向玉龙精密分别在不同的银行中开具承兑汇票或由玉龙精密向玉龙钢管在不同的银行中开具承兑汇票,致使部分汇票没有真实的交易背景，收到汇票的一方将超过正常购销额的承兑汇票贴现。

2. 当玉龙精密对外采购而开具票据的信用额度不足时，由玉龙钢管向玉龙精密开具承兑汇票，玉龙精密收到承兑汇票后，背书转让给材料供应商用于原材料的采购；反之，当玉龙钢管对外采购而开具票据的信用额度不足时，由玉龙精密向玉龙钢管开具承兑汇票，玉龙钢管收到承兑汇票后，背书转让给材料供应商用于原材料的采购。"

无真实交易背景的银行承兑汇票情况：

报告期内，公司银行承兑汇票情况如下表所示。

单位：万元，%

项　目	2010 年 1—6 月	2009 年度	2008 年度	2007 年度
承兑汇票发生额	31 786.07	88 047.74	57 310.00	81 770.00
其中：无真实交易背景汇票	—	—	—	5 600.00
占发生额比例	—	—	—	6.85
承兑汇票期末余额	31 786.07	46 563.92	19 655.00	29 780.00
其中：无真实交易背景汇票	—	—	—	—
占期末余额比例	—	—	—	—

其中，各期没有真实交易背景的银行承兑汇票的情况如下表所示。

单位：万元

银行名称	2010 年 1—6 月		2009 年度		2008 年度		2007 年度	
	发生额	期末余额	发生额	期末余额	发生额	期末余额	发生额	期末余额
深圳发展银行	—	—	—	—	—	—	3 000.00	—
兴业银行	—	—	—	—	—	—	500.00	—
招商银行	—	—	—	—	—	—	2 100.00	—
合　计	—	—	—	—	—	—	5 600.00	—

没有真实贸易背景的汇票清理情况：

由上表可知，报告期内，公司开具没有真实贸易背景的汇票余额为 0，仅 2007 年开具没有真实贸易背景汇票发生额为 5 600 万元，占该年应付票据发生额的 6.85%。公司采取上述融资行为，均在银行授予公司的授信额度范围内，上述融资票据行为都已履行完毕。从 2007 年 4 月起，公司已停止上述不规范行为，公司承诺今后将严格按照《票据法》的有关规定执行，不再发生类似的不规范行为。

针对开具没有真实贸易背景的汇票所制定的措施：

主要措施包括：

一是加强对《票据法》和国家有关票据管理的相关规定的学习，掌握票据管理的相关政策；

二是强化公司内部控制，严格执行票据业务的批准程序；

三是在实际运作中加强与保荐人、会计师等中介机构的沟通，进一步提高规范运作的意识和责任感；

四是对相关业务人员进行严格考核，加大奖罚力度，彻底杜绝该类行为。

实际控制人承诺：

公司实际控制人唐永清、唐志毅、唐维君、唐柯君承诺："若股份公司和／或玉龙精密产生任何法律纠纷，发起人承担所有责任并赔偿股份公司和玉龙精密因此遭受的损失，且无须股份公司和玉龙精密支付任何对价。"

券商意见：

保荐人认为："发行人报告期内的部分票据融资行为违反了《票据法》的有关规定，存在不规范之处，但鉴于：（1）公司的上述融资行为是为了满足生产经营需要，降低融资成本，所融资之款项均用于生产经营活动，不具有任何欺诈或非法占有目的。

（2）上述的融资性票据公司已履行完毕，相应的融资款项皆已归还，不存在纠纷或潜在的纠纷，公司及其控股子公司不规范使用票据行为并未给相关银行造成任何实际损失，公司不会因不规范使用票据的行为对相关银行承担赔偿责任。从2007年4月以后，公司已停止上述的不规范行为。

（3）上述融资行为不属于我国《票据法》和《刑法》规定应当处以行政处罚或刑事处罚的违法行为，在报告期内公司未因其票据融资行为遭受行政处罚或刑事处罚，今后也不会遭受该等处罚。

（4）公司已承诺以后将严格按照《票据法》的有关规定执行，不再发生类似的行为，公司实际控制人唐永清、唐志毅、唐维君、唐柯君承诺对可能因票据融资受处罚对公司造成的损失进行赔偿，上述票据融资不会对公司利益造成不利影响。

公司上述不规范的行为不构成违反《票据法》的重大违法行为，不构成本次发行上市的法律障碍。"

律师意见：

发行人律师认为："发行人的上述融资行为违反了《票据法》第十条的规定，即'票据的签发、取得和转让，应当遵循诚实信用的原则，具有真实的交易关系和债权债务关系'，该行为不规范，但是基于以下原因和分析，发行人的上述融资行为不构成违反《票据法》的重大违法行为，不构成本次发行上市的法律障碍"。

证监会不予核准的决定：

2010 年 9 月 9 日证监会《关于不予核准江苏玉龙钢管股份有限公司首次公开发行股票申请的决定》（证监许可 [2010]1248 号）：

"你公司招股说明书披露，报告期内存在开具没有真实交易背景的银行承兑汇票、向股东和管理层及部分员工借款且金额较大，关联交易决策程序未完全履行，董事变动频繁等情况。由于上述情形，难以判断你公司是否能够规范运行。

发审委认为，上述情形与《首次公开发行股票并上市管理办法》（证监会令第 32 号）第二十四条的规定不符。"

说到开具无真实交易背景的承兑汇票，被称为创业板退市第一股的丹东欣泰电气就是一个不得不说的话题了。

案例四 　**欣泰电气 300372（IPO 已退市：利用票据解决应收账款余额过大问题）**

丹东欣泰电气股份有限公司成立于 1960 年，原系丹东市民政局所属的小型企业；

上市时间：2014 年 1 月 27 日

招股时间：2014 年 1 月 16 日

所属行业为电气机械和器材制造业；

经营范围：制造、加工、销售；电抗器，电力电容器及成套装置，组合式变电站，干式变压器，油浸式变压器，特种变压器，高低变压器，整流设备，高低压配电柜，消弧线圈，电气部件，硅钢片，电磁线，矿用电器产品，变压器配件，变压器附件；电气设备安装；经营货物及技术进出口；对朝边境小额贸易（依法须经批准项目，经相关部门批准后方可开展经营活动）。

欣泰电气证券简称已调整为 "＊欣泰"

中国证监会行政处罚决定书：

2016 年 7 月 7 日公司收到中国证监会《行政处罚决定书》（[2016]84 号）及《市场禁入决定书》（[2016]5 号），对欣泰电气责令改正，给予警告，并处以 832 万元罚款；对温德乙给予警告，并处以 892 万元罚款；对刘明胜给予警告，并处以 60 万元罚款；对温德乙、刘明胜采取终身证券市场禁入措施，自我会宣布决定之日起，终身不得从事证券业务或担任上市公司董事、监事、高级管理人员职务。

违法事实（仅述及与票据相关部分）：

为实现发行上市目的，解决欣泰电气应收账款余额过大问题，欣泰电气总会计师刘明胜向公司董事长、实际控制人温德乙建议在会计期末以外部借款减少应收账款，并于下期初再还款冲回。二人商议后，温德乙同意并与刘明胜确定主要以银行汇票背书转让形式进行冲减。2011 年 12 月至 2013 年 6 月，欣泰电气通过外部借款、使用自有资金或伪造银行单据的方式虚构应收账款的收回，在年末、半年末等会计期末冲减应收款项（大部分在下一会计期期初冲回），致使其在向中国证监会报送的 IPO 申请文件中相关财务数据存在虚假记载。

2013 年 12 月至 2014 年 12 月，欣泰电气在上市后继续通过外部借款或者伪造银行单据的方式虚构应收账款的收回，在年末、半年末等会计期末冲减应收款项（大部分在下一会计期期初冲回），导致其披露的相关年度和半年度报告财务数据存在虚假记载。

与票据相关的法律法规：

《中华人民共和国票据法》

第十条 票据的签发、取得和转让，应当遵循诚实信用的原则，具有真实的交易关系和债权债务关系。票据的取得，必须给付对价，即应当给付票据双方当事人认可的相对应的代价。

第一百零二条 有下列票据欺诈行为之一的，依法追究刑事责任：

（一）伪造、变造票据的；

（二）故意使用伪造、变造的票据的；

（三）签发空头支票或者故意签发与其预留的本名签名式样或者印鉴不符的支票、本票，骗取资金的；

（四）签发无可靠资金来源的汇票、本票，骗取资金的；

（五）汇票、本票的出票人在出票时做虚假记载，骗取财物的；

（六）冒用他人的票据，或者故意使用过期或者作废的票据，骗取财物的；

（七）付款人同出票人、持票人恶意串通，实施前六项所列行为之一的。

第一百零三条 有前条所列行为之一，情节轻微，不构成犯罪的，依照国家有关规定给予行政处罚。

《刑法》

第一百九十四条 有下列情形之一，进行金融票据诈骗活动，数额较大的，处五年以下有期徒刑或者拘役，并处二万元以上二十万元以下罚金；数额巨大或者有其他严重情节的，处五年以上十年以下有期徒刑，并处五万元以上五十万元以下罚金；数额特别巨大或者有其他特别严重情节的，处十年以上有期徒刑或者无期徒刑，并处五万元以上五十万元以下罚金或者没收财产：

（一）明知是伪造、变造的汇票、本票、支票而使用的；

（二）明知是作废的汇票、本票、支票而使用的；

（三）冒用他人的汇票、本票、支票的；

（四）签发空头支票或者与其预留印鉴不符的支票，骗取财物的；

（五）汇票、本票的出票人签发无资金保证的汇票、本票或者在出票时做虚假记载，骗取财物的。

本章小结

综上案例可知，报告期内存在开具无真实交易背景的承兑汇票，股转系统主要关注以下几个方面：

（1）请公司分别说明报告期内无真实交易背景票据的发生原因、总额、明细、解付情况及未解付金额；

（2）如未解付，请公司说明未解付的原因及依据，并对未解付票据金额对公司财务的影响程度进行分析；

（3）请主办券商及律师核查公司是否采取相应的规范、防范措施及规范、防范措施的有效性（包括若发生处罚时的相关责任认定与承担等）；

（4）请公司分析采用该等票据融资与采用其他合法融资方式的融资成本的差异及对公司财务状况的影响，公司若不采用其他合法融资方式，是否对公司持续经营造成重大不利影响；

（5）请主办券商、申报会计师就上述问题进行详细核查，请主办券商、律师对公司是否符合"合法规范经营"的挂牌条件发表明确意见并详细说明判断依据；是否存在受到有关部门行政处罚、刑事处罚或发生追索权纠纷等民事纠纷的风险，并发表明确意见；

（6）请公司就上述事项做重大风险提示。

针对以上问题，公司解决方案：

（1）停止不规范的行为，并如实披露；

（2）建立内控制度，对不规范行为进行纠正；

（3）控股股东出具承诺函，承担可能的全部责任；

（4）主办券商、律师对是否符合挂牌条件发表意见。

新三板与现行首发上市条件（IPO）对开具无交易背景票据的处理差异

项目	新三板	IPO
开具无交易背景票据	申报前解付，合理解释，不构成上市障碍	构成上市障碍